Buch-Updates
Registrieren Sie dieses Buch
auf unserer Verlagswebsite.
Sie erhalten damit
Buch-Updates und weitere,
exklusive Informationen
zum Thema.

Und so geht's
> Einfach **www.sap-press.de** aufrufen
<<< Auf das Logo **Buch-Updates** klicken
> Unten genannten **Zugangscode** eingeben

Ihr persönlicher Zugang
zu den Buch-Updates

103834020822

HR-Reporting mit SAP®

 PRESS

SAP PRESS ist eine gemeinschaftliche Initiative von SAP und Galileo Press. Ziel ist es, Anwendern qualifiziertes SAP-Wissen zur Verfügung zu stellen. SAP PRESS vereint das fachliche Know-how der SAP und die verlegerische Kompetenz von Galileo Press. Die Bücher bieten Expertenwissen zu technischen wie auch zu betriebswirtschaftlichen SAP-Themen.

Edinger, Krämer, Lübke, Ringling
SAP-Personalwirtschaft
2007, ca. 650 Seiten, geb.
ISBN 978-3-89842-865-1

Goetsch, Herrmann, Knapp
Personalwirtschaft mit SAP NetWeaver Portal
2007, ca. 330 Seiten, geb.
ISBN 978-3-8362-1054-6

Egger, Fiechter, Kramer, Sawicki, Straub, Weber
SAP Business Intelligence
2007, 660 Seiten, geb.
ISBN 978-3-89842-790-6

Staade, Schüler
SAP BI-Projektmanagement
2007, 350 Seiten, geb.
ISBN 978-3-89842-760-9

Aktuelle Angaben zum gesamten SAP PRESS-Programm finden Sie unter *www.sap-press.de*.

Hans-Jürgen Figaj, Richard Haßmann, Anja Junold

HR-Reporting mit SAP®

Bonn • Boston

Liebe Leserin, lieber Leser,

vielen Dank, dass Sie sich für ein Buch von SAP PRESS entschieden haben.

Entscheidungen sollten auf möglichst aktuellen, aussagekräftigen und verlässlichen Daten beruhen. Die Personalwirtschaft unterscheidet sich hier nicht von anderen Unternehmensbereichen – ganz im Gegenteil, schließlich geht es um die wichtigste Ressource eines Unternehmens.

Für ein effizientes HR-Reporting sollten Sie neben den Grundlagen der Erstellung eines Reportingkonzepts auch die Werkzeuge von SAP ERP HCM im Detail und die besonderen Stärken und Schwächen dieser Tools in den verschiedenen HCM-Modulen kennen. Zusätzlich sollten Sie auch wissen, wie Sie die Reports für die Anwender bereitstellen. All das lernen Sie in diesem Buch. Besonderer Raum wird dabei dem Einsatz von SAP NetWeaver BI gewidmet, das Ihnen mit mehrdimensionalen InfoCubes und einem umfangreichen Standard-Content eine neue Welt flexibler Analysemöglichkeiten eröffnet.

Ich freue mich, dass sich mit Hans-Jürgen Figaj, Richard Haßmann und Anja Junold ein erfahrenes Autorenteam zusammengefunden hat. Die Autoren führen Sie nicht nur kompetent durch die Grundlagen und durch wichtige Themen wie die Werkzeuge, ihre Anwendung in den Modulen und schließlich die Bereitstellung von Reports, sondern bereichern die Darstellung mit vielen Empfehlungen aus ihrer langjährigen nationalen und internationalen Beratungspraxis.

Jedes unserer Bücher will Sie überzeugen. Damit uns das immer wieder neu gelingt, sind wir auf Ihre Rückmeldung angewiesen. Kritik oder Zuspruch hilft uns bei der Arbeit an weiteren Auflagen. Ich freue mich deshalb, wenn Sie sich mit kritischen und freundlichen Anregungen sowie Wünschen und Ideen an mich wenden.

Ihr Frank Paschen
Lektorat SAP PRESS

Galileo Press
Rheinwerkallee 4
53227 Bonn

frank.paschen@galileo-press.de
www.sap-press.de

Auf einen Blick

Teil I Grundlagen

1	Prozessorientiertes Reportingkonzept	27
2	Grundlagen des Reportings in SAP ERP HCM	37

Teil II Reportingwerkzeuge

3	SAP-Standardreport	75
4	Queries	83
5	HR-Reporting mit SAP NetWeaver BI	119
6	Kundenreport	179

Teil III Reporting in den HCM-Modulen

7	Einführung in Teil III	191
8	Personaladministration	195
9	Organisationsmanagement	227
10	Personalbeschaffung	249
11	Personalabrechnung	263
12	Personalzeitwirtschaft	295
13	Personalentwicklung	325
14	Veranstaltungsmanagement	339
15	Personalkostenplanung	361

Teil IV Bereitstellung von Reports

16	Bereichsmenü	371
17	Human Resource Information System (HIS)	377
18	Manager's Desktop (MDT)	383
19	SAP NetWeaver Portal	393
A	Literaturempfehlungen	413
B	Standardreports in den HCM-Modulen – Übersicht	415
C	Coding-Beispiele zu Kapitel 4, »Queries«	421
D	Die Autoren	425

Der Name Galileo Press geht auf den italienischen Mathematiker und Philosophen Galileo Galilei (1564–1642) zurück. Er gilt als Gründungsfigur der neuzeitlichen Wissenschaft und wurde berühmt als Verfechter des modernen, heliozentrischen Weltbilds. Legendär ist sein Ausspruch *Eppur se muove* (Und sie bewegt sich doch). Das Emblem von Galileo Press ist der Jupiter, umkreist von den vier Galileischen Monden. Galilei entdeckte die nach ihm benannten Monde 1610.

Gerne stehen wir Ihnen mit Rat und Tat zur Seite:
frank.paschen@galileo-press.de bei Fragen und Anmerkungen zum Inhalt des Buches
service@galileo-press.de für versandkostenfreie Bestellungen und Reklamationen
thomas.losch@galileo-press.de für Rezensionsexemplare

Lektorat Frank Paschen
Korrektorat Alexandra Müller, Olfen
Einbandgestaltung Silke Braun
Typografie und Layout Vera Brauner
Herstellung Steffi Ehrentraut
Satz Typographie & Computer, Krefeld
Druck und Bindung Bercker Graphischer Betrieb, Kevelaer

Bibliografische Information der Deutschen Bibliothek
Die Deutsche Bibliothek verzeichnet diese Publikation in der Deutschen Nationalbibliografie; detaillierte bibliografische Daten sind im Internet über http://dnb.ddb.de abrufbar.

ISBN 978-3-89842-878-1

© Galileo Press, Bonn 2007
1. Auflage 2007

Das vorliegende Werk ist in all seinen Teilen urheberrechtlich geschützt. Alle Rechte vorbehalten, insbesondere das Recht der Übersetzung, des Vortrags, der Reproduktion, der Vervielfältigung auf fotomechanischen oder anderen Wegen und der Speicherung in elektronischen Medien. Ungeachtet der Sorgfalt, die auf die Erstellung von Text, Abbildungen und Programmen verwendet wurde, können weder Verlag noch Autor, Herausgeber oder Übersetzer für mögliche Fehler und deren Folgen eine juristische Verantwortung oder irgendeine Haftung übernehmen.

Die in diesem Werk wiedergegebenen Gebrauchsnamen, Handelsnamen, Warenbezeichnungen usw. können auch ohne besondere Kennzeichnung Marken sein und als solche den gesetzlichen Bestimmungen unterliegen.
Sämtliche in diesem Werk abgedruckten Bildschirmabzüge unterliegen dem Urheberrecht © der SAP AG, Dietmar-Hopp-Allee 16, D-69190 Walldorf.

SAP, das SAP-Logo, mySAP, mySAP.com, mySAP Business Suite, SAP NetWeaver, SAP R/3, SAP R/2, SAP B2B, SAPtronic, SAPscript, SAP BW, SAP CRM, SAP EarlyWatch, SAP ArchiveLink, SAP GUI, SAP Business Workflow, SAP Business Engineer, SAP Business Navigator, SAP Business Framework, SAP Business Information Warehouse, SAP interenterprise solutions, SAP APO, AcceleratedSAP, InterSAP, SAPoffice, SAPfind, SAPfile, SAPtime, SAPmail, SAP-access, SAP-EDI, R/3 Retail, Accelerated HR, Accelerated HiTech, Accelerated Consumer Products, ABAP, ABAP/4, ALE/WEB, BAPI, Business Framework, BW Explorer, Enjoy-SAP, mySAP.com e-business platform, mySAP Enterprise Portals, RIVA, SAPPHIRE, TeamSAP, Webflow und SAP PRESS sind Marken oder eingetragene Marken der SAP AG, Walldorf.

Inhalt

Danksagung 17
Einleitung 19

TEIL I GRUNDLAGEN

1 Prozessorientiertes Reportingkonzept 27

1.1 Ableiten von Kennzahlen 28
1.2 Definition von Reports 30
1.3 Auswahl der Werkzeuge 31
1.4 Bereitstellung von Reports für den Anwender 34

2 Grundlagen des Reportings in SAP ERP HCM 37

2.1 Datenstrukturen in SAP ERP HCM 38
    2.1.1 Infotypen der Personaladministration 38
    2.1.2 Datencluster der Personalabrechnung und Zeitwirtschaft 41
    2.1.3 Infotypen der Personalplanung 42
2.2 Logische Datenbanken 44
    2.2.1 Eigenschaften einer logischen Datenbank 44
    2.2.2 Die logische Datenbank PNP 45
    2.2.3 Die logische Datenbank PNPCE 49
    2.2.4 Die logische Datenbank PCH 50
    2.2.5 Die logische Datenbank PAP 51
2.3 HR-Reportklassen 52
2.4 Berechtigungsprüfungen im HR-Reporting 56
    2.4.1 Aufruf von Reports 57
    2.4.2 Vereinfachte Berechtigungsprüfung für Reports 59
    2.4.3 Clusterberechtigungen 60
    2.4.4 Query 61
    2.4.5 Manager's Desktop 63
    2.4.6 Kundenreports 63
    2.4.7 Spezielle Fragestellungen 64
2.5 Auswertungsgrundlagen 65
    2.5.1 Zentrale Daten für erfolgreiche Auswertungen ... 66

		2.5.2	Besonderheiten eines internationalen Reportings	69
	2.6	Zusammenfassung		71

TEIL II REPORTINGWERKZEUGE

3 SAP-Standardreport ... 75

3.1	Start eines Reports		75
3.2	Zeitraumselektion		76
3.3	Selektionsvariable		78
3.4	Arbeiten mit ALV-Listen		79
3.5	Zusammenfassung		81

4 Queries ... 83

4.1	InfoSets		84
	4.1.1	Erstellen eigener InfoSets	84
	4.1.2	Erweitern von InfoSets	87
	4.1.3	Spezielle »Schalter«	89
	4.1.4	Die Verwendung von InfoSets erlauben	90
4.2	QuickViewer		91
4.3	Ad-hoc Query		95
	4.3.1	Mengenoperationen	99
	4.3.2	Berichts-Berichts-Schnittstelle	101
	4.3.3	Einsatz und Grenzen der Ad-hoc Query	101
4.4	SAP Query		102
	4.4.1	Mehrzeilige Listen	105
	4.4.2	Lokale Zusatzfelder	106
	4.4.3	Interaktive Listen	109
4.5	Integration von Abrechnungsergebnissen		111
4.6	Integration von Zeitauswertungsergebnissen		112
4.7	SAP-Query-Transporttool		114
4.8	Kritische Erfolgsfaktoren		116

5 HR-Reporting mit SAP NetWeaver BI ... 119

5.1	Architektur von SAP NetWeaver BI		120
	5.1.1	Extraktionsebene	121
	5.1.2	Modellierungsebene	125
	5.1.3	Reporting- und Analyseebene	129

5.2	Business Explorer Analyzer	131
	5.2.1 Funktionen des BEx Analyzer	132
	5.2.2 Arbeiten mit dem BEx Analyzer	137
	5.2.3 Navigation in der Query	140
	5.2.4 Filtern von Merkmalen	142
	5.2.5 Grafische Darstellung von Daten	143
	5.2.6 Arbeiten im Designmodus	144
5.3	BEx Query Designer	146
	5.3.1 Funktionen des Query Designers	146
	5.3.2 Erstellen von Queries	149
	5.3.3 Variablen	152
	5.3.4 Strukturen	153
	5.3.5 Hierarchien	155
	5.3.6 Exceptions	156
	5.3.7 Bedingungen	157
5.4	BEx Web Analyzer	158
5.5	BEx Report Designer	161
5.6	BEx Information Broadcaster	162
5.7	Standard-Content	165
	5.7.1 Standard-Content für HCM-Module	165
	5.7.2 Standard-Content für das Benchmarking	167
	5.7.3 Die Organisationsstruktur im Standard-Content	168
	5.7.4 Fazit	169
5.8	Berechtigungen in SAP NetWeaver BI	169
	5.8.1 Spezifische Berechtigungsobjekte von SAP NetWeaver BI	169
	5.8.2 Werkzeuge zur Berechtigungsprüfung	171
5.9	Strukturelle Berechtigung	172
	5.9.1 Übersicht	172
	5.9.2 Ablauf	173
5.10	Kritische Erfolgsfaktoren	174
	5.10.1 Zielsetzung definieren	174
	5.10.2 Projektteam festlegen	175
	5.10.3 Abschließende Tipps zur Umsetzung	176

6 Kundenreport ... 179

6.1	Erfordernisse definieren	179
6.2	Vorgaben bei der Programmierung	181
6.3	Einsatz einer unternehmensspezifischen logischen Datenbank	182
6.4	Kritische Erfolgsfaktoren	186

TEIL III REPORTING IN DEN HCM-MODULEN

7 Einführung in Teil III 191

8 Personaladministration 195

8.1 Mitarbeiterbezogene Reports 195
    8.1.1 Flexible Mitarbeiterdaten 196
    8.1.2 Personalstammblatt 197
    8.1.3 Terminübersicht 199
    8.1.4 Ausbildung 200
    8.1.5 Dauer der tariflichen Zugehörigkeit 200
    8.1.6 Mutterschaftsübersicht 201
    8.1.7 Ein- und Austritte 202
    8.1.8 Dienstjubiläum 203
    8.1.9 Vollmachten 203
    8.1.10 Familienmitglieder 204
    8.1.11 Geburtstagsliste 204
    8.1.12 Kfz-Suchliste 205
    8.1.13 Telefonliste 206
8.2 Organisatorische Daten 207
    8.2.1 Personalbestandsveränderung 208
    8.2.2 Personalbestandsentwicklung 209
    8.2.3 Tarifliche Einstufung 210
    8.2.4 Aufstellung Gehalt nach Dienstalter 212
    8.2.5 Sonstige Auswertungen zur organisatorischen Einheit 214
8.3 Belege 214
    8.3.1 Protokollierte Änderungen in den Daten der Infotypen 214
    8.3.2 Protokoll der Reportstarts 216
8.4 SAP NetWeaver BI-Standard-Content 217
    8.4.1 InfoCube »Personalbestand« 218
    8.4.2 InfoCube »Personalbestand und -maßnahmen« 220
    8.4.3 ODS-Objekt »Mitarbeiter – Ausbildung« 221
    8.4.4 Queries zum InfoCube »Personalbestand und -maßnahmen« 222
8.5 Fazit 225

9 Organisationsmanagement 227

- 9.1 Organisationseinheit 227
  - 9.1.1 Existierende Organisationseinheiten 227
  - 9.1.2 Stabsfunktionen für Organisationseinheiten ... 228
- 9.2 Stelle 229
  - 9.2.1 Existierende Stellen 229
  - 9.2.2 Stellenplan 229
  - 9.2.3 Stellenbeschreibung 230
  - 9.2.4 Komplette Stellenbeschreibung 231
- 9.3 Planstelle 232
  - 9.3.1 Existierende Planstellen 232
  - 9.3.2 Stabsfunktionen für Planstellen 232
  - 9.3.3 Zeiträume unbesetzter Planstellen 232
  - 9.3.4 Besetzungsplan 233
  - 9.3.5 Planstellenbeschreibung 234
  - 9.3.6 Vakante Planstellen 234
  - 9.3.7 Obsolete Planstelle 235
  - 9.3.8 Komplette Planstellenbeschreibung 235
  - 9.3.9 Kompetenzen und Hilfsmittel 236
  - 9.3.10 Solllohnkosten 237
- 9.4 Arbeitsplatz 238
  - 9.4.1 Existierende Arbeitsplätze 238
  - 9.4.2 Kompetenzen und Hilfsmittel 238
  - 9.4.3 Einschränkungen/Gesundheitsvorsorge 238
- 9.5 Allgemein 239
  - 9.5.1 Existierende Objekte 239
  - 9.5.2 Strukturanzeige 239
  - 9.5.3 Infotypen anzeigen und pflegen 240
  - 9.5.4 Starten einer Personalanwendung 241
- 9.6 SAP NetWeaver BI-Standard-Content 242
  - 9.6.1 InfoCube »Planstellenbesetzungen« 242
  - 9.6.2 Queries zum InfoCube
    »Planstellenbesetzungen« 245
- 9.7 Fazit 246

10 Personalbeschaffung 249

- 10.1 Bewerber 249
  - 10.1.1 Variable Bewerberliste 250
  - 10.1.2 Bewerber nach Namen 250
  - 10.1.3 Bewerber nach Maßnahmen 251

	10.1.4	Ausbildung der Bewerber	251
	10.1.5	Bewerbungen	251
	10.1.6	Bewerberstatistik	252
	10.1.7	Geplante Vorgänge	253
10.2	Vakanz		254
	10.2.1	Vakanzzuordnungen	254
	10.2.2	Vakanzen	254
10.3	Ausschreibungen und Beschaffungsinstrumente		255
	10.3.1	Ausschreibungen	255
	10.3.2	Beschaffungsinstrumente	257
10.4	SAP NetWeaver BI-Standard-Content		258
	10.4.1	InfoCube »Bewerbungen und Bewerbermaßnahmen«	258
	10.4.2	Queries zum InfoCube »Bewerbungen und Bewerbermaßnahmen«	259
10.5	Fazit		261

11 Personalabrechnung ... 263

11.1	Entgeltnachweis		263
	11.1.1	Entgeltnachweis (Standard)	263
	11.1.2	Entgeltnachweis mit HR-Forms	265
11.2	Auswertungen zu den Infotypen und Ergebnissen der Personalabrechnung		267
	11.2.1	Lohnjournal	267
	11.2.2	Lohnkonto	270
	11.2.3	Be- und Abzüge	272
	11.2.4	Auswertung der Pfändungsergebnisse	273
	11.2.5	Bankverbindungen	277
	11.2.6	Lohnarten-Reporter	277
11.3	Werkzeuge der Personalabrechnung		279
	11.3.1	Nettoeinkommen auf Monatsbasis	279
	11.3.2	Anzeige der Abrechnungsergebnisse	281
11.4	SAP NetWeaver BI-Standard-Content		285
	11.4.1	InfoCube »Mitarbeitergenaue Abrechnungsdaten«	285
	11.4.2	InfoCube »Abrechnungsbelege«	288
	11.4.3	InfoCube »Abrechnungsbelege und Revisionsinformationen kombiniert«	288
	11.4.4	MultiCube »Zeit- und Abrechnungsdaten«	288
	11.4.5	Queries zu den InfoCubes der Personalabrechnung	289
11.5	Fazit		293

12 Personalzeitwirtschaft ... 295

- 12.1 Arbeitszeitplan ... 295
  - 12.1.1 Persönlicher Arbeitszeitplan ... 295
  - 12.1.2 Tagesarbeitszeitplan ... 297
- 12.2 Ab-/Anwesenheiten ... 298
  - 12.2.1 Ab-/Anwesenheitsdaten – Übersicht ... 298
  - 12.2.2 Ab-/Anwesenheitsdaten – Kalendersicht ... 301
  - 12.2.3 Ab-/Anwesenheitsdaten – Mitarbeiterübergreifende Sicht ... 304
  - 12.2.4 Anwesenheitskontrolle ... 304
  - 12.2.5 Grafische An-/Abwesenheitsübersicht ... 306
- 12.3 Zeitkonten ... 307
  - 12.3.1 Zeitnachweis ... 307
  - 12.3.2 Kumulierte Zeitauswertungsergebnisse ... 310
  - 12.3.3 Zeitkonten anzeigen ... 311
  - 12.3.4 Anzeige von Abwesenheitskontingentinformationen ... 312
  - 12.3.5 Anzeige von Zeitauswertungsmeldungen ... 314
  - 12.3.6 Anzeige Zeitauswertungsergebnisse (Cluster B2) ... 315
- 12.4 SAP NetWeaver BI-Standard-Content ... 316
  - 12.4.1 InfoCube »Personalzeiten« ... 317
  - 12.4.2 Queries zum InfoCube »Personalzeiten« ... 321
- 12.5 Fazit ... 323

13 Personalentwicklung ... 325

- 13.1 Profile ... 325
  - 13.1.1 Profilvergleich ... 325
  - 13.1.2 Profile einer Organisationseinheit ... 327
  - 13.1.3 Auswertung von Profilen ... 327
- 13.2 Qualifikationen ... 329
  - 13.2.1 Suche zu Qualifikationen ... 329
  - 13.2.2 Abgelaufene Qualifikationen ... 330
- 13.3 Sonstige Auswertungen ... 331
  - 13.3.1 Auswertung von Beurteilungen ... 331
  - 13.3.2 Vergleich Planstelle/Inhaber für Organisationseinheit ... 333
- 13.4 SAP NetWeaver BI-Standard-Content ... 334
  - 13.4.1 InfoCube »Qualifikationen« ... 334
  - 13.4.2 InfoCube »Beurteilungen« ... 334

Inhalt

       13.4.3 Queries zu den InfoCubes der
Personalentwicklung 336
13.5 Fazit 337

14 Veranstaltungsmanagement 339

14.1 Teilnahmen 340
       14.1.1 Teilnehmerliste 341
       14.1.2 Anwesenheitsliste 341
       14.1.3 Mitarbeiterliste 343
       14.1.4 Buchungen pro Teilnehmer 344
       14.1.5 Ausbildungshistorie eines Teilnehmers 344
       14.1.6 Teilnahmevoraussetzungen 345
       14.1.7 Qualifikationen eines Teilnehmers 345
       14.1.8 Teilnahmestatistik 346
       14.1.9 Stornierungen pro Veranstaltung/
Teilnehmer 348
14.2 Veranstaltungen 348
       14.2.1 Veranstaltungsbedarf 348
       14.2.2 Veranstaltungsinformationen 350
       14.2.3 Veranstaltungstermine 351
       14.2.4 Offene Ressourcenbelegung pro
Veranstaltung 351
14.3 Ressourcen 352
       14.3.1 Ressourcenausstattung 352
       14.3.2 Referenteninformation 353
       14.3.3 Ressourcenbelegung 353
14.4 SAP NetWeaver BI-Standard-Content 355
       14.4.1 InfoCube »Veranstaltungsmanagement« 355
       14.4.2 InfoCube »Professioneller Seminaranbieter« ... 357
       14.4.3 InfoCube »Ressourcenbelegung« 357
       14.4.4 Queries zum InfoCube
»Veranstaltungsmanagement« 358
14.5 Fazit 360

15 Personalkostenplanung 361

15.1 Datenbasis 361
15.2 Kostenpläne 362
15.3 SAP NetWeaver BI-Standard-Content 363
       15.3.1 InfoCube »Personalkostenpläne« 363

15.3.2 InfoCube »Geplante Personalkosten pro Kostenobjekt« 364
  15.3.3 MultiCube »Plan-/Ist-Vergleich für Personalkosten« 365
  15.3.4 Queries zu den InfoCubes der Personalkostenplanung 366
 15.4 Fazit 368

TEIL IV BEREITSTELLUNG VON REPORTS

16 Bereichsmenü 371

17 Human Resource Information System (HIS) 377

 17.1 Arbeiten mit dem HIS 377
 17.2 Customizing des HIS 380
 17.3 Das HIS in der Praxis 382

18 Manager's Desktop (MDT) 383

 18.1 Funktionen des MDT 383
 18.2 Arbeiten mit dem MDT 384
 18.3 Customizing des MDT 386
  18.3.1 Szenarien im Customizing bearbeiten 386
  18.3.2 Sichten 388
  18.3.3 Funktionscodes 388
 18.4 Der MDT in der Praxis 392

19 SAP NetWeaver Portal 393

 19.1 Manager Self-Service 393
  19.1.1 Customizing des Report Launchpads 394
  19.1.2 Umsetzen von MDT-Daten in ein MSS Reporting Launchpad 396
  19.1.3 Kennzahlenmonitor 397
  19.1.4 Web Templates für den Manager Self-Service 399
 19.2 BEx Web Application Designer 399
 19.3 Visual Composer 405
 19.4 Das SAP NetWeaver Portal in der Praxis 409

Anhang			**411**
A	Literaturempfehlungen		413
B	Standardreports in den HCM-Modulen – Übersicht		415
	B.1	Personaladministration	415
	B.2	Organisationsmanagement	416
	B.3	Personalbeschaffung	417
	B.4	Personalabrechnung	418
	B.5	Personalzeitwirtschaft	418
	B.6	Personalentwicklung	419
	B.7	Veranstaltungsmanagement	419
	B.8	Personalkostenplanung	420
C	Coding-Beispiele zu Kapitel 4, »Queries«		421
D	Die Autoren		425

Index 427

Danksagung

Das vorliegende Buch ist eine Teamleistung. Wir haben vielen Mitwirkenden zu danken, ohne die das Projekt in dieser Qualität nicht möglich gewesen wäre. Insbesondere sind dies unsere Kollegen aus dem AdManus-Beratungsnetzwerk (*www.admanus.de*), die uns mit Rat und Tat zur Seite standen. Besonders zu erwähnen sind Herr Martin Esch, der den Abschnitt 2.4 zum Thema »Berechtigungen« beigetragen hat und Herr Jörg Edinger, der seine Projekterfahrungen zu SAP NetWeaver BI eingebracht hat.

Wir bedanken uns ebenfalls bei unserem Partner, der PIKON International Consulting Group, für die beratende Unterstützung beim Einrichten der Systembeispiele in SAP NetWeaver BI.

Insbesondere möchten wir uns bei SAP PRESS für die gute, konstruktive und angenehme Zusammenarbeit bedanken, die die Herausgabe des Buches erst ermöglicht hat. Besonders sind hier Frau Eva Tripp, die das Konzept dieses Buches unterstützt hat, und Herr Frank Paschen, der mit Geduld und Nachdruck den Fortschritt des Buches begleitet hat, zu nennen.

Hans-Jürgen Figaj, Richard Haßmann und Anja Junold
im März 2007

Was ist das Ziel dieses Buches? Wer kann von der Lektüre profitieren? Wie ist das Buch aufgebaut und wie können Sie es optimal nutzen? Diese Fragen werden im Folgenden beantwortet.

Einleitung

Die Berichtsanforderungen im Personalwesen sind vielfältig, die Lösungswege sind es häufig auch. Dieses Buch zeigt Ihnen, wie Sie die mächtigen Reporting-Werkzeuge des SAP-Systems zielgerichtet und effektiv für Ihre HR-Reporting-Anforderungen einsetzen können. Dazu gehört eine ausführliche Beschreibung aller Werkzeuge sowie der Möglichkeiten, Reports für den Anwender bereitzustellen.

Ziel dieses Buches

Unser Ziel ist es, Ihnen einen Eindruck des praktischen Einsatzes der Reporting-Werkzeuge zu vermitteln. Einzelnen Werkzeugen, die besonders flexible Gestaltungsmöglichkeiten bei Auswertungen bieten, haben wir dabei mehr Platz gewidmet. Das sind die SAP Query, die Ad-hoc Query und SAP NetWeaver BI. Diese Werkzeuge bieten ein großes Potenzial, wenn sie optimal ausgenutzt werden.

Im Kapitel zu SAP NetWeaver BI konzentrieren wir uns auf den Bereich des HR-Reportings, erklären die Werkzeuge zur Erstellung und Bereitstellung von Queries in Excel und im Web, und weisen auf die HR-spezifischen Aspekte des Einsatzes von SAP NetWeaver BI hin. Für Themen, die das technische Umfeld betreffen, verweisen wir im Anhang auf weiterführende Literatur.

SAP NetWeaver BI

Der Bereich Kundenreports ist sehr weitläufig. Wir haben uns hier auf wichtige Richtlinien und Tipps für die Entwicklung beschränkt. Außerdem lernen Sie die Vorteile einer eigenen logischen Datenbank kennen. Da die Möglichkeiten und Werkzeuge im Programmierumfeld zahlreich sind, weisen wir im Anhang auf ein weiterführendes Buch zum Thema *Programmierung im HR-Bereich* hin.

Kundenreports

Zahlreiche Bildschirmabgriffe auf dem Releasestand SAP ERP 6.0 (SAP ERP 2005 wurde kürzlich in SAP ERP 6.0 umbenannt) vermit-

SAP ERP 6.0

teln Ihnen einen Eindruck des praktischen Einsatzes der Werkzeuge. Das soll Ihnen helfen, weitere Werkzeuge kennenzulernen, die Sie in der Praxis noch nicht im Einsatz haben. Auch Leser, die noch keine oder wenig praktische Erfahrung mit dem SAP-System haben, erhalten dadurch einen Einblick.

In der Praxis wird oft viel Zeit damit verbracht, Daten und Zahlen zusammenzustellen und aufzubereiten. Das Buch soll Ihnen helfen, weniger Zeit mit der Aufbereitung der Daten zu verschwenden und dadurch Zeit für die Analyse der ausgewerteten Daten und die Planung von zielgerichteten Maßnahmen zu gewinnen.

Zielgruppen des Buches

Die folgenden Zielgruppen werden in diesem Buch wertvolle Informationen erhalten:

- *Entscheider* in der Personal- oder IT-Abteilung erhalten einen Überblick über die Reporting-Möglichkeiten, die Stärken und Schwächen der Werkzeuge, und können aus diesen Informationen eine Strategie für das eigene Unternehmen ableiten.
- *Key-User* und *Anwender* lernen an vielen Stellen den praktischen Umgang mit dem SAP-System kennen. Besonders die Funktionen und die Flexibilität von SAP Query, Ad-hoc Query und SAP NetWeaver BI werden den Anwender interessieren. Außerdem erhalten sie einen Überblick über die im SAP-Standard angebotenen Reports.
- *Projektleiter* und *Teammitglieder* werden erfahren, dass es wichtig ist, das Thema Reporting von Anfang an in HR-Projekten zu berücksichtigen. Bei der Gestaltung der Prozesse lohnt es sich, auch die Anforderungen an das Reporting mit einzubeziehen. Die Anforderungen umfassen sowohl die Definition von Kennzahlen als auch die Erstellung und Bereitstellung von Reports sowie die Datensicherheit.
- *Programmierer*, die im Umfeld von SAP ERP HCM Kundenreports entwickeln, erhalten Tipps und lernen Alternativen zum reinen ABAP-Report kennen, wie z. B. das Erweitern von InfoSets um kundeneigene Felder oder das Erstellen einer eigenen logischen Datenbank.

- *Studierende* oder *weitere Interessierte*, die sich in das Thema HR-Reporting einarbeiten wollen, erhalten einen Einblick in die Praxis des Reportings mit SAP ERP HCM.
- Außerdem hilft dieses Buch all denjenigen, die bisher mit anderen Softwarepaketen arbeiten und die Leistungsfähigkeit der SAP-Software im Bereich Reporting kennenlernen wollen.

Aufbau des Buches

Im Anschluss an diese Einleitung beschreiben wir in Teil I des Buches wichtige Grundlagen für das HR-Reporting mit SAP. **Kapitel 1** zeigt Ihnen ein *Prozessorientiertes Reportingkonzept*. Dazu gehören sowohl die Definition von Kennzahlen als auch die Erstellung und Bereitstellung von Reports sowie die Datensicherheit. In **Kapitel 2** stellen wir Ihnen die *Grundlagen des Reportings in SAP ERP HCM* dar. Das umfasst die Datenstrukturen, logische Datenbanken, Reportklassen, Berechtigungsprüfungen und die Auswertungsgrundlagen.

Teil I – Grundlagen

Teil II behandelt detailliert die Werkzeuge, mit denen Sie Auswertungen erstellen können. Im Einzelnen werden die folgenden Reportingwerkzeuge dargestellt:

Teil II – Reportingwerkzeuge

- **Kapitel 3: SAP-Standardreport**
  Der SAP-Standardreport ist das Werkzeug mit der längsten Tradition. Bevor die SAP ihre Strategie änderte und neu umzusetzende Anforderungen zum großen Teil in SAP NetWeaver BI verlagerte, war der Grundbedarf an Auswertungen mit dem SAP-Standard abgedeckt. Das erste Modul, auf das die neue Strategie zutraf, war die Personalkostenplanung, die für das R/3-Release 4.7 Enterprise neu entwickelt wurde. Hier war die Richtung erkennbar: Nur noch wenige Auswertungen im R/3-System, dafür zusätzliche Auswertungsmöglichkeiten in SAP NetWeaver BI.

  Der SAP-Standardreport ist jedoch auf eine oder wenige Auswertungsmöglichkeiten ausgerichtet und damit nicht flexibel. Auch wenn häufig versucht wurde, mit Reports wie z. B. der flexiblen Mitarbeiterliste mehr Gestaltungsmöglichkeiten zu bieten, so ist jeder Report immer nur für eine sehr eingegrenzte Menge an Auswertungen einsetzbar.

> **Kapitel 4: Queries**
> Mit der SAP Query und Ad-hoc Query wurden Werkzeuge entwickelt, mit denen das individuelle Zusammenstellen von Feldern aus verschiedenen Infotypen für Auswertungen möglich wurde – ohne Programmierkenntnisse. Die Query ersetzte fortan zahlreiche Kundenentwicklungen und auch einige SAP-Standardreports wurden mit den Query-Werkzeugen erstellt.

> **Kapitel 5: HR-Reporting mit SAP NetWeaver BI**
> Die flexiblen Analysemöglichkeiten von SAP NetWeaver BI brachten eine neue Dimension in das Reporting. Queries, die auf mehrdimensionalen InfoCubes basieren, ermöglichen eine flexible Navigation in Queries. Dies ist mit den bisher genannten Werkzeugen nicht möglich. Der mit SAP NetWeaver BI ausgelieferte Standard-Content für den Bereich HR ist umfangreich und kann unmittelbar für Auswertungen genutzt werden. Das verkürzt die Einführungszeit.

> **Kapitel 6: Kundenreport**
> Der individuelle Kundenreport ist und bleibt die Antwort auf alle offenen Anforderungen, die anders nicht zufriedenstellend gelöst werden können. Hier kann nahezu alles realisiert werden, was gewünscht ist. Die entscheidende Frage ist die nach dem vertretbaren Aufwand.

Teil III – Reporting in den HCM-Modulen

Nach einer kurzen *Einführung in Teil III* des Buches in **Kapitel 7**, folgt die Darstellung ausgewählter Standardreports und des BI-Standard-Contents für die einzelnen HCM-Module:

> Personaladministration (**Kapitel 8**)

> Organisationsmanagement (**Kapitel 9**)

> Personalbeschaffung (**Kapitel 10**)

> Personalabrechnung (**Kapitel 11**)

> Personalzeitwirtschaft (**Kapitel 12**)

> Personalentwicklung (**Kapitel 13**)

> Veranstaltungsmanagement (**Kapitel 14**)

> Personalkostenplanung (**Kapitel 15**)

Sie finden in diesen Kapiteln jeweils anschauliche Beispiele zu Standardreports und Queries aus SAP NetWeaver BI und können sich anhand der Abbildungen und Beschreibungen ein Bild davon machen, welche Möglichkeiten der SAP-Standard bietet.

In Teil IV erhalten Sie schließlich einen Überblick, welche Oberflächen zur Bereitstellung von Berichten zur Verfügung stehen. Dabei gehen wir auf folgende Möglichkeiten ein:

Teil IV – Bereitstellung von Reports

- **Kapitel 16: Bereichsmenü**
  Das Bereichsmenü bietet die Möglichkeit, SAP-Standardreports und Kundenreports in selbst definierten Baumstrukturen zusammenzustellen. Dem Anwender wird so die Suche nach bestimmten Reports erleichtert. Zusätzlich können die Strukturen rollenbasiert aufgebaut werden.

- **Kapitel 17: Human Resource Information System (HIS)**
  Das HIS bietet die Möglichkeit, Strukturen aus dem Organisations- und Veranstaltungsmanagement mit Auswertungen aller HCM-Module zu verbinden. Durch Markieren einer Teilstruktur und anschließendem Start einer angebotenen Auswertung wird diese automatisch mit der Menge der markierten Objekte gestartet. Das Ausfüllen eines Selektionsbildes ist nicht notwendig.

- **Kapitel 18: Manager's Desktop (MDT)**
  Der Manager's Desktop ist auf die Bedürfnisse von Vorgesetzten mit Führungsverantwortung ausgerichtet. Über den Manager's Desktop stellen Sie Auswertungen bereit, die der Vorgesetzte direkt für seinen Verantwortungsbereich ausführen kann.

- **Kapitel 19: SAP NetWeaver Portal**
  Das SAP NetWeaver Portal ermöglicht den Zugriff auf das SAP-System über einen Web-Browser. Da die Installation des SAP GUI entfällt, kann das Portal wesentlich einfacher für den dezentralen Einsatz ausgerollt werden. Die starke Integration in SAP ERP 6.0 und SAP NetWeaver BI machen das Portal zu einem nahezu unverzichtbaren Bestandteil – das gilt auch für den Bereich Reporting.

Arbeiten mit dem Buch

Die Kapitel können in beliebiger Reihenfolge gelesen werden. An vielen Stellen finden Sie Verweise auf andere Abschnitte, die das Thema weiter erläutern. Wenn Sie Informationen zu konkreten Fragestellungen haben, können Sie den Index nutzen und direkt an die entsprechende Stelle springen.

Sicher werden Sie einige Themen besonders interessieren und andere Themen werden Ihnen bereits vertraut sein, so dass Sie diese Kapitel überspringen können. Besonders empfehlen möchten wir Ihnen jedoch das schon erwähnte **Kapitel 2** zum *Prozessorientierten Reportingkonzept*.

Begriffe

> **HR oder HCM**
>
> Der Begriff HR (*Human Resources*) ist immer noch gängig, auch wenn das Software-Produkt der SAP mittlerweile den Namen *SAP ERP Human Capital Management (HCM)* trägt. In diesem Buch werden Sie beide Abkürzungen finden: Wir verwenden die Bezeichnung HCM, wenn wir uns auf das Produkt der SAP und systemrelevante Prozesse beziehen. An anderen Stellen, an denen wir allgemein über Personalwirtschaftsprozesse sprechen, verwenden wir die Abkürzung HR.

> **»Reports« und synonyme Bezeichnungen**
>
> Gemäß dem Buchtitel sprechen wir in der Regel von »Reports«. Aus sprachlichen Gründen verwenden wir allerdings an einigen Stellen synonym die Bezeichnungen »Auswertung«, »Bericht« und »Liste«.

Spezielle Symbole Um Ihnen das Arbeiten mit diesem Buch zu erleichtern, haben wir bestimmte Stellen mit Symbolen markiert. Die Symbole haben folgende Bedeutung:

[!] **Achtung**
Mit diesem Symbol warnen wir Sie vor häufig gemachten Fehlern oder Problemen, die auftreten können.

[+] **Tipp**
Mit diesem Symbol werden Tipps markiert, die Ihnen die Arbeit erleichtern werden.

[»] **Hinweis**
Hinweise helfen Ihnen z.B., weiterführende Informationen zu dem besprochenen Thema zu finden.

[zB] **Beispiel**
Anhand von Beispielen wird das besprochene Thema erläutert und vertieft. Diese Beispiele stammen häufig aus unserer Beratungspraxis.

Teil I
Grundlagen

Im ersten Teil dieses Buches lernen Sie ein prozessorientiertes Berichtskonzept und die Grundlagen des Reportings in SAP ERP HCM kennen.

Wenn Sie Ihr Personalberichtswesen neu aufsetzen oder überarbeiten möchten, spielen die Personalprozesse eine große Rolle. Sie dienen als Grundlage für die Definition von Kennzahlen und das Herleiten von Reports. In diesem Kapitel lernen Sie ein effizientes Vorgehen für die Erstellung eines Reportingkonzepts kennen.

1 Prozessorientiertes Reportingkonzept

Um ein neues Reportingkonzept zu erstellen, müssen Sie zunächst die Anforderungen an das neue Personalberichtswesen erheben. Dafür gibt es denkbar viele Vorgehensweisen. Eine Möglichkeit wäre, die Anwender zu befragen, welche Reports sie für ihre tägliche Arbeit benötigen. Das allein genügt aber nicht. Denn das Personalwesen nimmt heute nicht mehr nur die Rolle des Verwalters ein. Die Personalarbeit befindet sich in einem Wandlungsprozess zum Business-Partner, zur Wertpartnerschaft der Unternehmensleitung, die aktiv die Unternehmensziele unterstützt. Die Personalstrategie muss sich somit aus der Unternehmensstrategie ableiten. Demzufolge muss sich das Personalcontrolling nach der Personalstrategie ausrichten. Es muss Zahlen liefern, die eine optimale Unterstützung der Unternehmensstrategie gewährleisten.

Definition der Anforderungen

Wie können Sie die Kennzahlen bestimmen, die Sie für ein professionelles, beratendes Personalmanagement brauchen? Wie vermeiden Sie es, wichtige Kennzahlen zu übersehen? Wie erreichen Sie von Anfang an ein umfassendes Reportingkonzept? Sicherlich sollte das Reportingkonzept so aufgesetzt sein, dass neue Kennzahlen mit geringem Aufwand integriert werden können. Schließlich ist auch die Personalstrategie nicht in Stein gemeißelt. Je vollständiger aber die Definition der Anforderungen zu Beginn der Konzepterstellung ist, desto besser kann das Reportingkonzept an der Personalstrategie ausgerichtet werden. Je mehr Kennzahlen zu Anfang bekannt sind,

1 Prozessorientiertes Reportingkonzept

desto effizienter können Abstimmung, Berechnung und Verarbeitung derselben erfolgen.

Wir werden Ihnen deshalb in den folgenden Abschnitten ein Verfahren vorstellen, mit dem Sie die Kennzahlen effizient und zielgerichtet von den Prozessen Ihrer Personalabteilung ableiten können (siehe Abschnitt 1.1). Danach folgt die Definition der Reports (siehe Abschnitt 1.2). Welche Zahlen werden in welchen Reports bereitgestellt? Wie viele Reports oder Varianten von Reports soll es geben? In Abschnitt 1.3 erläutern wir Ihnen, wie Sie das am besten geeignete Tool zur Erstellung Ihrer Reports auswählen. Schließlich erfahren Sie in Abschnitt 1.4, was Sie beachten müssen, wenn Sie die Reports den verschiedenen Anwendergruppen zur Verfügung stellen.

1.1 Ableiten von Kennzahlen

HR-Leistungsbaum — Zunächst benötigen Sie einen vollständigen Überblick über alle relevanten, von Ihrer Personalabteilung erbrachten Leistungen. Basis für den Leistungsumfang kann Ihre Prozessdokumentation sein. Bewährt hat sich auch ein Referenz-Leistungskatalog, der von den Autoren zunehmend eingesetzt und permanent erweitert wird (weitere Informationen dazu unter *http://www.iprocon.de/referenzmodell*). Dieser umfasst derzeit rund 800 Leistungen, die typischerweise von der Personalabteilung erbracht werden. Diese sind untergliedert in die Hauptprozesse der Personalarbeit (siehe Abbildung 1.1). Kommt der Referenz-Leistungskatalog zum Einsatz, müsste er zunächst an die Spezifika Ihres Unternehmens angepasst werden, d. h., Sie streichen nicht erbrachte Leistungen, ergänzen fehlende Leistungen und passen die Terminologie an.

Da nicht jede einzelne Leistung für die Ableitung von Kennzahlen gleich wichtig oder überhaupt notwendig ist, müssen Sie die Leistungen zunächst bewerten. Dafür definieren Sie Merkmale wie z. B.:

- strategische Leistung aus Unternehmenssicht (ja/nein)
- Stakeholder
- Fallzahl pro Jahr

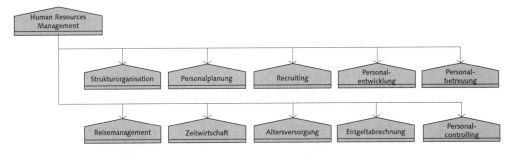

Abbildung 1.1 Obere Ebene des Referenzmodells »HR-Leistungsbaum« der iProCon GmbH

Daraus ergibt sich eine Priorisierung – was ist wichtig, und wessen Interessen stehen im Vordergrund? Abhängig von der Situation des Unternehmens am Markt haben die unterschiedlichen Interessengruppen eine kleinere oder größere Macht (z. B. starke Position der Bewerber bei Unternehmenswachstum und Mangel an Fachkräften). Hier wird gleichzeitig deutlich, wie wichtig die Rolle des Personalcontrollings ist, sobald sich Veränderungen am Markt abzeichnen.

Nach Beurteilung der Leistungen und Auswertung der Merkmale erkennen Sie, mit welchen Leistungen Sie weiterarbeiten müssen. Diese sollten Sie sich im Detail anschauen. Dazu kann es notwendig sein, den Prozess zu modellieren, z. B. dann, wenn er sehr umfangreich ist.

Die Kennzahlen lassen sich nun entweder direkt aus der Leistung oder aus den Prozessschritten ableiten.

> [zB]
> Eines Ihrer erklärten Unternehmensziele ist das Wachstum. Dafür benötigen Sie neue Mitarbeiter. Da der Arbeitsmarkt für Fachkräfte Ihrer Branche keine große Auswahl zulässt, sollte das Controlling Zahlen zum Auswahlverfahren bereitstellen. Dabei ist es interessant, wie viele Bewerbungen (pro Monat) eingehen und wie viele davon geeignet sind. Daraus lässt sich schließen, ob das Ausschreibungsverfahren für Ihre Situation geeignet ist oder ob es angepasst werden muss. In Abbildung 1.2 haben wir die Bewertung der Leistung »Organisation von Auswahlverfahren«, einen Teil des Prozesses und die daraus abgeleiteten Kennzahlen dargestellt.
> Entsprechend verfahren Sie für alle priorisierten Leistungen.

1 Prozessorientiertes Reportingkonzept

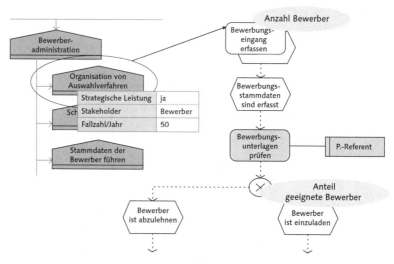

Abbildung 1.2 Ableiten von Kennzahlen aus dem Prozess »Organisation von Auswahlverfahren«

1.2 Definition von Reports

Datenbasis überprüfen

Nachdem Sie die erforderlichen Kennzahlen identifiziert haben, müssen Sie überprüfen, ob die Daten zur Berechnung der Kennzahlen im SAP-System bereitstehen, d. h., ob die Informationen in SAP ERP HCM überhaupt erfasst werden bzw. in welcher Art und Weise die Daten abgelegt sind.

Die Grundlagen zu den verschiedenen Datenstrukturen in SAP ERP HCM und ihre Besonderheiten erfahren Sie in Kapitel 2, *Grundlagen des Reportings in SAP ERP HCM*. Fehlen noch Daten im System, sind gegebenenfalls organisatorische Änderungen zur Erhebung und Erfassung dieser Daten notwendig, damit Sie künftig die erforderliche Datenbasis zur Verfügung haben.

Empfehlungen für die Reportdefinitionen

Bei der Definition der Reports sollten Sie folgende Punkte beachten:

▸ **Berechnungsvorschriften für Kennzahlen**
Legen Sie fest, wie sich die Kennzahlen berechnen. In der Umsetzung sollte die Berechnung möglichst nur einmal (zentral) erfolgen, damit alle Reports mit denselben Zahlen arbeiten und die Reports nachher vergleichbar sind.

- **Redundanzen möglichst vermeiden**
  Wenn unterschiedliche Anwendergruppen inhaltlich ähnliche Reports benötigen, die sich nur im Layout unterscheiden (z. B. aggregierte Daten und Einzeldaten), dann müssen dafür nicht zwei Reports programmiert werden. Die Darstellung kann z. B. über Layoutvarianten erfolgen.

- **Überschaubare Anzahl von Reports**
  Je mehr Reports Sie erstellen, desto größer wird der Wartungsaufwand. Versuchen Sie, mit einem Report mehrere Anforderungen gleichzeitig zu erfüllen und Teile des Reports als Layoutvarianten bereitzustellen.

- **Verständlichkeit**
  Verwenden Sie bei der Benennung der Kennzahlen und Reportfelder die im Unternehmen gebräuchliche Terminologie. Erstellen Sie außerdem eine Dokumentation zu jedem Report. Die Dokumentation sollte auch die Berechnung der Kennzahlen enthalten. Kennzahlen werden sonst unterschiedlich interpretiert.

- **Verschiedene Anwendergruppen**
  Nicht jeder Anwender soll Excel-Exports ausführen oder das Layout der Liste verändern dürfen. Deshalb sollten Sie vorab festlegen, welche Anwendergruppen den Report aufrufen dürfen und welche Funktionen zulässig sind.

Der Teilbaum *Personalcontrolling* im Referenzmodell *HR-Leistungsbaum* enthält bereits eine Reihe von typischen Reports, Standardauswertungen und gesetzlich vorgeschriebenen Listen, untergliedert nach Themen wie Arbeitszeit, Personalbeschaffung, Personalbewegungen. Sollten Sie mit diesem Referenzmodell arbeiten, können Sie den Teilbaum einfach erweitern und für jeden Report verschiedene Merkmale (z. B. Anwender, Häufigkeit der Nutzung, Reportname etc.) hinterlegen. Diese Form der Dokumentation kann z. B. auch als Einarbeitungshilfe für neue Mitarbeiter genutzt werden.

1.3 Auswahl der Werkzeuge

In Teil II, *Reportingwerkzeuge*, stellen wir Ihnen ausführlich die in SAP ERP HCM zur Erstellung von Reports verfügbaren Werkzeuge vor:

Teil II: Reportingwerkzeuge

- Standardreports
- Queries
- SAP NetWeaver Business Intelligence (BI)
- Programmierung von Kundenreports

Die Entscheidung dafür, wann Sie welches Tool benutzen, hängt von den Gegebenheiten ab, insbesondere davon, ob nur ein neuer Report benötigt wird oder im Rahmen eines Redesigns eine Reihe neuer Reports erstellt werden soll.

Wird eine einzelne Liste benötigt, sollten Sie zunächst überprüfen, ob das Standard-Reporting bereits diesen Report enthält. Dazu hilft Ihnen zunächst unsere Reportübersicht in Anhang B. Für jedes HCM-Modul finden Sie hier alle verfügbaren Reports mit Bezeichnung und Transaktionscode.

Teil III: Reporting in den HCM-Modulen

In Teil III unseres Buches erhalten Sie außerdem für eine Auswahl der wichtigsten Standardreports Hinweise zu Einsatzmöglichkeiten und lernen Stärken und Schwächen der Reports kennen. Wenn Sie SAP NetWeaver BI bereits im Einsatz haben, dann erfahren Sie in Teil III auch, ob der Standard-Content des jeweiligen HCM-Moduls die erforderliche Auswertung bereitstellt.

Queries

Ist kein brauchbarer Standardreport vorhanden, stellt sich die Frage, ob die Liste mithilfe der Query-Werkzeuge erstellt werden kann. Dies ist abhängig von der Komplexität der Liste. Einfache Listen, die nur eine Auswertung der Infotypfelder enthalten, lassen sich mit der SAP Query oder Ad-hoc Query leicht erstellen und können jederzeit ohne Programmierkenntnisse angepasst werden. Der Ersteller ist somit wesentlich flexibler und kann auf Anforderungen z. B. nach zusätzlichen Feldern in der Liste schneller reagieren. Insbesondere bei einzelnen Anfragen nach einer einmaligen Auswertung ist die Ad-hoc Query das geeignete Tool. Listen, die nicht mit den Query-Tools erstellt werden können, zeichnen sich z. B. durch folgende Eigenschaften aus:

- Vergleich mehrerer Zeiträume
- Personalbewegungen
- Auswertung modulübergreifender Informationen
- komplexe Berechnungen
- hohe Anforderungen an das Layout
- Interaktion

Um solche Anforderungen abzubilden, bleibt nur die Programmierung individueller Kundenreports. Damit können Sie jede denkbare Anforderung umsetzen. Die Frage ist nur, welcher Aufwand gerechtfertigt ist. Dies sollten Sie im Einzelfall prüfen.

Kundenreports

Die Gefahr besteht darin, dass fast jede neue Anforderung mit einer neuen Programmierung gelöst wird. Die Zahl der programmierten Listen steigt stetig an. Berechnungen von Kennzahlen werden wiederholt durchgeführt und sind gegebenenfalls nicht identisch. Die Listen entziehen sich der Vergleichbarkeit. Die Wartung beansprucht immer mehr Zeit. Spätestens an dieser Stelle lohnt sich das Redesign des Berichtswesens, um die Zahl der Reports zu verringern und Berechnungen an zentraler Stelle durchzuführen. Zur Reduzierung des Wartungsaufwands helfen z. B. klare Programmierrichtlinien (siehe Abschnitt 6.2).

Bevor eine aufwändige Programmierung erfolgt, sollte auch hinterfragt werden, ob der Report künftig in der gleichen Form häufiger gebraucht wird oder ob es sich um eine einmalige Anfrage handelt. Im letzteren Fall kann es sinnvoll sein, die Daten auf einem weniger komfortablen Weg (z. B. verschiedene Queries und Standardreports) zu sammeln und außerhalb des SAP-Systems (z. B. mit MS Excel oder MS Access) weiterzuverarbeiten. Allerdings sollte in solchen Fällen genau dokumentiert werden, wie der Report zustande kommt, um Rückfragen beantworten und die Vergleichbarkeit zu anderen Reports beurteilen zu können.

Für ein zukunftsfähiges Berichtswesen gibt es Alternativen: die Einführung von SAP NetWeaver BI oder die Programmierung einer eigenen logischen Datenbank. In Kapitel 5, *HR-Reporting mit SAP NetWeaver BI*, und Abschnitt 6.3 werden die beiden Tools ausführlich vorgestellt. Sie lernen Vor- und Nachteile kennen und finden Entscheidungshilfen, mit welchem Tool Sie Ihr Reportingkonzept am besten umsetzen.

Alternativen zu Kundenreports

> [!]
>
> Denken Sie bei der Definition der Reports auch daran, die Rollenverteilung zwischen den Abteilungen Personalcontrolling und Personalwesen sowie den Führungskräften festzulegen. Vergessen Sie nicht die Einbindung weiterer Berichtsempfänger wie Personalvertretung, Risikomanagement und Revision. Definieren Sie rechtzeitig ein Verfahren zur Implementierung zukünftiger Reports.

1.4 Bereitstellung von Reports für den Anwender

Teil IV: Bereitstellung von Reports

In Teil IV dieses Buches, *Bereitstellung von Reports*, stellen wir Ihnen schließlich die Tools zur Bereitstellung von Auswertungen vor. Die Wahl des Tools richtet sich nach folgenden zwei Kriterien:

- **SAP-Know-how des Anwenders**
  Kennt der Anwender die Struktur der Daten, also das Infotypkonzept einschließlich Zeitbindung und Historie? Ist der Anwender geübt in der Benutzung der Oberfläche des SAP ERP HCM-Systems?

- **Häufigkeit der Nutzung**
  Wird die Liste einmalig angefragt, oder soll sie regelmäßig aufgerufen werden?

Tabelle 1.1 gibt Ihnen einen Überblick über mögliche Tools der Bereitstellung – abhängig von den beschriebenen Kriterien.

	SAP-Know-how gering	SAP-Know-how hoch
Einmalige Anfrage	▸ MS Office-Dokument ▸ Papierliste	▸ Ad-hoc Query mit entsprechendem InfoSet ▸ BI Query auf entsprechendem InfoCube
Regelmäßige Nutzung	▸ Benutzermenü mit eingeschränktem Selektionsumfang ▸ Manager's Desktop (MDT) ▸ SAP NetWeaver Portal (Web Reporting)	▸ Benutzermenü mit vollem Selektionsumfang ▸ SAP NetWeaver BI

Tabelle 1.1 Möglichkeiten der Bereitstellung von Auswertungen

[zB] Ausgehend davon, dass das SAP NetWeaver Portal, aber nicht SAP NetWeaver BI im Einsatz ist, könnten die vier Konstellationen wie folgt verteilt sein:

- **Einmalige Anfrage – SAP-Know-how gering**

  Der Vorstand oder die Unternehmensleitung erhalten Antworten auf Ad-hoc-Anfragen in Form von Office-Dokumenten oder Papierlisten.

- **Regelmäßige Nutzung – SAP-Know-how gering**

  ▸ Der Betriebsrat kann über das Portal auf eine Vielzahl von Standardreports zugreifen. Diese Reports stehen ihm zum Teil gesetzlich zu und wurden teilweise im Rahmen des Reportingkonzepts vereinbart.

- Das Risikomanagement hat ebenfalls Zugriff auf einige definierte Standardreports des Personalrisikomanagements (Fluktuation, Altersstruktur, Resturlaub, Zeitkonten etc.) über das Portal.
- Die Bereichs- und Abteilungsleiter greifen über den Manager Self Service (Portal) auf eine Anzahl von Standardreports zu.

- **Einmalige Anfrage – SAP-Know-how hoch**

  Die Mitarbeiter der Personalabteilung können auf der Basis von InfoSets, die ihren jeweiligen Tätigkeitsbereich sehr breit abdecken, Ad-hoc Queries selbst durchführen. Sie können die Daten in Office-Produkten weiterverarbeiten.

- **Regelmäßige Nutzung – SAP-Know-how hoch**

  Den Mitarbeitern der Personalabteilung stehen Informationen aus ihrem Tätigkeitsbereich für die von ihnen betreuten Mitarbeiter zur Verfügung. Die Standardreports, unternehmensspezifischen Reports und Queries sind im Benutzermenü eingebunden.

Grundsätzlich lässt sich festhalten: Bei großer Nutzerzahl, hoher Komplexität des Reportingkonzepts und entsprechendem Budget werden

- Benutzer- bzw. Easy Access-Menü und Manager's Desktop zum großen Teil durch Portallösungen wie Web Reporting und Self Services abgelöst
- Standard-Query-Tools und die Reportprogrammierung häufig durch SAP NetWeaver BI ersetzt

> [!] Bei der Diskussion, wie die Reports bereitgestellt werden, sollten Sie gleichzeitig die Zugriffsberechtigung genau bestimmen. In Abschnitt 6.8 finden Sie detaillierte Ausführungen zum Berechtigungskonzept im HR-Reporting.

Im nächsten Kapitel, *Grundlagen des Reportings in SAP ERP HCM*, erfahren Sie zunächst, welche Daten in SAP ERP HCM für die Auswertung verfügbar sind und wie diese Daten im System abgelegt sind. Sie lernen dann, was Sie beim Zugriff auf diese Daten beachten müssen und welche Berechtigungen für den Zugriff benötigt werden.

Vor jeder Auswertung und Analyse müssen die Daten betrachtet werden, die als Basis herangezogen werden sollen. Dazu gehören die technische Struktur und der Inhalt, der entsprechende Informationen hergeben muss. In diesem Kapitel vermitteln wir Ihnen diese Grundlagen.

2 Grundlagen des Reportings in SAP ERP HCM

Die Datenstrukturen in SAP ERP HCM sind vielfältig. Es gibt drei Bereiche, die zu differenzieren sind:

Datenstrukturen in SAP ERP HCM

- die Stammdaten der Personaladministration
- die Ergebnisdaten der Personalabrechnung und Zeitwirtschaft
- die Daten der Personalplanung

Diese Daten unterscheiden sich grundlegend in ihrer Struktur.

> Die Daten des Bewerbermanagements sind in ihrer Struktur identisch mit denen der Personaladministration und werden deshalb nur erwähnt, wenn es Besonderheiten gibt.

[«]

Die Stammdaten der Personaladministration bilden die Grundlage für alle Module des SAP ERP HCM. Bei der Erfassung eines Mitarbeiters werden die Daten in so genannten *Infotypen* abgelegt. Ist der Mitarbeiter hier angelegt, können diese Daten in anderen Modulen verwendet werden. Die Personalabrechnung und Zeitwirtschaft verwenden diese Daten und speichern ihre Ergebnisse in so genannten *Datenclustern*. Deren Struktur besteht aus mehreren zusammenhängenden Tabellen, die sich je nach Anwendung unterscheiden. Die Daten der Personalplanung bestehen schließlich aus verschiedensten Objekten, die durch Verknüpfungen miteinander in Beziehung treten Die individuellen Eigenschaften dieser Objekte werden ebenfalls in *Infotypen* gespeichert. In Abschnitt 2.1 erhalten Sie Einblick in diese Datenstrukturen.

Logische Datenbank

Die grundlegende Technik, die SAP zur Auswertung dieser Strukturen zur Verfügung stellt, ist die *logische Datenbank*. Fast jeder Report basiert auf den Funktionalitäten einer logischen Datenbank, die Daten aus beliebigen Infotypen zur Auswertung bereitstellt. Die logische Datenbank stellt Ihnen dazu ein Selektionsbild für die Einstellungen zur Verfügung und führt im laufenden Betrieb die Standardberechtigungsprüfungen durch. Für den Anwender bedeutet dies eine einheitliche Handhabung bei verschiedenen Auswertungen. Welche logischen Datenbanken im HCM-System zur Verfügung stehen, erfahren Sie in Abschnitt 2.2.

Berechtigungskonzept

Personaldaten sind besonders zu schützen, was hohe Anforderungen an das Berechtigungskonzept stellt. Wichtige Informationen zu den Berechtigungen im Umfeld des HR-Reportings erhalten Sie in Abschnitt 2.4.

Auswertungsgrundlagen

Die beste Auswertung kann eine mangelhafte Datenqualität und fehlende Informationen nicht ersetzen. In Abschnitt 2.5 dieses Kapitels lernen Sie die wichtigsten Aspekte kennen, die beachtet werden müssen, um eine gute Basis für Auswertungen zur Verfügung zu haben.

2.1 Datenstrukturen in SAP ERP HCM

In diesem Abschnitt stellen wir Ihnen die drei verschiedenen Datenstrukturen des HCM-Systems vor. Neben den Datenclustern der Personalabrechnung und Zeitwirtschaft sind dies die Infotypen in den Bereichen Mitarbeiterstammdaten und Personalplanung. Da sich diese Infotypen in Struktur und Verwendung unterscheiden, behandeln wir sie getrennt.

2.1.1 Infotypen der Personaladministration

Inhaltlich zusammengehörende Informationen werden in SAP ERP HCM in Infotypen gespeichert. Die Gliederung erfolgt vor allem nach betriebswirtschaftlichen Gesichtspunkten. Daten, die zusammengehören, werden gemeinsam abgelegt. Dieses Konzept ermöglicht die freie Entscheidung darüber, bestimmte Infotypen einzusetzen und andere nicht zu verwenden. Bestimmte Infotypen, wie z. B. IT0002 (Daten zur Person) müssen eingesetzt werden, da grundlegende Funktionen ohne diese Informationen nicht gewährleistet sind. Der Einsatz verschiedener Infotypen ist davon abhängig, welche Prozesse man verwenden möchte. Eine zusätzliche Wahlmöglichkeit besteht bei der Nutzung von Datenfeldern innerhalb eines Infotyps. Auch hier muss wieder unterschieden werden: Bestimmte Felder sind zwingend erforderlich, andere können verwendet oder ausgeblendet werden.

> [zB] Der Infotyp **Daten zur Person** (siehe Abbildung 2.1) beinhaltet in den Blöcken **Name**, **Geburtsdaten** und **Familienstand/Konfession** die persönlichen Daten einer Person. Dieser Infotyp gehört ohne Zweifel zu den Infotypen, die zwingend erforderlich sind. Ohne den Namen einer Person ist die größte Anzahl von Auswertungen nutzlos. Infotypen, bei denen Sie bestimmen können, ob Sie diese verwenden möchten, sind z. B. IT0040 (Leihgaben) oder IT0035 (Belehrungen).
>
> Bei den Daten zur Person gibt es wenige Felder, die nicht genutzt werden müssen: Die Felder im Block **Familienstand/Konfession** sind z. B. frei verwendbar.

> [!] Dieses Beispiel zeigt den Nachteil des Infotyp-Konzepts: Es gibt Daten, die in den Kontext von mehreren Infotypen passen würden, wie z. B. Daten zu Familienstand und Konfession sind auch steuerrelevant. Deshalb gibt es im Infotyp IT0012 (Steuerdaten D) die Felder **Kinder** und **Kirchensteuer**. Daten werden redundant gehalten. Infotypübergreifende Prüfungen gibt es nur wenige, diese müssen in User-Exits selbst entwickelt werden.
>
> Daher gibt es an manchen Stellen mehrere Möglichkeiten, Daten auszuwerten, und es muss geprüft werden, welche Quelle zuverlässig Daten liefert und einfacher ausgewertet werden kann. Wenn Sie eine Auswertung zur Religionszugehörigkeit benötigen, ist hier der Infotyp IT0012 (Steuerdaten D) eine zuverlässigere Quelle, da diese Daten abrechnungsrelevant sind und eine gewissenhafte Pflege erfordern.

SAP stellt Ihnen Werkzeuge zur Verfügung, mit denen Sie in kurzer Zeit eigene Infotypen entwickeln und bestehende Infotypen um eigene Felder erweitern können. Dies stellt keine Verletzung des SAP-Standards dar und Änderungen bleiben bei Updates erhalten.

Kundenerweiterungen

Der große Vorteil dieses Konzepts ist, dass diese Entwicklungen ohne weitere Anpassungen in der logischen Datenbank zur Verfügung stehen (siehe Abschnitt 2.2) und auch in InfoSets der SAP Query und Ad-hoc Query verwendet werden können (siehe Abschnitt 4.1).

2 | Grundlagen des Reportings in SAP ERP HCM

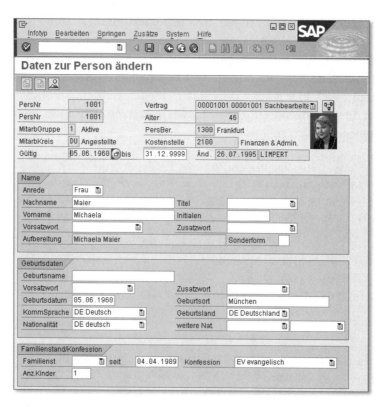

Abbildung 2.1 Infotyp (Daten zur Person)

Historienfähigkeit   Die Infotypen können zeitabhängig gespeichert werden und sind mit einem Beginn- und Endedatum versehen. Dies stellt bei Auswertungen häufig eine große Herausforderung dar, vor allem, wenn Informationen aus mehreren Infotypen mit unterschiedlichen Gültigkeitszeiträumen in Auswertungen kombiniert werden müssen. Selektiert man über einen Zeitraum, dann können in dieser Periode mehrere Sätze eines Infotyps vorhanden sein, was in der Query zur Ausgabe von mehreren Zeilen führt.

[+] Bei der Entscheidung über die Verwendung von Infotypen und Datenfeldern spielen die Anforderungen des Reportings eine wichtige Rolle, denn viele Daten werden nur für das Reporting gepflegt. Die Analyse der Datenbasis ist daher bei der Konzeption des Reportings immer der erste Schritt.

2.1.2 Datencluster der Personalabrechnung und Zeitwirtschaft

Die Ergebnisse von Personalabrechnung und Zeitwirtschaft werden in Datenclustern abgelegt, die in der Datenbanktabelle PCL2 gespeichert werden. Jedes Cluster besitzt eine eigene Struktur, die aus mehreren Tabellen besteht. Während die Zeitwirtschaft international das gleiche Cluster B2 verwendet, ist für die Personalabrechnung pro Länderversion ein eigenes Cluster vorhanden, denn gesetzliche Regelungen erfordern in jedem Land spezielle Daten.

In Abbildung 2.2 sehen Sie die Datenstruktur PAYDE_RESULT, mit der die Auswertung von Abrechnungsergebnissen erleichtert wird. Die Struktur enthält drei Bereiche, EVP – das Cluster-Directory – INTER – internationale Objekte des Abrechnungsergebnisses – und NAT – nationale Objekte des Abrechnungsergebnisses mit den Tabellen für die deutsche Abrechnung. Hinter den Bereichen INTER und NAT verbergen sich jeweils zahlreiche Tabellen.

Datenstruktur des Abrechnungsergebnisses

> Der Musterreport RPMUST01 zeigt das Lesen der Abrechnungsergebnisse auf Basis dieser Struktur in einem Beispiel und kann als Vorlage für eigene Reports verwendet werden.

[+]

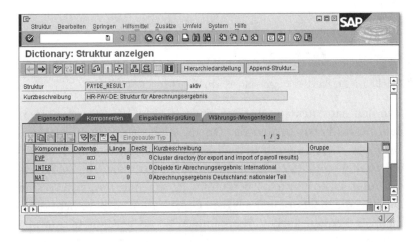

Abbildung 2.2 Struktur des Datenclusters der Personalabrechnung

Die Auswertung von Ergebnissen der Personalabrechnung und Zeitwirtschaft ist technisch aufwändiger und weniger komfortabel, was Sie besonders in Kapitel 4, *Queries*, sehen werden. Es gibt keine logische Datenbank, die Ergebnisse aus Personalabrechnung oder Zeitwirtschaft direkt bereitstellt. Bei der Programmierung ist daher immer der Einsatz von Funktionsbausteinen erforderlich, um die erforderlichen Daten für Auswertungen zur Verfügung zu stellen.

2.1.3 Infotypen der Personalplanung

Das objektbasierte Datenmodell der Personalplanung besteht aus Objekten, die durch Verknüpfungen miteinander in Beziehung gesetzt werden. Jedes Objekt besitzt Eigenschaften, die in Infotypen abgelegt sind.

Die Zahl der Objekttypen aus den verschiedenen Modulen der Personalplanung ist groß. Für das Modul *Organisationsmanagement* sind die Objekttypen in Tabelle 2.1 dargestellt.

Objekttyp	Text
O	Organisationseinheit
S	Planstelle
C	Stelle
T	Aufgabe
A	Arbeitsplatz
P	Person
K	Kostenstelle

Tabelle 2.1 Objekte des Organisationsmanagements

Objekte des Organisationsmanagements Von den dargestellten Objekten müssen nicht alle verwendet werden. In der Praxis besteht das Organisationsmanagement meistens aus einer Hierarchie mit den Objekten O (Organisationseinheit), S (Planstelle) und C (Stelle). Dazu werden die externen Objekte P (Person) und K (Kostenstelle) verknüpft. Person und Kostenstelle sind Objekte, die nicht originär aus dem Organisationsmanagement stammen. Es können auch Verknüpfungen zu so genannten externen Objekten angelegt werden. Eine Planstelle kann mit einer Personalnummer aus der Personaladministration verknüpft werden, und auch eine Kostenstelle aus dem Modul CO (Controlling) kann entweder mit der Organisationseinheit oder der Planstelle verknüpft werden. Durch die Verknüpfungen entstehen Hierarchiebäume, die Auswertungen entlang dieser Struktur ermöglichen.

> Verknüpfungen beschreiben die Beziehung zwischen zwei Objekten. Diese werden in zwei Richtungen definiert, A (bottom-up) und B (top-down). Dies ermöglicht Auswertungen in beide Richtungen. Ausgehend von einem Vorgesetzten, können alle untergeordneten Mitarbeiter gefunden werden, und, ausgehend von einem Mitarbeiter, kann der Vorgesetzte ermittelt werden.

Verknüpfungen

Die Basis des Organisationsmanagements bildet die *Organisationsstruktur*, in der die Organisationseinheiten hierarchisch angeordnet werden. Den Organisationseinheiten wird eine Planstelle pro Mitarbeiter zugeordnet. Werden Mitarbeitern Planstellen zugeordnet, spricht man vom *Besetzungsplan* (siehe Abbildung 2.3).

Besetzungsplan

Zusätzlich werden Planstellen mit beschreibenden Stellen verknüpft. Die Planstelle entspricht der exakten Tätigkeit des Mitarbeiters, z. B. *Sekretärin Werkleiter Werk 1*, während die Stelle nur zur allgemeinen Beschreibung dient, z. B. *Sekretärin*.

Planstellen können auch unbesetzt sein wobei die Eigenschaft **vakant** festlegt, ob eine Planstelle aktuell zu besetzen ist oder unbesetzt bleibt (siehe Abbildung 2.3).

Besetzungsplan (Struktur)	Kürzel	Id	Leiter
▽ Personal (D)	Personal-D	O 00001001	Anja Müller
▷ Hauptabteilungsleiter Personal (D)	HAL Pers-D	S 50000052	
▷ Sekretärin Personalabteilung (D)	Sek-Pers	S 50011262	
▽ Personaladministration (D)	Pers.adm.-D	O 50000147	Alexander Rickes
▷ Abteilungsleiter Personaladm. (D)	AL PA-D	S 50000055	
▽ Sachbearbeiter Personaladm. (D)	Sachb.PA-D	S 50000056	
Mike Kaufman	Kaufman	P 00001016	
Sachbearbeiter Personaladm. (D)	Sachb. Padm.	S 50013350	
Sachbearbeiter Personaladm. (D)	Sachb.PA-D	S 00100225	
Sekretärin Personaladm. (D)	Sekr. PA-D	S 50000057	
Sekretärin Personaladm. (D)	Sekr. PA-D	S 50013173	
▷ Personalentwicklung und Controlling (D)	PE/CO-D	O 50000148	Maria Rauenbe...
▷ Soziales und Recht (D)	Soz./Recht-D	O 50000149	Martin Beck
▷ Personalausbildung (D)	PE Ausb.	O 50014178	Dr. Henriette Ku...

Abbildung 2.3 Besetzungsplan

Der Auswertungsweg bestimmt, welche Objekte verarbeitet werden. Ausgehend von einem Objekt, werden alle weiteren Objekte verarbeitet, die über die im Auswertungsweg definierten Verknüpfungen mit dem Ausgangsobjekt verbunden sind (siehe Abbildung 2.4).

Auswertungsweg

Abbildung 2.4 Auswertungsweg – Customizing

Der abgebildete Auswertungsweg beginnt bei der Organisationseinheit und sucht alle damit verknüpften Planstellen. Von der Planstelle werden zugeordnete Personen gelesen. Danach wird mit der nächsten untergeordneten Organisationseinheit fortgefahren.

Erweiterbarkeit Dieses Datenmodell ist flexibel erweiterbar. Sie können eigene Objekte und selbst definierte Verknüpfungen erstellen. Eigene Auswertungswege für das Reporting können angelegt werden.

Die Daten des Organisationsmanagements sind an verschiedenen Stellen des Reportings relevant. In Auswertungen, wie z. B. einer Aufstellung unbesetzter oder vakanter Planstellen, werden die Daten des Organisationsmanagements direkt ausgewertet. Die Daten können aber auch zur Mitarbeiterselektion verwendet werden, indem eine Organisationseinheit als Wurzelobjekt gewählt wird und alle Mitarbeiter der untergeordneten Planstellen die Auswahlmenge bilden. Dies wird häufig bei Auswertungen für Vorgesetzte eingesetzt. Beim Aufbau der Struktur des Organisationsmanagements sollten Sie die Aspekte des Reportings bereits mit berücksichtigen.

2.2 Logische Datenbanken

Im vorherigen Abschnitt haben Sie die komplexen Strukturen von SAP ERP HCM kennen gelernt. Um das aufwändige Lesen der Daten nicht in jedem Report wieder neu programmieren zu müssen, stehen vorgefertigte Programmroutinen in so genannten logischen Datenbanken zur Verfügung.

2.2.1 Eigenschaften einer logischen Datenbank

Eine logische Datenbank ist ein ABAP-Programm. Sie ist Basis für Reports und InfoSets der Query-Tools (siehe Kapitel 4, *Queries*) und stellt Daten zur Auswertung oder Verarbeitung zur Verfügung. Die logische Datenbank beinhaltet folgende Funktionen:

- **Datenbeschaffung**
  Es werden Daten von der Datenbank gelesen und im Hauptspeicher zur Verfügung gestellt. Programminterne Tabellen halten Daten aus verschiedenen Infotypen zur Weiterverarbeitung bereit. Die logische Datenbank ist keine echte physische Datenbank, sondern sie stellt zur Laufzeit des Reports eine Sicht auf die Datenbanktabellen bereit.

- **Selektionsbild**
  Ein so genanntes Standardselektionsbild hilft, die Datenselektion nach verschiedenen Kriterien einzugrenzen. Abhängig von der Struktur der logischen Datenbank stehen Felder als Selektionsparameter zur Verfügung. In vielen Fällen müssen keine zusätzlichen Selektionen im Report definiert werden.

- **Berechtigungsprüfung**
  Die logische Datenbank prüft, ob der Benutzer die Rechte besitzt, die angeforderten Daten zu sehen.

An das Berechtigungskonzept werden im HR-Umfeld besonders hohe Anforderungen gestellt. Der Einsatz einer logischen Datenbank ist bei der Programmierung von Kundenreports unbedingt zu empfehlen. [+]

Die logischen Datenbanken des HCM-Systems sind die PNP und PNPCE für die Personaladministration, die PAP für die Personalbeschaffung und die PCH für die Module Organisationsmanagement, Personalentwicklung und Veranstaltungsmanagement.

2.2.2 Die logische Datenbank PNP

Die logische Datenbank PNP wird in den Modulen Personaladministration, Zeitwirtschaft und Personalabrechnung verwendet. Das Selektionsbild dieser logischen Datenbank besteht aus den in Abbildung 2.5 dargestellten Bildbereichen:

- **Buttonleiste**
  In der Buttonleiste stehen **Weitere Selektionen**, **Suchhilfen**, **Sortierung** und die Selektion über die **Org. Struktur** zur Verfügung.

Hinter dem Button **weitere Selektionen** verbergen sich zusätzliche Felder für die Mitarbeiterselektion. Um den Bereich **Selektionen** übersichtlich zu halten, werden nicht alle Selektionsfelder sofort eingeblendet, sondern können mit diesem Button aktiviert werden.

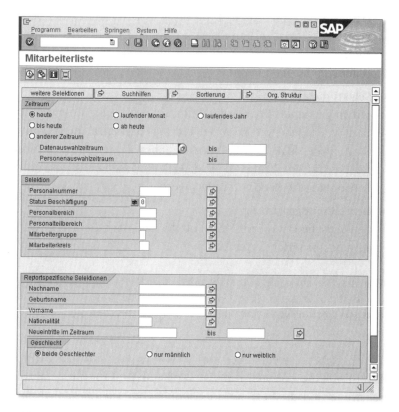

Abbildung 2.5 Selektionsbild der logischen Datenbank PNP

Die **Suchhilfen** verbinden den Bereich **Selektion** und **Sortierung** in einer Funktion. Es kann eine Suchhilfe für Personalnummern aus den angebotenen Suchhilfen (siehe Abbildung 2.6) ausgewählt werden. Auch die Definition eigener Suchhilfen ist möglich.

[zB] In der Suchhilfe K (Organisatorische Zuordnung) kann z. B. eine Kostenstelle eingegeben werden. Damit werden nur Mitarbeiter dieser Kostenstelle ausgegeben. Gleichzeitig wird die Sortierung entsprechend der Reihenfolge der Felder in Suchhilfe K durchgeführt.

2.2 Logische Datenbanken

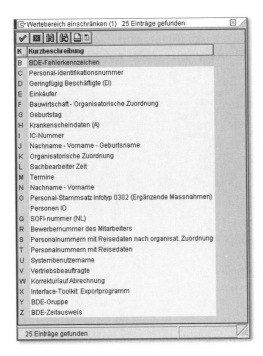

Abbildung 2.6 Suchhilfen

Die Verarbeitung und damit auch die Ausgabe der Mitarbeiter erfolgt gewöhnlich nach Personalnummern aufsteigend. Mit dem Button **Sortierung** können Felder für die Reihenfolge selektiert werden, in der die Mitarbeiter verarbeitet und ausgegeben werden. Diese Funktionalität ist komfortabler und der Verwendung von Suchhilfen vorzuziehen.

Die Selektion über die Struktur des Organisationsmanagements ermöglicht die Auswahl von Organisationseinheiten und schränkt die selektierten Mitarbeiter entsprechend dem gewählten Hierarchiebereich ein.

▶ **Freie Abgrenzungen**
In der allgemeinen Buttonleiste finden Sie den Button für freie Abgrenzungen. Die Möglichkeiten dieses Werkzeugs werden in der Praxis selten ausgenutzt. Die Felder, die für eine freie Abgrenzung angeboten werden, legt der Selektionsview fest, der in der HR-Reportklasse (siehe Abschnitt 2.3) zugeordnet wird. Dieser Selektionsview kann Daten aus verschiedenen Infotypen beinhalten, auch von kundeneigenen Infotypen. Mit dieser Funktionalität

wird der Block **Selektionen**, der aus Feldern der Infotypen 0000 (Maßnahmen) und 0001 (Organisatorische Zuordnung) besteht, um jedes beliebige Feld erweiterbar (siehe Abbildung 2.7).

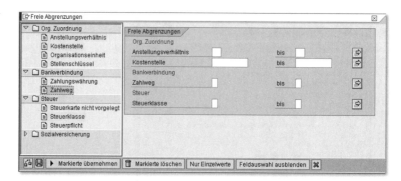

Abbildung 2.7 Freie Abgrenzungen

- **Zeitraum**
Bei den Zeiträumen ist zwischen Personenauswahlzeitraum und Datenauswahlzeitraum zu unterscheiden. Der Personenauswahlzeitraum bezieht sich auf die durchgeführte Personenselektion (siehe folgendes Beispiel). Der Datenauswahlzeitraum bezieht sich hingegen auf die Daten, die ausgewertet und dargestellt werden sollen.

[zB]
Es sollen alle Mitarbeiter selektiert werden, die zum 31.12.2006 aktiv sind. Für diese Mitarbeiter soll die Gehaltsentwicklung im Jahr 2006 dargestellt werden.

Für die **Selektion** der Mitarbeiter wird als **Personenauswahlzeitraum** der 31.12.2006 als Beginn und Endedatum vorgegeben. (Es reicht, nur das Beginndatum zu füllen. Bleibt das Endedatum leer, wird automatisch das Endedatum gleich dem Beginndatum gesetzt.) Außerdem wird der Beschäftigungsstatus ungleich **0** gewählt. Damit werden alle zum 31.12.2006 aktiven Mitarbeiter selektiert.

Als **Datenauswahlzeitraum** wird der Zeitraum vom 01.01.2006 bis zum 31.12.2006 genommen, denn Daten sollen für das ganze Jahr gelesen werden, um die Entwicklung darzustellen. Sie erhalten in der Ausgabe alle Datensätze, die in dem Jahr vorhanden sind.

- **Selektion**
Dieser Bereich dient der Einschränkung der auszuwertenden Mitarbeiter. Es werden alle Mitarbeiter selektiert, die in dem unter **Personenauswahlzeitraum** angegebenen Zeitraum dieses Krite-

rium mindestens für einen Tag erfüllt haben (siehe auch Abschnitt 3.1).

> Der **Personenauswahlzeitraum** beginnt am 01.01.2006 und endet am 31.12.2006. Als **Selektion** wird der **Personalbereich 1000** eingegeben. Es werden alle Mitarbeiter selektiert, die in diesem Zeitraum in dem Personalbereich waren. Dies muss nicht der komplette Zeitraum sein. Es reicht, wenn der Mitarbeiter am 01.01.2006 in dem Personalbereich war und bereits am 02.01.2006 in einen anderen Personalbereich versetzt wurde. [zB]

- **Reportspezifische Selektionen und Parameter**
  Dieser Bildbereich hat nichts mit der logischen Datenbank zu tun, sondern ist individuell auf diesen Report abgestimmt. Hier können weitere Selektionsmöglichkeiten und Parameter zur Programmsteuerung definiert werden.

2.2.3 Die logische Datenbank PNPCE

Die logische Datenbank PNPCE existiert seit dem Release SAP R/3 Enterprise und ist als Nachfolger der PNP zu betrachten. Das in Abbildung 2.8 dargestellte Selektionsbild wurde in einigen Punkten verbessert:

- einfache und übersichtliche Darstellung von Daten- und Personenauswahlzeitraum
- Integration von Auswertungszeitraum und Abrechnungszeitraum in einen Bildschirm, in dem – ohne umzuschalten – Zeiträume und Stichtage selektiert werden können
- InPlace-Darstellung der freien Abgrenzung
- Integration der Buttons in die allgemeine Buttonleiste

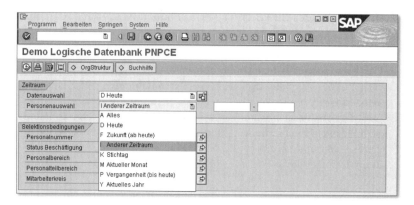

Abbildung 2.8 Selektionsbild der logischen Datenbank PNPCE

Concurrent Employment
Der wichtigste Unterschied ist die Unterstützung von Concurrent Employment oder Mehrfachbeschäftigung. Das heißt, die Personen-ID kommt als Selektionskriterium hinzu, und eine Verarbeitung von Mitarbeitern mit mehreren Verträgen und somit mehreren Personalnummern ist möglich. Dazu muss diese Funktionalität im Customizing aktiviert worden sein.

[»] Nähere Informationen zum Thema *Concurrent Employment* finden Sie im Hinweis 517071 im SAP Service Marketplace.

Auch ohne den Einsatz von Concurrent Employment kann die PNPCE mit den allgemeinen Verbesserungen genutzt werden. SAP empfiehlt, diese für Eigenentwicklungen einzusetzen. Die meisten SAP-Standardreports nutzen allerdings nach wie vor die logische Datenbank PNP. SAP stellt die Reports nur schrittweise um, wenn Weiterentwicklungen anstehen.

[»] Siehe auch Abschnitt 6.3 zu den spezifischen Schwächen dieser logischen Datenbank.

2.2.4 Die logische Datenbank PCH

Die logische Datenbank PCH ist für das Datenmodell der Personalplanung konzipiert, in dem Objekte wie z. B. Organisationseinheiten, Planstellen, Qualifikationen oder Veranstaltungen durch Verknüpfungen miteinander in Beziehung treten. Sie wird in den

Modulen Organisationsmanagement, Personalkostenplanung, Veranstaltungsmanagement und Personalentwicklung verwendet.

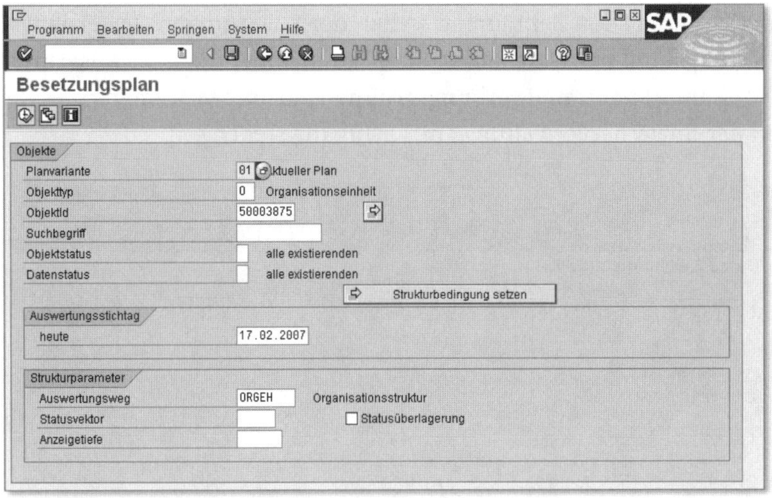

Abbildung 2.9 Selektionsbild der logischen Datenbank PCH

In dem in Abbildung 2.9 gezeigten Selektionsbild können ein oder mehrere Objekte als Ausgangspunkte festgelegt werden. Durch die Vorgabe eines Auswertungswegs können Sie auch weitere Objekte in die Auswertung mit einbeziehen.

2.2.5 Die logische Datenbank PAP

Die logische Datenbank PAP dient der Auswertung von Daten aus der Personalbeschaffung. Die Struktur der Daten ist mit der Personaladministration vergleichbar. Es werden größtenteils die gleichen Infotypen verwendet. Dazu kommen Infotypen, die spezifisch für die Verwaltung von Bewerbern benötigt werden.

Die Daten werden in einem eigenen Bereich in der Datenbank gespeichert.

> Einige Begriffe erhalten im Bereich »Bewerber« eine andere Bedeutung: Die Personalnummer ist in der Bewerberverwaltung die Bewerbernummer, der Mitarbeiterkreis entspricht dem Bewerberkreis und die Mitarbeitergruppe der Bewerbergruppe.

[«]

In Abbildung 2.10 sehen Sie das Selektionsbild der logischen Datenbank PAP, das mit dem der logischen Datenbank PNP vergleichbar ist. Einige Felder sind hier speziell auf die Bewerberverwaltung ausgerichtet: Bei den Zeiträumen stehen der Zeitraum des Bewerbungseingangs und der Datenauswahlzeitraum zur Verfügung. **Ausschreibung** und **Spontanbewerbungsgruppe** sind Informationen, die nur in der Bewerberverwaltung zur Verfügung stehen.

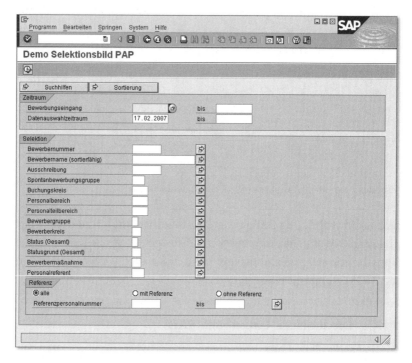

Abbildung 2.10 Selektionsbild der logischen Datenbank PAP

2.3 HR-Reportklassen

Feintuning des Selektionsbildes

HR-Reportklassen ermöglichen Ihnen das Feintuning der Selektionsbilder der logischen Datenbanken PNP und PNPCE. Sie können folgende Einstellungen vornehmen:

- **Stichtag, Zeitraum Abrechnungsperiode**
  Sie können die Eingabe der Zeiträume auf die Perioden der Personalabrechnung umstellen. Außerdem können Sie die Eingabe auf einen Stichtag einschränken.

- **Daten- und Personenauswahlzeitraum**
  Sie können Daten- und Personenauswahlzeitraum miteinander verbinden. Dadurch ist nur eine Eingabe notwendig, und die Zeiträume werden immer identisch gehalten. Es hängt von den Anforderungen eines Reports ab, ob die Zeiträume identisch gehalten werden können oder getrennt eingegeben werden müssen.

- **Zulässige Selektionsoptionen**
  Sie können die gewünschten Selektionsoptionen auswählen. Dabei legen Sie fest, welche sofort erscheinen und welche über den Button **Weitere Selektionen** zugeschaltet werden können.

- **Festlegung der freien Abgrenzungen**
  Sie wählen den Selektionsview für die freien Abgrenzungen. Das kann ein Standard-Selektionsview (SAP) oder ein selbst definierter Selektionsview (CUS) sein. Damit legen Sie die Felder fest, die in der freien Abgrenzung angeboten werden.

Lesen von Abrechnungsergebnissen

Die Selektion über Abrechnungsergebnisse ist eine besondere Variante des Selektionsbildes. Damit soll einer Schwäche bei der Auswertung von Abrechnungsergebnissen begegnet werden. Selektiert man in einem Report eine Kostenstelle, dann prüft diese Selektion normalerweise die Kostenstelle aus IT0001 (Organisatorische Zuordnung). Die Kostenstelle kann aber nach Abschluss der Abrechnung verändert werden. In der Folgeperiode erfolgt eine Rückrechnung. Im Abrechnungscluster in der Tabelle WPBP kann man diese erkennen, im Infotyp steht aber nur der letzte Stand. Die Selektion über Abrechnungsergebnisse verwendet nicht die Felder der Infotypen, sondern die der WPBP. Diese wird nicht aus dem Cluster gelesen, sondern aus den Tabellen HRPY_WPBP und HRPY_RGDIR. In diesen transparenten Tabellen werden die Inhalte der Tabellen des Abrechnungsclusters seit Release R/3 4.6c parallel gehalten, um diese Selektion möglich zu machen. Dadurch wird nur das Selektionsbild verändert, es werden deswegen noch keine Abrechnungsergebnisse gelesen. Diese müssen weiterhin mit den gewohnten Funktionsbausteinen gelesen werden.

Selektion über Abrechnungsergebnisse

Die HR-Reportklasse erreichen Sie über die Eigenschaften eines Reports im ABAP Editor (Transaktion SE38). Abbildung 2.11 zeigt den Button, über den man zu den Einstellungen der HR-Reportklasse gelangt.

HR-Reportklasse aufrufen

2 | Grundlagen des Reportings in SAP ERP HCM

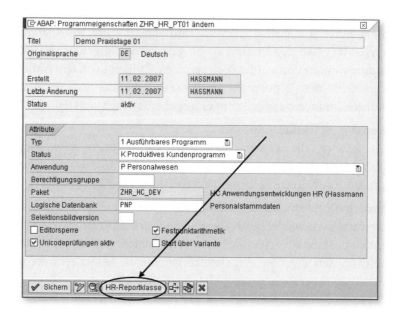

Abbildung 2.11 ABAP-Programmeigenschaften

Durch einen Klick auf den Button **HR-Reportklasse** gelangen Sie in das in Abbildung 2.12 dargestellte Fenster zur **Reportklassenzuordnung**. Hier können Sie eine Reportklasse auswählen oder in die Pflege der Reportklassen abspringen.

Abbildung 2.12 Reportklassenzuordnung

Auch im Customizing können Sie die HR-Reportklasse unter dem IMG-Pfad **Personaladministration • Personalinformationssystem • Reporting • Anpassung des Standardselektionsbildes • Reportklassen zuordnen** anpassen. Das ermöglicht Ihne eine Anpassung des Selektionsbildes von Standardreports ohne Modifikation. Dies sollte allerdings nur dann durchgeführt werden, wenn wichtige Gründe vorliegen. Außerdem muss die Anpassung intensiv getestet werden, bevor der Report eingesetzt wird. Die Einschränkung der Funktionalität durch eine eigene HR-Reportklasse ist hier unproblematischer als eine Erweiterung durch Hinzunahme von weiteren Selektionen, die möglicherweise bewusst ausgeschlossen wurde.

In Abbildung 2.13 sind die Parameter einer Reportklasse zu sehen. Sie müssen zuerst festlegen, ob die Reportklasse für die logische Datenbank PNP oder PNPCE verwendet werden soll. In dem Block **Allgemeine Angaben** kann der Datenauswahlzeitraum mit dem Personenauswahlzeitraum fest verbunden werden. Sie haben dann nur noch einen Zeitraum, den Sie auf dem Selektionsbild eingeben können, der dann für Personen- und Datenauswahlzeitraum gleichermaßen gilt. Die Buttons für **Suchhilfe** (= Matchcode), **Sortierung** und Selektion über die **Organisationsstruktur** können aktiviert werden.

Anlegen einer Reportklasse

Zudem können Sie die Eingabe von Zeiträumen auf Stichtage reduzieren, alternativ kann der Zeitraum aus den Daten des Verwaltungssatz der Personalabrechnung gelesen werden.

Im nächsten Schritt wird der **Selektionsview für Freie Abgrenzungen** zugeordnet.

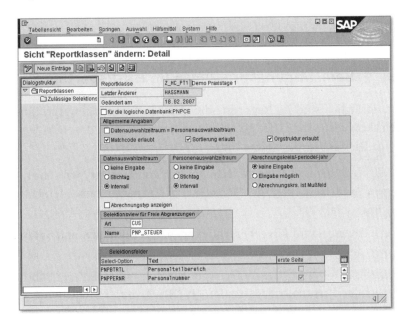

Abbildung 2.13 Reportklasse anlegen

2 | Grundlagen des Reportings in SAP ERP HCM

Selektionsviews für freie Abgrenzungen

Eine wenig genutzte, aber sehr hilfreiche Selektionsmöglichkeit bieten die Selektionsviews, mit denen zusätzliche Felder aus Infotypen, die in der Standardselektion nicht enthalten sind, eingebunden werden können. Selektionsviews können definiert werden und auch eigene Infotypen enthalten. Damit haben Sie ein Höchstmaß an Flexibilität bei den Selektionsmöglichkeiten unter dem Button **Freie Abgrenzungen**.

Die zulässigen Selektionskriterien legen Sie in einem Folgefenster fest. Sie können dort aus den Feldern der Infotypen 0000 (Maßnahmen) und 0001 (Organisatorische Zuordnung) wählen. Legen Sie hier fest, welche Selektionskriterien sofort im Selektionsbild erscheinen und welche über den Button **Weitere Selektionen** eingeblendet werden können.

Abbildung 2.14 Zulässige Selektionskriterien festlegen

2.4 Berechtigungsprüfungen im HR-Reporting

Die üblichen HR-Berechtigungen

Grundsätzlich sind im Reporting die gleichen Berechtigungsprüfungen aktiv wie in den Anzeige- und Pflegetransaktionen des HCM-Systems. Dies gilt insbesondere für:

- die Anzeige- und Pflegeberechtigungen von Objekttypen, Infotypen und Subtypen des Organisationsmanagements (Berechtigungsobjekt PLOG)
- die Anzeige- und Pflegeberechtigungen von Infotypen und Subtypen der Bewerberverwaltung (P_APPL)
- die Anzeige- und Pflegeberechtigungen von Infotypen und Subtypen der Personaladministration (P_ORGIN bzw. P_ORGINCON, P_ORGXX, P_PERNR)

- die Anzeige- und Pflegeberechtigungen von Clustern (P_PCLX)
- die strukturellen Berechtigungen für das Organisationsmanagement sowie die Personaladministration

Die folgenden Abschnitte beschäftigen sich mit den darüber hinausgehenden Berechtigungen, wie sie speziell für das Reporting in SAP ERP HCM genutzt werden müssen bzw. können. Zusätzlich gehen wir auf die Clusterberechtigungen ein, da sie ihre größte Bedeutung im Reporting haben.

2.4.1 Aufruf von Reports

Für das Aufrufen von Reports gibt es zwei Wege der Berechtigungsvergabe:

Starten der Reports über das SAP Easy Access-Menü

Um das Starten der Reports über das SAP Easy Access-Menü zu erlauben, gehen Sie in die Rollenpflege (Transaktion PFCG) über die Registerkarte **Menü** (siehe Abbildung 2.15).

Abbildung 2.15 Starten von Reports über SAP-Menü erlauben

Über den Button **Transaktion** fügen Sie direkt Transaktionen hinzu. Über **Bericht** können Sie eine Transaktion für den Report anlegen lassen, falls es noch keine gibt. Außerdem können Sie hier eine

Varianten mit Reports verknüpfen

Transaktion erzeugen, die den Report mit einer bestimmten Variante aufruft. Die Verknüpfung eines Reports mit einer Variante ist darüber hinaus auch über die Transaktionspflege (Transaktion SE93) möglich.

Aus den im Menü gepflegten Transaktionen erzeugt der Profilgenerator Einträge im Berechtigungsobjekt **Transaktionscode-Prüfung bei Transaktionsstart** (S_TCODE). Diese sind nur über das Menü änderbar.

Um die Bearbeitung jeder einzelnen Transaktion über die Rollenpflege zu vermeiden, kann das Berechtigungsobjekt S_TCODE auch manuell in die Profile übernommen und ohne den Umweg über das Menü gepflegt werden. Hier ist dann auch die Verwendung des Platzhalters »*« möglich, z. B. erlaubt »ZPT*« alle Transaktionen, die mit ZPT beginnen.

Starten der Reports über die Transaktion SA38

Starten über SA38 — Jeder Report kann durch Eingabe seines Namens in der Transaktion SA38 (**System • Dienste • Reporting**) gestartet werden. Da Sie auf diesem Wege nicht einzeln die Berechtigung für einen bestimmten Report positiv erteilen, sondern zunächst generell die Möglichkeit zulassen, Reports zu starten, ist große Sorgfalt bei der Vergabe der Berechtigungen geboten. Dies umso mehr, da es im Standard einige (wenige) Reports gibt, in denen keine Berechtigungsprüfungen ablaufen.

Berechtigungsgruppen — Um hier zu einem Berechtigungsschutz zu kommen, muss das Berechtigungsobjekt **ABAP: Programmablaufprüfungen** (S_PROGRAM) in Verbindung mit der Berechtigungsgruppe verwendet werden. Dieses Feld findet sich in den Programmattributen, die vom Programmierer gepflegt werden können.

Da in vielen SAP-Standardprogrammen die Berechtigungsgruppe nicht gepflegt ist (oder nicht so, wie es für Sie passt), müssen Sie dies nachholen. Das geschieht mit dem Report RSCSAUTH (siehe Abbildung 2.16).

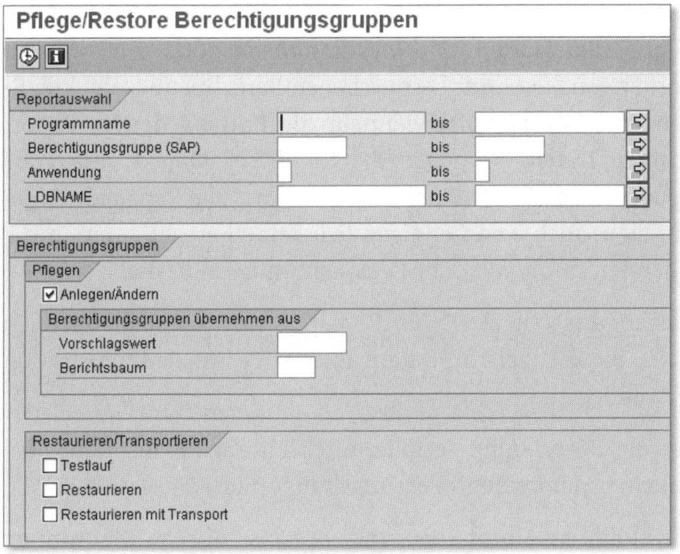

Abbildung 2.16 Pflege von Berechtigungsgruppen in Reports

Im oberen Teil wählen Sie nach bestimmten Kriterien die Standardreports aus, denen Sie die unter **Vorschlagswert** eingetragene Berechtigungsgruppe zuordnen wollen. Wenn Sie noch Berechtigungsgruppen in Berichtsbäumen abgelegt haben, übernehmen Sie diese mit der darunter stehenden Option.

Die Optionen zum Restaurieren benötigen Sie nach Releasewechseln und sonstigen Neuauslieferungen der Standardprogramme.

> Im Rahmen der Festlegung Ihres Berechtigungskonzepts sollten Sie sich für eine der Alternativen entscheiden: Aufruf von Reports über das Menü oder über SA38. Wenn Sie auf den Aufruf per SA38 verzichten, entfällt die Pflege der Berechtigungsgruppen. Stattdessen muss die Erlaubnis für jeden Report bzw. eine Gruppe von Reports explizit erteilt werden.

[«]

2.4.2 Vereinfachte Berechtigungsprüfung für Reports

Da die Prüfung auf die Leseberechtigung für Stammdaten insbesondere bei der Ausführung von Reports sehr viel Rechenzeit beansprucht, ist es möglich, die Prüfung für bestimmte Reports einzuschränken oder auszuschalten. Dies erfolgt über das Berechtigungsobjekt **HR: Reporting** (P_ABAP).

Berechtigungsobjekt P_ABAP

Das Berechtigungsobjekt P_ABAP ersetzt nicht die grundsätzliche Berechtigung zum Starten eines bestimmten Reports. Dies steuern die im vorherigen Abschnitt besprochenen Berechtigungsobjekte. Es vereinfacht und beschleunigt vielmehr die Prüfung der im Report ausgewerteten Daten. Vergeben Sie für dieses Objekt eine volle Berechtigung, kann ein Benutzer in den Reports alle Personalstammdaten einsehen, auch wenn er eigentlich keine Berechtigung für die entsprechenden Infotypen oder Personalnummern besitzt.

P_ABAP nur bei PNP

Das Berechtigungsobjekt P_ABAP wirkt sich ausschließlich in Reports aus, die die logische Datenbank der Personaladministration (PNP) verwenden.

Zwei Ausprägungen der Vereinfachung

Die Pflege der Berechtigung erfolgt durch Eintragung des Reportnamens und eines der beiden »Vereinfachungsgrade«:

- Die Prüfung auf Infotypen und organisatorische Zuordnung erfolgt unabhängig voneinander. Das heißt, dass ein Benutzer für alle Personalnummern, auf die er Zugriff hat, sämtliche Infotypen sehen darf, auf die er Zugriff hat. Dies bewirkt eine Beschleunigung der Berechtigungsprüfung.
- Die ungeprüfte Ausführung des Reports deaktiviert die Prüfungen auf Personalstammdaten und die strukturelle Prüfung. Das ist sinnvoll für »unkritische« Listen (z. B. Raumverzeichnis) oder bei Benutzern, die ohnehin über eine volle Leseberechtigung bei Personalstammdaten verfügen.

[zB] Bei einer Liste mit Mitarbeiterdaten, die nicht geschützt werden müssen, (z. B. Name, Geburtsdatum, Organisationseinheit) kann die Berechtigungsprüfung mithilfe von P_ABAP für alle Benutzer ausgeschaltet werden.

Benutzer der zentralen Personalabteilung mit vollständiger Leseberechtigung auf Personalstammdaten erhalten dieses Berechtigungsobjekt speziell für Reports mit kritischer Laufzeit.

2.4.3 Clusterberechtigungen

Häufig gebrauchte Cluster

Für die folgenden, am häufigsten verwendeten Cluster wird das Berechtigungsobjekt (P_PCLX) gebraucht:

- **Stammdaten**
  - TX: Texte zu den Infotypen
  - LA: Änderungsbelege Stammdaten (LB für Bewerber)

- **Zeitwirtschaft**
  - PC: einstellige Kürzel für den Monatskalender, wird bei jedem Update einer An-/Abwesenheit geschrieben
  - B1: Schnittstelle zur Positivzeitwirtschaft, wird von RPTIME00 gelesen und geschrieben
  - B2: zentrales Cluster der Zeitauswertung
- **Abrechnung**
  - RD: Abrechnung Deutschland
  - CU: Cluster-Directory
  - PS: Generiertes Abrechnungsschema
  - PT: Texte zum generierten Schema

Eine komplette Liste aller Cluster in den Tabellen PCLx liefert die Wertehilfe zum Feld **Bereichskennung für Cluster** in der Berechtigungspflege des Berechtigungsobjekts Cluster.

2.4.4 Query

Ist ein Benutzer einer Benutzergruppe zugeordnet (siehe Abschnitt 4.1.4) und hat er in seinem Benutzermenü Zugriff auf Queries über die Transaktion SAP Query oder Ad-hoc Query, dann kann er Queries bereits ausführen. Er hat Zugriff auf Queries der InfoSets, die seiner Benutzergruppe zugeordnet sind. Weiterhin kann der Benutzer Queries ausführen, die Sie über die Rollenpflege direkt in sein Benutzermenü einfügen.

Der Benutzer kann jedoch Änderungen der Queries nicht sichern. Für weitere Arbeiten im Query-Umfeld benötigen Sie das Berechtigungsobjekt S_QUERY. Damit können Sie die folgenden Aktivitäten erlauben:

Berechtigungsobjekt S_QUERY

- **Anlegen und Ändern von Queries**
  Der Benutzer kann neue Queries auf Basis der InfoSets seiner Benutzergruppe(n) anlegen und Änderungen bestehender Queries sichern. Das Ändern von Queries können Sie in der Benutzergruppenzuordnung für einzelne Benutzergruppen aufheben.
- **Umfeld pflegen (InfoSets, Benutzergruppen)**
  Der Benutzer kann die Transaktionen SQ02 (InfoSet-Pflege) und SQ03 (Benutzergruppenpflege) sowie Transporte ausführen.

Endanwender sollten diese Berechtigung möglichst nicht haben. Zur Erweiterung von InfoSets mit ABAP-Coding wird zusätzlich das Berechtigungsobjekt S_DEVELOP mit dem Wert AQ* für das Feld **Objektname** und PROG für das Feld **Objekttyp** benötigt.

- **Übersetzen (Sprachabgleich für Objekte der SAP Query)**
  Der Benutzer kann die Texte übersetzen oder einen Sprachabgleich durchführen.

Hat der Benutzer die Berechtigung zum Anlegen und Ändern von Queries und zur Pflege von InfoSets und Benutzergruppen, dann kann er auf die Queries aller Benutzergruppen zugreifen, ohne diesen explizit zugeordnet zu sein.

[+] Greift die Query auf Tabellen außerhalb der logischen Datenbank zu, wird außerdem das Berechtigungsobjekt S_TABU_DIS geprüft.

Der Zugriff auf die auszuwertenden Personaldaten wird über die üblichen HR-Berechtigungsobjekte und die strukturelle bzw. kontextsensitive Berechtigungsprüfung geregelt, wird ein Feld nicht über die logische Datenbank, sondern als Zusatzfeld durch direktes Lesen der Datenbanktabelle in das InfoSet eingebaut, erfolgt keine Berechtigungsprüfung.

Damit können Sie jedoch folgende Anforderung lösen: Ein Benutzer soll die interne Adresse aus Infotyp 0032 (Betriebsinterne Daten) auswerten, darf aber die Daten zum Firmenwagen nicht sehen und damit nicht die komplette Berechtigung für den Infotyp haben.

Rollenadministration

Seit Release 4.6c existiert ein weiteres Pflegetool als Alternative zur Benutzergruppenpflege (SQ03). Sie erreichen das Tool über die Transaktion SQ10 oder wählen in der InfoSet-Pflege (SQ02) im Menü **Umfeld · Rollenadministration**. Hier wird die Benutzergruppe direkt der Rolle zugeordnet. In einem weiteren Schritt werden die InfoSets aus der Benutzergruppe zugeordnet. Jeder Benutzer mit dieser Rolle kann nun Queries dieser InfoSets ausführen. Hat der Benutzer zusätzlich das Berechtigungsobjekt S_QUERY mit Änderungsberechtigung, kann er auch die Queries aller weiteren Rollen ändern. Ein Übersteuern der Änderungsberechtigung je Benutzergruppe kann über dieses Tool nicht realisiert werden. Dies ist nur in der Benutzergruppenpflege (siehe Abschnitt 4.1.4) möglich.

Berechtigungsgruppen

Eine weitere Möglichkeit, den Zugriff auf Queries und InfoSets einzuschränken, bietet die Berechtigungsgruppe, die Sie im InfoSet pflegen. Die Berechtigungsgruppe finden Sie im ersten Bild nach dem

Anlegen eines InfoSets. Bei einem bereits gespeicherten InfoSet erreichen Sie das Bild im Menü über **Springen • Globale Eigenschaften**. Die hier vergebene Berechtigungsgruppe muss in der Rolle im Berechtigungsobjekt S_PROGRAM unter **Berechtigungsgruppe ABAP/4-Programm** eingetragen werden (siehe Abschnitt 2.4.1).

Wenn Sie nicht mit Berechtigungsgruppen arbeiten, bleibt dieses Feld in der InfoSet-Pflege leer. Dann benötigen Sie auch das Berechtigungsobjekt S_PROGRAM nicht.

> Um dem Anwender die Arbeit mit der SAP Query so leicht wie möglich zu machen, empfiehlt es sich, den Arbeitsbereich vorzugeben. Dies erfolgt in der Benutzerpflege auf der Registerkarte **Parameter**. Die Einträge **AQW** und **Blank** bewirken, dass beim Aufruf der SAP Query jeweils der Standardarbeitsbereich angezeigt wird.

[+]

2.4.5 Manager's Desktop

Das Berechtigungsobjekt **BC-BMT-OM: Erlaubte Funktionscodes für Manager's Desktop** (S_MWB_FCOD) prüft für alle im MDT möglichen Funktionen deren Berechtigung für den einzelnen Anwender. Eine Aufstellung der Funktionscodes finden Sie in der Wertehilfe zum Feld **Funktionscode**.

2.4.6 Kundenreports

In SAP ERP HCM erfolgen die Berechtigungsprüfungen nicht auf der Ebene der Datenbank, sondern im Anwendungssystem. Jede Berechtigungsprüfung muss also in ABAP/4 programmiert sein.

Der sicherste und einfachste Weg für die Prüfung der Berechtigungen in Kundenreports ist deshalb die Nutzung der jeweiligen logischen Datenbank, also PAP für die Bewerberdaten, PNP bzw. PNPCE für die Personalstammdaten und PCH für die Daten aus Organisationsmanagement, Personalentwicklung und ähnlichen Modulen. Die logische Datenbank führt sämtliche notwendigen Prüfungen durch. Daten, die durch den GET-Befehl zum Lesen der Personendaten im Programm angesprochen werden, sind somit unter Berechtigungsgesichtspunkten sicher.

Logische Datenbanken nutzen

Sobald im Programm darüber hinausgehende Daten gelesen werden müssen – oder auch in Fällen, wo z. B. aus Performancegründen auf

Standard-Funktionsbausteine nutzen

die logische Datenbank verzichtet werden muss, muss die Programmierung die Vollständigkeit der Berechtigungsprüfung gewährleisten. Dies geschieht in aller Regel durch Nutzung von *Standard-Funktionsbausteinen* des SAP-Systems. Diese besitzen üblicherweise Parameter zur Steuerung der Berechtigungsprüfung, teilweise getrennt nach »normaler« Berechtigungsprüfung und struktureller Prüfung. Es empfiehlt sich, durch Aktivierung dieser Parameter die Berechtigungsprüfung durch die Standardbausteine durchführen zu lassen.

Verwendete Funktionsbausteine des Standards müssen im Rahmen von Releasewechseln auf korrektes Funktionieren geprüft werden. Dies gilt auch dann, wenn in Ihrem Unternehmen neue Berechtigungsobjekte Verwendung finden.

Nur im absoluten Ausnahmefall sollte in der Programmierung direkt auf der Datenbank gelesen werden. In solchen Fällen muss die gesamte Berechtigungsprüfung mit dem Befehl AUTHORITY-CHECK für jedes Berechtigungsobjekt einzeln durchgeführt werden.

| Berechtigungen für Programmierer beachten | Die bisherigen Ausführungen zeigen darüber hinaus, dass *Programmentwickler* durch einfache Lesebefehle auf der Datenbank sämtliche Daten zu sehen bekommen, die sich in Mandanten befinden, in denen sie Programme erstellen dürfen. Durch spezielle Lesebefehle ist es ihnen darüber hinaus möglich, auf Daten aus anderen Mandanten desselben Systems zuzugreifen.

2.4.7 Spezielle Fragestellungen

Folgende Besonderheiten sind zu beachten:

Zugriff auf aggregierte Daten

Summe ja, Details nein — Häufig kommt es vor, dass ein Anwender zwar die Daten eines bestimmten Personenkreises in Statistiken bearbeiten soll, die Herkunft dieser Daten jedoch nicht kennen darf.

[zB] Ein Personalcontroller soll die Gehälter des Vorstands nicht kennen, aber in der von ihm erstellten Statistik soll die Gehaltssumme auch die Vorstandsgehälter enthalten.

Dies ist mit Standardmitteln zunächst nicht möglich, da ohne einen Zugriff auf die Einzeldaten die Auswertung nicht zu den gewünschten Summen kommt – und ohne eine Berechtigung auf die Einzeldaten wird der Report dies nicht tun. Sobald aber die Berechtigung für die Einzeldaten erteilt ist, können diese z. B. in der Anzeige der Personalstammdaten eingesehen werden.

Für dieses Problem gibt es zwei Lösungsansätze:

- Ausschaltung der Berechtigungsprüfung durch das Berechtigungsobjekt P_ABAP (siehe Abschnitt 2.4.2). Dann besteht allerdings die Gefahr, dass der Anwender diese Auswertung nur für eine Person durchführt und auf diese Weise dann doch an die geheim zu haltenden Informationen kommen kann.
- Erstellung eines kundeneigenen Reports für diesen Zweck. Dieser dürfte 1. keine Berechtigungsprüfung durchführen, müsste aber 2. dafür sorgen, dass der Report nicht für einzelne Personalnummern aufgerufen werden kann.

Verhalten von Reports bei fehlenden Berechtigungen

Führt ein Benutzer eine Listauswertung durch, die Daten außerhalb seiner Berechtigungen enthält, werden alle Zeilen übersprungen, die »verbotene Daten« enthalten.

> Eine Liste enthält die Namen und die Vollmachten aller Mitarbeiter. Der ausführende Benutzer hat aber bei einigen der selektierten Personen keine Leseberechtigung für die Vollmacht, sondern nur für den Namen. Die Liste gibt dann die betroffenen Personen nicht aus (auch nicht den Namen) und zeigt lediglich am Ende die Warnmeldung **Personalnummern wegen fehlender Berechtigung übersprungen**.

[zB]

2.5 Auswertungsgrundlagen

Sie haben in den bisherigen Abschnitten gesehen, dass ein erfolgreiches Reporting eine Datenbasis erfordert, die solide Informationen hergibt: Die Daten müssen vollständig gepflegt sein, relevante Informationen müssen zuverlässig sein.

Zuverlässige Datenbasis

Daten, die für eine erfolgreiche Personalabrechnung oder die Zeitabrechnung erforderlich sind, werden in der Regel sorgfältig gepflegt.

Werden hier Fehler gemacht oder Daten vergessen, dann fällt dies dem Mitarbeiter sofort auf, und es werden Korrekturen durchgeführt. Insofern bieten diese Daten eine solide Basis und werden gerne für Auswertungen herangezogen.

> [»] Als Faustregel kann davon ausgegangen werden, dass Daten immer dann nicht ausreichend gepflegt sind, wenn diese für wenige Prozesse relevant sind und der Anwender den Inhalt oder die Relevanz der Daten nur ungenügend kennt.

In anderen Bereichen sind die Daten häufig nur unzureichend gepflegt, z. B. Vakanzen bei Planstellen.

Ist die Information der Vakanz in verschiedenen Prozessen erforderlich, die nicht richtig funktionieren, wenn eine mangelhafte Datenpflege erfolgt, dann wird die Datenqualität steigen. In dem Beispiel der vakanten Planstelle kann dies die Personalkostenplanung sein, bei der die Information für die Planung von Personalkosten eine Rolle spielt, oder ein Prozess der Genehmigung von Planstellen per Workflow, der eine korrekte Pflege erfordert, oder die Integration in die Bewerberverwaltung.

Daher muss bei der Einführung von neuen Prozessen geprüft werden, welche relevanten Kennzahlen und Informationen neu hinzukommen und wie die vollständige, korrekte Datenpflege durch entsprechende Plausibilitätsprüfungen im System unterstützt werden kann. Bei neuen Auswertungen auf Basis bestehender Prozesse müssen die Auswertungsgrundlagen validiert werden. Gegebenenfalls sind eine Nachpflege und eine Unterstützung der Datenpflege durch Vorbelegung und Plausibilitätsprüfungen erforderlich.

2.5.1 Zentrale Daten für erfolgreiche Auswertungen

Bestimmte zentrale Daten im HCM-System sollten sorgfältig konzipiert und strukturiert werden, denn diese Daten werden nicht nur in vielen Prozessen, sondern auch im Reporting intensiv verwendet.

Zu den zentralen Daten gehören:

Die Infotypen 0000 (Maßnahmen) und 0001 (Organisatorische Zuordnung)

Die Daten der Infotypen 0000 (Maßnahmen) und 0001 (Organisatorische Zuordnung) bilden die Basis für die Berechtigungsprüfung und werden in den Selektionsbildern der logischen Datenbanken PNP und PNPCE verwendet. Deshalb sollte beim Customizing dieser Infotypen bereits der Aspekt des Reportings mit berücksichtigt werden. Dazu gehören:

Customizing der Unternehmens- und Personalstruktur

- **Maßnahmen und Maßnahmengründe**
  Besonders Eintritt und Austritt sowie Austrittsgründe sind für die Bildung von Kennzahlen wichtig. Die Definition von Austrittsgründen für das Reporting muss konzeptioniert werden. Hier ist interessant, ob ein Mitarbeiter aus eigener Motivation oder aus unternehmensbedingten Gründen das Unternehmen verlässt.

- **Mitarbeitergruppe und Mitarbeiterkreis**
  Mitarbeitergruppen und Mitarbeiterkreise sind für die Selektion von relevanten Mitarbeitern wichtig. Ein häufig verwendeter Ansatz ist, eine Mitarbeitergruppe **Ruhende** anzulegen, um Mitarbeiter, die zurzeit nicht aktiv arbeiten, aus Auswertungen ausgrenzen zu können. Auch in die Konzeption der Mitarbeiterkreise sollten die Anforderungen des Reportings mit einbezogen werden. Sie sollten versuchen, die Mitarbeitergruppen und -kreise so schlank wie möglich zu halten, aber in vielen Fällen kann auch eine zusätzliche Mitarbeitergruppe oder ein zusätzlicher Mitarbeiterkreis das Reporting vereinfachen.

- **Personalbereich und Personalteilbereich**
  Personalbereich und -teilbereich können im Bereich des Reportings eine wichtige Rolle spielen, wenn z. B. Sparten oder eigenständige Unternehmensteile bei Auswertungen einfach zu selektieren sein sollen.

Die Struktur des Organisationsmanagements

Die im Organisationsmanagement festgelegte(n) Struktur(en) sind zum einen Gegenstand von Auswertungen, aber auch Basis für die Mitarbeiterselektion und gegebenenfalls Berechtigungsprüfung in Auswertungen. Diese Aspekte sollten Sie beim Aufbau mit berücksichtigen:

Aufbau der Strukturen

- **Stellenkatalog**
  An den Stellenkatalog werden verschiedene Anforderungen gestellt, diese Anforderungen stehen meist in engem Zusammenhang mit den Reporting-Anforderungen. Die Herausforderung besteht darin, unternehmensweit vergleichbare Stellen zu definieren. Eine Anforderung aus dem Reporting wäre hier ein Entgeltvergleich von Mitarbeitern mit gleicher Stelle.

- **Organisationseinheiten**
  Der Wunsch einer Organisationseinheit, die Information einer Hierarchieebene, wie z. B. Vorstandsbereich, Abteilung oder Team, mitgeben zu wollen, ist eine häufige Anforderung, die beim Aufbau der Organisationsstruktur berücksichtigt werden muss. Eine Möglichkeit besteht darin, die Zusatzinformation im Objektkürzel abzulegen. Als Alternative kann auch ein eigener Infotyp angelegt werden, in dem die Hierarchiestufe hinterlegt wird. Oder man baut die Struktur so auf, dass man die Hierarchiestufen abzählen kann, z. B. erste Ebene bedeutet Vorstand, zweite Ebene ist gleichbedeutend mit Abteilung etc. Alle drei Lösungen sind aber im SAP-Standard für das Reporting nicht direkt greifbar, und es muss geprüft werden, welche Lösung man bevorzugt und wie man diese ins Reporting einbindet.

- **Aufbau des Besetzungsplans**
  Die Selektion von Mitarbeitern in Auswertungen für Vorgesetzte erfolgt am einfachsten über den Besetzungsplan. Gibt die Hierarchie aber nicht die Reporting-Struktur wieder, dann muss mit zusätzlichem Aufwand, z. B. einem eigenen Auswertungsweg oder der Nutzung anderer Informationen, die Zuordnung des Verantwortungsbereichs gefunden werden. Dies sollte man beim Aufbau der Organisationsstruktur bedenken.

  Eine Herausforderung stellen mehrdimensionale Strukturen dar, in denen die fachliche und disziplinarische Zuordnung voneinander abweichen.

Die Möglichkeit, Auswertungswege frei definieren zu können, schafft Flexibilität für Auswertungen. Das zeigt aber auch, dass das Reporting bei der Modellierung der Strukturen des Organisationsmanagements einen wichtigen Anteil hat.

Lohnarten der Personalabrechnung und Zeitarten der Zeitwirtschaft

Die Bildung von Lohnarten und Zeitarten für Auswertungszwecke kann das Reporting erleichtern. So ist die Abfrage, wie viele Stunden ein Mitarbeiter krank mit oder ohne Lohnfortzahlung war, deutlich einfacher, wenn Zeitarten oder Lohnarten existieren, in denen diese Zeiten gespeichert werden. Damit kann eine Krankenstatistik mit einer einfachen Lohnarten- oder Zeitartenauswertung erstellt werden. Alternativ wären in einem Report diese Zeiten auf Basis des Schichtplans und der Abwesenheiten zu ermitteln, was deutlich mehr Programmierung erfordert.

> Prüfen Sie, welche Kennzahlen auf Basis von Lohnarten und Zeitarten abgebildet werden können. [+]

2.5.2 Besonderheiten eines internationalen Reportings

Viele Firmen setzen SAP ERP HCM auch außerhalb von Deutschland ein. Hier kommen weitere Herausforderungen hinzu.

Einheitliche Begriffsdefinitionen

Die Auswertungsgrundlagen müssen international verständlich und anwendbar sein. Häufig basieren diese Definitionen aber auf nationalen Besonderheiten, wie z. B. die Definition von Mitarbeitergruppen und Mitarbeiterkreisen. Die Unterscheidung von Angestellten und Gewerblichen ist in nur wenigen Ländern bekannt. In Deutschland kennen wir die Trennung aus früheren Regelungen der Rentenversicherung, die inzwischen nicht mehr gelten, außerdem ist diese noch in Regelungen von einigen Tarifverträgen verankert. Insofern ist es gängig diese Unterscheidung in verschiedenen Mitarbeiterkreisen abzubilden. In anderen Ländern versteht man diese Unterscheidung nicht, da man keine rechtliche Grundlage für eine Trennung hat. Deshalb sind für ein internationales Reporting Definitionen wichtig, die sich überall anwenden lassen. Zum Beispiel kann die Unterscheidung von *Office Worker* und *Factory Worker* in einen international anwendbaren Begriff geändert werden.

Da Mitarbeiterkreise viele SAP-technische Customizing-Einstellungen beinhalten, die die Abrechnung und Zeitwirtschaft steuern, ist es schwierig, definierte Mitarbeiterkreise weltweit auszurollen. In vielen Ländern kommt man damit zurecht. In andern muss man eigene Mitarbeiterkreise verwenden, um die Anforderungen von Abrechnung und Zeitwirtschaft realisieren zu können. Deshalb sollte man ein Konzept definieren, in dem Platz für mehrere gleichbedeutende Mitarbeiterkreise ist – etwa durch definierte Bereiche, in denen sich Mitarbeiterkreise gleicher Definition bewegen, 10-20 entspricht z. B. dem Office Worker. Oder man nimmt die erste Stelle zur Charakterisierung des Mitarbeiterkreises und die zweite Stelle für den Ländercode.

Auch der Status **Ruhend** hängt häufig an deutschen gesetzlichen Gegebenheiten, z. B. dem Ende der Lohnfortzahlung. Lohnfortzahlung gemäß den deutschen Regelungen ist im Ausland nicht bekannt. Wenn man Reports im Einsatz hat, die deutsche Sozialvericherungsregelungen abfragen, wie z. B. die SV-Tage, dann hat man im Ausland keine Basis, auf der man eine Auswertung aufbauen kann. Man muss also z. B. den ersten kompletten Monat, in dem kein Entgelt bezahlt wurde, als ruhenden Zeitraum heranziehen.

Diese Parameter müssen abgestimmt und in einem Konzept verankert werden.

Datenharmonisierung

Sie können die Kennzahlendefinitionen eines internationalen Reportings einfacher umsetzen, wenn Sie vor der SAP-Einführung Richtlinien entwerfen und umsetzen. Nachträgliche Datenanpassungen sind schwierig oder in bestimmten Bereichen nahezu unmöglich, wie z. B. bei der Definition von Mitarbeiterkreisen. Eine mögliche Variante wäre hier, die Daten in ein SAP NetWeaver BI-System zu laden und beim Laden eine Harmonisierung vorzunehmen. Offen bleibt aber die Frage, ob man allein durch eine Umsetzung zu vergleichbaren Daten kommt, denn bestimmte Informationen sind eventuell gar nicht vorhanden, wie z B. eine Trennung von *Office Worker* und *Factory Worker*, oder werden anders verwendet

Anforderungen an die Programmierung

An selbst erstellte Programme werden Anforderungen gestellt, die häufig bei der ersten Programmierung nicht berücksichtigt wurden.

Ist eine Anmeldung in einer anderen Sprache möglich, dann müssen Tabellen mit der Anmeldesprache gelesen werden. Prüfen Sie, ob das Lesen von Tabellen entsprechend flexibel programmiert wurde. Ist Unicode aktiv, dann müssen die Programme auch den Richtlinien für Unicode entsprechen (siehe *service.sap.com/unicode*). Die Programmtexte müssen übersetzt werden, und es sollten keine fest programmierten Texte im Coding vorkommen, sondern stattdessen Textsymbole verwendet werden.

Außerdem muss gewährleistet sein, dass länderabhängige Einstellungen im Programm korrekt gelesen werden. So wird gerne der Ländermodifikator (MOLGA) im Coding fix mit **01** vorbelegt, was den Einsatz dieses Programms in anderen Ländern unmöglich macht.

Der Aufwand für die Anpassungen eigener Programme für den internationalen Einsatz sollte bei einem Roll-out mit eingeplant werden.

2.6 Zusammenfassung

Die Datenstrukturen in SAP ERP HCM sind sehr komplex, da es verschiedene Module mit unterschiedlichen Anforderungen gibt. Dazu kommt, dass in der Praxis meist nicht alle Module gleich intensiv genutzt werden. Als Grundlage für das Reporting muss daher die Datenbasis analysiert werden, um die Daten zu definieren, die in Auswertungen bereitgestellt werden sollen.

In bestimmten Modulen ist eine gewissenhafte Datenpflege unabdingbar, wie z. B. bei der Personalabrechnung, wohingegen in anderen Modulen die Daten häufig nur sporadisch gepflegt werden. Um eine Basis für vollständige und sinnvolle Auswertungen zu erhalten muss hier über die Installation von Prozessen nachgedacht werden, welche die Datenpflege unterstützen oder kontrollieren. In manchen Fällen reicht es aus, dass durch Auswertungen Lücken in der Datenpflege offenbar werden und so eine Nachpflege erfolgt.

Die Berechtigungen sind bei der Bereitstellung von Auswertungen zu Personaldaten besonders wichtig. In jedem Fall muss vermieden werden, dass aufgrund falsch gepflegter Berechtigungen Daten gesehen werden, die für den Anwender nicht sichtbar sein sollten.

Teil II
Reportingwerkzeuge

Die Personalwirtschaft benötigt kontinuierlich Auswertungen und Analysen von Mitarbeiterdaten und Kennzahlen. Im SAP-System stehen verschiedene Werkzeuge mit unterschiedlichen Möglichkeiten zur Verfügung, die wir Ihnen in diesem Teil vorstellen werden. Im Einzelnen handelt es sich um SAP-Standardreports, Queries, SAP NetWeaver BI und Kundenreports.

Der Standardreport ist das am meisten genutzte SAP-Werkzeug im HR-Umfeld. In diesem Kapitel geben wir Ihnen Tipps zum Umgang damit.

3 SAP-Standardreport

Die gängigsten Berichtsanforderungen sind mit SAP-Standardreports abgedeckt. Besonders im Bereich der Personalabrechnung ist der SAP-Standardreport das Mittel schlechthin, um Auswertungen zu erstellen. Hier ist auch die größte Deckung mit den gestellten Anforderungen gegeben, denn diese basieren überwiegend auf gesetzlichen Vorgaben, die jedes Unternehmen erfüllen muss. In anderen Modulen, wie z. B. dem Organisationsmanagement oder der Personalentwicklung, sind die Anforderungen in der Praxis sehr unterschiedlich, und der Standard deckt nur den Grundbedarf des Reportings ab.

3.1 Start eines Reports

Der Start eines Reports erfolgt über eine der folgenden Möglichkeiten:

- ABAP Editor (Transaktion SE38)
- APAB-Programmausführung (Transaktion SA38 oder Menü **System • Dienste • Reporting**)
- Start aus dem SAP Easy Access-Menü

Der Weg über das SAP Easy Access-Menü oder über das individuelle Menü einer Rolle (siehe Kapitel 16, *Bereichsmenü*, und Abschnitt 2.4) ist aus zwei Gründen vorzuziehen: Der Anwender findet den Report leichter, und die Berechtigungsvergabe ist einfacher und sicherer.

Über ein Menü können die Reports nach Bereichen organisiert werden, und der Anwender kann gezielt nach einer Auswertung suchen.

SAP-Informations-systeme

SAP hat die angebotenen Reports in so genannten *Infosystemen* zusammengestellt.

Folgende Infosysteme stehen zur Verfügung:

- **Das Infosystem der Komponente**
  Das Infosystem der einzelnen HR-Komponenten finden Sie unter folgenden Pfaden:
    - **Personal** • **<Komponente>** • **Infosystem** • **Berichte**
    - **Personal** • **Personalabrechnung** • **<Kontinent>** • **<Land>** • **Infosystem**
    - **Personal** • **Zeitwirtschaft** • **<Komponente>** • **Infosystem**

- **Das HR-Infosystem**
  Das HR-Infosystem enthält alle HR-spezifischen Berichte und Reporting-Werkzeuge. Es ist nach Komponenten gegliedert und innerhalb der Komponenten nach inhaltlichen Kriterien gruppiert. Es ist unter folgendem Pfad zu finden: **Personal** • **Informationssystem** • **Berichte** • **<Komponente>**

- **Das SAP-Infosystem**
  Die Berichte des HR-Informationssystems sind im SAP-Infosystem auch enthalten. Dort finden Sie diese auf zwei Wegen:
    - **Infosysteme** • **Personal** • **Berichte** • **<Komponente>**
    - **Infosysteme** • **Allgemeine Berichtsauswahl** • **Personal** • **<Komponente>**

3.2 Zeitraumselektion

Die Möglichkeit der zeitabhängigen Datenpflege in SAP ERP HCM ist beim Reporting oft relativ schwierig. Werden Stichtagsauswertungen durchgeführt, ist das Ergebnis noch eindeutig und nachvollziehbar, aber bei Auswertungen über Zeiträume ist häufig die Interpretation des Ergebnisses erforderlich. Sätze erscheinen doppelt, der Mitarbeiter erscheint auf Kostenstellen, auf den man ihn nicht erwartet, oder bereits ausgetretene Mitarbeiter melden sich zurück, zumindest im Ergebnis der Auswertung.

Für ein korrektes Ergebnis sind der Datenauswahlzeitraum und der Personenauswahlzeitraum zu unterscheiden.

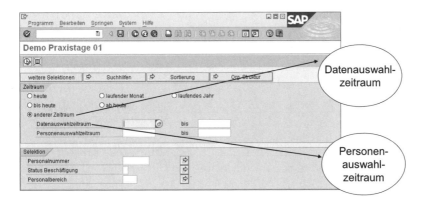

Abbildung 3.1 Datenauswahlzeitraum und Personenauswahlzeitraum

Das in Abbildung 3.1 dargestellte Selektionsbild enthält diese beiden Zeiträume, die getrennt betrachtet werden müssen.

Der **Datenauswahlzeitraum** kommt zum Tragen, wenn die relevanten Mitarbeiter gefunden wurden. Er bestimmt, für welchen Zeitraum Mitarbeiterdaten verarbeitet werden.

Datenauswahlzeitraum

Der **Personenauswahlzeitraum** bezieht sich auf die im Fensterbereich **Selektion** durchgeführten Einschränkungen. Mitarbeiter, auf die alle eingegebenen Kriterien während des eingegebenen Zeitraums zutreffen, werden in die zu verarbeitende Personenmenge aufgenommen. Dabei ist nicht erforderlich, dass die Eigenschaft über den gesamten Zeitraum zutrifft. Es reicht dafür ein Tag. Dies erklärt, warum bei Auswertungen über ein komplettes Jahr ein Mitarbeiter auftaucht, der bereits im Januar ausgetreten ist.

Personenauswahlzeitraum

[zB]

Je nach Anforderung müssen Sie die gezielte Verwendung der beiden Zeiträume prüfen: Für die Auswertung geleisteter Überstunden eines Jahres müssen z. B. alle Personen einbezogen werden, die während des Jahres aktiv waren. Der Daten- und Personenauswahlzeitraum muss vom 01.01. bis zum 31.12. gewählt werden. Auch der Mitarbeiter, der Ende Januar ausgetreten ist, muss in der Auswertung vorkommen.

Möchten Sie aber die Mehrarbeitsstunden des vergangenen Jahres zur Zahlung eines Bonus an die Mitarbeiter verwenden, dann interessieren ausgetretene Mitarbeiter nicht. Der Datenauswahlzeitraum bleibt der 01.01 bis 31.12., aber der Personenauswahlzeitraum beschränkt sich auf einen Tag, den 31.12. Es werden nur die zum 31.12. aktiven Mitarbeiter selektiert.

3 | SAP-Standardreport

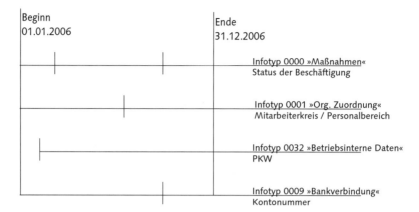

Abbildung 3.2 Infotypselektion

Eine weitere Hürde bei Auswertungen ist die Zeitbindung; Infotypen können:

- lückenlos ohne Mehrfachbelegung vorhanden sein
- mit Lücken aber ohne Mehrfachbelegung vorhanden sein
- mit Lücken und Mehrfachbelegung vorhanden sein
- genau einmal vorhanden sein

Ein Beispiel ist in Abbildung 3.2 zu sehen. Dies schlägt sich bei Auswertungen mit der Query in doppelt oder mehrfach vorkommenden Zeilen nieder.

Wichtig ist auch hier das Verständnis, welche Auswirkung dies auf das Ergebnis hat. Nur so können Sie das Ergebnis prüfen und einschätzen.

3.3 Selektionsvariable

Mithilfe von Selektionsvariablen können Sie in einer Reportvariante Felder dynamisch vorbelegen. Besonders bei Reports, die im Hintergrund laufen, erspart Ihnen diese Möglichkeit das ständige Verändern von Varianten (siehe Abbildung 3.3).

Es gibt zwei Typen von Variablen, die voneinander zu unterscheiden sind, die Tabellenvariable (T) und die dynamische Datumsberechnung (D).

Die Tabellenvariable befüllt den Inhalt der Selektionsvariablen mit einem Wert, der in der Tabelle TVARVC gespeichert ist. Verändern sich diese Tabellenvariablen nach einer bestimmten Logik, dann empfiehlt es sich, einen Report zu schreiben, der regelmäßig im Batch läuft und die Variablen in der Tabelle aktualisiert.

Tabellenvariable

Die dynamische Datumsberechnung verwendet eingebaute Funktionen zur Berechnung von Stichtagen, die z. B. den Monatsletzten des aktuellen Monats oder des Vormonats ermitteln können, um diese als Vorgabe für Datumsfelder in Selektionsbildern zu verwenden.

Dynamische Datumsberechnung

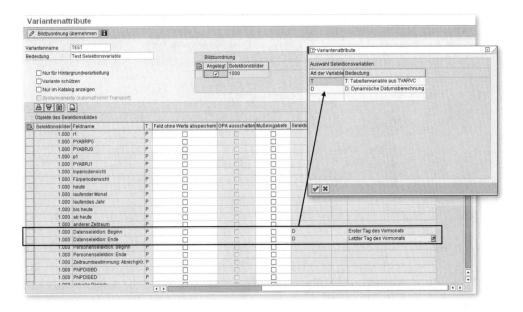

Abbildung 3.3 Selektionsvariable

3.4 Arbeiten mit ALV-Listen

Die flexible Darstellung mit dem so genannten *ALV Grid* (ALV = ABAP List Viewer) wird inzwischen in den meisten SAP-Standardreports verwendet und es empfiehlt sich, diese Technik auch in Kundenreports (siehe Kapitel 6) zu verwenden. ALV-Listen ermöglichen es Ihnen, das Reporting sehr flexibel zu gestalten: Sie können die Sortierung der Ergebnisse individuell einstellen, Felder ein- und ausblenden und Reports durch Filter und Summenbildung für mehrere Zwecke und Anwendergruppen einsetzen.

Das eingestellte Layout kann wieder verwendet werdenund als Voreinstellung fest übernommen werden, so dass bei dem nächsten Start das Layout automatisch verwendet wird.

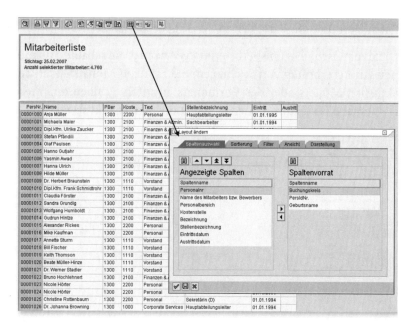

Abbildung 3.4 Layout ändern

Layout ändern
Über den Button **Layout ändern** erfahren Sie, welche Felder im Spaltenvorrat zur Verfügung stehen. Häufig werden beim Start eines Reports nicht alle möglichen Felder angezeigt. Sie sollten daher prüfen, ob die Felder, die Sie benötigen, im Spaltenvorrat vorhanden sind (siehe Abbildung 3.4).

Layout speichern
Haben Sie umfangreiche Anpassungen am Layout vorgenommen, können Sie das Layout speichern, vorausgesetzt, Sie besitzen die erforderliche Berechtigung. Das Speichern ist in Abbildung 3.5 dargestellt. Achten Sie darauf, dass wenn Sie ein Layout individuell für den Benutzer ablegen, dies nicht von einem anderen Benutzer verwendet werden kann. Wird das Layout nicht benutzerspezifisch gespeichert, steht es allen Benutzern zur Verfügung.

Benutzerspezifische Layouts müssen mit einem Buchstaben beginnen, generelle Layouts mit einem »/«. Das Layout kann auch als Voreinstellung festgelegt werden, woraufhin es dann ab dem nächsten Start automatisch verwendet wird.

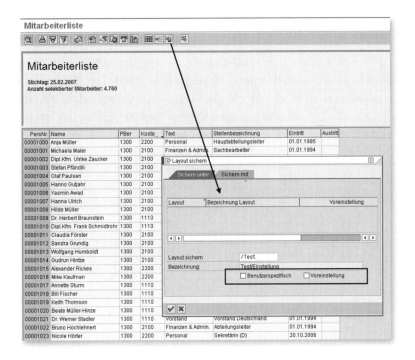

Abbildung 3.5 Layout speichern

> Speichern Sie ein Layout, das nicht benutzerspezifisch ist, als Voreinstellung, wird es für alle Benutzer des Reports zur Voreinstellung. Dies sollten Sie nur als Systemadministrator tun. [!]

3.5 Zusammenfassung

Der Standardreport ist für gesetzliche Anforderungen die erste Wahl, wie z. B. bei den Folgeaktivitäten der Personalabrechnung. Hier ist die größte Abdeckung von Anforderungen gegeben, denn die Anforderungen sind durch gesetzliche Rahmenbedingungen in allen Unternehmen identisch. In anderen Modulen, wie z. B. der Personalentwicklung sind die Anforderungen individueller und entsprechend geringer ist die Abdeckung durch Standardreports. Außerdem verliert der Standardreport durch die geänderte Strategie der SAP, die Reporting-Anforderungen stärker in SAP NetWeaver BI abzubilden an Bedeutung. Auswertungen im BI-System sind deutlich flexibler und können einfacher angepasst werden, wenn die notwendige

Voraussetzung gegeben ist: ein InfoCube mit den notwendigen Kennzahlen und Merkmalen.

Durch den Einsatz von ALV-Listen, die variabel gestaltet werden können, sind Standardreports flexibler geworden. Der Einsatz von Standardreports setzt jedoch nach wie vor voraus, dass für die gewünschte Anforderung ein geeigneter Report vorhanden ist, der der Anforderung sehr nahe kommen muss.

Wie Sie auch ganz ohne Programmierkenntnisse Auswertungen erstellen können, zeigen wir Ihnen in diesem Kapitel. Im Einzelnen werden wir Ihnen die unterschiedlichen Funktionen von QuickViewer, Ad-hoc Query und SAP Query zeigen. Sie werden lernen, mit welchem Tool Sie welche Anforderung am besten lösen.

4 Queries

Ad-hoc Query und QuickViewer werden in der Regel für kurzfristige Anfragen genutzt. Diese beiden Tools sind intuitiv bedienbar und deshalb besonders für Anfänger geeignet. Mit der SAP Query werden vorwiegend periodisch auszuführende Berichte erstellt. QuickViews und Ad-hoc Queries können mit der SAP Query weiterbearbeitet werden. Mit einigen Einschränkungen können auch SAP Queries in Ad-hoc Queries konvertiert werden. Damit stehen Ihnen die Funktionen *Mengenoperation* und *Berichts-Berichts-Schnittstelle* zur Verfügung, die in der SAP Query nicht zu finden sind (siehe Tabelle 4.1).

QuickViewer, Ad-hoc Query und SAP Query

Tabelle 4.1 gibt Ihnen zunächst einen Überblick über Anwendung, Bedienung, Datenbasis, Funktionen und Listtypen der drei Tools. Eine Erläuterung der Tools sowie der Funktionen finden Sie in den Abschnitten 4.2 bis 4.4.

	QuickViewer	Ad-hoc Query	SAP Query
Anwendung	Ad-hoc Reporting	Ad-hoc Reporting	Standard-Reporting
Bedienung	intuitiv	intuitiv	Einweisung hilfreich
Datenbasis	InfoSet oder Tabelle, Tabellen-Join, logische Datenbank	InfoSet	InfoSet

Tabelle 4.1 Gegenüberstellung von QuickViewer, Ad-hoc Query und SAP Query

	QuickViewer	Ad-hoc Query	SAP Query
Funktionen	Keine Zusatzfunktionen	Mengenoperation Berichts-Berichts-Schnittstelle	Mehrzeilige Listen Lokale Zusatzfelder Interaktive Listen
Listen	Grundliste	Grundliste Statistik Rangliste	Grundliste Statistik Rangliste

Tabelle 4.1 Gegenüberstellung von QuickViewer, Ad-hoc Query und SAP Query (Forts.)

Dass eine Query in allen drei Tools bearbeitet werden kann, liegt an der gemeinsamen Datengrundlage – den InfoSets. Nachfolgend lernen Sie, wie Sie eine einheitliche Datengrundlage für die Erstellung von Queries schaffen.

4.1 InfoSets

InfoSets enthalten in der Regel Felder verschiedener Infotypen aus einem Modul (z. B. Personaladministration oder Personalbeschaffung). Die Felder werden von einer so genannten logischen Datenbank bereitgestellt. Für jedes Modul existiert eine logische Datenbank (siehe Abschnitt 2.2, Logische Datenbanken).

Standard-InfoSets

SAP liefert im **Globalen Bereich** einige Standard-InfoSets aus. Die Personaladministration enthält im Standard nur *ein* (internationales) InfoSet. Um ein kundeneigenes InfoSet zu erstellen, müssen Sie ein Standard-InfoSet kopieren, in den mandantenabhängigen Standardbereich transportieren (siehe Abschnitt 4.7), angepassen und erweitern. Im Folgenden erfahren Sie zunächst, wie Sie ein neues InfoSet erstellen.

4.1.1 Erstellen eigener InfoSets

Sie erreichen die InfoSet-Pflege über einen der beiden folgenden Wege:

- Wählen Sie im SAP Easy Access-Menü den Pfad **Personal • Informationssystem • Reporting-Werkzeuge • SAP Query** und danach im Menü **Umfeld • InfoSets**.
- Geben Sie im Befehlsfeld den Transaktionscode SQ02 ein, und bestätigen Sie mit der Eingabetaste.

Ist als Arbeitsbereich **Globaler Bereich** angegeben? Dann ändern Sie zunächst den Arbeitsbereich im Menü unter **Umfeld • Arbeitsbereiche** in den **Standardbereich** (siehe Abbildung 4.1).

Im Standardbereich arbeiten

> Für die Arbeit im **Globalen Bereich** müssen mandantenübergreifende Änderungen erlaubt sein. Wir empfehlen daher, dass Sie im mandantenabhängigen **Standardbereich** arbeiten.

[!]

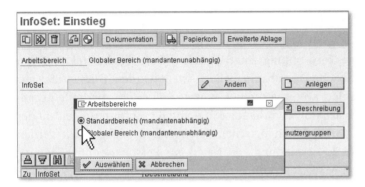

Abbildung 4.1 Wechsel des Arbeitsbereichs

> Damit Sie künftig beim Aufruf der InfoSet- oder Query-Pflege direkt in den Standardbereich springen, müssen Sie nur den Parameter AQW mit dem Wert **Blank** in Ihren Benutzerstammsatz eintragen. Wählen Sie im Menü **System • Benutzervorgaben • Eigene Daten** und anschließend die Registerkarte **Parameter**.

[+]

1. Um ein neues InfoSet anzulegen, geben Sie dem InfoSet einen Namen und wählen den Button **Anlegen**.
2. Pflegen Sie in der folgenden Dialogbox die Bezeichnung. Zur Berechtigungsgruppe beachten Sie unsere Ausführungen zu Query-spezifischen Berechtigungen in Abschnitt 4.1.4.
3. Wählen Sie als Datenquelle die logische Datenbank PNPCE.

> **Im Beispiel der PNPCE sind folgende Daten verfügbar:**
>
> ▸ Alle Infotypen der Personaladministration und der Zeitwirtschaft
>
> ▸ Ergebnisse der Entgeltabrechnung, sofern sie in einem Infotyp Abrechnungsergebnisse abgelegt sind

[zB]

> - Ergebnisse der Zeitwirtschaft, sofern sie im Customizing der simulierten Infotypen berücksichtigt sind
> - Langtexte zu den meisten relevanten Schlüsseln, die in den bereits genannten Infotypen abgelegt sind
> - Ein umfangreicher Fundus an weiteren Feldern – z. B. aus PD-Infotypen, sofern für diese ein Bezug zu einer einzelnen Personalnummer herzustellen ist (z. B. Führungskraft)

Logische Datenbanken nutzen

In SAP ERP HCM lässt sich auf der Basis von logischen Datenbanken ein InfoSet komfortabel definieren und generieren. Ein InfoSet kann auch ohne Verwendung einer logischen Datenbank direkt auf den entsprechenden Datenbanktabellen erstellt werden. Dies ist aber nur zu empfehlen, wenn vertiefte Kenntnisse über die zugrunde liegenden Datenstrukturen vorhanden sind und die Anforderungen auf der Basis der vorhandenen logischen Datenbank nicht abgedeckt werden können (z. B. Verbindung von Daten aus Personalstamm, Zeitwirtschaft und Materialstamm für Auswertungen im Leistungslohnumfeld). Eine ausführliche Erläuterung der logischen Datenbanken finden Sie in Abschnitt 2.2, *Logische Datenbanken*. Die Auswertung auf Basis eines Tabellen-Joins beschreiben wir anhand des Quick-Viewers (siehe Abschnitt 4.2). Ein QuickView kann im Gegensatz zur Query auch direkt auf Tabellen oder Tabellen-Joins basieren.

4. Bestätigen Sie die Eingaben. Sie können nun die benötigten Infotypen auswählen.

5. Anschließend gelangen Sie in die InfoSet-Pflege. Das System schlägt dabei die gebräuchlichsten Felder bereits vor und ordnet sie den Feldgruppen nach Infotypen zu (siehe Abbildung 4.2).

Alle automatisch vorgeschlagenen Felder, die nicht gepflegt oder zur Auswertung nicht benötigt werden, sollten Sie gleich entfernen. Ein späteres Entfernen von Feldern ist nur möglich, wenn diese nicht schon in einer Query verwendet werden. Felder hinzufügen können Sie jedoch jederzeit problemlos.

Aussagekräftige Texte pflegen

Außerdem ist die Pflege von Texten dringend zu empfehlen. Es werden zwar Standardtexte vorgeschlagen, aber die sind oft nicht aussagekräftig oder nur in ihrem Kontext sprechend. Enthält das InfoSet zum Beispiel Lohnarten- und Betragsfelder aus verschiedenen Infotypen, können Sie in einer Query anhand der Überschriften nicht mehr unterscheiden, ob es sich um die Lohnart/den Betrag aus Infotyp 0008, 0014 oder 0015 handelt. Ein InfoSet mit wohlüberlegten Texten spart Ihnen später viel Zeit. Per Doppelklick auf ein Feld erscheinen rechts unten die Feldbezeichner, die Sie überschreiben können (siehe Abbildung 4.2).

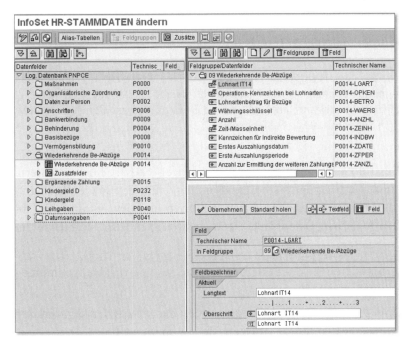

Abbildung 4.2 InfoSet-Pflege – Sprechende Feldüberschrift für die Lohnart aus Infotyp 0014

6. Nach dem Anlegen oder Ändern eines InfoSets müssen Sie das InfoSet generieren.

> Bei der Pflege eines InfoSets sollten Sie immer im Auge behalten, dass auf dieser Basis künftig wahrscheinlich sehr viele Queries und Ad-hoc Queries angelegt werden. Daher lohnt es sich, etwas mehr Zeit in das InfoSet zu investieren. Ein InfoSet, zu dem bereits Queries existieren, lässt sich nur noch eingeschränkt ändern. Ein Hinzufügen von neuen Feldern ist in der Regel jedoch immer möglich.

[«]

4.1.2 Erweitern von InfoSets

Die InfoSets erhalten neben den Infotypfeldern weitere Zusatzfelder. Die Zusatzfelder befinden sich in den jeweiligen Feldgruppen und haben einen engen Bezug zu den Feldern des Infotyps. Häufig verwendete Zusatzfelder sind z. B.:

- Infotyp 0001: Personalnummer und Name des Vorgesetzten
- Infotyp 0002: Alter des Mitarbeiters, Tag und Monat des Geburtsdatums
- Infotyp 0008: Jahresgehalt

[!] Seien Sie vorsichtig mit den bereitgestellten Zusatzfeldern. Verlockend sind die Zusatzfelder **Ein-/Austrittsdatum** aus Infotyp 0000, die je nach Datenauswahlzeitraum nicht immer das erwartete Ergebnis liefern. Prüfen Sie den Inhalt dieser Felder genau.

Das InfoSet können Sie um weitere eigene Zusatzfelder erweitern. Voraussetzung dafür sind Programmierkenntnisse sowie die Kenntnis der entsprechenden Datenstrukturen und der zugrunde liegenden logischen Datenbank. Dann ist es z. B. möglich, Freitextfelder auszulesen.

Anlegen eines Zusatzfeldes

1. Markieren Sie die Feldgruppe, in die das neue Feld aufgenommen werden soll.
2. Wählen Sie den Button **Zusätze** und danach auf der Registerkarte **Zusätze** den Button **Anlegen** (siehe Abbildung 4.3).

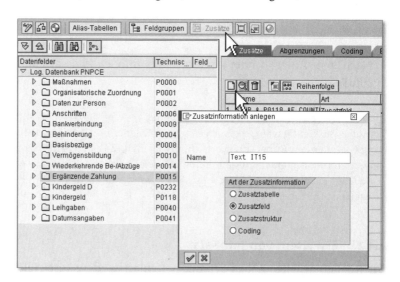

Abbildung 4.3 Definition eines Zusatzfeldes

3. Vergeben Sie einen Namen für das Zusatzfeld, und wählen Sie weiter unten **Zusatzfeld** aus. Drücken Sie die Eingabetaste.

4. Pflegen Sie das Format für das **Zusatzfeld**.

5. Auf der Registerkarte **Coding** im Coding-Abschnitt **DATA** nehmen Sie die Datendeklaration vor.

6. Für das Coding zum Füllen des neuen Feldes wählen Sie die Registerkarte **Zusätze**, stellen den Cursor auf das Feld und klicken auf den Button **Coding zum Zusatz**.

7. Sichern und prüfen Sie zum Schluss das Coding, und generieren Sie das InfoSet.

Name des Mitarbeiters	Lohnart	Lohnart	Betrag	Währg	Zusatzinfo IT 15
Anja Müller	M430	Geburtsbeihilfe	300,00	EUR	Tochter Anna Sophie

Abbildung 4.4 Ergebnis: Anzeige des Freitextfeldes in der Ausgabeliste

Das Coding-Beispiel für das Auslesen von Textclustern finden Sie in Anhang C.

[«]

4.1.3 Spezielle »Schalter«

Mit so genannten *Schaltern* können Sie die Verarbeitungslogik eines InfoSets beeinflussen. *Allgemeine Schalter* betreffen alle Infotypen. Damit haben Sie z. B. die Möglichkeit, abweichend vom Standard

Allgemeine Schalter

- auch Personen zu verarbeiten, für die nur Teilberechtigung vorliegt, da die Query Personalnummern komplett ausschließt, bei denen für mindestens ein Feld keine Berechtigung vorliegt (Schalter PROC_PERNR_PARTIAL_AUT)
- gesperrte Datensätze zu berücksichtigen (Schalter PROCESS_LOCKED_RECORDS)

Infotypspezifische Schalter beziehen sich auf den anzugebenden Infotyp. Damit können Sie z. B.

Infotypspezifische Schalter

- Datensätze nur in der Anmeldesprache ausgeben, falls Objekte der Personalentwicklung (z. B. Veranstaltungen) mehrsprachig angelegt wurden (Schalter NO_DUPLICATE_LANGU)
- das Operationskennzeichen (für Abzugslohnarten aus den Infotypen 0008, 0014, 0015 und 0052) ignorieren (Schalter IGNORE_WAGE_TYPE_OPERA)

Die vollständige Liste aller Schalter mit einer ausführlichen Beschreibung finden Sie in der Dokumentation des Implementation Guides (IMG) **Personalmanagement** • **Personalinformationssystem** • **HR-Einstellungen für SAP Query** • **InfoSets für HR anlegen**.

Wichtig ist zunächst die Kenntnis, dass über solche Schalter in die Verarbeitungslogik von InfoSets eingegriffen werden kann. Der Bedarf dafür wird sich eher aus wenigen, sehr spezifischen Anforderungen ergeben.

Der Einbau eines Schalters erfolgt über Zusatz-Coding im InfoSet. Wählen Sie dazu in der InfoSet-Pflege den Button **Zusätze** und danach im rechten Bildschirmbereich die Registerkarte **Coding**. Für infotypspezifische Schalter ist in den eckigen Klammern der relevante Infotyp bzw. die relevanten Infotypen, wie im folgenden Beispiel, anzugeben, für allgemeine Schalter muss stattdessen in den Klammern Common stehen:

```
*$HR$ [P0008, P0014, P0015]
*$HR$ IGNORE_WAGE_TYPE_OPERA = 'X'
```

> [»] Die Schalter sind seit R/3-Release 4.7 Enterprise verfügbar. Für frühere Releasestände beachten Sie den Hinweis 305118.
>
> Nach dem Einbauen oder Ändern von Schaltern müssen Sie bereits bestehende Queries noch einmal generieren.

4.1.4 Die Verwendung von InfoSets erlauben

Für den Zugriff auf InfoSets gibt es im Query-Umfeld eine spezielle Berechtigung, die Sie zusätzlich zur Rollenpflege (siehe Abschnitt 2.4.4) einrichten müssen.

Benutzergruppen Sie haben zunächst die Möglichkeit, über verschiedene Benutzergruppen zu steuern, welche Benutzer mit denselben InfoSets arbeiten dürfen. Dabei können Sie unterscheiden, ob der Benutzer Queries dieses InfoSets ändern und neue anlegen oder nur Queries ausführen darf. Darf der Benutzer grundsätzlich Queries ändern, können Sie ihm die Änderungsberechtigung für Queries dieses InfoSets entziehen. Das Häkchen darf in diesem Fall nicht gesetzt sein (siehe Abbildung 4.5).

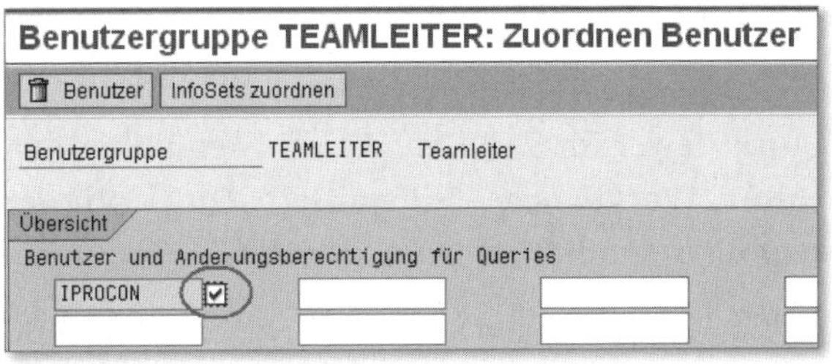

```
Benutzergruppe TEAMLEITER: Zuordnen Benutzer
  Benutzer   InfoSets zuordnen
Benutzergruppe        TEAMLEITER    Teamleiter
Übersicht
Benutzer und Änderungsberechtigung für Queries
  IPROCON      ☑
```

Abbildung 4.5 Benutzer IPROCON der Benutzergruppe »Teamleiter« zuordnen

Sie erreichen die Benutzerpflege über folgenden Pfad im SAP Easy Access-Menü: **Personal • Informationssystem • Reporting-Werkzeuge • SAP Query • Umfeld • Benutzergruppen**. Definieren Sie eine neue Benutzergruppe, und klicken Sie auf **Anlegen**.

Wenn Sie eine Benutzergruppe definiert und dieser Benutzer zugeordnet haben, müssen Sie anschließend noch das InfoSet zuordnen. Klicken Sie dafür auf den Button **InfoSets zuordnen**. Anschließend erhalten Sie eine Liste aller InfoSets. Setzen Sie vor den InfoSets, die Sie der Benutzergruppe zuordnen möchten, ein Häkchen, und speichern Sie die Einstellung.

4.2 QuickViewer

Der QuickViewer ist das am einfachsten zu bedienende Tool. Er ist jedoch kein Reporting-Tool als solches. Mit dem QuickViewer können Sie schnell eine Abfrage per Drag & Drop in der Form »What you see is what you get« erstellen. Sie erzeugen damit aber keinen Report, sondern einen QuickView. Dieser ist nur für den Benutzer sichtbar, der ihn erstellt hat. Einen QuickView können Sie jedoch in eine SAP Query konvertieren. Dann steht die Liste auch anderen Benutzern zur Verfügung. Der QuickViewer zeichnet sich durch einfache und intuitive Handhabung aus. Sie benötigen dafür – wie für die anderen Query-Tools auch – keine Programmierkenntnisse. Der QuickViewer hat jedoch keinerlei zusätzliche Funktionen wie Ad-hoc Query oder SAP Query. Sie können außerdem lediglich Grundlisten erstellen, keine Statistik oder Rangliste.

Während SAP Queries und Ad-hoc Queries immer auf Basis eines InfoSets erstellt werden, können Sie QuickViews auch direkt auf

4 | Queries

Basis von Datenbank-Views, Tabellen, Tabellen-Joins und logischen Datenbanken anlegen.

Sie erreichen den QuickViewer im SAP Easy Access-Menü über den Pfad **Werkzeuge • ABAP Workbench • Hilfsmittel • Quick Viewer** oder in der SAP Query über den Button **Quick Viewer**.

Der QuickViewer enthält auf der linken Seite eine Hilfestellung zum Anlegen eines QuickViews.

Tabellen-Join

Im Folgenden demonstrieren wir Ihnen, wie Sie einen Tabellen-Join erstellen können. Geben Sie dem QuickView zunächst einen Namen, und klicken Sie auf den Button **Anlegen**. Geben Sie im nächsten Bild (siehe Abbildung 4.6) einen Titel an, und wählen Sie die **Datenquelle** aus.

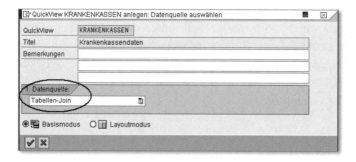

Abbildung 4.6 Anlegen eines Tabellen-Joins

Im folgenden Bild fügen Sie über den markierten Button die gewünschten Tabellen ein (siehe Abbildung 4.7). Es werden die Tabellen mit allen verfügbaren Feldern angezeigt. Über den Button **Verknüpfungsbedingungen** schlägt das Tool mögliche Join-Bedingungen vor.

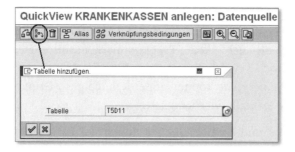

Abbildung 4.7 Auswahl der Tabellen beim Anlegen eines Tabellen-Joins

Navigieren Sie über den **Zurück**-Button zum QuickViewer. Der QuickViewer stellt Ihnen zwei Arbeitsmodi zur Verfügung – den Basismodus und den Layoutmodus. Den Modus können Sie jederzeit über den Button ▦ Layoutmodus bzw. ▦ Basismodus ändern. Wenn Sie sich im Basismodus befinden, können Sie auf der Registerkarte **Listenfeldauswahl** die gewünschten Felder in die Ausgabeliste übernehmen (siehe Abbildung 4.8). Im Layoutmodus wählen Sie die gewünschten Felder durch Setzen von Häkchen in der Spalte **Listenfelder** aus (siehe Abbildung 4.9).

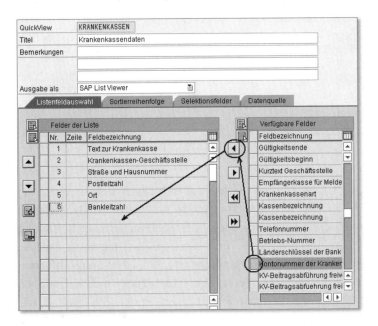

Abbildung 4.8 Auswahl der Felder für die Ausgabeliste

Auf den weiteren Registerkarten können Sie die Sortierreihenfolge nach Spalten bestimmen, das Selektionsbild anhand der verfügbaren Felder erstellen und die Datenquelle (hier den Tabellen-Join) ändern. Klicken Sie auf den Button **Ausführen**, um das Selektionsbild anzuzeigen und nach anschließender Selektion die Liste auszuführen.

Im Layoutmodus haben Sie verschiedene Möglichkeiten, das Listenlayout anzupassen, z. B. durch Hinzufügen von Kopf- und Fußzeile oder Ändern der Ausgabelänge/-farbe des Listenfeldes (siehe Abbildung 4.9).

4 | Queries

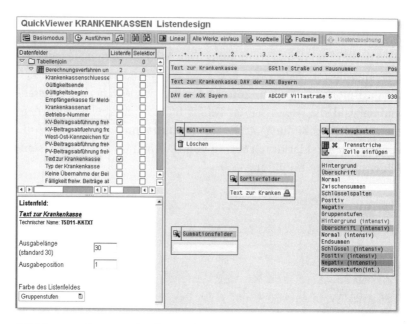

Abbildung 4.9 Layoutmodus des QuickViewers

In eine SAP Query konvertieren

Einen QuickView können Sie in eine SAP Query konvertieren. Sie haben in der SAP Query dann weitere Bearbeitungsmöglichkeiten und können die Auswertung auch anderen Benutzern zur Verfügung stellen (siehe Abschnitt 4.4). Rufen Sie dazu die Umgebung der SAP Query im SAP Easy Access-Menü über den Pfad **Personal • Informationssystem • Reporting-Werkzeuge • SAP Query** auf. Sie müssen sich im Standard-Arbeitsbereich befinden (siehe Abschnitt 4.1.1) und die Benutzergruppe ausgewählt haben, in die der QuickView aufgenommen werden soll. Wechseln Sie gegebenenfalls die Benutzergruppe im Menü über **Bearbeiten • Bengruppe wechseln**. Danach wählen Sie im Menü **Query • Quick View konvertieren**. Geben Sie der Query einen Namen, und legen Sie außerdem die Bezeichnung des InfoSets fest (siehe Abbildung 4.10). Es wird ein neues InfoSet angelegt, in diesem Beispiel bestehend aus einem Tabellen-Join. Das InfoSet wird automatisch der ausgewählten Benutzergruppe zugeordnet. Es können nun alle dieser Benutzergruppe zugeordneten Benutzer das ehemalige QuickView ausführen.

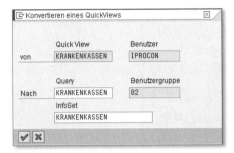

Abbildung 4.10 Konvertieren eines QuickViews in eine SAP Query

4.3 Ad-hoc Query

Die Ad-hoc Query wird außerhalb des HR-Bereichs auch als *InfoSet-Query* bezeichnet. Da sie wesentlich einfacher zu handhaben ist als die SAP Query, ist sie in der Fachabteilung oder auch für Führungskräfte und Sekretariate breiter einsetzbar.

Die Grundlage ist die Definition der InfoSets und Benutzergruppen, die wir Ihnen in Abschnitt 4.1 erläutert haben. Die Ad-hoc Query erlaubt einfache (einzeilige) Listen – auf der Basis eines InfoSets.

Die Ad-hoc Query erreichen Sie im SAP Easy Access-Menü über den Pfad **Personal** • **Personalmanagement** • **Administration** • **Infosystem** • **Reporting-Werkzeuge** • **Ad-hoc Query**. Grundsätzlich ist der Punkt **Reporting-Werkzeuge** auch in anderen Komponenten-Infosystemen und im übergreifenden Infosystem enthalten. Außerdem ist die Ad-hoc Query auch über die normale SAP Query über den Button **InfoSet Query** erreichbar.

Wenn der Benutzer einer geeigneten Benutzergruppe zugeordnet ist und dieser mehrere InfoSets zugeordnet sind, erhalten Sie das in Abbildung 4.11 dargestellte Einstiegsbild.

Nach der Wahl des InfoSets befinden Sie sich in der Pflegeoberfläche der Ad-hoc Query. Abbildung 4.12 zeigt die einzelnen Bildbereiche der Ad-hoc Query. Der obere Bildschirmbereich ist in zwei Bereiche unterteilt. Der linke Ausschnitt zeigt Ihnen die **Feldgruppen/Felder** der verfügbaren Infotypen gemäß dem ausgewählten InfoSet an. Rechts befinden sich der **Auswertungszeitraum**, die Einschränkung der **Auswertungsmenge**, die **Selektionen** sowie die **Treffermenge**.

Pflege der Ad-hoc Query

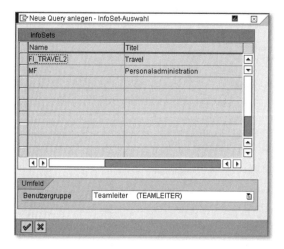

Abbildung 4.11 InfoSet-Auswahl für die Benutzergruppe »Teamleiter«

Die Treffermenge zeigt Ihnen die Anzahl der selektierten Datensätze an. Der untere Teil des Einstiegsbildes enthält die **Ausgabevorschau**.

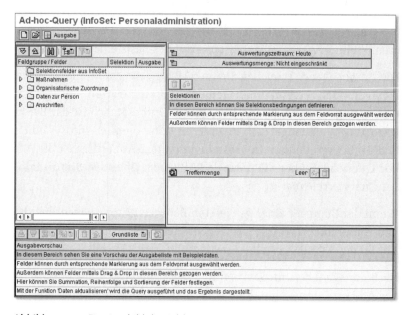

Abbildung 4.12 Einstiegsbild der Ad-hoc Query

Die eigentliche Definition einer konkreten Abfrage erfolgt im linken oberen Bereich. Grundsätzlich können Sie jedes Feld für die Ausgabe und/oder die Selektion verwenden. Außerdem können Sie entscheiden, ob der Schlüssel oder der Langtext verwendet werden soll, d. h., dass Sie z. B. beim Feld **Personalteilbereich** zwischen **0001** und **Hannover** auswählen können. Hinter der Personalnummer verbirgt sich als Langtext der Name des Mitarbeiters. Zur Wahl zwischen **Wert** (Schlüssel) oder **Text** gelangen Sie über die rechte Maustaste (siehe Abbildung 4.13).

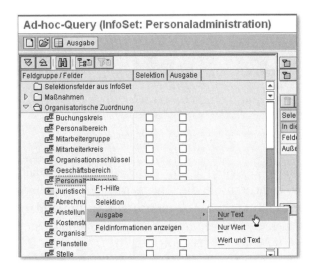

Abbildung 4.13 Menü der rechten Maustaste – Wahl der Ausgabeform

Wählen Sie nun die gewünschten Felder aus den Infotypen durch Setzen von Häkchen in den Spalten **Selektion** oder **Ausgabe**. Wählen Sie die Option **Selektion**, wird im rechten Bild die Tabelle um das entsprechende Selektionsfeld ergänzt. Über Optionen und Werte können Sie dort Vorgabewerte mitgeben. Überprüfen Sie Ihre Auswahl vorab über den Button **Treffermenge**.

Wenn Sie auf den Button **Ausgabe** klicken, wird Ihnen das Ergebnis Ihrer Ad-hoc Query angezeigt. Die **Ausgabevorschau** im unteren Bildabschnitt zeigt Ihnen das Layout der Liste. Durch Klicken auf den Spaltenkopf markieren Sie eine Spalte, danach können Sie diese per Drag & Drop verschieben.

Über **Bearbeiten • Einstellungen** (siehe Abbildung 4.14) können Sie bestimmen, ob vor der Ausgabe das Standardselektionsbild der logischen Datenbank angezeigt werden soll. Darüber könnten Sie die Ergebnismenge nochmals einschränken, z. B., um die unterschiedlichen Zeiträume (Daten- und Personalauswahlzeitraum) zu nutzen.

Mehr zur Bedeutung der Zeiträume finden Sie in Abschnitt 3.2, *Zeitraumselektion*.

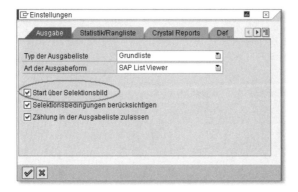

Abbildung 4.14 Selektionsbild vor Ausgabe der Ad-hoc Query anzeigen

Kehren Sie zurück zum Auswahlbild. Korrigieren Sie gegebenenfalls Ihre Auswahl, bzw. speichern Sie die Query. Mit dem Speichern wird nicht nur die Definition von Selektions- und Ausgabefeldern gesichert, sondern auch die konkret durchgeführte Selektion (analog zum Speichern einer Variante bei Standardreports).

Selektion über die Organisationsstruktur

Ein besonders wichtiges Hilfsmittel ist die Einschränkung der Auswertungsmenge über die Objektselektion. Damit können Sie z. B. eine grundsätzliche Einschränkung über die Organisationsstruktur durchführen. Die Objektselektion schalten Sie im Menü über **Zusätze • Objektselektion ...** ein bzw. aus. In Abbildung 4.15 sehen Sie im rechten Bildschirmbereich den Balken **Auswertungsmenge: Nicht eingeschränkt**. Klicken Sie darauf, und wählen Sie anschließend unter **einschränken durch** die Option **Personen über Organisationsstruktur**. Dies erhöht bei großem Personalstamm die Performance. Die eingeschaltete Objektselektion verbietet jedoch die Selektion über Textfelder, sondern gestattet ausschließlich die Selektion über Schlüssel. Die Ergebnismenge der Einschränkung können Sie über den **Anzeigen**-Button sehen und von dort auch in die Pflege der **Personalstammdaten** eines Mitarbeiters abspringen.

[+] Schauen Sie sich im Menü unter **Bearbeiten • Einstellungen** auch die weiteren Registerkarten an, und nutzen Sie gegebenenfalls die [F1]-Hilfe für die Erläuterung.

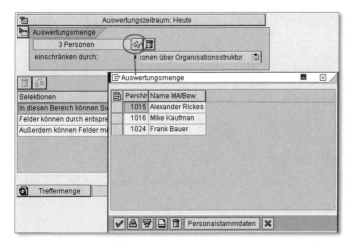

Abbildung 4.15 Ergebnismenge der Objektselektion anzeigen, Absprung in Personalstammdaten möglich

4.3.1 Mengenoperationen

Sehr flexibel ist die Möglichkeit, verschiedene Selektionsmengen innerhalb einer Query miteinander zu verknüpfen. Dadurch sind Schnittmengen, Vereinigungsmengen und Mengendifferenzen abbildbar. Sie haben damit z. B. die Möglichkeit, all diejenigen Mitarbeiter zu selektieren, die keinen Infotyp 0010 (Vermögensbildung) haben. Denn grundsätzlich findet das System nur vorhandene Daten. Mit der Mengenoperation ziehen Sie einfach von einer Ausgangsmenge (z. B. alle Mitarbeiter oder ein bestimmter Personalteilbereich) die Menge der Mitarbeiter mit dem vorhandenen Infotyp ab und erhalten die gewünschte Ergebnismenge.

1. Schalten Sie zunächst die Objektselektion ein (im Menü über **Zusätze • Objektselektion**). Danach können Sie die Registerkarte **Mengenoperationen** einblenden (im Menü über **Zusätze • Mengenoperationen einblenden**).

2. Die Ausgangsmenge übernehmen Sie zunächst in die **Treffermenge** und danach per Klick auf den linken **Plus**-Button in die **Menge A** (siehe Abbildung 4.16).

3. Führen Sie danach die Selektion durch, indem Sie z. B. in das Selektionsfeld **Laufender Vertrag zur Vermögensbildung > 0** eingeben. Das heißt, jeder, der heute einen Vertrag mit laufender Nummer hat, wird berücksichtigt.

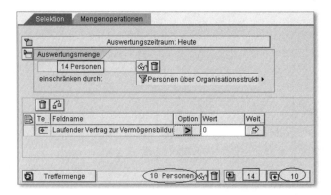

Abbildung 4.16 Selektion für Mengenoperationen

4. Aktualisieren Sie die **Treffermenge**, und klicken Sie anschließend auf den rechten **Plus**-Button, also die **Menge B**. Wechseln Sie zur Registerkarte **Mengenoperationen**.

5. Wählen Sie die Option **Menge A minus Menge B**, und klicken Sie auf **Operation durchführen** (siehe Abbildung 4.17).

6. Übernehmen Sie im nächsten Block diese Ergebnismenge in die **Treffermenge**, und klicken Sie auf **Ergebnismenge übernehmen**.

7. Wechseln Sie zur Registerkarte **Selektion**, und klicken Sie auf **Ausgabe**, um die Personalnummern ohne Vertrag zur Vermögensbildung auszugeben.

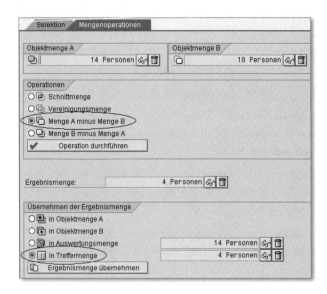

Abbildung 4.17 Mengenoperationen durchführen

> [!] Bei der Durchführung von Mengenoperationen darf unter **Bearbeiten • Einstellungen**, Registerkarte **Ausgabe**, die Option **Selektionsbedingungen berücksichtigen** nicht ausgewählt sein, sonst ist die Ergebnisliste leer.

Die umfangreiche Möglichkeit der Selektion in der Ad-hoc Query, insbesondere die Mengenoperation, können Sie auch für andere Reports nutzen (siehe Abschnitt 4.3.2).

4.3.2 Berichts-Berichts-Schnittstelle

Die Ergebnismenge der Ad-hoc Query können Sie an sämtliche Reports übergeben (sowohl Standardreports als auch Eigenentwicklungen). Sie haben so die Möglichkeit, weitaus umfangreichere Selektionen auszuführen, als es z. B. ein Standardselektionsbild zulässt.

Gehen Sie dazu wie folgt vor:

1. Starten Sie die Ad-hoc Query mit einem entsprechenden InfoSet. Nehmen Sie die gewünschte Selektion vor, und aktualisieren Sie die Treffermenge.
2. Wählen Sie im Menü **Springen • Report starten**.
3. Geben Sie hier den Namen des Reports ein. (Markieren Sie **Start über Selektionsbild**, falls das Selektionsbild des Reports vor der Ausführung angezeigt werden soll.)
4. Drücken Sie die Eingabetaste.

Der Report wird nun ausschließlich für die Treffermenge der Ad-hoc Query ausgeführt.

4.3.3 Einsatz und Grenzen der Ad-hoc Query

Die Verwendung der Ad-hoc Query durch einen breiten Anwenderkreis steht und fällt mit der sauberen und bedarfsgerechten Definition der InfoSets und Benutzergruppen. Auch wenn die Anwendung auf den ersten Blick recht einfach erscheint, sollte auf eine Schulung oder zumindest eine gute unternehmensspezifische Dokumentation nicht verzichtet werden. Andernfalls kommt es erfahrungsgemäß aufgrund von Fehlern bei der Selektion der Daten und bei der Interpretation der Ergebnisse häufig zu Verwirrungen und widersprüchlichen Listen.

> **Folgende Punkte sollten Sie besonders beachten:**
> - **Sprechende Feldtexte**
>   Klärung der in der Feldbenennung verwendeten Begriffe (vor allem Begriffe wie Grundgehalt, variables Gehalt, Basisbezug, Stundensatz werden von Mitarbeitern der Gehaltsabrechnung häufig anders verstanden als von Führungskräften; hier ist klar zu definieren, wie sich diese Aggregationen zusammensetzen)
> - **Bedeutung des Selektionszeitraums**
>   Insbesondere das Bewusstsein, dass viele Berichte nur stichtagsbezogen sinnvolle Ergebnisse liefern
> - **Auswertung von Maßnahmen**
>   Unterschied zwischen den Infotypen 0000 und 0302
> - **Bedeutung der Objektselektion**
>   Vorselektion über die Organisationsstruktur steigert die Performance

Grundsätzlich ist ein breiter Einsatz der Ad-hoc Query im Rahmen der durch Datenschutz und Schulungsaufwand gegebenen Einschränkungen jedoch sehr empfehlenswert. Dazu ist allerdings an zentraler Stelle (Personalcontrolling) ein Konzept zu erarbeiten. Hierfür sind tiefere Kenntnisse der HCM-Daten und der Funktionalität erforderlich.

Die Grenzen erreicht die Ad-hoc Query da, wo umfangreichere Berechnungslogik, Gruppenstufen, Besonderheiten im Layout oder mehrzeilige Listen benötigt werden. Diese Anforderungen werden zum Teil von der SAP Query abgedeckt. Wie Sie eine solche anlegen, erfahren Sie im folgenden Abschnitt.

4.4 SAP Query

Die SAP Query starten Sie im SAP Easy Access-Menü über den Pfad **Personal • Informationssystem • Reporting-Werkzeuge • SAP Query**. Nach Eingabe eines Namens für die Query und Anklicken des Buttons **Anlegen** führt Sie ein Wizard durch die Anlegeoptionen der Query.

1. Im ersten Schritt bestimmen Sie den Titel und die Ausgabeform (in der Regel **SAP List Viewer**, für eine mehrzeilige Liste wählen Sie **ABAP Liste**, siehe Abschnitt 4.4.1). Klicken Sie auf den Button **nächstes Bild**.
2. Wählen Sie nun die Feldgruppen (Infotypen) aus, die die benötigten Felder enthalten.
3. Im nächsten Schritt wählen Sie die Felder aus, die Sie für Selektion und/oder Ausgabe benötigen.
4. Im folgenden Bild markieren Sie die Felder, die Sie zur Selektion benötigen.

> Wenn das InfoSet auf einer logischen Datenbank (z. B. PNPCE) basiert, steht auch das Standardselektionsbild zur Verfügung. Daher sollten Sie Felder, die darin bereits enthalten sind, nicht noch einmal als Selektionsfelder definieren. Andernfalls erscheinen sie im Selektionsbild doppelt.

[«]

5. Klicken Sie auf den Button **Grundliste**, und geben Sie im nächsten Bild die Reihenfolge der Felder für die Ausgabeliste an.
6. Klicken Sie im selben Bild auf den Button **Testen**, um das Ergebnis der Query für eine begrenzte Auswahl von Datensätzen anzuzeigen. Zum Ausführen der Query gehen Sie zurück zum Einstiegsbild der Query-Pflege und klicken dort auf den Button **Ausführen** (siehe Abbildung 4.18).

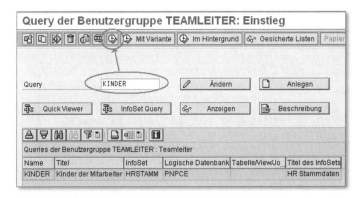

Abbildung 4.18 Ausführen einer fertig erstellten Query

4 | Queries

Wenn Sie beim Anlegen oder Ändern der Query auf den Button **Grundliste** klicken und über den Button **nächstes Bild** weitergehen, können Sie folgende Einstellungen zum Layout vornehmen:

- **Ausgabeoptionen Listzeile**
  z. B. zum Hervorheben der 1. Zeile (siehe Abbildung 4.20)
- **Ausgabeoptionen Feld**
  z. B. zum Runden von numerischen Feldinhalten
- **Überschrift Grundliste**
  Wie Sie in Abbildung 4.19 sehen, haben Sie die Möglichkeit, **Seitenkopf** und **Seitenfuß** mit dynamischen Feldern zu füllen. Weitere Beispiele enthält die Feldhilfe ([F1]-Taste) des Seitenkopfes. Außerdem können Sie die Überschrift ändern. Per Doppelklick öffnet sich das Dynpro **Spaltenüberschrift eines Feldes**.

Beachten Sie, dass Kopf- und Fußzeile nur in der Ausgabeform **ABAP Liste** sichtbar sind (Auswahl im ersten Schritt der Query-Pflege unter **Ausgabeform** oder auf dem Selektionsbild).

Alternativ zur normalen Query-Pflege können Sie auch mit dem grafischen Query Painter arbeiten (gleich dem Layoutmodus beim QuickViewer, siehe Abschnitt 4.2). Um vom normalen Modus in den grafischen Modus zu wechseln, wählen Sie im Menü **Einstellungen • Einstellungen**.

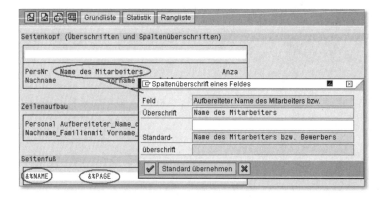

Abbildung 4.19 Ändern der Überschriften und dynamischer Seitenfuß

[+] Die Feldhilfe (zu erreichen über die [F1]-Taste) innerhalb der Erstellung einer Query ist für die meisten Felder sehr gut, und Sie sollten sie zu Beginn intensiv nutzen.

4.4.1 Mehrzeilige Listen

Wahrscheinlich werden Sie sich jetzt fragen, was das Besondere an mehrzeiligen Listen ist. Schließlich bekommen Sie in Ihrer Auswertung meistens mehr als eine Zeile angezeigt. *Mehrzeilig* bedeutet jedoch hier, dass Sie die Spalteninformationen auf zwei Zeilen aufteilen. Das Ergebnis ist eine gegliederte Liste (siehe Abbildung 4.20).

```
Kinder der Mitarbeiter
 👤 📋 📊 📈 📁  Abgrenzungen

PersNr      Name des Mitarbeiters           Anz.
Name des Kindes      Vorname     GebDatum
00001000 Anja Müller                          1
Müller              Hans-Joachim 12.10.1955
Müller              Anna Sophie  11.11.2006
00001468 Carla Eckert                         2
Eckert              Joachim      23.09.1961
Eckert              Miriam       21.05.1993
Eckert              Manuel       03.07.1995
00210004 Schön Angelika                       3
Schön               Bert         23.12.1952
Schön               Rene         01.04.1986
Schön               Maja         23.08.1978
Schön               Peter        01.05.1974
Gesamtsumme                                   6  *

Benutzer: Iprocon                         Seite  1
```

Abbildung 4.20 Mehrzeilige Liste »Kinder der Mitarbeiter«

Eine mehrzeilige Liste lässt sich nur mit der ABAP-Liste darstellen. Wie Sie in der Abbildung sehen, befinden sich in der ersten Zeile Informationen zum Mitarbeiter und in der nächsten Zeile die Namen der Kinder. Diese Aufteilung ist zum Beispiel dann nötig, wenn:

▸ Sie eine Summe über eine Spalte bilden und es mehrere Sätze pro Personalnummer gibt

▸ Sie eine Auswertung der Reiserahmendaten zusammen mit Belegdaten vornehmen. Dann müssen aufgrund der Struktur der logischen Datenbank PTRVP (Reisemanagement) die Kopfinformationen zur Reise wie Personalnummer, Reisenummer, Gesamtkosten und Reiseland in der ersten Zeile stehen. In der zweiten Zeile befinden sich die Informationen zu den Reisebelegen (Belegnummer, Reisespesenart und Belegbetrag). Auch hier könnten Sie andernfalls keine vernünftige Summe über die Gesamtkosten bilden

ABAP-Liste

Wenn Sie das Ergebnis der Query in einer Tabellenkalkulation weiterverarbeiten möchten, sollten Sie nur mit einzeiligen Listen arbeiten.

[«]

Abweichend vom beschriebenen Vorgehen in Abschnitt 4.4 zum Anlegen einer einzeiligen Liste, ändern sich beim Anlegen einer mehrzeiligen Liste nur der **Zeilenaufbau Grundliste** (siehe Abbildung 4.21) und die **Ausgabeoptionen Listzeile** (siehe Abbildung 4.22).

Abbildung 4.21 Zeilenaufbau einer mehrzeiligen Liste

Abbildung 4.22 Ausgabeoptionen einer mehrzeiligen Liste

[»] Mehrzeilige Listen können nur mit der SAP Query erstellt und ausgegeben werden. Falls Sie z. B. eine Reiseauswertung mit Reiserahmendaten und Belegdaten in der Ad-hoc Query erzeugen, erhalten Sie eine Fehlermeldung. Wenn Sie eine mit der SAP Query erstellte mehrzeilige Liste in der Ad-hoc Query aufrufen, entfernt das Tool automatisch die Informationen der zweiten Zeile.

4.4.2 Lokale Zusatzfelder

In der SAP Query haben Sie die Möglichkeit, lokale Zusatzfelder zu erstellen. Die Definition lokaler Zusatzfelder erfordert keine Programmierkenntnisse. Ein lokales Zusatzfeld kann z. B. aus anderen

Feldern der Query abgeleitet oder berechnet sein oder als Eingabefeld im Selektionsbild definiert werden. Lokale Zusatzfelder können z. B. sein:

- ein Rechenfeld
- ein Datum
- eine Uhrzeit
- ein bedingtes Zählfeld
- eine Kombination aus bestehenden Textfeldern
- ein Fixwert vom Selektionsbild
- eine Ampel
- ein Symbol/ein Icon

Ein Beispiel: Angenommen, das Urlaubsgeld soll für jeden Mitarbeiter um 5 % erhöht werden. Dann können Sie in der Query in einem neuen Feld das erhöhte Urlaubsgeld berechnen. Gehen Sie dafür wie folgt vor: [zB]

1. Legen Sie eine neue Query an.
2. Wählen Sie die gewünschten Feldgruppen aus (wir benötigen auf jeden Fall die Gruppe **Wiederkehrende Be-/Abzüge)**.
3. Wählen Sie im nächsten Schritt die gewünschten Felder aus (wir benötigen die **Lohnart** aus Infotyp 0015 und den **Lohnartenbetrag für Bezüge**).
4. Gehen Sie in derselben Oberfläche im Menü auf **Bearbeiten • Kurzbezeichnungen • Ein-/Ausschalten**. Pflegen Sie zum Feld **Lohnartenbetrag für Bezüge** einen beliebigen Namen in der Spalte **Kurzbezeichnung**.
5. Gehen Sie in derselben Oberfläche im Menü auf **Bearbeiten • Lokales Feld • Anlegen**, und pflegen Sie die Felddefinition wie folgt (siehe Abbildung 4.23):
    - Bestimmen Sie die Bezeichnungen und die Spaltenüberschrift.
    - Wählen Sie als Sachgruppe **Wiederkehrende Be-/Abzüge**.
    - Als Eigenschaft nehmen Sie **gleiche Eigenschaften wie Feld** und geben in das Feld die soeben vergebene Kurzbezeichnung (z. B. URLAUBALT) ein.

▸ Und in die Berechnungsvorschrift geben Sie ein: URLAUBALT * 1.05 (Achtung: Das System akzeptiert hier anstelle des Kommas nur einen Punkt!)

Abbildung 4.23 Lokales Feld definieren

6. Das neue Feld ist angelegt. Durchlaufen Sie die weiteren Schritte der Query-Definition wie in Abschnitt 4.4 beschrieben. Denken Sie daran, die Lohnart als Selektionsfeld zu definieren, damit Sie für die Ausgabe die Lohnart **Urlaubsgeld** selektieren können und nicht alle Lohnarten angezeigt bekommen. Binden Sie auch das neue Feld in die Ausgabe mit ein. Das Ergebnis sehen Sie in Abbildung 4.24.

Abbildung 4.24 Lokales Feld »Urlaubsgeld neu« in einer Query

Ampel-Icon   Angenommen, das Urlaubsgeld darf nie höher sein als 1.300 Euro. Dann können Sie eine Ampel anzeigen, die bei Überschreitung rot ist. Dazu müssen Sie ein weiteres lokales Feld wie oben beschrieben definieren. Geben Sie diesmal als Eigenschaft **Ikone** an (siehe Abbildung 4.23). Nutzen Sie den Button **Komplexe Berechnung** für die Eingabe, wie in Abbildung 4.25 gezeigt. Die Namen der Icons finden Sie über den Button **Ikonen** (rechts vom Button **Symbole**).

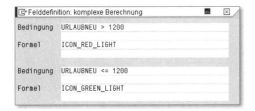

Abbildung 4.25 Ampelfarbe abhängig vom Urlaubsgeld einblenden

PersNr	Name	Σ Urlaubsgeld alt	Σ Urlaubsgeld neu	Währg	Urlaubsgeld zu hoch
00001210	Peter Bauer	528,97	555,42	EUR	☻
00001211	Fritz Stürmer	724,89	761,13	EUR	☻
00001212	Dieter Heck	507,17	532,53	EUR	☻
00001213	Hildegard Dörffler	584,28	613,49	EUR	☻
00001214	Stefan Huber	1.278,23	1.342,14	EUR	☹
00001215	Heidi Drechsel	487,94	512,34	EUR	☻
		4.111,48	4.317,05	EUR	

Abbildung 4.26 Weiteres lokales Feld mit Ampel-Icon

Sie könnten diese Query noch dynamischer gestalten, wenn Sie die prozentuale Steigerung im Selektionsbild mitgeben und diesen Wert zur Berechnung verwenden. Dazu müssen Sie ein Rechenfeld definieren: Unter **Berechnungsvorschrift** wählen Sie **Eingabe auf dem Selektionsbild** aus (siehe Abbildung 4.23). In der Berechnungsvorschrift vom Feld URLAUBNEU verwenden Sie dann anstelle des Festwertes dieses Rechenfeld.

4.4.3 Interaktive Listen

Die SAP Query bietet Ihnen weiterhin die Möglichkeit, interaktive Listen zu erstellen. Sie können z. B. aus der Ausgabeliste heraus

- eine weitere Query starten
- einen ABAP-Report starten
- eine Transaktion aufrufen

4 | Queries

Wählen Sie in der SAP-Query-Pflege (Transaktion SQ01) eine Query (Standard oder kundeneigen) aus, und klicken Sie auf **Ändern**. Wählen Sie im Menü des folgenden Bildes **Springen • Berichtszuordnung**. Im Bild **Berichte zuordnen** klicken Sie auf den Button **Zeile einfügen** und danach auf Anderer Berichtstyp. Sie erhalten dann die Auswahl der Berichtstypen, wie in Abbildung 4.27 gezeigt.

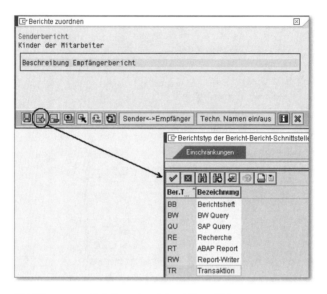

Abbildung 4.27 Erstellen einer interaktiven Liste

[zB] Um z. B. die Stammdatenpflege für einen Mitarbeiter aus der Ausgabeliste aufzurufen, wählen Sie den Berichtstyp **Transaktion** und geben im nächsten Bild die Transaktion PA30 ein. In der Ausgabeliste muss das Feld **Personalnummer** enthalten sein. Per Doppelklick auf die Zeile wird die Personalnummer direkt an die Stammdatenpflege übergeben.

Wenn Sie aus einer Query eine weitere Query aufrufen wollen, dann muss der Übergabeparameter, z. B. die Personalnummer oder der Personalteilbereich, explizit als Selektionsparameter in der aufzurufenden Query angegeben sein. Dann wird die nächste Query auch nur für die markierte Zeile aufgerufen.

Sie können beliebig viele Zuordnungen pro SAP Query vornehmen, dann erhalten Sie beim Doppelklick auf eine Zeile zunächst eine Auswahlliste der möglichen Absprünge (siehe Abbildung 4.28). Sie können außerdem in jedem Absprungreport eine weitere Zuordnung einrichten und somit beliebig tief verzweigen, z. B. aus einer Unternehmenssicht über Personalteilbereiche über Organisationseinheiten bis zur einzelnen Personalnummer.

Mitarbeiterdaten						
PersNr	Vorname	Nachname	GebDatum	MAKrs	MAGrp	Stelle
00000010	James	Bond	22.05.1967	GC	1	50016575
00000069	Horatio	Holde				50029547
00000070	Beryl	Broug				50029549
00000071	Harry	Hill				50029552
00000072	Freda	Fish				50029552
00000073	Colman	Musta				50029552
00001000	Anja	Mülle				50011878
00001000	Anja	Mülle				50011878
00001001	Michaela	Maier				50011880

Abbildung 4.28 Mehrere Interaktionen in einer Query

4.5 Integration von Abrechnungsergebnissen

Sie können auch Abrechnungsergebnisse in der Query auswerten. Um auf die Abrechnungslohnarten und Beträge zugreifen zu können, müssen sie zunächst in einem Infotyp bereitgestellt werden. Dazu gibt es das Konzept des Infotyps **Abrechnungsergebnisse**. Nach entsprechendem Customizing ist es damit möglich, nach jeder Abrechnung personenbezogene Infotypen zu erzeugen, die die Werte bestimmter Lohnarten enthalten. Diese Infotypen lassen sich dann über die normale Infotypenanzeige (Transaktion PA20) betrachten. Sie können diese Infotypen, wie andere kundeneigene Infotypen auch, in das InfoSet mit aufnehmen und in Queries sowie Reports auswerten.

Das Customizing erfolgt über den IMG-Pfad **Personalmanagement • Personalinformationssystem • Abrechnungsergebnisse** in folgenden Schritten:

Customizing

1. **Definition der Auswertungslohnarten**
   Das sind die Lohnarten, die später im neu definierten Infotyp zu sehen sind.

2. **Zuordnung der »echten« Lohnarten**
   Diese Zuordnung erfolgt aus den Abrechnungsergebnissen zu den Auswertungslohnarten. Das kann eine 1:1-Zuordnung sein. Es ist aber auch möglich, mehrere echte Lohnarten in eine Auswertungslohnart zu kumulieren oder auch zu subtrahieren.

3. **Einrichten eines oder mehrerer Abrechnungsinfotypen**
   Diese Einrichtung erfolgt durch Zuordnung der Auswertungslohnarten.

4. **Generierung der Abrechnungsinfotypen**

5. **Definition des Update-Verfahrens**
   Die Abrechnungsinfotypen können entweder direkt durch die Abrechnung gefüllt werden oder über den Report RPABRI00. Um die Abrechnung selbst so performant wie möglich zu halten, wird im Allgemeinen ein getrenntes Update über den Report empfohlen. Bei Nutzung des Abrechnungsprozessmanagers kann dieses Update zum Ende des Prozesses eingebaut werden.

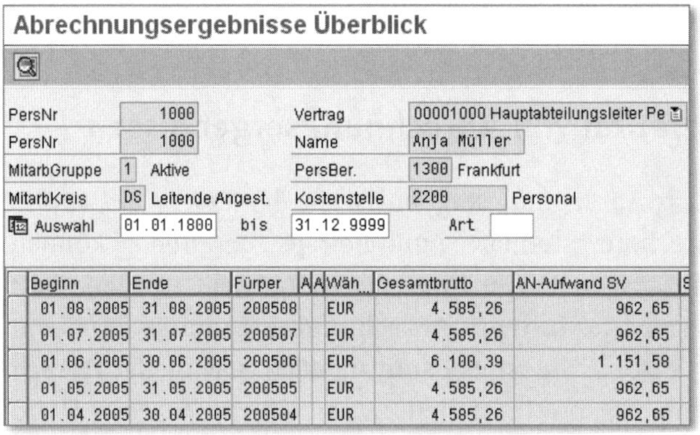

Abbildung 4.29 Abrechnungsinfotyp – Listbild

Abbildung 4.29 zeigt das Listbild eines Abrechnungsinfotyps. Dies ist ein typisches Beispiel, in dem verschiedene Bruttogehälter und Arbeitnehmer- bzw. Arbeitgeberanteile gespeichert werden, die oft in Auswertungen benötigt werden. Ebenfalls häufig gespeichert werden verschiedene Stunden- oder Tagessätze sowie der Wert eines in Geld geführten Lebensarbeitszeitkontos.

4.6 Integration von Zeitauswertungsergebnissen

Simulierte Infotypen der Zeitwirtschaft

Auch die Ergebniscluster der Zeitauswertung sind nicht direkt für eine Auswertung über die Query verfügbar. Hier verfolgt die SAP jedoch einen anderen Weg als bei den Abrechnungsergebnissen. Statt die Ergebnisse tatsächlich in einem Infotyp zu speichern, werden so genannte *simulierte Infotypen* genutzt. Diese werden über das

Customizing definiert, und ihr »Inhalt« wird zur Laufzeit einer Query errechnet, ohne dass er jemals konkret in einer Datenbanktabelle gespeichert war.

Die simulierten Infotypen können verschiedene Ergebnisse der Zeitauswertung enthalten. Diese werden dann gegebenenfalls noch einmal zusammengefasst:

- Zeitarten (Werte aus der Tagestabelle – nicht jedoch die monatliche Kumulation) werden in Berichtszeitarten zusammengefasst.
- Zeitlohnarten werden in Berichtszeitarten zusammengefasst.
- Werte aus An- und Abwesenheiten werden in Berichtszeitarten zusammengefasst.
- An- und Abwesenheitskontingente werden in Berichtskontingentarten zusammengefasst.
- Urlaubskontingente werden in Berichtskontingentarten zusammengefasst.

Für die meisten Anwendungen sind die Tageswerte der Zeitarten eher unbrauchbar. In der Regel sind die kumulierten Monatswerte für Auswertungen relevant. Um diese in die simulierten Infotypen integrieren zu können, muss man einen Umweg gehen. Es ist z. B. möglich, die Monatswerte in eigens dafür definierte Zeitarten oder Zeitlohnarten als Tageswert am Monatsletzten abzuspeichern. Dazu ist der Einbau einer entsprechenden Rechenregel im Schema der Zeitauswertung erforderlich. Das Customizing erfolgt über den IMG-Pfad **Personalzeitwirtschaft · Informationssystem · Einstellungen für das Berichtswesen**.

Eine andere Möglichkeit besteht darin, die Zeitsalden über Zusatzfelder in das InfoSet aufzunehmen. Jede Zeitart ist ein eigenes Feld und damit eine eigene Spalte in der Auswertung. Ein Funktionsbaustein liest die Daten aus den Clustern pro Mitarbeiter, Jahr, Monat und Zeitart. Die Zusatzfelder werden im InfoSet z. B. zum Infotyp 0007 (Sollarbeitszeit) mit Referenz auf PC2B5-ANZHL angelegt. Im Coding-Abschnitt **DATA** sind zu deklarieren: JAHR(4) und Monat(2). Das Coding pro Zusatzfeld unterscheidet sich nur in der Zeitart und dem Namen des Zusatzfeldes.

Die Coding-Beispiele für den Funktionsbaustein sowie das Zusatzfeld finden Sie in Anhang C.	Coding-Beispiele im Anhang

Als Ergebnis erhalten Sie eine Liste, wie in Abbildung 4.30 dargestellt.

Zeitsalden									
Personalnummer	Name	Alter	Personalbereich	Organisationseinheit	Σ Monatssollstunden	Σ Sollzeit	Σ Produktivstunden	Σ Abwesenheit	Σ Abwesenheit am Feiertag
00001208	Michael Hintz	34	Hamburg	Vormontage Pumpen (D)	141.55	146.00	138.25	7.75	7.75
00001266	Manfred Effenberg	24	Hamburg	Endmontage Pumpen (D)	141.55	135.25	122.75	12.50	12.50
					• 283.10	• 281.25	• 261.00	• 20.25	• 20.25

Abbildung 4.30 Verschiedene Zeitsalden pro Mitarbeiter

4.7 SAP-Query-Transporttool

Mit dem SAP-Query-Transporttool können Sie ohne das herkömmliche Transportverfahren Queries, InfoSets und Benutzergruppen austauschen und kopieren. Und zwar:

- zwischen den beiden Arbeitsbereichen Standardbereich und Globaler Arbeitsbereich
- zwischen Mandanten
- zwischen Systemen

Vom Globalen zum Standardbereich

Wenn Sie ein Standard-InfoSet als Kopiervorlage zur Erstellung eines eigenen InfoSets im Standardbereich nutzen wollen oder bereits Queries, basierend auf den Standard-InfoSets, im Globalen Bereich erstellt haben und diese in den Standardbereich übernehmen möchten, dann benötigen Sie das SAP-Query-Transporttool. Dieses finden Sie in der InfoSet-Pflege (Transaktion SQ02). In der Symbolleiste sehen Sie den **Transport**-Button . Dahinter verbirgt sich der Report RSAQR3TR (siehe Abbildung 4.31).

Wählen Sie unter **Auswahl Transportaktionen** die Option **Kopieren Globaler Bereich • Standardbereich**. Wenn Sie nur das InfoSet kopieren möchten, dann wählen Sie in der Option **Transport von InfoSets** das Standard-InfoSet aus. Möchten Sie Queries dieses InfoSets transportieren, dann wählen Sie **Transport von InfoSets und Queries**, geben das Standard-InfoSet an und lassen das Eingabefeld hinter **Queries** frei, um alle Queries dieses InfoSets zu transportieren. Führen Sie den Report zunächst als **Testlauf** aus, um das Kopierprotokoll zu überprüfen und gegebenenfalls die Selektion noch einmal anzupassen.

SAP-Query-Transporttool | 4.7

Queries werden in der Regel im Standardbereich erstellt. Somit sind sie nur innerhalb des erstellten Mandanten sichtbar. Das Transporttool bietet aber auch die Möglichkeit, die Objekte der SAP Query aus dem Standardbereich in andere Mandanten oder Systeme zu transportieren.

Mandantenübergreifender Transport

Über die Auswahl **Download** laden Sie zunächst im Quellsystem die gewünschten Objekte in eine lokale Datei. Wenn Sie keine speziellen Objekte unter **Auswahl Transportoptionen** angeben, werden alle Objekte der ausgewählten Gruppe transportiert. Klicken Sie auf **Ausführen**, und geben Sie im folgenden Bild den entsprechenden Downloadpfad an. Nach dem Speichern zeigt Ihnen das Export-Protokoll die Liste der exportierten Objekte. Danach melden Sie sich im Zielsystem an, um mit dem gleichen Report die Datei mit den Query-Objekten zu importieren. Wählen Sie dafür die **Upload**-Option. Nach erfolgreichem Import erhalten Sie ein Protokoll mit den importierten Objekten.

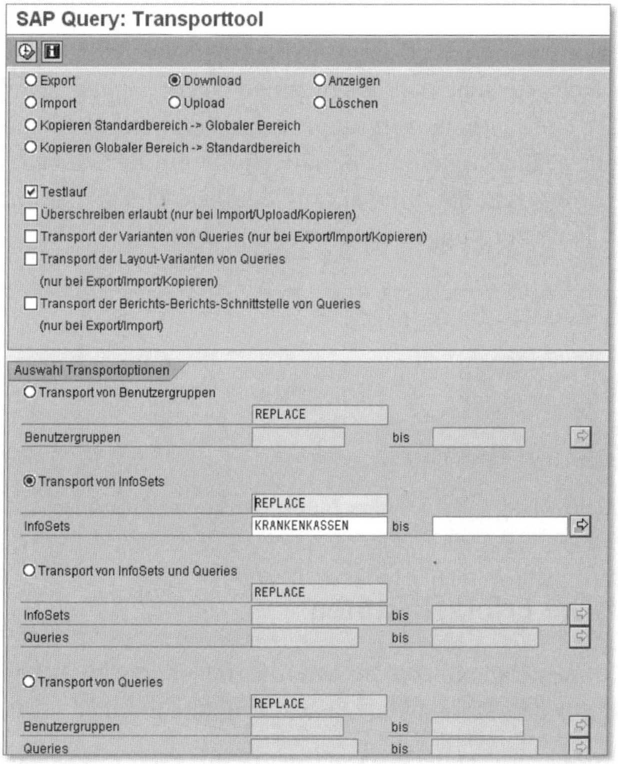

Abbildung 4.31 Download des InfoSets »Krankenkassen« als Testlauf

4 | Queries

> [»] Wenn Sie InfoSets importiert haben, rufen Sie diese nochmals über die Transaktion SQ02 auf und klicken auf **Generieren**. Falls das InfoSet Zusatzfelder enthält, die sich auf Kundenprogramme oder eigene Funktionsbausteine beziehen, erhalten Sie eine entsprechende Fehlermeldung. Diese Programme müssen Sie gesondert importieren.

Anstelle des Downloads und des Erzeugens einer Datei können Sie über die Option **Export** auch einen Transportauftrag erzeugen.

Der blaue Infobutton des Reports enthält eine ausführliche Dokumentation dieses Reports. Sie finden hier vor allem auch weitere zulässige Importoptionen außer dem REPLACE – dem Ersetzen der Objekte im Zielsystem.

Query in neue Benutzergruppe

Wenn Sie Queries nur in eine andere Benutzergruppe transferieren möchten, benötigen Sie das Transporttool nicht. Öffnen Sie die SAP-Query-Pflege (Transaktion SQ01), und wählen Sie zunächst über die Funktion **Benutzergruppe wechseln** die Ziel-Benutzergruppe aus. Danach klicken Sie auf den Button **Kopieren**. Geben Sie im folgenden Bild hinter **Von** den Namen der Query und die Quell-Benutzergruppe an und hinter **Nach** gegebenenfalls einen neuen Query-Namen (siehe Abbildung 4.32). Die Ziel-Benutzergruppe ist bereits vorgegeben und kann nicht mehr geändert werden. Bestätigen Sie mit der Eingabetaste. Beachten Sie, dass das InfoSet, auf dem die Query basiert, bereits der Ziel-Benutzergruppe zugeordnet sein muss.

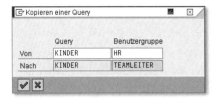

Abbildung 4.32 Kopieren der Query »Kinder« zur Benutzergruppe »Teamleiter«

4.8 Kritische Erfolgsfaktoren

Als Fazit für dieses Kapitel können wir die folgenden kritischen Erfolgsfaktoren für den Einsatz von Queries festhalten:

- Überlegen Sie sich ein Nutzungskonzept für die Query. Wer darf InfoSets pflegen? Wer darf SAP Queries erstellen und bereitstellen? Wer darf auf Basis eines einfachen InfoSets selbst Berichte erstellen? Dürfen diese gespeichert werden? In welchem Arbeitsbereich werden Queries gepflegt?

- Keinesfalls sollten Sie die Standard-InfoSets ungeprüft verwenden. Sie enthalten zu viele Felder, die nicht benötigt werden. Viele Feldnamen sind nicht sprechend. Zusatzfelder enthalten oft nicht die vermuteten Inhalte. Investieren Sie hier ruhig ordentlich Arbeit in die Anpassung und das Umbenennen der Feldnamen. Das erhöht auch die Akzeptanz bei den Benutzern.

- Bevor Sie einen Report programmieren, prüfen Sie, ob durch Programmieren eines oder weniger Zusatzfelder im InfoSet auch eine Query die Anforderungen erfüllt. Das vermindert Ihren Wartungsaufwand erheblich. Anpassungen an der Liste können direkt von der Fachabteilung vorgenommen werden.

- Nutzen Sie die verschiedenen Funktionen der Ad-hoc Query und SAP Query aus. Damit können weit mehr Anforderungen abgedeckt werden, als oft vermutet wird.

Insbesondere die Integration von Abrechnungsergebnissen in Queries beantwortet viele Fragen in der Lohn- und Gehaltsabrechnung. Ist das Customizing einmal eingerichtet, stehen die Daten nach jeder Abrechnung in den Auswertungen zur Verfügung.

Intensive technische Weiterentwicklung und die Bereitstellung eines umfangreichen Business Contents haben SAP NetWeaver BI zu einem leistungsstarken Werkzeug für das analytische Reporting gemacht. In diesem Kapitel erhalten Sie einen Überblick über Technik und Aufbau von SAP NetWeaver BI und lernen die flexiblen Auswertungsmöglichkeiten kennen.

5 HR-Reporting mit SAP NetWeaver BI

SAP NetWeaver BI hält Einzug in den Bereich des HR-Reportings. Die Integration von Daten aus unterschiedlichen Systemen und die flexiblen Auswertungs- und Analysemöglichkeiten bieten Ihnen einen neuen Einblick in Ihre Unternehmensdaten. Ein umfangreicher Business Content mit vordefinierten Auswertungsmöglichkeiten für alle Module von SAP ERP HCM bietet eine Basis, auf der die Einführungszeit des Systems stark reduziert wird.

> Nach SAP BW 3.5 steht mit SAP NetWeaver 2004s BI ein völlig überarbeitetes, um viele neue Funktionen erweitertes Release zur Verfügung.
>
> Die Ausführungen beschreiben das aktuelle Release, wenn nicht ausdrücklich darauf hingewiesen wird, dass sich die Beschreibungen auf die Version 3.x beziehen.

SAP BW und SAP NetWeaver BI

Mit der Einführung in Architektur und Aufbau von SAP NetWeaver BI beginnen wir dieses Kapitel in Abschnitt 5.1. Er enthält grundlegende Begriffe und beschreibt Funktionalitäten, die für das Verständnis der weiteren Inhalte erforderlich sind.

Die Abschnitte 5.2 bis 5.6 sind den einzelnen Reporting-Werkzeugen gewidmet. Sie lernen die in Microsoft Excel integrierte Ausführung einer Query mit dem Business Explorer Analyzer kennen, lernen, Queries mit dem Query Designer zu erstellen, erhalten Einblicke in die browserbasierten Web Tools, den Web Analyzer, den Web Application Designer und die Möglichkeiten des automatisierten Reportings mit dem Information Broadcasting.

Im Anschluss erhalten Sie in Abschnitt 5.7 einen Überblick über den Standard-Business-Content von SAP NetWeaver BI. Detailliertere Anwendungsbeispiele des Business Contents in den Bereichen der einzelnen HCM-Module finden Sie in Teil III dieses Buches.

Da Berechtigungen auch im HR-Umfeld immer eine besonders wichtige Rolle spielen, lernen Sie die Besonderheiten der Berechtigungen in SAP NetWeaver BI in Abschnitt 5.8 kennen.

In Abschnitt 5.9 erfahren Sie dann, wie Sie die strukturelle Berechtigung aus SAP ERP HCM in SAP NetWeaver BI verwenden können.

Das Kapitel schließt mit Abschnitt 5.10. Hier haben wir Tipps zusammengestellt, die Ihnen dabei helfen, SAP NetWeaver BI erfolgreich im HR-Umfeld einzuführen.

5.1 Architektur von SAP NetWeaver BI

SAP NetWeaver BI ist eine eigenständige Systemumgebung, die für Abfragen und Analysen optimiert ist. Die Daten können aus verschiedenen Systemen bezogen werden.

[»] Auch wenn in SAP ERP 6.0 das Data Warehouse SAP NetWeaver BI bereits in die Anwendung integriert ist, muss aus Gründen der Performance von einem integrierten Betrieb abgeraten werden. Sie sollten SAP NetWeaver BI als eigenständiges System installieren, um den täglichen Betrieb von SAP ERP HCM nicht zu beeinträchtigen.

3-Ebenen-Architektur

Die Architektur von SAP NetWeaver BI besteht aus drei Ebenen: der *Extraktionsebene*, die den Datentransfer in das BI-System regelt, der *Modellierungsebene*, in der die Datenstrukturen festgelegt und die Daten gehalten werden, und der *Reporting- und Analyseebene*, in der die Werkzeuge für Auswertungen bereitgestellt werden. Einen vereinfachten Überblick über die Architektur von SAP NetWeaver BI erhalten Sie in Abbildung 5.1.

5.1 Architektur von SAP NetWeaver BI

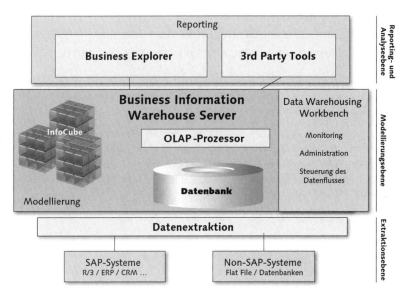

Abbildung 5.1 Vereinfachte Darstellung der SAP NetWeaver BI-Architektur

5.1.1 Extraktionsebene

Der Prozess der Datenübertragung, auch ETL-Prozess genannt, besteht aus den Komponenten Extraktion, Transformation und Laden. Bei der *Extraktion* werden relevante Daten aus dem Quellsystem selektiert. Bei der *Transformation* können Daten komprimiert, harmonisiert und verändert werden. Anschließend folgt der *Ladevorgang*. Im Folgenden werden Sie sehen, wie dieser Prozess in SAP NetWeaver BI umgesetzt wurde.

ETL-Prozess

Folgende Möglichkeiten der Extraktion aus einem SAP-System werden angeboten:

Extraktion

- **Extraktion aus einer Datenbanktabelle**
  Mit dieser Methode kann der Inhalt eines Infotyps oder anderer transparenter Tabellen in SAP NetWeaver BI übertragen werden.
- **Extraktion aus einem InfoSet der SAP Query**
  Zur Extraktion können InfoSets in der SAP Query angelegt werden, deren Felder übergeben werden.
- **Extraktion aus einem Funktionsbaustein**
  Per Funktionsbaustein werden Daten gelesen und in einer definierten Struktur übergeben.

▶ **Extraktion aus Domänenfestwerten**
Häufig sind zulässige Werte fest in einer Domäne hinterlegt. Die Werte können auf diesem Weg einfach ausgelesen werden.

In Abbildung 5.2 ist der IMG-Abschnitt zum Customizing der Datenextraktion dargestellt.

[»] Die Extraktoren des Business Content sind nicht automatisch aktiv vorhanden, sondern müssen im Customizing über den Pfad **Integration mit anderen SAP Komponenten • Datenübertragung in das SAP Business Information Warehouse • Business Content Data Sources • Business Content Data Sources übernehmen** aktiviert werden, bevor sie benutzt werden können.

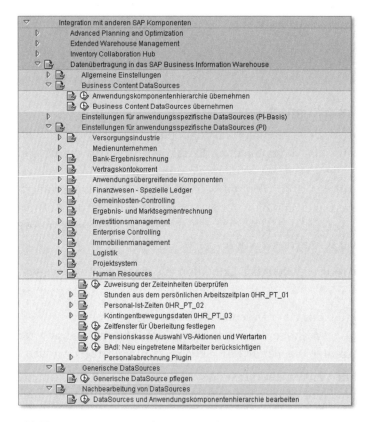

Abbildung 5.2 Customizing der Datenextraktion

Customizing der Extraktoren

Einige Extraktoren, vor allem im Bereich Zeitwirtschaft, bieten Customizing-Möglichkeiten. So ist z. B. die Umwandlung von An- und

Abwesenheiten oder Zeitarten in Berichtszeitarten für SAP NetWeaver BI möglich, was ein Komprimieren und Umbenennen der extrahierten Daten ermöglicht. Dies erfolgt über den Pfad **Integration mit anderen SAP Komponenten • Datenübertragung in das SAP Business Information Warehouse • Einstellungen für anwendungsspezifische DataSources (PI) • Human Resources • Personal-Ist-Zeiten.**

SAP NetWeaver BI stellt ferner Mechanismen zur Bereitstellung von Daten aus unterschiedlichen Systemen mit unterschiedlichen Techniken zur Verfügung. Eine Datenübernahme aus folgenden Quellen ist möglich:

- aus strukturierten Dateien, wie z. B. Excel-Dateien
- aus XML-Dateien
- aus angebundenen Datenbanken, die DBConnect erlauben
- aus Fremdsystemen, die über BAPIs Daten bereitstellen können

In Abbildung 5.3 sehen Sie den Datenfluss vom Quellsystem bis zum InfoCube (eine Begriffserklärung zum InfoCube finden Sie in Abschnitt 5.1.2). Die Daten können aus einem oder mehreren Systemen in einen InfoCube für Auswertungen bereitgestellt werden. Sind z. B. die Daten kleiner Werke im Ausland nicht im ERP-System erfasst, können Sie diese per Excel-Datei in das BI-System laden, um Auswertungen über das komplette Unternehmen durchführen zu können.

Datenfluss vom Quellsystem zum InfoCube

Die DataSource, die eine Menge von logisch zusammnehängenden Daten in einer flachen Struktur in das BI-System überträgt,, ist genau einem Quellsystem zugeordnet, sie umfasst logisch zusammengehörende Felder in einer flachen Struktur. Der DataSource ist eine PSA-Tabelle zugeordnet, in der die ankommenden Daten zwischengespeichert werden.

DataSource

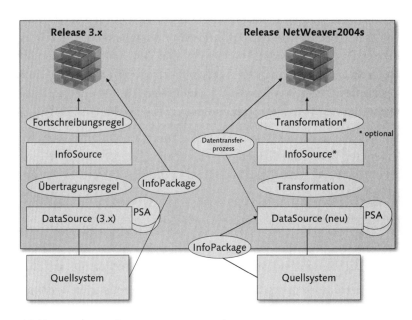

Abbildung 5.3 Datenfluss in SAP BW 3.x und SAP NetWeaver 2004s BI

PSA In der *Persistent Staging Area (PSA)* werden die gelieferten Daten unverändert zwischengespeichert, was eine Kontrolle der gelieferten Daten ermöglicht und das Laden der Daten von der Weiterverarbeitung abkoppelt. Dies erhöht die Geschwindigkeit des Ladeprozesses.

[+] Die PSA-Tabellen werden nach der Verarbeitung nicht automatisch gelöscht, es bleiben die Daten aller Ladeprozesse erhalten. Deshalb können die Tabellen sehr groß werden und müssen regelmäßig reorganisiert werden. Es kann eine Aufbewahrungsdauer festgelegt werden, nach der die Daten per Job gelöscht werden.

Transformation In Release SAP NetWeaver 2004s wurde das Konzept der Datenübertragung überarbeitet. Dazu gehören überarbeitete DataSources und das neue Konzept der Transformation. Nach dem neuen Konzept wandelt die Transformation die Daten aus dem Format der Quellstruktur in das Format der Zielstruktur um und legt die Bildung von Kennzahlen fest; sie besteht aus mindestens einer Transformationsregel.

3.x-DataSources Die Datenübertragung auf Basis des 3.x-Konzepts ist weiterhin möglich. In diesem Konzept gab es statt der Transformation die Übertragungs- und Fortschreibungsregel. Die Konvertierung der angelieferten Daten in SAP NetWeaver BI-gerechte Daten erfolgt gemäß einer Übertragungsregel. Stammdaten können direkt in das InfoObject fortgeschrieben werden, während die Verbuchung von Bewegungsdaten in InfoProvider einen weiteren Schritt benötigt, die Fortschreibungsregel. Für jede Kennzahl und die entsprechenden Merkmale muss eine Fortschreibungsregel definiert werden. Folgende Fortschreibungsarten sind möglich:

- Keine Fortschreibung
- Addition oder Bildung des Minimums oder Maximums
- Überschreiben (nur bei DataStore-Objekten und InfoObjects)

Am Ende steht die Verbuchung der Daten in einen oder mehrere InfoCubes.

5.1.2 Modellierungsebene

Zu den Objekten der Modellierung gehören InfoProvider und InfoObjects, die die kleinste Dateneinheit von SAP NetWeaver BI bilden (dazu später mehr). *InfoProvider* bilden die Basis für Auswertungen in SAP NetWeaver BI. Jede Query basiert genau auf einem InfoProvider. Diese können physisch vorhanden und mit Daten gefüllt sein, wie der InfoCube, oder eine logische Sicht darstellen, die Daten aus anderen physischen Objekten bezieht, wie z. B. der MultiCube. In Abbildung 5.4 ist der MultiCube **Plan/Ist-Vergleich für Personalkosten** dargestellt, der auf zwei InfoCubes basiert, **Personalkostenpläne** – mit den Daten der Personalkostenplanung – und **Revisionsinfo zu kostenrelevanten Buchungen**, der die CO-relevanten Daten des Buchungsbelegs der Personalabrechnungsergebnisse enthält.

InfoProvider

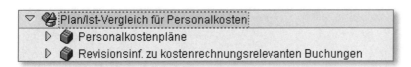

Abbildung 5.4 MultiCube und enthaltene InfoCubes

Der *InfoCube* beschreibt einen in sich geschlossenen Datenbestand, der die Basis für das Reporting in SAP NetWeaver BI bildet. Der InfoCube ist eine Menge von Tabellen, die in einem Sternschema (siehe Abbildung 5.5) zusammengestellt sind. Eine Faktentabelle in der Mitte wird von mehreren Dimensionen umgeben. In der Faktenta-

InfoCube

belle sind die Kennzahlen des InfoCubes enthalten, z. B. **Anzahl Mitarbeiter**. Kennzahlen im Sinne von SAP NetWeaver BI sind beliebige Werte oder Mengen.

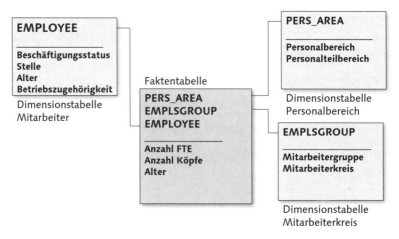

Abbildung 5.5 Sternschema eines InfoCubes

Die Dimensionstabellen enthalten ein oder mehrere Merkmale, wie in Abbildung 5.6 zu sehen ist: Der Dimensionstabelle **Mitarbeiter** ist die Stammdatentabelle **Mitarbeiterstatus** zugeordnet.

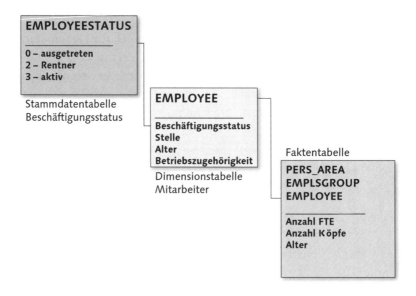

Abbildung 5.6 Stammdaten und Dimensionen eines InfoCubes

Am InfoCube **Personalbestand und -maßnahmen** können Sie diese Eigenschaften erkennen (siehe Abbildung 5.7). Die Dimension **Personalbereich** besteht aus den Merkmalen **Personalbereich** und **Personalteilbereich**. Zu den Kennzahlen gehören z. B. **Anzahl Mitarbeiter** oder der **Kapazitätsbezogene Personalbestand**, der die Anzahl FTE (Full Time Equivalent) enthält.

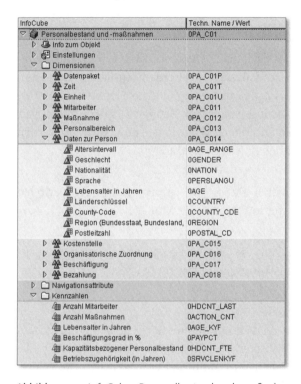

Abbildung 5.7 InfoCube »Personalbestand und –maßnahmen«

Der InfoCube besteht aus einer Menge von InfoObjects, die genau einem Datenfeld entsprechen. Der Begriff steht übergreifend sowohl für Merkmale als auch für Kennzahlen. InfoObjects beinhalten die allgemeinen Eigenschaften, wie **Feldtyp** und **Feldgröße**, und eine Reihe von Zusatzinformationen, wie Reporting-Parameter und Verwendung von Stammdaten. Bei Kennzahlen wird die Art der Aggregation im InfoObject festgelegt. Alle InfoProvider bedienen sich der InfoObjects, die die kleinste Dateneinheit von SAP NetWeaver BI sind.

InfoObjects

InfoObjects gliedern sich in:

- **Merkmale**
  In *Merkmalen* können Stammdaten, Texte und Hierarchien abgelegt sein, sie enthalten Ordnungsbegriffe, wie z. B. Personalbereich oder Mitarbeiterkreis. Im Text kann eine mehrsprachige Bezeichnung hinterlegt sein (z. B. Personalbereich oder Mitarbeiterkreis).

- **Kennzahlen**
  Kennzahlen liefern Werte, die in Queries ausgewertet werden können, wie Mengen und Beträge. Außerdem enthalten sie Eigenschaften, die für das Laden der Daten und zur Steuerung von Auswertungen relevant sind. So werden Beträge mit Währungen versehen und können in andere Währungen umgerechnet werden (z. B. Anzahl Mitarbeiter oder Anzahl FTE).

- **Zeitmerkmale**
  Zeitmerkmale enthalten Daten wie Monat, Jahr oder Perioden (z. B. Abrechnungsperiode, Jahr oder Monat).

- **Einheiten**
  Einheiten beschreiben die Eigenschaften von Kennzahlen, bei Beträgen wird die Währung mitgegeben, bei Mengen die Maßeinheit.

- **Technische Merkmale**
  Technische Merkmale haben nur organisatorische Bedeutung innerhalb von SAP NetWeaver BI, wie z. B. die Requestnummer, die beim Laden von Daten im Datenpaket erzeugt wird. Diese hilft, den Request wiederzufinden (z. B. Requestnummer).

Data Warehousing Workbench

Das zentrale Tool der Modellierungsebene ist die Data Warehousing Workbench (siehe Abbildung 5.8), die mit der Transaktion RSA1 aufgerufen werden kann. Mit diesem Werkzeug wird z. B.:

- die Modellierung der InfoProvider und InfoObjects durchgeführt
- der Standard-Content aktiviert
- die Datenübertragung eingerichtet und administriert

Architektur von SAP NetWeaver BI | 5.1

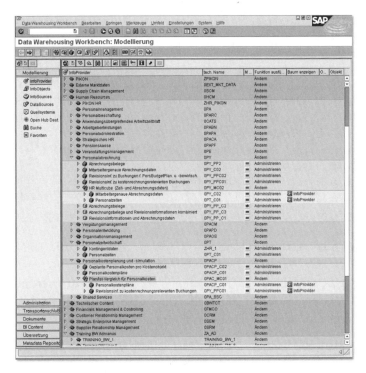

Abbildung 5.8 Data Warehousing Workbench

5.1.3 Reporting- und Analyseebene

Die Business Explorer Suite stellt Werkzeuge zur Verfügung, die flexible Auswertungen und Analysen der in SAP NetWeaver BI gespeicherten Daten ermöglichen (siehe Abbildung 5.9).

Die Query ist die Basis aller Auswertungen und wird mit dem BEx Query Designer (siehe Abschnitt 5.3) erstellt. Auf Basis eines Info-Providers wird eine Zusammenstellung von Merkmalen und Kennzahlen für eine Abfrage definiert.

Query Designer

Das Ausführen von Queries ist sowohl in MS Excel (siehe Abschnitt 5.2) als auch im Web (siehe Abschnitt 5.4) möglich.

Der BEx Analyzer ist ein in Excel integriertes Werkzeug, mit dem Queries ausgeführt und das Layout von Arbeitsmappen gestaltet werden kann. Die Navigation wird durch Kontextmenüs und Drag & Drop-Funktionen unterstützt. Für Anwender, die regelmäßig Auswertungen in SAP NetWeaver BI erstellen und den Umgang mit Excel gewohnt sind, ist dies ein geeignetes Werkzeug.

BEx Analyzer

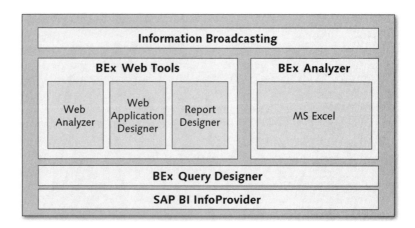

Abbildung 5.9 Business Explorer Suite

BEx Web
Daneben gibt es webbasierte Reporting-Werkzeuge, die Auswertungen und Analysen von der einfachen Query bis zu umfangreichen Web Cockpits im Browser darstellen können.

Web Analyzer
Im Web Analyzer können Queries und Query Views mit flexiblen Navigationsmöglichkeiten ausgeführt werden. Außerdem ist die grafische Aufbereitung der Daten möglich. Durchgeführte Analysen können Sie speichern und verteilen. Die gespeicherten Sichten, so genannte Views, können für SAP NetWeaver BI-Anwendungen genutzt werden.

Web Application Designer
Der Web Application Designer hilft bei der Bereitstellung von Reports im Portal. Queries und Charts können kombiniert und zu Web Cockpits zusammengestellt werden. Der XHTML-Code kann direkt im Web Application Designer oder mit anderen Tools bearbeitet werden. Ein Wizard hilft Ihnen bei der Erstellung von Anwendungen.

Report Designer
Der Report Designer ermöglicht das Erstellen von formatierten Berichten. Diese Berichte eignen sich für die Präsentation oder den Druck und können über den angeschlossenen Adobe-Server ins PDF-Format umgewandelt werden.

BEx Information Broadcasting
Mit dem BEx Information Broadcaster können Sie Web Applications, Queries oder Arbeitsmappen berechnen und im Portal veröffentlichen. Auch das Versenden der Daten als Mail oder das Drucken ist möglich. Wenn der Empfänger berechtigt ist, die Daten online zu sehen, können auch Links verschickt werden.

> Der Reporting Agent war bisher das Werkzeug zur Einplanung von Auswertungen im Batch. In SAP NetWeaver 2004s BI löst das Information Broadcasting den Reporting Agent ab. Dieser kann aber noch für Queries und Web Templates im Format 3.x verwendet werden.

Für die flexible Analyse der Daten setzt SAP die OLAP-Technologie (Online Analytical Processing) ein, die die Aufbereitung von Informationen in großer Menge und eine mehrdimensionale Analyse aus unterschiedlichen betriebswirtschaftlichen Perspektiven ermöglicht.

OLAP-Technologie

Zu den OLAP-Funktionen gehören:

- die Navigation, mit der Aufrisse eingefügt, getauscht und entfernt und Hierarchien mit aufklappbaren Knoten dargestellt werden können
- das Filtern, mit dem Merkmale nach Einzelwerten oder Wertebereichen eingeschränkt werden können
- die Aggregation, mit der Einzelwerte nach verschiedenen Vorschriften verdichtet werden können
- die ergebnisabhängige Selektion und Darstellung, mit der Werte, abhängig vom Ergebnis, hervorgehoben oder unterdrückt werden können
- Zusatzfunktionen, wie z. B. die Verwendung von Variablen, die eine Query flexibler machen und Berechtigungsprüfungen unterstützen

In den folgenden Abschnitten lernen Sie die praktische Anwendung der Werkzeuge Business Explorer Analyzer, BEx Query Designer, BEx Web Analyzer, BEx Report Designer und BEx Information Broadcasting kennen.

5.2 Business Explorer Analyzer

Sie können den BEx Analyzer über zwei verschiedene Wege starten:

- **Start über das Windows-Start-Menü (siehe** Abbildung 5.10)
  Der Anwender, der nicht mit der Administration des BI-Systems zu tun hat, muss sich nicht am SAP NetWeaver BI-System anmelden, sondern startet den BEx Analyzer direkt über das Windows-Start-Menü über den Pfad: **Start • Programme • Business Explorer**

• **Analyzer**. Die Anmeldung am System erfolgt erst beim Öffnen von Queries in Excel.

▶ **Start aus dem SAP NetWeaver BI-System über das SAP Easy Access-Menü und den Pfad Business Information Warehouse • BusinessExplorer • Analyzer (Transaktion: RRMX)**
Dieser Weg ist eine Hilfe für Administratoren und Entwickler, die so direkt aus dem SAP NetWeaver BI-System heraus den BEx Analyzer starten können.

[»] In SAP NetWeaver 2004s BI steht nur noch die Transaktion RRMX zur Verfügung, der Pfad im SAP Easy Access-Menü existiert nicht mehr.

[»] Sind auf Ihrem PC die Werkzeuge des Business Explorers in der Version NetWeaver 2004s installiert, stehen die Programme in zwei Versionen zur Verfügung: in der Version NetWeaver 2004s BI und zusätzlich in der 3.x-Version. Je nach Releasestand müssen Sie die passenden Tools verwenden (siehe Abbildung 5.10). In NetWeaver 2004s können für Queries, die sich noch in der 3.x Version befinden, auch die 3.x-Tools verwendet werden, wenn die Queries nicht mit dem neuen Query Designer erstellt oder geändert wurden.

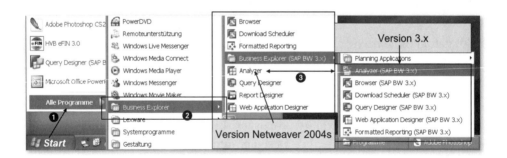

Abbildung 5.10 Start des BEx Analyzer

5.2.1 Funktionen des BEx Analyzer

Nach dem Start des BEx Analyzer startet automatisch Microsoft Excel, und abhängig von der eingestellten Sicherheitsstufe für Makros erscheint eine Sicherheitswarnung. Sie müssen das Ausführen von Makros aktivieren, ohne die Queries in Excel nicht möglich sind. In Excel stehen Ihnen dann die in Abbildung 5.11 dargestellten Symbolleisten zur Verfügung, mit denen Sie Queries und Arbeitsmappen ausführen und gestalten können.

> Ist Ihr System noch auf dem Releasestand 3.x, können Sie die neuen Business-Explorer-Werkzeuge nicht verwenden! [!]

Abbildung 5.11 BEx Analyzer (Release SAP NetWeaver 2004s)

Die Funktionen sind in die Analysis Toolbox und die Design Toolbox aufgeteilt (siehe Abbildung 5.11).

BEx Analyzer (NetWeaver 2004s)

In der *Analysis Toolbox* sind folgende Funktionen enthalten:

Analysis Toolbox

- **Öffnen** von Queries und Arbeitsmappen
  Eine Arbeitsmappe ist eine Excel-Datei, die eine oder mehrere formatierte BI Queries beinhaltet. Arbeitsmappen können anderen Benutzern zur Verfügung gestellt, in Rollen eingefügt oder mit dem Broadcaster automatisiert verteilt werden.

- **Speichern** von Queries und Arbeitsmappen

- **Aktualisieren** der Daten aus SAP NetWeaver BI
  Es wird eine Verbindung zum BI-Server hergestellt, und die Daten in der Arbeitsmappe werden aktualisiert. Wenn bisher noch keine Anmeldung am BI-System erfolgt ist, dann ist dies jetzt erforderlich.

- **Variablenwerte ändern**
  Sind variable Merkmalseinschränkungen definiert, dann können diese verändert werden. Danach wird die Query mit den eingegebenen Werten aktualisiert.

- **Extras**
  Unter dem Punkt **Extras** verbergen sich die Funktionen **Ausführen der Query im Browser**, **Report Designer starten**, **Query Designer aufrufen**.

- **Globale Einstellungen**
  Hier können die Arbeitsmappenvorlage und das Verhalten des BEx Analyzer beim Start von Excel festgelegt werden.

- **Systeminformationen**
  Informationen zum SAP NetWeaver BI-Server können angezeigt werden.

- **Hilfe zur Anwendung**
  Ruft die Hilfe zum Business Explorer auf.

Design Toolbox Die speziell für die Anpassung des Layouts vorgesehene *Design Toolbox* enthält folgende Funktionen:

- **Designmodus**
  Umschalten zwischen Analyse- und Designmodus.
  Der BEx Analyzer wechselt zwischen diesen beiden Modi automatisch, je nach gewählter Funktion. Das manuelle Umschalten ist über diesen Button möglich.

[!] Für das Ausführen des Designmodus muss die Option **Zugriff auf Visual-Basic-Projekte vertrauen** aktiv sein. Diese Option finden Sie in Excel bei den Makro-Sicherheitseinstellungen auf der Registerkarte **Vertrauenswürdige Herausgeber**.

- **Analysetabelle einfügen**
  Die Analysetabelle ist das am meisten verwendete DesignItem. Sie zeigt das Ergebnis der Query an und ermöglicht das Navigieren mit OLAP-Funktionen.

- **Navigationsbereich hinzufügen**
  Der Navigationsbereich bietet Zugriff auf alle Merkmale und Strukturen der Query. Er ermöglicht die Einschränkung von Filterwerten und bietet OLAP-Funktionalitäten an.

- **Filterbereich einfügen**
  Zeigt die aktuellen Filterwerte an.

- **Button einfügen**
  Ermöglicht das Anbringen von Buttons für eigene Befehle, wie z. B. zum Wechseln zwischen Views oder zwischen Tabelle und Grafik.

- **Dropdown-Box einfügen**
  Ermöglicht es, Filterwerte über Dropdown-Wertelisten zu wählen.

- **Checkbox-Group in Arbeitsmappe einfügen**
  Zum Setzen von Filtern können auch Checkboxen angelegt werden.

- **Radio-Button-Group in Arbeitsmappe einfügen**
  Genauso kann mit einer Gruppe von Radio-Buttons das Filtern von Werten ausgeführt werden.

- **Liste der Bedingungen einfügen**
  Gibt alle Bedingungen mit aktuellen Status wieder und ermöglicht das Ein- bzw. Ausschalten dieser Bedingungen.

- **Liste der Exceptions einfügen**
  Zeigt alle Exceptions und ermöglicht ihr Ein- und Ausschalten.

- **Text einfügen**
  Ermöglicht das Anzeigen von textbasierten Informationen, wie z. B. InfoProvider, globale Filter, Autor oder letztes Laden von Daten.

- **Nachrichten in Arbeitsmappe einfügen**
  Sie können einstellen, welche Arten von Nachrichten angezeigt werden sollen.

- **Arbeitsmappeneinstellungen**
  Die Arbeitsmappeneinstellungen, wie z. B. das automatische Aktualisieren nach dem Öffnen der Arbeitsmappe, können festgelegt werden. Sie können ein Kennwort für den Schutz der Arbeitsmappe festlegen.

In Release SAP BW 3.x stehen die Funktionen des BEx Analyzer in einer Symbolleiste zu Verfügung (siehe Abbildung 5.12).

BEx Analyzer (SAP BW 3.x)

Abbildung 5.12 BEx Analyzer (Release SAP BW 3.x)

Die Funktionen der Symbolleiste in der Reihenfolge der Abbildung sind:

- **Öffnen** von Queries, Arbeitsmappen oder Views
- **Speichern** von Queries, Views und Arbeitsmappen

View

> Der aktuelle Navigationsstatus der Query kann als View gesichert werden. Geben Sie dazu im Feld **Technischer Name** eine technische Bezeichnung vor und im Feld **Text** eine Beschreibung des Views. Dieser so genannte **Globale View** steht nun jedem Anwender zur Verfügung.
>
> Außerdem kann ein View in Arbeitsmappen als Sprungziel gespeichert werden, um zwischen Navigationszuständen hin- und herzuspringen. Dieser View steht nur innerhalb der Arbeitsmappe zur Verfügung und erleichtert die Navigation.

- **Aktualisieren** der Daten aus SAP NetWeaver BI
- **Zurück**
  Der letzte Navigationsschritt wird rückgängig gemacht.
- **Ändern**
  Das Ändern der Query ist in der **lokalen Sicht** oder der **globalen Definition** möglich. Das Ändern in der lokalen Sicht ist allerdings funktional sehr eingeschränkt. Die Funktionen können auch über die normale Navigation durchgeführt werden.

  Für Änderungen in der globalen Definition wird der Query Designer aufgerufen, der in Abschnitt 5.3 beschrieben wird. Hierfür ist eine entsprechende Berechtigung erforderlich. Die durchgeführten Änderungen werden nach dem Sichern global für alle Anwender wirksam.

- **Springen**
  Sind in einer Arbeitsmappe Sprungziele, d.h. Views mit unterschiedlichen Navigationszuständen, definiert, dann können Sie mit diesem Button zwischen den Sprungzielen hin- und herspringen.

- **OLAP-Funktionen für aktive Zeile**
  Die in Abschnitt 5.1.3 beschriebenen OLAP-Funktionen können über diesen Button ausgeführt werden. Die angebotenen Funktionen beziehen sich immer auf das aktuelle Feld, in dem sich der Cursor gerade befindet. Die gleiche Funktionalität erreichen Sie, indem Sie den Cursor auf dem gewünschten Feld platzieren und mit der rechten Maustaste das Kontextmenü aufrufen.

[»] Der Aufruf der OLAP-Funktionen per Klick mit der rechten Maustaste kann mit dem Button **Werkzeuge** deaktiviert werden, stattdessen erscheint das gewohnte Excel-Kontextmenü.

- **Formatierung**
  Mit den Formatfunktionen können Schrift, Muster, Ausrichtung und Rahmen angepasst werden. Die Funktion wird auf das Feld, auf dem sich der Cursor befindet, angewandt und bezieht zusammengehörende Felder mit ein. Markieren Sie z.B. einen Personalbereich, der als Merkmal im Zeilenaufriss verwendet wird, und ändern die Schrift, dann wird bei allen Personalbereichen die Schrift angepasst.

- **Layout**
  Die Layout-Funktion ermöglicht das Einbinden von Grafiken und Landkarten. Zum Einbinden von Grafiken sollten die vom SAP-System angebotenen Funktionen verwendet werden. Im Gegensatz zu den Excel-Funktionalitäten bleibt der Bezug zu den Daten erhalten, was ein automatisches Anpassen der Grafik bei der Durchführung von Navigationsschritten möglich macht. Die Excel-Grafik würde den Bezug zu den Daten bei der Navigation verlieren.

- **Werkzeuge**
  Unter diesem Punkt werden die folgenden Funktionen angeboten: Ausführen der aktuellen Query im Browser, Aufruf des Query Designers, Einfügen weiterer Queries in das aktuelle Arbeitsblatt oder die Funktion **SAP-Blattschutz** für das Arbeitsblatt.

> Der SAP-Blattschutz ermöglicht die Vergabe eines Kennworts, ohne das eine Änderung des Arbeitsblatts nicht mehr möglich ist. Die Möglichkeiten der Navigation bleiben bestehen, es kann aber keine Funktion ausgeführt werden, die das Layout ändert. Dazu gehören die kompletten Funktionalitäten der Buttons **Layout** und **Formatierung**, die damit gesperrt werden. Auch die Eingabe und Formatierung der Excel-Felder rund um die Query ist nicht möglich.

Blattschutz

- **Einstellungen**
  Zu den Einstellungen gehören die Verwaltung von Arbeitsmappen-vorlagen, die Anzeige von Informationen zum SAP NetWeaver BI-Server und das Aktivieren der OLAP-Funktionen mit der rechten Maustaste.

- **Hilfe**
  Aufruf der Online-Hilfe zum Business Explorer.

5.2.2 Arbeiten mit dem BEx Analyzer

Klicken Sie auf die Schaltfläche **Öffnen** und wählen die Funktion **Query öffnen**, um eine Query auszuführen, melden Sie sich anschließend am SAP NetWeaver BI-System an und wählen in dem in Abbildung 5.1 dargestellten Dialogfenster **Öffnen** eine Query aus. Um die richtige Query zu finden, stehen Ihnen folgende Bereiche zur Verfügung:

Öffnen einer Query

▶ **Suche**

Diese Option ermöglicht eine Suche nach dem technischen Namen oder der Bezeichnung.

▶ **Historie**

In der Historie werden die zuletzt benutzten Queries angeboten.

▶ **Favoriten**

Queries können den Favoriten zugeordnet werden, indem eine Query mit der rechten Maustaste markiert und die Option **Zu den Favoriten hinzufügen** ausgeführt wird.

▶ **Rollen**

Im Bereich **Rollen** werden Queries angeboten, die in der Benutzerrolle zugeordnet sind.

▶ **InfoAreas**

InfoAreas dienen der Gliederung von Objekten in SAP NetWeaver BI. Jeder InfoCube ist einer InfoArea zugeordnet. Die Queries sind, wie in Abbildung 5.13 dargestellt, unter dem zugehörigen InfoCube angeordnet.

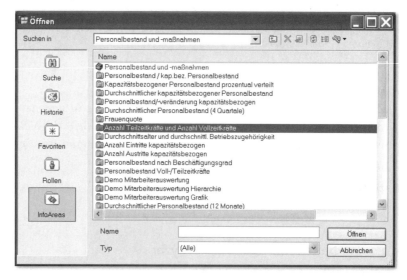

Abbildung 5.13 Öffnen einer Query

Wählen Sie eine Query aus und starten diese mit **Öffnen**.

Sind in der Query variable Merkmale definiert, dann erscheint das in Abbildung 5.14 dargestellte Fenster für die Auswahl von Werten oder verfügbaren Varianten.

Sie können Ihre Selektionen als Varianten speichern oder die angebotenen Variablen mit dem Button **Variablen personalisieren** in der rechten oberen Fensterecke fest vorbelegen. Dies ist hilfreich, wenn Sie diese Query immer mit den gleichen Kriterien starten müssen, denn beim nächsten Aufruf entfällt die Eingabe, und die Query startet direkt. Sie können die Variablen dann erst nach dem Start der Query über den Button **Variablenwert ändern** verändern oder die Personalisierung wieder entfernen.

Abbildung 5.14 Werte für Variablen wählen

Nach dem Bestätigen startet die Query (siehe Abbildung 5.15). Im neuen Design von SAP NetWeaver 2004s werden im oberen Bildbereich drei Buttons eingeblendet:

- **Chart/Table**
  Im Hintergrund wird eine Grafik mit den dargestellten Daten generiert. Mit diesem Button kann zwischen Grafik und Tabelle hin- und hergeschaltet werden.
- **Filter**
  Die Anzeige der Filterwerte kann mit diesem Button eingeblendet werden.
- **Information**
  Ein Fenster mit Informationen wie InfoProvider und technischem Namen werden eingeblendet.

5 | HR-Reporting mit SAP NetWeaver BI

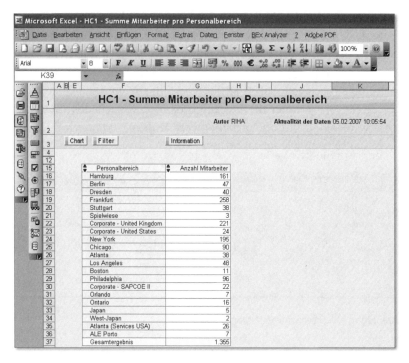

Abbildung 5.15 Query im BEx Analyzer

5.2.3 Navigation in der Query

Mithilfe von Kontextmenüs, die mit der rechten Maustaste aktiviert werden, erfolgt die Navigation in der Query (siehe Abbildung 5.16).

- **Zurück**
  nimmt den letzten Navigationsschritt zurück
- **Zurück zum Anfang**
  nimmt alle Navigationsschritte zurück und versetzt die Query in den Anfangszustand
- **Filterwert behalten**
  die markierte Zeile wird als Filterwert festgesetzt
- **Filterwert auswählen**
  öffnet das Dialogfenster zur Auswahl von Filterwerten
- **Filter löschen**
  entfernt den gesetzten Filterwert

- **Filtern und aufreißen**
  setzt den Wert der aktuellen Zeile aus dem Filterwert und fügt ein zusätzliches Merkmal als Aufriss hinzu
- **Senkrecht aufreißen**
  fügt wie die vorangegangene Funktion ein zusätzliches Merkmal als Aufriss hinzu, ohne einen Filterwert zu setzen
- **... austauschen mit**
  der aktuelle Aufriss wird gegen ein anderes Merkmal ausgetauscht
- **... sortieren**
  die Sortierung kann nach Schlüssel, Text oder Ergebnis eingestellt werden

Die Sortierung ist auch über das Anklicken der kleinen Pfeile in der Tabellenüberschrift möglich.

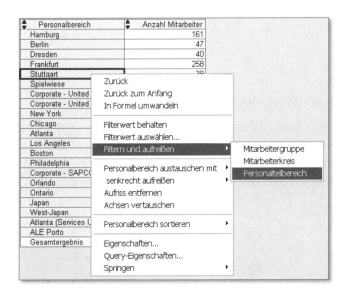

Abbildung 5.16 OLAP-Funktionen

Die Navigation wird auch durch Drag & Drop-Funktionen unterstützt. Aktivieren Sie mit dem Button **Filtern** die Anzeige der freien Merkmale und ziehen, wie in der Abbildung 5.17 gezeigt, den Mitarbeiterkreis direkt unter die Überschrift **Anzahl Mitarbeiter**, dann wird ein waagerechter Aufriss mit Mitarbeiterkreisen hinzugefügt.

Navigieren per Drag & Drop

5 | HR-Reporting mit SAP NetWeaver BI

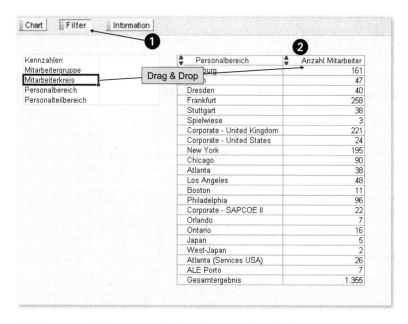

Abbildung 5.17 Aufriss waagerecht hinzufügen per Drag & Drop

5.2.4 Filtern von Merkmalen

Zum Filtern von Merkmalswerten aktivieren Sie (siehe Abbildung 5.18) den Button **Filtern** und wählen das gewünschte Filterobjekt mit der rechten Maustaste aus. Im Kontextmenü rufen Sie das Fenster für die Werteauswahl mit dem Punkt **Filterwert auswählen** auf.

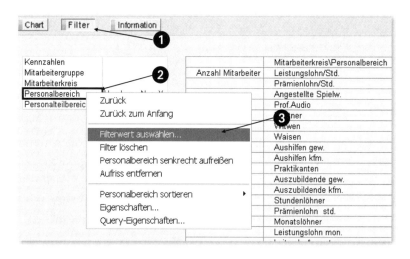

Abbildung 5.18 Filtern von Merkmalen

In diesem Fenster (siehe Abbildung 5.20) können Sie Einzelwerte oder Wertemengen auswählen oder von der Auswahl ausschließen. Die gewählten Werte können als Favoriten gespeichert werden.

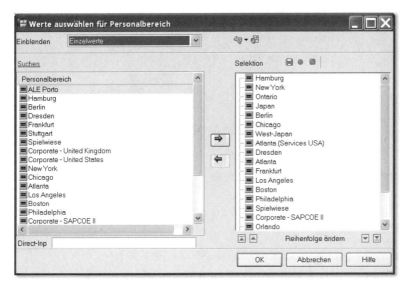

Abbildung 5.19 Filterwerte auswählen

Das Filtern ist auch per Drag & Drop möglich. Markieren Sie ein Merkmal und ziehen es mit der Maus in den Filterbereich, dann wird die Ausprägung als Filter übernommen. Ziehen Sie das Objekt unterhalb des Filterbereichs, wird die Ausprägung von der Selektion ausgeschlossen.

Filtern per Drag & Drop

5.2.5 Grafische Darstellung von Daten

Im Hintergrund wird parallel zur angezeigten Tabelle dynamisch eine Grafik aufgebaut, die sich an die Navigation in der Tabelle anpasst. Mit dem Button **Chart** können Sie zur Grafik wechseln. Am rechten Rand des Fensters werden zahlreiche Funktionen zur Formatierung der Grafik angeboten, die auch erreicht werden können, indem Sie die Objekte der Grafik mit der rechten Maustaste anklicken.

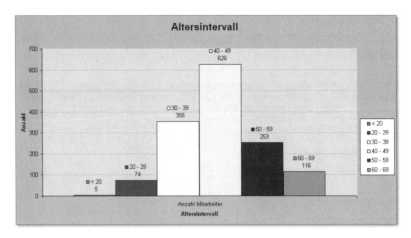

Abbildung 5.20 Grafische Darstellung im BEx Analyzer

Zur Formatierung der Grafik gibt es zahlreiche Formatfunktionen. Dazu gehören:

- **Diagrammtyp**
  Verschiedene Säulen-, Kreis und Liniendiagramme mit der Möglichkeit, benutzerdefinierte Diagrammtypen zu speichern

- **Formatierung der Datenreihen**
  Farbe, Muster, Beschriftung und das Verändern der Anordnung und Entfernen einzelner Elemente

- **Diagrammoptionen**
  Beschriftung der Achsen, Titel, Legende, Farben und Muster des Hintergrunds

5.2.6 Arbeiten im Designmodus

Der Business Explorer stellt im Designmodus unter SAP NetWeaver 2004s neue Möglichkeiten der Gestaltung von Arbeitsmappen zur Verfügung. Einige bereits aus der Version 3.x bekannte Funktionen werden besser unterstützt, neue Funktionen, wie z.B. die Möglichkeit, Schaltflächen zu definieren oder Dropdown-Boxen und Radio-Buttons einzufügen, sind zusätzlich hinzugekommen.

Als Beispiel für das Einfügen eines Items im Designmodus sehen Sie in Abbildung 5.21 eine Checkbox-Group. Markieren Sie die Stelle, an der das Item platziert werden soll, und wählen Sie den Button zum Einfügen einer Checkbox.

Business Explorer Analyzer | 5.2

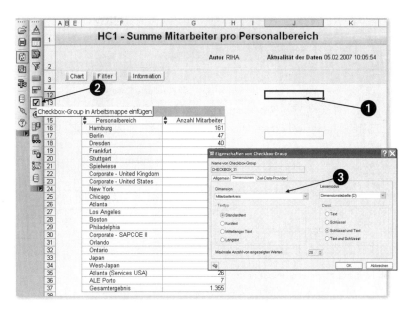

Abbildung 5.21 Einfügen einer Checkbox-Group im Designmodus

Im Fenster, das in Abbildung 5.22 dargestellt ist, wählen Sie die gewünschte Dimension, auf die sich das Item beziehen soll, hier der **Personalbereich**, und den Ziel-DataProvider, auf den sich die Auswahl bezieht. In Abbildung 5.23 sehen Sie das Ergebnis.

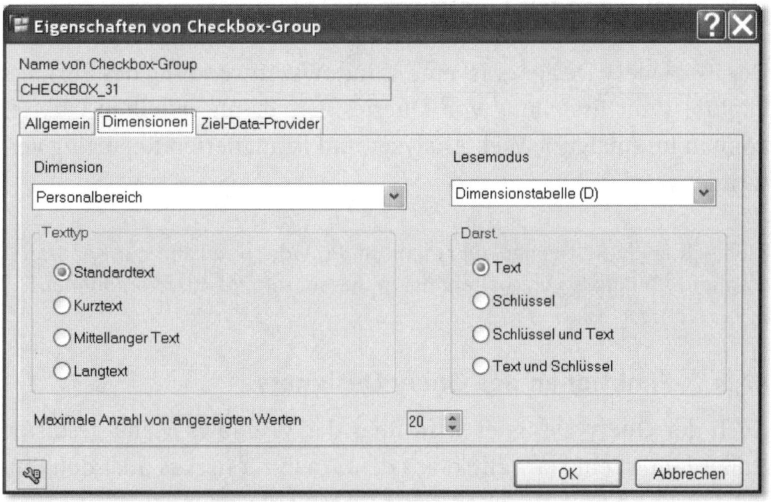

Abbildung 5.22 Eigenschaften der Checkbox-Group

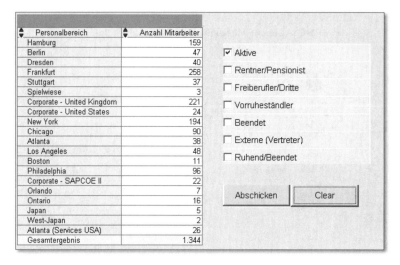

Abbildung 5.23 Filtern per Checkbox-Group

Arbeitsmappen speichern

Wenn Sie die Queries und Grafiken bearbeitet haben, können Sie die fertige Arbeitsmappe auf dem BI-Server speichern, in Rollen einbinden und mittels Broadcasting versenden. Die Arbeitsmappen können auch offline zur Verfügung gestellt werden. Erst für die Aktualisierung der Daten ist eine Anmeldung am BI-Server erforderlich.

5.3 BEx Query Designer

Der BEx Query Designer ist eine Windows-Anwendung des Business Explorers zur Erstellung von Queries. Die damit erstellten Queries können im Analyzer, Web Analyzer und formatierten Reporting verwendet werden.

[»] Jede Query basiert genau auf einem InfoProvider und kann nur Kennzahlen und Merkmale verarbeiten, die in diesem InfoProvider vorkommen.

5.3.1 Funktionen des Query Designers

Auch der Query Designer wird über das Windows-Menü gestartet. Außerdem ist ein Start direkt aus dem Analyzer heraus über den Button **Extras** und die Funktion **Neue Query anlegen** möglich.

Die Modellierung einer Query umfasst die Definition von Zeilen und Spalten, ermöglicht die Vorgabe von fixen und variablen Filterwerten und die Darstellung von Ausnahmewerten. Wie in Abbildung 5.24 dargestellt, besteht das Fenster aus folgenden Bereichen:

- **InfoProvider**
  Hier ist der ausgewählte InfoProvider mit Kennzahlen und Dimensionen dargestellt. Zum Auswählen ziehen Sie diese mit der Maus in den Bereich **Zeilen** oder **Spalten**. Außerdem werden die zur Verfügung stehenden Strukturen angeboten.

- **Zeilen/Spalten**
  In den Bereichen **Zeilen** und **Spalten** bauen Sie die Query auf, in der Vorschau sehen Sie die festgelegten Zeilen und Spalten.

- **Filter**
  Der Bereich **Filter** verbirgt sich hinter dem Bereich **Zeilen/Spalten** und kann mit der Registerkarte am unteren Rand des Fensterbereichs ausgewählt werden. Hier legen Sie fixe und variable Merkmalswerte fest und definieren Vorschlagswerte. So könnte z. B. der Status der Beschäftigung fest mit **3 – aktiv** belegt oder das Merkmal **Personalbereich** als variabel definiert werden, was ein Selektionsfenster beim Start der Query erscheinen lässt.

- **Eigenschaften**
  Im rechten Bereich **Eigenschaften** sind die Eigenschaften des aktiven Objekts dargestellt und können eingestellt werden. Dazu gehören z. B. die Einstellmöglichkeiten zur Darstellung von Merkmalen und Kennzahlen.

- **Aufgaben**
  Der Bereich **Aufgaben** befindet sich ebenfalls im rechten Fensterbereich und kann mit einer Registerkarte am unteren Ende des Fensterbereichs angezeigt werden. Hier werden Funktionen angeboten, die zum aktiven Objekt gehören, diese Funktionen befinden sich auch in der Symbolleiste.

- **Meldungen**
  Fehler und Warnmeldungen werden im unteren Fensterbereich angezeigt. Hier werden Fehlermeldungen und Hinweise zur Korrektur angeboten.

- **Verwendungsnachweis**
  Im gleichen Fensterbereich befindet sich der Verwendungsnachweis, der auch wieder über eine Registerkarte aufgerufen werden kann.

5 | HR-Reporting mit SAP NetWeaver BI

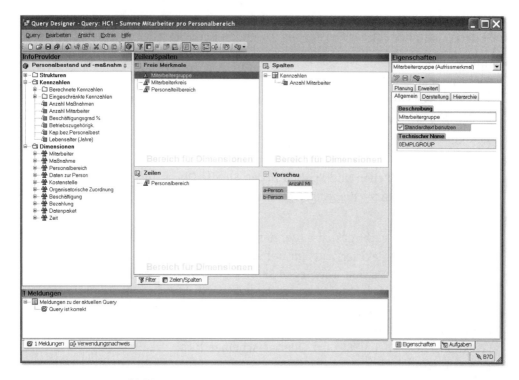

Abbildung 5.24 Query Designer

Abbildung 5.25 Symbolleiste des Query Designers (Release SAP NetWeaver 2004s)

Die Symbolleiste teilt sich in die Bereiche **Standard** (siehe Abbildung 5.25 oben) und **Ansicht** (unten). Der Bereich **Ansicht** dient der Steuerung der Fensterbereiche, so kann z. B. der Fensterbereich **Exceptions** eingeblendet werden, der unmittelbar nach dem Start des Query Designers nicht aktiv ist. Im Bereich **Standard** befinden sich Funktionen wie **Neue Query anlegen**, **Öffnen** oder **Speichern**.

Query Designer (SAP BW 3.x)

In Abbildung 5.26 sehen Sie zum Vergleich das Release 3.x des Query Designers. Die Fensterbereiche sind fix. Der InfoProvider ist im linken Bereich dargestellt, auf der rechten Seite befindet sich der Bereich zur Modellierung der Query und darüber der Definitionsbereich für Filter.

BEx Query Designer | 5.3

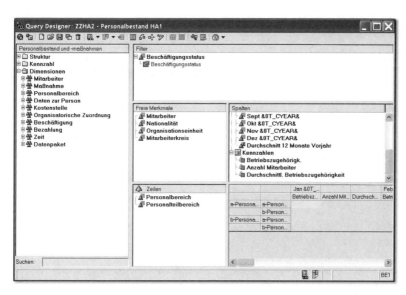

Abbildung 5.26 Query Designer (Release SAP BW 3.x)

5.3.2 Erstellen von Queries

Die Funktionen des Query Designers zeigen wir Ihnen nun anhand von Beispielen, in denen wir Queries erstellen.

> **Query: Personalbestand**
>
> ▶ Die Anzahl der aktiven Mitarbeiter soll nach Personalbereichen gegliedert dargestellt werden.
>
> ▶ Zusätzlich soll ein Aufriss nach Mitarbeiterkreis und Betriebszugehörigkeit möglich sein. Als Kennzahl wird **Anzahl Mitarbeiter** im InfoCube **Personalbestand und -maßnahmen** verwendet.

Zum Anlegen einer neuen Query starten Sie den Query Designer über das Windows-Start-Menü und wählen den Button **Neue Query**. Im Fenster **InfoProvider auswählen** (siehe Abbildung 5.27) markieren Sie den gewünschten InfoProvider und wählen **Öffnen**. Um den gewünschten InfoProvider zu finden, stehen die **Suche**, die **Historie** und der strukturierte Bereich der **InfoAreas** zur Auswahl zur Verfügung. Den InfoProvider finden Sie in den **InfoAreas** über den Pfad **Human Resources • Personaladministration**.

Anlegen der Query

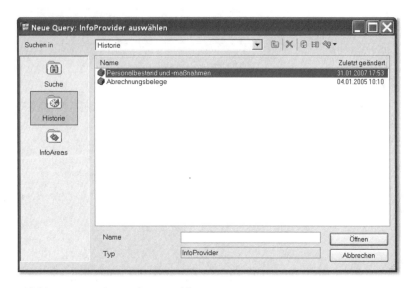

Abbildung 5.27 InfoProvider auswählen

Jetzt stehen im Bereich **InfoProvider** (siehe Abbildung 5.24) die vorhandenen Merkmale und Strukturen zur Verfügung und können per Drag & Drop in den Bereich **Zeilen/Spalten** gezogen werden.

Ziehen Sie die Kennzahl **Anzahl Mitarbeiter** mit der Maus in den Bereich **Spalten**. Öffnen Sie die Dimension **Personalbereich**, indem Sie auf das [+] vor der Dimension klicken, und ziehen das sich darunter befindende Merkmal **Personalbereich** in den Bereich **Zeilen**. Damit ist der Aufbau der einfachen Query definiert, den Sie im Bereich **Vorschau** sehen können.

Ermöglichen der variablen Navigation

Um eine variable Navigation nach Mitarbeiterkreis und Betriebszugehörigkeit zu ermöglichen, öffnen Sie die Dimension **Beschäftigung** und ziehen **Mitarbeiterkreis** und **Betriebszugehörigkeit** in den Bereich **Freie Merkmale**. Den Bereich **Zeilen/Spalten** sehen Sie in Abbildung 5.28.

Wechseln Sie nun in den Bereich **Filter** und ziehen die Merkmalswerte **Beschäftigungsstatus – aktiv** und **Mitarbeitergruppe – Aktive** in den Bereich **Merkmalseinschränkungen** (siehe Abbildung 5.29). Öffnen Sie dazu die Merkmalswerte unter den Merkmalen **Beschäftigungsstatus** und **Mitarbeitergruppe** und wählen die Werte aus. Dadurch ist eine fixe Einschränkung dieser Merkmale definiert, die in der Query nicht geändert werden kann.

Abbildung 5.28 Zeilen und Spalten

Abbildung 5.29 Merkmale einschränken

Um den Auswertungszeitraum vom Benutzer variabel eingeben lassen zu können, wählen Sie aus der Dimension **Zeit** das **Tagesdatum** aus dem Merkmal **Kalendertag** und ziehen es in den Bereich **Merkmalseinschränkung**, wie in Abbildung 5.30 dargestellt ist.

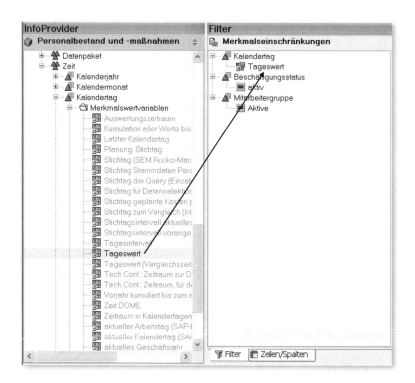

Abbildung 5.30 Merkmal variabel einschränken

5.3.3 Variablen

Variablen werden erst zur Laufzeit der Query mit Werten gefüllt. Die häufigste Verwendung von Variablen ist die Vorgabe von manuellen Werten. Außerdem dient die Merkmalswertvariable zur Prüfung von Berechtigungen (siehe Abschnitt 5.8). Wählen Sie unter dem gewünschten Merkmal den Ordner mit den Merkmalsvariablen und ziehen diese mit der Maus in den gewünschten Fensterbereich.

[zB] Wenn Sie z. B. den Mitarbeiterkreis als Variable zur Selektion beim Start der Query aufnehmen möchten, gehen Sie folgendermaßen vor: Öffnen Sie die Dimension **Beschäftigung** und darunter das Merkmal **Mitarbeiterkreis** indem Sie auf [+] klicken. Unter dem Mitarbeiterkreis befindet sich der Ordner für Merkmalsvariablen.

Klicken Sie mit der rechten Maustaste auf **Merkmalsvariable** und wählen **neue Variable**. Geben Sie der Variablen den Namen »Mitarbeiterkreis« und ziehen diese Variable anschließend mit der Maus in den Bereich **Merkmalseinschränkung**. Damit erfolgt beim Start der Query die Selektionsabfrage nach dem Mitarbeiterkreis.

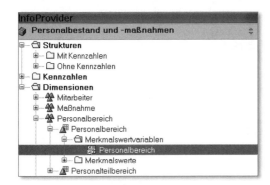

Abbildung 5.31 Merkmalswertvariablen

5.3.4 Strukturen

Kennzahlen und Merkmale können in Strukturen zusammengefasst werden. Die Struktur bildet das Grundgerüst für eine Achse der Tabelle. Sie können maximal zwei Strukturen verwenden, wobei eine der beiden eine Kennzahlenstruktur sein muss. Bei der Verwendung von zwei Strukturen entsteht eine Tabelle, deren Zellen fix sind.

Strukturen aus Kennzahlen oder Merkmalen bilden

Strukturen werden in Verbindung mit dem InfoProvider gespeichert und können auch in anderen Queries verwendet werden. Deshalb sollten Sie beim Ändern von Strukturen stets prüfen, in welchen Queries diese enthalten sind.

> **Query: Durchschnittsalter**
>
> Die Query soll das Durchschnittsalter der Mitarbeiter anzeigen. Das durchschnittliche Alter berechnet sich aus der Summe der Lebensalter, dividiert durch die Anzahl der Mitarbeiter.
>
> Die Kennzahl ist nicht im InfoCube vorhanden, sondern wird berechnet.

Dazu gibt es zwei Wege, eine berechnete Kennzahl anzulegen, wie dies in Abbildung 5.32 und Abbildung 5.33 dargestellt ist. Eine berechnete

Kennzahl ist nicht im InfoCube vorhanden, sondern berechnet sich meist aus anderen Kennzahlen. Dies können z. B. das Durchschnittsalter sein, das mit der Division der Kennzahl **Alter** durch die Anzahl **Mitarbeiter** berechnet wird, oder eine Währungsumrechnung. Mit einem rechtem Mausklick auf den Ordner **Berechnete Kennzahlen** kann eine neue Kennzahl angelegt werden. Der Formeleditor stellt dafür zahlreiche Berechnungsmöglichkeiten zur Verfügung.

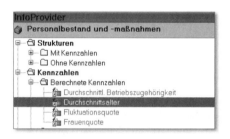

Abbildung 5.32 Berechnete Kennzahl

Abbildung 5.33 Formeleditor

Die Berechnung des Durchschnittsalters lässt sich auch mit einer Struktur darstellen. Wie Sie in Abbildung 5.34 sehen, besteht diese Struktur aus drei Spalten, von denen die beiden grau hinterlegten in der Query nicht sichtbar sind, sondern nur zur Berechnung dienen. Das Durchschnittsalter ergibt sich aus der Division der beiden Kennzahlen.

Abbildung 5.34 Struktur mit Kennzahlen

Die in Abbildung 5.35 dargestellte Struktur besteht lediglich aus Selektionen. Die Zeilen der Query werden durch fix selektierte Personalbereiche bestimmt.

Abbildung 5.35 Struktur mit Selektionen

5.3.5 Hierarchien

In SAP ERP HCM existieren verschiedene Hierarchien, wie z. B. die der Organisationsstruktur oder des Veranstaltungskataloges. Ein Teil dieser Hierarchien kann in das BI-System übertragen und dort für die Navigation in Auswertungen verwendet werden. Merkmale, die sich in Hierarchien darstellen lassen, ermöglichen den Aufriss und die Navigation in untergeordneten Ebenen (siehe Abbildung 5.36). Im Standard-Content von SAP ERP HCM existieren folgende Hierarchien:

Navigation in Hierarchien

- Organisationsstruktur
- Kostenstellenhierarchie

- Alter der Mitarbeiter
- Beschäftigungsgrad
- Qualifikationskatalog
- Veranstaltungskatalog

Organisationseinheit	Durchschnittliches Alter
• Gesamtergebnis	44,3064
▼ Aufbauorganisation	44,9232
▶ 50003175	40,0306
▶ 20000001	45,8462
▼ IDES AG	46,8989
▼ Vorstand-D	47,3529
• Vorstand-D	55,3750
▶ Personal-D	35,5625
▶ Corp.Serv-D	48,3846
▶ Fin./Adm.-D	46,4419
▶ Prod./Ver.-D	47,6865
▶ Vorstand-US	48,1218
▶ Vorstand-CAN	46,0000
▶ IDES Japan	41,4000
▶ BApp Develop	42,3494
▶ Nicht zug. Organisationseinheit(n/e)	42,3946

Abbildung 5.36 Hierarchie

5.3.6 Exceptions

Werte in Queries hervorheben

Mithilfe von Exceptions können Sie Werte in Queries markieren (siehe Abbildung 5.37). Sie können Werte in mehreren Stufen *positiv* markieren, d. h. in verschiedenen Grünstufen, oder *negativ* mit Rotstufen. So können Ausnahmezustände, die zum Handeln auffordern sollen, sofort erkannt werden.

Wählen Sie den Button **Exception**, um den Fensterbereich im Query Designer zu aktivieren. Klicken Sie mit der rechten Maustaste in diesen Bereich, und wählen Sie **Neue Exception**. Mit dem Button **Neu** können Sie mehrere AlertLevel anlegen und diese mit verschiedenen Stufen, von **gut** über **kritisch** bis **schlecht**, belegen.

Table	
	Durchschnittliches Alter
Hamburg	44,1963
Berlin	50,4894
Dresden	48,4500
Frankfurt	47,7984
Stuttgart	50,0976
Paris	
Chicago	45,9778

Abbildung 5.37 Darstellung von Exceptions

5.3.7 Bedingungen

Bedingungen ermöglichen das Ausblenden von Zeilen, die den gewählten Kriterien nicht entsprechen. So lässt sich z. B. eine Auswertung erstellen, in der nur Organisationseinheiten dargestellt werden, die einen definierten Schwellenwert überschreiten, alle anderen Organisationseinheiten werden unterdrückt.

Ausblenden von Zeilen

Aktivieren Sie im Query Designer mit dem Button **Bedingung** den Fensterbereich, der vorher nicht sichtbar ist. Klicken Sie mit der rechten Maustaste in diesen Bereich und wählen **Neue Bedingung**. Klicken Sie jetzt auf diese Bedingung doppelt, und Sie erhalten das in Abbildung 5.38 dargestellte Fenster. Wählen Sie **Neu** und geben in die Felder unter dem Fenster Ihre Bedingung ein und übernehmen diese.

Sie können mehrere Bedingungen eingeben, die alle zutreffen müssen, damit eine Zeile angezeigt wird.

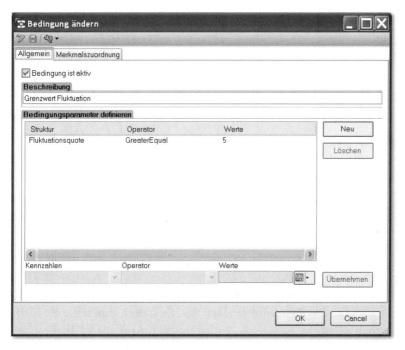

Abbildung 5.38 Bedingung anlegen

5.4 BEx Web Analyzer

Der BEx Web Analyzer ermöglicht Ad-hoc-Analysen auf Basis von Queries, Query Views und InfoProvidern. Die Integration in das SAP NetWeaver Portal ermöglicht Ihnen das Sichern von Abfragen im BEx Portfolio oder in den Favoriten.

Abbildung 5.39 zeigt den Web Analyzer nach dem Starten im Portal. Am oberen Rand sehen Sie die Funktionen **Mein Portfolio** und **BEx Portfolio**, in denen durchgeführte Analysen gespeichert und wieder abgerufen werden können.

Abbildung 5.39 Start des BEx Web Analyzer

Auch hier sehen wir uns ein Beispiel an:

> **Ad-hoc-Analyse: FTE-Statistik**
> In einer Analyse im Web Analyzer soll die FTE-Zahl (*Full Time Equivalent*) bezogen auf Mitarbeiterkreise dargestellt werden.

Klicken Sie auf **Neue Analyse**, und wählen Sie, wie in Abbildung 5.40 dargestellt, den Typ **InfoProvider** aus. Es stehen Ihnen die Bereiche **Suchen**, **Historie**, **Favoriten**, **Rollen** und **InfoArea** zur Verfügung, um den InfoProvider auszuwählen. Wählen Sie den InfoProvider **Personalbestand und -maßnahmen**, den Sie z. B. über die Suchfunktion finden können. Markieren Sie die Zeile und klicken auf **OK**.

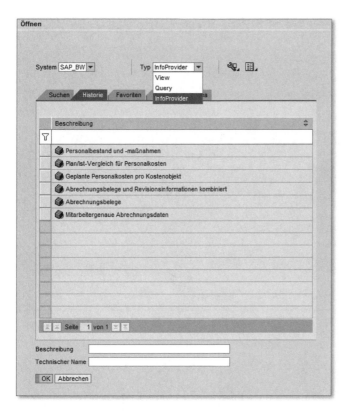

Abbildung 5.40 InfoProvider für Ad-hoc-Analyse auswählen

Sie sehen alle Kennzahlen des InfoCubes und müssen diese auf den **Kapazitätsbezogenen Personalstand** einschränken. Wählen Sie dazu die Funktion **Filterwert aussuchen**, indem Sie mit der rechten Maustaste auf Kennzahlen im linken Navigationsbereich klicken. Wählen Sie, wie in Abbildung 5.41 dargestellt, die Kennzahl aus und übernehmen diese mit **OK**.

Im nächsten Schritt fügen Sie den senkrechten Aufriss nach Mitarbeiterkreis hinzu. Dazu klicken Sie mit der rechten Maustaste auf das Merkmal **Mitarbeiterkreis** und wählen den in Abbildung 5.42 dargestellten Pfad.

In Abbildung 5.43 sehen Sie das Ergebnis der Ad-hoc-Analyse. Diese kann mit der Funktion **Speichern als** im eigenen Portfolio, im BEx Portfolio oder in den Favoriten gespeichert werden.

5 | HR-Reporting mit SAP NetWeaver BI

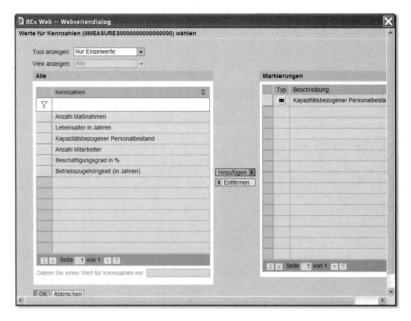

Abbildung 5.41 Kennzahlen einschränken

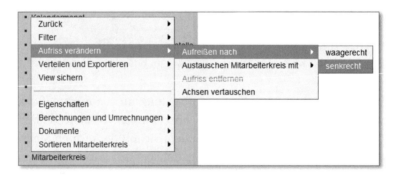

Abbildung 5.42 Senkrechter Aufriss nach Mitarbeiterkreis

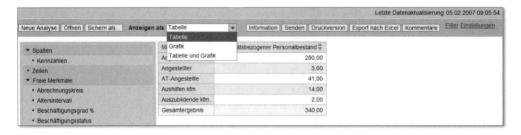

Abbildung 5.43 Ad-hoc-Analyse

5.5 BEx Report Designer

Der BEx Report Designer ist eine Windows-Anwendung zur Erstellung von formatierten Berichten zur Aufbereitung von Daten für Online-Berichte und Druck. Die erstellten Reports basieren auf Queries und werden im Browser präsentiert. Formatierte Reports können auch mit dem Web Application Designer als Web Item verwendet werden.

Zur Erstellung eines Reports öffnen Sie den Report Designer über das Windows-Start-Menü. Fügen Sie über den Button **Data Provider hinzufügen** eine Query mit Auswertung des Personalbestands hinzu. Das Ergebnis könnte aussehen, wie in Abbildung 5.44 dargestellt.

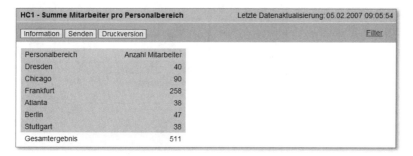

Abbildung 5.44 Report – Beispiel

Das Ergebnis können Sie via Broadcaster versenden (Button **Senden**) oder in ein PDF zum Drucken umwandeln (Button **Druckversion**).

Über das **Menü Report • Seite einrichten** können Sie die PDF-Ausgabe auf Querformat umstellen (siehe Abbildung 5.45).

Der Report Designer bietet verschiedene Format-Funktionen, die über das Menü **Format** zu erreichen sind. Es können einzelne Zellen und Felder mit Schriftart, Schriftfarbe etc. formatiert werden. Im Menüpunkt **Extra • Portalmotiv** können vorhandene Stylesheets zur Formatierung ausgewählt werden.

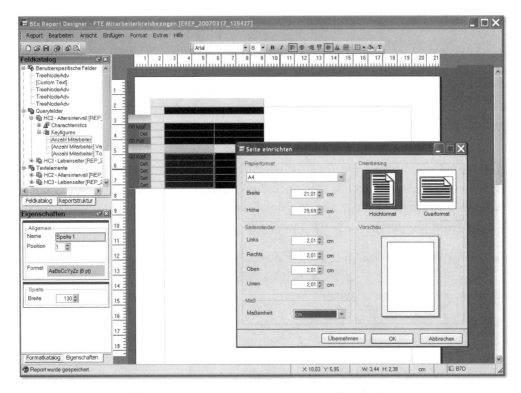

Abbildung 5.45 BEx Report Designer – Umstellen des Formats

5.6 BEx Information Broadcaster

Der BEx Information Broadcaster ermöglicht die Verteilung von Queries, Web Templates, Query Views, Reports oder Arbeitsmappen. Für die Verteilung von BI-Inhalten stehen folgende Wege zur Verfügung:

- Versand per Mail als Link, PDF-Dokument, Excel- oder HTML-Datei
- Drucken im Format PS, PCL oder als PDF
- Versand in das Portal als Link, PDF-Dokument, Excel- oder HTML-Datei

Wie in Abbildung 5.46 dargestellt, können Sie einen **Objekttyp**, wie z. B. den in Abschnitt 5.5 angelegten Report, auswählen und entweder manuell die Einstellungen zum Versenden pflegen oder den Wizard verwenden.

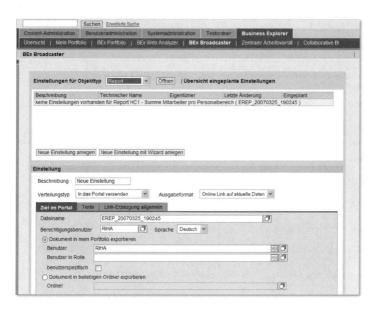

Abbildung 5.46 BEx Information Broadcaster

Der Wizard führt Sie in vier Schritten durch die Einstellungen.

Der erste Schritt ist die Auswahl des Verteilungstyps und Ausgabeformats, wie in Abbildung 5.47 zu sehen ist. Im folgenden Beispiel wählen wir **E-Mail versenden** als **Verteilungstyp**.

Schritt 1: Grundeinstellungen

Abbildung 5.47 Broadcasting Wizard – Grundeinstellungen

Dazu können Sie in Schritt 2 (siehe Abbildung 5.48) die E-Mail-Adresse, der Text für die Betreff-Zeile und einen Text für den Empfänger eingeben.

Schritt 2: E-Mail-Nachricht erfassen

Abbildung 5.48 Broadcasting Wizard – E-Mail-Nachricht erfassen

Schritte 3 und 4: Namen und Beschreibung, Einplanungsdetails

In Schritt 3 können Sie einen technischen Namen und eine Beschreibung vorgeben, unter denen die Einstellungen gespeichert werden, bevor Sie in Schritt 4 die Einplanungsdetails festlegen (siehe Abbildung 5.49).

Abbildung 5.49 Broadcasting Wizard – Einplanungsdetails festlegen

Die Ausführung kann regelmäßig eingeplant werden oder bei Datenänderung automatisch erfolgen.

> Je nach Verteilungstyp können sich die Optionen von den gezeigten Abbildungen unterscheiden.

5.7 Standard-Content

Der Standard-Business-Content bietet eine Basis für den Einsatz von SAP NetWeaver BI. Vordefinierte Lösungen verkürzen die Einführungszeit, dürfen aber nicht als fertige Lösung gesehen werden. Das Wort *Standard* darf hier nicht als fix vorgegebene Lösung verstanden werden, an der keine Veränderung vorgenommen werden darf. Vielmehr muss der Content als Muster verstanden werden, der mit den betrieblichen Vorgaben abgeglichen und bei Bedarf um eigene Anforderungen erweitert werden muss. Die ausgelieferten Queries können in der Praxis eher selten unverändert eingesetzt werden. Da das Erstellen von Queries aber keine aufwändige Arbeit ist, stellt dies das kleinere Problem dar. Bieten InfoCubes nicht den gewünschten Inhalt, ist hier schon mehr Aufwand erforderlich, um den Inhalt der InfoCubes zu ergänzen oder neue InfoCubes zu erstellen.

Der SAP-Standard-Content besteht aus Extraktoren, InfoCubes und Queries. Die InfoCubes enthalten vordefinierte Kennzahlen. Zusätzlich werden Templates für Standardberechnungen ausgeliefert. Verschiedene Web Cockpits bieten Vorlagen für die Präsentation von BI-Content im SAP NetWeaver Portal.

Extraktoren, Info-Cubes und Queries

5.7.1 Standard-Content für HCM-Module

Für die folgenden HCM-Module existiert Standard-Content:

- **Personaladministration**
  Personalbestand, Fluktuationsquote, Eintrittsquote, Durchschnittsalter u. a.
- **Personalbeschaffung**
  Anzahl Bewerbungen, Recruiting-Erfolge u. a.
- **Veranstaltungsmanagement**
  Teilnahmen, Stornierungen, Ressourcenbelegung u. a.
- **Personalabrechnung**
  Gehaltskosten je Organisationseinheit, Lohnartenvergleich u. a.

- **Personalzeitwirtschaft**
  Übersicht Personalzeiten, Krankenquote, CATS-Auswertungen u. a.
- **Personalentwicklung**
  Mitarbeiter je Qualifikation u. a.
- **Organisationsmanagement**
  Planstellenübersicht, vakante Planstellen u. a.
- **Vergütungsmanagement**
  Vergütungsanalysen, Vergleiche von Marktdaten mit Mitarbeitervergütung u. a.
- **Arbeitgeberleistungen**
  Kostenanalyse nach Arbeitgeberleistungskriterien u. a.
- **Personalkostenplanung**
  Vergleiche zwischen Kostenplänen, Plan/Ist-Vergleich u. a.
- **Personalabrechnung und Zeitwirtschaft**
  Übergreifende Auswertungen aus Abrechnung und Zeitwirtschaft, Kosten der Mehrarbeit u. a.
- **Reisemanagement**
  Anzahl Reisen, Spesenbelege u. a.
- **Pensionsfonds**
  Altersstruktur der versicherten Mitarbeiter, Kontenstände u. a.

Neue Inhalte in Version 7.0

In Version 7.0 des des Business Contents sind neue Inhalte in den folgenden Bereichen hinzugekommen:

- **Learning Solution**
  Auswertung von Lernprozessen und Web-based Trainings
- **Objective Settings and Appraisals**
  Auswertungen zu Beurteilungen und zum Beurteilungsprozess u. a.
- **Talent Management**
  Auswertungen von Talentgruppen oder Schlüsselplanstellenbesetzung u. a.
- **Shared Services**
  Auswertungen zu Prozessen aus den Bereichen ESS, MSS und Prozesse und Formulare, z. B. Anzahl Prozesse und Verweildauer
- **Employee Interaction Center**
  Kundenzufriedenheitsübersicht u. a.

5.7.2 Standard-Content für das Benchmarking

Unternehmensvergleiche mit Benchmarks sind in vielen Branchen, z. B. bei Banken und Versicherungen, üblich. Mithilfe eines Info-Cubes, der die Daten ermittelt, kann die Datenerhebung vereinfacht werden.

Der SAP-Standard-Content liefert hierfür einen InfoCube mit folgenden Kennzahlen:

Standard-Content des InfoCubes »Benchmarking«

- FTE (Full Time Equivalent) der aktiven Mitarbeiter
- Anzahl aktiver Mitarbeiter
- FTE in der Personalabteilung
- Anzahl Mitarbeiter in der Personalabteilung
- Austritte
- Eintritte
- Soll-Arbeitstage
- Fluktuationsquote
- Fluktuationsquote im Personalbereich
- Arbeitgeberseitige Fluktuationsquote
- Arbeitnehmerseitige Fluktuationsquote
- Interne Einstellungsquote
- Externe Einstellungsquote
- Nettoeinstellungsquote
- Nettoeintrittsquote
- Durchschnittliche Betriebszugehörigkeit
- Durchschnittsalter
- Quote Vollzeit-/Teilzeitkräfte
- Besetzungsfaktor Gehaltsabrechnung
- Besetzungsfaktor Personalbereich
- Quote Personalbeschaffungsquellen
- Krankheitsquote
- Trainingsgebühren pro Mitarbeiter (FTE)
- Trainingsgebühren pro Trainingsstunden
- Trainingsstunden pro Mitarbeiter

- Anzahl Teilzeitkräfte
- Anzahl Vollzeitkräfte
- Anzahl Mitarbeiter
- Austritte

5.7.3 Die Organisationsstruktur im Standard-Content

Die Organisationsstruktur ist kein reines HCM-Objekt, sondern wird z. B. auch zur Abbildung der Einkaufs- und Verkaufsstruktur verwendet. So ist in Abbildung 5.50 zu sehen, dass im Merkmal **Organisationseinheit** Attribute aus den Bereichen Einkauf und Verkauf enthalten sind, wohingegen nur wenig Attribute aus dem HCM-System enthalten sind und hier häufig ergänzt werden müssen. Dies hat zur Folge, dass diese Attribute auch im HCM-Modul bei der Erstellung von Queries sichtbar sind.

Außerdem mischen sich die Strukturen, wenn Einkaufsstruktur, Verkaufsstruktur aus dem CRM-System und Organisationsstruktur aus dem HCM-System geladen werden. Daher empfiehlt sich der Einsatz eines eigenen Objekts in SAP ERP HCM, aus dem die nicht relevanten Attribute gelöscht werden.

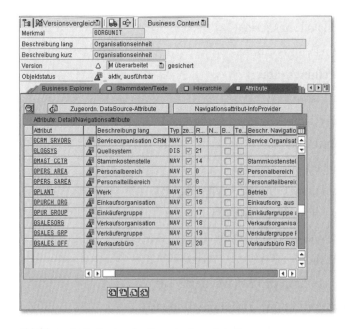

Abbildung 5.50 Merkmal – Organisationseinheit

5.7.4 Fazit

Der Standard-Content ist eine sehr gute Vorlage für die Einführung von SAP NetWeaver BI im HR-Umfeld. Die Einführung wird dadurch erheblich erleichtert. Sie sollten jedoch den Aufwand nicht unterschätzen, den Inhalt zu evaluieren und an die betrieblichen Gegebenheiten anzupassen und zu ergänzen.

5.8 Berechtigungen in SAP NetWeaver BI

Der grundsätzliche Aufbau des Rollenkonzepts im SAP-System gilt auch im BI-System. Dem Benutzer werden Rollen mit Menüstrukturen und Berechtigungsprofilen zugeordnet. Der Benutzer erhält ein Menü, in dem Queries, Arbeitsmappen und weitere Objekte enthalten sein können.

Aufbau des Rollenkonzepts

Die Datenstrukturen in SAP NetWeaver BI unterscheiden sich grundlegend von den Datenstrukturen im R/3-/ERP-System, weshalb die Berechtigungen nicht übertragen werden können. Es gibt keine logische Datenbank PNP, weshalb die damit verbundenen Berechtigungen auch nicht angewandt werden können. Die einzige HR-Berechtigung, die in SAP NetWeaver BI übertragen werden kann, ist die strukturelle Berechtigung (siehe Abschnitt 5.9).

Datenstrukturen

5.8.1 Spezifische Berechtigungsobjekte von SAP NetWeaver BI

Die folgende Aufzählung enthält die wichtigsten Berechtigungsobjekte von SAP NetWeaver BI:

- S_RS_IOBJ InfoObjects
- S_RS_ISOUR InfoSources
- S_RS_ISRCM InfoSources mit Fortschreibung
- S_RS_ICUBE InfoCube
- S_RS_MPRO MultiProvider
- S_RS_ISET InfoSet
- S_RS_HIER Hierarchie
- S_RS_IOMAD Bearbeiten von Stammdaten in der Data Warehousing Workbench
- S_RS_COMP Komponenten für die Query-Definition

5 | HR-Reporting mit SAP NetWeaver BI

- S_RS_COMP1 Queries von bestimmten Benutzern
- S_RS_FOLD Anzeigeberechtigung für Ordner
- S_RS_TOOLS Berechtigung für Werkzeuge des Business Explorers

Die Berechtigungsobjekte ermöglichen z. B. das Einschränken der Berechtigung auf bestimmte InfoCubes oder Queries, jedoch nicht auf Inhalte innerhalb eines InfoCubes. Soll die Berechtigung z. B. auf Mitarbeiterkreise oder Personalbereiche innerhalb des InfoCubes beschränkt werden, dann sind die Aktivitäten erforderlich, die im folgenden Absatz beschrieben werden.

Berechtigungsobjekte für das Reporting Berechtigungsobjekte für das Reporting müssen manuell angelegt werden. Möglich ist das für Merkmale und Kennzahlen. Dies ist z. B. notwendig, wenn Berechtigungen auf der Ebene Personalbereich, Personalteilbereich oder Mitarbeiterkreis benötigt werden.

Dafür muss im Merkmal der Haken für **Berechtigungsrelevant** gesetzt werden (siehe Abbildung 5.51).

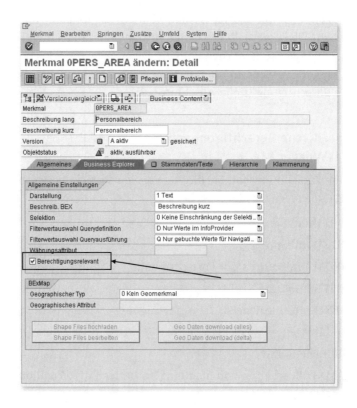

Abbildung 5.51 InfoObject als berechtigungsrelevant kennzeichnen

Ist das Merkmal gekennzeichnet, können Sie in der Transaktion RSECADMIN, die in NetWeaver 2004s die bisher verwendete Transaktion RSSM ablöst, ein Berechtigungsobjekt anlegen.

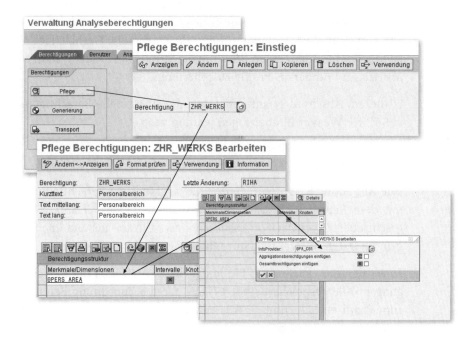

Abbildung 5.52 Berechtigungsobjekt anlegen

Wie in Abbildung 5.52 dargestellt, legen Sie ein neues Berechtigungsobjekt an und belegen die beschreibenden Textfelder. Im Bereich **Berechtigungsstruktur** tragen Sie das Merkmal ein, das vorher als **Berechtigungsrelevant** gekennzeichnet wurde. Anschließend wird das Berechtigungsobjekt den InfoCubes zugeordnet, in denen die Berechtigungsprüfung erfolgen soll. Die angelegte Berechtigung ordnen Sie einem Benutzer oder einer Rolle zu.

5.8.2 Werkzeuge zur Berechtigungsprüfung

Neben der allgemeinen **Anzeige der Berechtigungsprüfung**, die über die Transaktion SU53 oder das SAP-Menü **System · Hilfsmittel · Anz. Berechtigungsprüfung** aufgerufen wird, gibt es in SAP NetWeaver BI ein weiteres Werkzeug zur Berechtigungsanalyse, die Transaktion **RSECADMIN** zur Prüfung der Berechtigungen im Bereich **Reporting**. Sie erreichen die Transaktion auch über das SAP Easy Access-Menü über den Pfad **Business Explorer · Berechtigungen**.

5.9 Strukturelle Berechtigung

Die strukturelle Berechtigung in SAP ERP HCM wird häufig zur Vergabe von Berechtigungen an Vorgesetzte verwendet. Sie basiert auf den Strukturen des Organisationsmanagements. Diese Struktur in SAP NetWeaver BI abzubilden wäre sehr aufwändig. Deshalb gibt es im Standard-Content einen Weg, um die Struktur in das BI-System zu übertragen und daraus Profile zu generieren.

In diesem Abschnitt erfahren Sie, wie die strukturelle Berechtigung in SAP NetWeaver BI übertragen werden kann.

5.9.1 Übersicht

Wie Abbildung 5.53 zeigt, werden die strukturellen Berechtigungen mit dem Report RHBAUS00 ausgelesen und in das Cluster INDX geschrieben. Zwei DataSources lesen dieses Cluster aus und übertragen die Daten in zwei DataStore-InfoProvider des BI-Systems.

Es werden die Tabellen T77PR, in der die Definitionen der Berechtigungsprofile gespeichert sind, T77UA, die die Zuordnung Benutzer zum Profil enthält, und T77UU mit den Benutzern, die extrahiert werden sollen, verarbeitet.

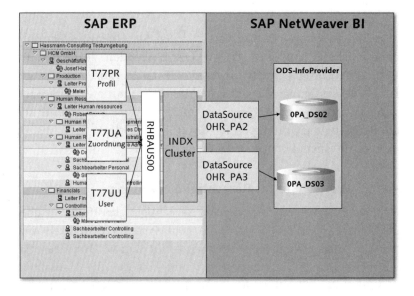

Abbildung 5.53 Strukturelle Berechtigung in SAP NetWeaver BI

SAP NetWeaver BI enthält zwei DataSources für die Extraktion, 0HR_PA2 und 0HR_PA3. In 0HR_PA2 wird der Benutzer mit der Zuordnung zu den erlaubten Objekten verarbeitet. Hier wird die Zuordnung Benutzer zu Objekttyp und Objekt-ID vorgenommen. Es können alle Objekttypen verarbeitet werden.

DataSource 0HR_PA3 verarbeitet hierarchische Berechtigungen. Hier werden Benutzer mit Objekt und Hierarchie verarbeitet.

Es wird nur die aktive Planvariante **01** unterstützt. Die DataSource 0HR_PA3 unterstützt nur das Objekt **Organisationseinheit** mit dem Auswertungsweg ORGEH, das im Business Content mit ausgeliefert wird. Die DataSource 0HR_PA2 ist nicht zeitabhängig, sondern bildet den Zustand bei der Extraktion ab. Dies erfordert eine tägliche Extraktion, um einen aktuellen Stand der Berechtigung im BI-System zu haben.

Einschränkungen

5.9.2 Ablauf

Vorbereitung der Extraktion:

1. Für die Extraktion der Benutzerberechtigung muss der User in die Tabelle T77UU eingetragen werden. Hierbei kann der Report RHBAUS02 unterstützen, der die Tabelle mit Usern füllt.
2. Im Anschluss werden die Berechtigungen mit dem Report RHBAUS00 in das Cluster INDX geschrieben, das zur Extraktion verwendet wird.
3. Unter der Voraussetzung, dass die Extraktoren und der Business Content bereits aktiviert und eingerichtet wurden und ein Info-Package angelegt wurde, kann die Extraktion nun erfolgen.

Im BI-System muss, wie in Abschnitt 5.8.1 beschrieben wurde, ein eigenes Berechtigungsobjekt angelegt werden, dem die Merkmalen 0ORGUNIT (Organisationseinheit), 0POSITION (Planstelle) und 0EMPLOYEE (Mitarbeiter) zuzuordnen sind. Dazu werden diese Merkmale als berechtigungsrelevant gekennzeichnet und bei der Anlage des Berechtigungsobjektes diese Merkmale zugeordnet.

Eigenes Berechtigungsobjekt

Das Berechtigungsprofil für die strukturelle Berechtigung kann mit dem Report RSSB_GENERATE_AUTHORIZATIONS generiert werden.

In den Queries müssen berechtigungsrelevante Variablen angelegt werden, die beim Aufruf der Query eine Berechtigungsprüfung durchführen, in dem die Variablen 0ORGUNIT, 0POSITION oder 0EMPLOYEE verwendet werden, die Sie als berechtigungsrelevant gekennzeichnet haben.

5.10 Kritische Erfolgsfaktoren

SAP NetWeaver BI-Projekte sind mit Aufwand verbunden und sollten gut geplant werden, um einen entsprechenden Mehrwert zu generieren. Dies beginnt mit der Definition der Zielsetzung.

5.10.1 Zielsetzung definieren

Zielsetzungen, die lauten »Wir wollen alles, was möglich ist!« oder »Wir wollen das, was bisher an Auswertungen existiert, mit BI realisieren« reichen nicht aus. In die Vorbereitung eines SAP NetWeaver BI-Projekts sollten Zeit und Aufwand investiert werden, um einen erfolgreichen Abschluss mit entsprechendem Nutzen für das Unternehmen zu erzielen.

Analyse der Prozesse mit Ableitung von Kennzahlen

Am Anfang sollte eine Analyse der vorhandenen Prozesse stehen. Aus diesen leiten sich Kennzahlen ab, die helfen, den Prozess zu kontrollieren und zu analysieren. SAP NetWeaver BI ist ein Analyse-Werkzeug, das bei Entscheidungsprozessen unterstützen soll. Das Ergebnis kann nicht nur eine schöne grafische Darstellung der Entwicklung der Fluktuation sein, sondern muss eine Hilfestellung geben, herauszufinden, in welchen Bereichen und aus welchen Gründen sich die Fluktuation negativ entwickelt, um Maßnahmen daraus ableiten zu können. Mit den Analysen muss nachvollziehbar sein, ob eingeleitete Maßnahmen greifen und eine Veränderung sichtbar wird.

In Abschnitt 2.1 erklären wir, wie auf Basis von Prozessen Kennzahlen abgeleitet werden können.

Datenbasis festlegen und verifizieren

Nachdem die Kennzahlen festgelegt sind, muss geprüft werden, in welchen Datenfeldern des SAP ERP HCM-Systems die Informationen gespeichert sind und nach welchen Regeln diese ausgelesen werden sollen. Ein Beispiel ist der Ausschluss von ruhenden Mitarbeitern aus Auswertungen. Kann diese Information aus einem Datenfeld gelesen werden, wie z. B. einer Mitarbeitergruppe, oder muss diese Information aus bestimmten Abwesenheiten abgeleitet werden? Ein anderes Beispiel wäre die Ermittlung der FTE-Kennzahl (Full Time Equivalent). Hier gibt es in der Praxis die verschiedensten Varianten – vom direkten Lesen des Prozentsatzes aus IT0008 (Basisbezüge) bis hin zur Berücksichtigung von Mehrarbeit und den gearbeiteten Tagen bei der Berechnung.

Diese Grundlage ist wichtig, weil bei der Prüfung von Standardextraktoren die Inhalte verglichen werden müssen, um entscheiden zu können, ob diese unverändert Verwendung finden können.

Außerdem muss festgelegt werden, ob die benötigten Daten aus einem System oder mehreren Quellen kommen. So können z. B. Daten aus Unternehmensbereichen, in denen kein SAP-System im Einsatz ist, per CSV-Datei eingelesen werden. Dafür kann eine Datenharmonisierung erforderlich sein, die konzipiert werden muss.

Erforderliche Auswertungen mit Empfänger festlegen

Eine Aufstellung der benötigten Auswertungen mit deren Empfängern hilft bei der Planung der Ladezyklen und des Berechtigungskonzepts. Außerdem sollten Sie festlegen, in welcher Form die Auswertungen bereitzustellen sind, online mit Excel oder im Portal oder offline per Mail-Versand oder Druck.

5.10.2 Projektteam festlegen

Um eine effektive Nutzung von SAP NetWeaver BI zu realisieren, ist Know-how aus folgenden Bereichen notwendig:

Betriebswirtschaftliche Kenntnisse

Bei der Definition der Anforderungen können externe Berater durch ihre Erfahrung und die Durchführung von Workshops zwar unterstützen, die Unternehmensprozesse kennen aber nur die Mitarbeiter. Deshalb ist die Unterstützung der Fachabteilung und des

Managements erforderlich, um relevante Kennzahlen zu definieren und notwendige Auswertungen festzulegen.

Kenntnisse der verwendeten Datenstrukturen in SAP ERP HCM

Zur Festlegung und Analyse der Datenbasis muss auf der Ebene von Datenfeldern bestimmt werden, welche Informationen auf welche Weise abgelegt sind. Dafür sind Kenntnisse über Datenstrukturen und deren Gebrauch erforderlich. Es reicht nicht, zu wissen, welche Felder es gibt, sondern die Frage, wie diese Felder benutzt werden, ist entscheidend.

Kenntnisse in der Datenmodellierung in SAP NetWeaver BI

Für die Umsetzung ist die Definition des Aufbaus von InfoCubes notwendig. Der angebotene Standard-Content muss geprüft und gegebenenfalls erweitert oder um eigene InfoProvider ergänzt werden. Kenntnisse zur Umsetzung des Berechtigungskonzepts und – bei großen Datenmengen – zur Performanceoptimierung werden benötigt.

Technisches Know-how in SAP NetWeaver BI

Außerdem sind technische Kenntnisse, z. B. für die Umsetzung der Ladevorgänge und die Organisation des Transportwesens, erforderlich. BI-Objekte sind hauptsächlich Workbench-Objekte, bei deren Transport die Auswirkungen auf das produktive System beachtet werden müssen.

Dieses Know-how sollte im Projektteam vorhanden sein. Natürlich können mehrere Bereiche durch eine Person besetzt werden.

5.10.3 Abschließende Tipps zur Umsetzung

Als grundsätzliche Regel, wenn die Zielsetzung nicht schon klar umrissen ist, sollte immer auf kleinen, abgesteckten Gebieten mit dem Einsatz von SAP NetWeaver BI begonnen werden. Die Anforderungen werden automatisch steigen, und eine Erweiterung um neue InfoCubes ist jederzeit möglich. Dieser Weg ist effektiver, als eine Datenmüllhalde zu produzieren, die niemand verwendet.

Häufig steht für andere SAP-Module bereits ein BI-System zur Verfügung, das verwendet werden kann. Dadurch ist es möglich, mit einer überschaubaren Menge von Auswertungen zu beginnen, um erste Erfahrungen zu sammeln, und es muss nicht der Aufwand für den Aufbau eines zusätzlichen Systems gerechtfertigt werden.

Alternativ kann ein umfangreiches Projekt mit dem Aufsetzen eines Personalcontrollings mit Unterstützung von SAP NetWeaver BI ein lohnendes Projekt sein, in dem die Stärken von SAP NetWeaver BI mit Analysemöglichkeiten und den vielfältigen Varianten zur Präsentation von Kennzahlen zum Einsatz kommen. Hierfür ist aber intensive betriebswirtschaftliche und technische Planung erforderlich, um ein erfolgreiches Projekt zu gewährleisten.

Validierung des Standard-Contents

Der Standard-Content sollte zuerst herangezogen werden. Häufig ist der praktische Einsatz mit kleinen Erweiterungen möglich. Nur wenn grundsätzliche Probleme mit der Logik von InfoCubes auftreten, müssen eigene angelegt werden. Dies ist natürlich auch bei Themen erforderlich, die im Standard nicht abgedeckt sind.

Datenqualität prüfen

Vor dem produktiven Einsatz sollten Probeläufe zur Prüfung der Datenqualität durchgeführt werden. Häufig offenbaren erste Auswertungen in SAP NetWeaver BI mangelhafte Datenqualität und erfordern die Nachpflege der Daten im Quellsystem oder die Korrektur der Extraktion und Transformation.

Das Erstellen von programmierten Kundenreports für unternehmensspezifische Anforderungen ist zur Ergänzung der Standardfunktionalität erforderlich. Dieses Kapitel hilft Ihnen, den Realisierungs- und Wartungsaufwand zu optimieren.

6 Kundenreport

Die Anforderungen in der Praxis sind zu individuell und vielfältig, als dass sie alle von den SAP-Standardwerkzeugen abgedeckt werden könnten: Es gibt verschiedene Branchen mit unterschiedlichen Tarifverträgen, unterschiedliche Firmengrößen und unterschiedliche betriebswirtschaftliche Ansätze in der Personalarbeit. Eigenprogrammierte Kundenreports ergänzen an diesen Stellen die Funktionalität von SAP-Standardreports und den Auswertungswerkzeugen SAP Query, Ad-hoc Query und SAP NetWeaver BI.

6.1 Erfordernisse definieren

Wann ist die Entwicklung eines Kundenreports erforderlich? Dazu sollten zuerst drei pauschale Fragen beantwortet werden:

Drei Fragen vorab

- Was bringt der Report?
- Was kostet die Realisierung?
- Gibt es Alternativen?

Bei komplexen Anforderungen werden Sie die Frage nach den Alternativen spontan mit Nein beantworten können. Dann bleibt nur die Kosten/Nutzen-Analyse zur Entscheidungsfindung, ob Sie die Entwicklung realisieren möchten.

Aber besonders bei einfachen Auswertungen sollten Sie mögliche Alternativen zur Programmierung prüfen. Die Prüfung sollte in der in Abbildung 6.1 dargestellten Reihenfolge stattfinden.

Gibt es Alternativen?

Der Einsatz von SAP NetWeaver BI stellt grundlegende Weichen. Haben Sie BI im Einsatz, dann werden Sie natürlich alle Anforderungen, die für BI geeignet sind, dort realisieren.

Andernfalls fängt die Suche nach Alternativen im Standard-Reporting an. Gibt es einen Standardreport, der die Anforderungen – gegebenenfalls unterstützt durch Report-Customizing – erfüllen könnte? Ist dies nicht der Fall, besteht die Möglichkeit der flexiblen Berichtsgestaltung mit den Werkzeugen SAP Query und Ad-hoc Query (siehe Kapitel 4, *Queries*). Ist die Auswertung hiermit nicht darstellbar, bleibt nur die Programmierung.

Steht eine große Anzahl zu programmierender Reports an (z. B. beim Redesign des Personalberichtswesens), sollte zunächst geprüft werden, ob sich der künftige Programmier- und Wartungsaufwand reduzieren lässt – etwa durch Entwicklung einer firmenspezifischen logischen Datenbank (siehe Abschnitt 6.3) oder die Einführung von SAP NetWeaver BI (siehe Kapitel 5). Bei umfangreichen Programmierarbeiten gibt es weitere Themen, die den Aufwand bei der Erstellung sowie in der späteren Wartung begrenzen (siehe Abschnitt 6.2).

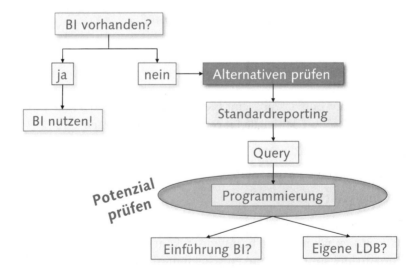

Abbildung 6.1 Entscheidungsbaum für den Einsatz von Kundenreports

Grenzen der Query | Besonders zu betrachten ist der Bereich der Auswertungen, die mit der Query noch abgebildet werden können, aber mit viel Aufwand bei der praktischen Ausführung verbunden sind. Werden z. B.

monatlich Statistiken benötigt, deren Zahlen aus mehreren Queries zusammengestellt werden, übersteigt der Aufwand für diese Erstellung leicht einen Tag. Mit der Programmierung von Reports, die diese Zahlen per Knopfdruck liefern, gewinnt man einen Tag, an dem man sich auf die Analyse der Kennzahlen konzentrieren kann und sich nicht um die Bereitstellung kümmern muss. Der Aufwand für die Programmierung dieser Reports lag in mehreren durchgeführten Projekten unter fünf Tagen.

6.2 Vorgaben bei der Programmierung

Da im Allgemeinen davon auszugehen ist, dass für Ihr Unternehmen eine Reihe von Kundenreports entstehen wird, empfiehlt sich vor der ersten Programmierung die Erarbeitung eines Programmierkonzepts. Vorgaben für die Programmierung reduzieren den Programmieraufwand und den Wartungsaufwand.

Wiederverwendbare Programmteile sollten in Funktionsbausteine oder Klassen eingebunden werden. So können diese vielen Programmen zur Verfügung gestellt werden. Dies funktioniert nur, wenn diese Funktionen zu einer Bibliothek zusammengestellt und den Programmierern in Form einer Dokumentation zur Verfügung gestellt werden. Geschieht dies nicht, dann wird jeder Programmierer zwar bei seinen Programmen darauf achten und diese für eigene Zwecke verwenden, der erzielte Nutzen ist aber beschränkt.

Wiederverwendbarkeit

Die Zeiten des Spaghetti-Codings, in denen die Programme aus nicht enden wollenden Kolonnen von Befehlszeiten bestanden, sollten vorbei sein. Mit Unterprogrammen kann ein Programm übersichtlich aufgebaut werden, so dass man sich schnell im Coding zurechtfindet. Ebenfalls sollten Regeln für einen strukturierten Programmaufbau beachtet werden. Dies kann z. B. bedeuten, dass man in der obersten Ebene neben den Ereignissen wie START-OF-SELECTION und END-OF-SELECTION nur PERFORM-Anweisungen zulässt.

Strukturierte Programmierung

Namenskonventionen helfen, das Programm schneller zu verstehen. Bezeichnungen von Variablen, Konstanten oder internen Tabellen sollten mit einem definierten Buchstaben beginnen. Die Unterprogramme sollten sprechende Namen bekommen, die die Funktion wiedergeben.

Namenskonventionen

Kundennamens-bereiche

In den meisten Fällen werden Reports und andere Workbench-Objekte im Kundennamensraum beginnend mit Z angelegt. Um Objekte für das HCM-Modul von anderen Modulen abzugrenzen, bietet es sich an, ZHCM zu verwenden. Um die Übersicht bei zahlreichen Entwicklungen zu bewahren, bietet sich an, dies noch zu untergliedern, z. B. beginnend mit ZHCM_PT für Anwendungen der Zeitwirtschaft. Alternativ können auch Pakete gebildet werden. Häufig werden alle HCM-Entwicklungen einem Paket Z_HCM zugeordnet. Definiert man mehrere Pakete, z. B. ZHCM_PT für Zeitwirtschaftsentwicklungen, findet man sich leichter zurecht.

[»] SAP hat für Kunden Namensräume definiert, die von Standardobjekten nicht verwendet werden. Dadurch wird eine Kollision von Kundenobjekten mit SAP-Objekten verhindert. Diese Namensräume sind in OSS-Hinweis 16466 dokumentiert.

Dokumentation

Neben der Dokumentation für den Anwender sollte für die Systembetreuung neben dem Pflichtenheft eine Dokumentation vorhanden sein, die die Umsetzung beschreibt. Dies kann auch direkt im Coding erfolgen.

6.3 Einsatz einer unternehmensspezifischen logischen Datenbank

Schwächen der logischen Datenbank PNPCE

Die logische Datenbank PNPCE und die ihr zugrunde liegenden Datenstrukturen sind Grundlage für viele Standardreports, InfoSets der Query und Ad-hoc Query und Kundenreports. Daher treten ihre Schwächen in sehr vielen Auswertungen wieder auf. Dies sind z. B.:

- **Die Selektion und Aggregation über Organisationsstrukturen ist schwierig.**
  Die Strukturbegriffe im Infotyp 0001 reichen im Allgemeinen nicht aus, um tiefere Strukturen abzubilden. Das Organisationsmanagement lässt sich zwar beliebig tief hierarchisieren, die einzelnen Organisationsebenen sind jedoch nur unzureichend charakterisiert. Neben dem Abteilungskennzeichen wünscht sich der Personalcontroller meist auch Kennzeichen für Vorstandsbereiche, Bereiche, Fachreferate, Geschäftsstellen, Teams etc.

- **Die Selektions- und Aggregationsmöglichkeiten über die Personalstruktur reichen nicht immer aus.**
  Neben den Mitarbeiterkreisen und Stellen benötigt das Personalcontrolling häufig eine Gruppierung der Mitarbeiter nach mehr oder weniger dynamischen Kriterien, z. B. »außerhalb Entgeltfortzahlung«, «Mutterschutz«, «Wehrdienst« oder «zum Stichtag in Nachtschicht«. Es wäre sehr mühselig und außerdem redundant, bei einer Änderung dieser Merkmale jedes Mal einen Mitarbeiterkreiswechsel durchzuführen, um in Berichten sauber selektieren zu können.

- **Organisationsstrukturen mit mehreren Dimensionen werden in der Selektion nicht berücksichtigt.**
  Zu diesen Dimensionen gehören die Matrixorganisation und die Projektstruktur.

- **Die logische Datenbank PNPCH enthält nur HCM-Daten.**
  Eine Auswertung von HCM-Daten, verbunden mit Daten aus Rechnungswesen, Logistik oder Branchenlösungen, ist nur außerhalb der logischen Datenbank möglich. Dies erfordert tiefer gehende Kenntnisse der Datenstrukturen und eine eigene Programmierung der Berechtigungsprüfung.

Die flexibelste und umfassendste Lösung bietet der Einsatz von SAP NetWeaver BI (siehe Kapitel 5). Zur Optimierung der Performance für Auswertungen ist das BI auf einem separaten System installiert und arbeitet nicht mit Echtzeitdaten, sondern mit extrahierten Datenbeständen. Außerdem geht die Implementierung eines Business Information Warehouses häufig von anderen Abteilungen als der Personalabteilung aus, so dass die Nutzung oft davon abhängt, ob es bereits im Unternehmen eingesetzt wird.

Einsatz von SAP NetWeaver BI

Eine Alternative stellt die unternehmensspezifische logische Datenbank dar (siehe Abbildung 6.2). In einer eigenen logischen Datenbank kann ein großer Teil der unternehmensspezifischen Logik gekapselt werden, so dass er nicht für jeden einzelnen Report neu programmiert werden muss.

Unternehmensspezifische logische Datenbank

6 Kundenreport

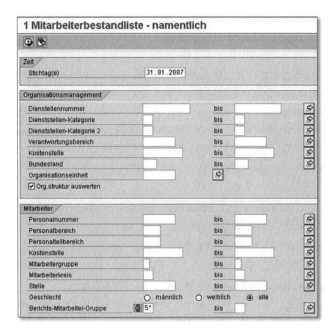

Abbildung 6.2 Beispielselektionsbild einer unternehmensspezifischen logischen Datenbank

Vorteile einer eigenen logischen Datenbank

Die Programmierung einer eigenen logischen Datenbank hat folgende Vorteile:

- **Nutzung definierter und abgestimmter Kennzahlen in allen Reports**
  Dies bewahrt vor allem die Konsistenz in den Reports und fördert das Vertrauen in die Reportergebnisse.

- **Vergleichbarkeit der Reports**
  Aufgrund der einheitlichen Datenquelle können die Ergebnisse zwischen den Reports verglichen und die Ergebnisse neu programmierter Reports schneller validiert werden.

- **Flexibilität in der Definition eigener Selektions- und Aggregationskriterien**
  Die Zugehörigkeit eines Mitarbeiters zu einer Aggregationsebene lässt sich zur Laufzeit aus dynamischen Kriterien bestimmen. Die Selektion ist nicht mehr nur auf Organisationseinheiten beschränkt. Zusätzliche Kriterien können z. B. in einem eigenen Infotyp an der Organisationseinheit gepflegt und als Selektionskriterien und Aggregationsstufen verwendet werden (siehe Abbildung 6.2).

- **Flexibilität im Berechtigungskonzept**
  Der Zugriff auf Reports ist nicht durch die Strukturorganisation und die Prüfung auf Personalstammdaten beschränkt. Es können z. B. auch Mitarbeiter anhand verschiedener Kriterien »VIP«-Stufen zugeordnet werden. Abhängig vom Anwenderkreis können außerdem das Selektionsbild, die Auswahl der Felder und die Möglichkeit, das Layout eines Reports zu verändern, gestaltet werden.

- **Reduzierung der Anzahl der Reports**
  Aufgrund der beschriebenen Flexibilität im Berechtigungskonzept können mit nur einem Report **Flexible Mitarbeiterliste** mehrere Varianten erstellt und damit verschiedene Anforderungen abgedeckt werden. Für die Erstellung der Varianten sind keine Programmierkenntnisse notwendig. Das Personalcontrolling hat vollste Flexibilität und kann neue Anfragen sofort selbst bearbeiten. Varianten dieser Liste können z. B. sein: »Mitarbeiterliste anonym«, »Schwerbehinderte Mitarbeiter«, »Übersicht Altersteilzeit«, »Altersbedingte Abgänge« etc.

- **Reduzierung des Aufwands bei der Programmierung von Reports**
  Da die Verarbeitung der Daten und Berechnungen in der logischen Datenbank bereits erfolgt, können neue Reports effizienter erstellt werden.

- **Reduzierung des Wartungsaufwands**
  Da die Verarbeitung und Berechnungen nur einmal stattfinden und nicht in jedem Programm wiederholt werden müssen, ist eine Anpassung wesentlich schneller durchzuführen und schlägt sich in allen auf dieser logischen Datenbank basierenden Reports durch. Dies erhöht gleichzeitig die Sicherheit und Datenqualität in den Reports.

Dass dieser Weg dennoch selten gegangen wird, hat vor allem folgende Gründe:

Warum es so selten eine eigene logische Datenbank gibt

- Die Möglichkeit ist nicht bekannt.
- Der Aufwand zur Entwicklung einer eigenen logischen Datenbank wird überschätzt.
- Man entwickelt die zusätzlichen Auswertungen je nach Bedarf einzeln und erkennt daher nie das Potenzial einer Konsolidierung.

- Es ist einfacher, bei konkretem Bedarf mehrfach ein kleines Budget zu erhalten als ein etwas größeres Budget für eine einmalige Investition in die Zukunft.
- Man scheut den Aufwand, zunächst ein durchgängiges Personalcontrollingkonzept und damit insbesondere eine saubere Struktur zu definieren.

Auch wenn diese Gründe oft schwierig zu beseitigen sind, zeigt die Erfahrung der Autoren dennoch, dass es sich lohnt. Vorausgesetzt, man hat zuvor geklärt, dass der Standard tatsächlich an einigen Stellen nicht ausreicht und ohnehin mehrere Berichte zu programmieren sind.

Gründe für eine logische Datenbank

Gründe für eine eigene logische Datenbank sind z. B. folgende:

- Mitarbeiterkreise und -gruppen eignen sich nicht für das Berichtswesen.
- Es werden komplexe Personalbewegungsstatistiken benötigt.
- Es werden immer wieder Aggregationen auf definierten Organisationsebenen erforderlich, die sich mit den Organisationskriterien aus dem Infotyp 0001 und dem neutralen Konzept der Organisationseinheit des Organisationsmanagements nicht abbilden lassen.
- Mitarbeiterdaten sollen mit Daten aus HCM-übergreifenden Modulen oder aus externen Datenquellen verbunden werden.
- Das Standardberechtigungskonzept für das Berichtswesen ist nicht ausreichend.

6.4 Kritische Erfolgsfaktoren

Sind die ersten Reports programmiert, dann folgen schnell neue Anforderungen. Die Möglichkeit, quasi jede Anforderung individuell realisieren zu können, ist verlockend.

In Einführungsprojekten wird das Reporting häufig hinten angestellt und mangelhaft geplant. Dies führt dazu, dass kurz vor oder manchmal auch erst nach dem Going-Live plötzlich Listen erwartet werden, an die bisher noch niemand gedacht hat. Es bricht operative Hektik aus, und die notwendigen Kundenreports werden in kürzester Zeit realisiert. Dies führt dazu, dass die Reports mangelhaft dokumentiert sind, keine Programmierrichtlinien vorgegeben werden und die Anforderungen nicht richtig beurteilt werden können. Wichtig ist nur, dass die Reports schnell zur Verfügung stehen.

Auch die Einschätzung des Realisierungsaufwands wird häufig unzureichend und kurzsichtig durchgeführt. Dies hängt damit zusammen, dass man den Kosten nur ungern ins Auge sieht. Wer sagt seinem IT-Leiter schon gerne: »Ich benötige Programmierer für 100 Tage Programmierung von Kundenreports.« Da fällt es leichter, hier zehn Tage für eine Auswertung und dort 15 Tage für eine weitere Auswertung zu beantragen. Konzepte wie die Entwicklung einer eigenen logischen Datenbank (siehe Abschnitt 6.3) oder die Entwicklung von kundeneigenen Funktionsbausteinen oder Klassen, die Funktionen zur Verfügung stellen, die in vielen Reports verwendet werden, können bei dieser Vorgehensweise keine Berücksichtigung finden.

Deshalb sollten folgende Punkte in die Planung eingehen:

- **Frühzeitige Definition von Anforderungen und Planung der Umsetzung**
  Die Anforderungen sollten in Form eines Pflichtenhefts festgelegt werden. Je komplexer die Anforderung ist, desto notwendiger ist eine Beschreibung der gewünschten Auswertung. Dadurch wird die Umsetzung erleichtert, der Programmierer bekommt ein klares Bild vom Geforderten. Es muss nicht mehrfach nachgebessert werden, und es müssen nicht – im schlimmsten Fall – Programmteile komplett erneuert werden. Das Pflichtenheft kann bei zukünftigen Anforderungen oder Releasewechseln erweitert werden und ist eine wichtige Dokumentation für die Systembetreuung.

- **Betrachten des gesamten Umfangs**
  Stehen größere Programmierprojekte an, dann sollte der gesamte Umfang betrachtet werden. Der Einsatz von wiederverwendbarem Coding in Form von Funktionsbausteinen und Klassen kann den Entwicklungsaufwand und den zukünftigen Wartungsaufwand stark reduzieren.

- **Wartung der Reports planen**
  Releasewechsel, Unicode-Umstellung und Veränderungen in den Prozessen erfordern Anpassungen in den Programmen. Um den Aufwand dieser Wartungsarbeit zu reduzieren, sollten die genannten Punkte beachtet werden: Die Vorgabe von Program-

mier- und Dokumentationsrichtlinien macht die Wartung von Programmen personenunabhängig und hilft dabei, das Programm auch später noch zu verstehen. Der Einsatz von Funktionsbausteinen und Klassen stellt Funktionen bereit, die in vielen Programmen verwendet werden können. So genügt es, die Funktion einmalig anzupassen, anstatt jedes einzelne Programm zu ändern.

Teil III
Reporting in den HCM-Modulen

Im dritten Teil dieses Buches geben wir Ihnen eine Übersicht über die Standardauswertungen und deren Einsatzmöglichkeiten in den einzelnen HCM-Modulen. Dabei zeigen wir jeweils ihre Stärken und Schwächen auf. Zu jedem HCM-Modul lernen Sie auch den SAP NetWeaver BI-Standard-Content kennen.

Diese Einführung gibt Ihnen einen ersten Überblick über das, was Sie in den folgenden Kapiteln zum Standardreporting in den HCM-Modulen erwarten können und wie Sie die Kapitel effizient nutzen.

7 Einführung in Teil III

Standardauswertungen sind Werkzeuge, die von SAP ausgeliefert werden und dem Anwender ohne zusätzlichen Aufwand und Kosten zum Reporting zur Verfügung stehen. Diese können nicht alle speziellen Anforderungen des Anwenders erfüllen. Sie haben auch nicht den Anspruch einer »Haute Couture«, sondern sie sind eher als »Prêt-à-porter« zu sehen. Wie in der Mode sind auch sie dem Geschmack und den Ansprüchen der Anwender an eine moderne und der Zeit angepasste Ausgabe unterlegen. Wo in der Vergangenheit die Ausgabe einer formatierten Liste ausreichte, verlangt der Anwender heute eine Ausgabe, die er nach seinen Wünschen anpassen kann und in der auch eine grafische Aufbereitung der Daten nicht fehlen darf.

Im dritten Teil dieses Buches geben wir Ihnen eine Übersicht über die Standardauswertungen und deren Einsatzmöglichkeiten in SAP ERP HCM. Da sich die Module in der Datenstruktur und den Anforderungen teilweise erheblich unterscheiden, wird hier von uns nach Modulen unterschieden. Wir zeigen, welche Auswertungen in den jeweiligen Modulen ihre Stärken und Schwächen haben. Da in der SAP-Personalwirtschaft mehr als 200 Standardauswertungen zur Verfügung stehen, gehen wir in den folgenden Kapiteln nur auf einige ausgewählte Reports ein, welche die Möglichkeiten und Schwächen des Standardreportings widerspiegeln.

Die hier vorgestellten Reports (synonym auch »Bericht«, »Auswertung« oder »Liste«) sind ausführbare Programme, die Daten aus der Datenbank lesen und auswerten, ohne dass dabei Änderungen an der Datenbank vorgenommen werden.

SAP Query-Reports	Einige der hier vorgestellten Reports sind mit der SAP Query erstellte und generierte Reports. Sie erkennen diese am ABAP-Programmnamen, der mit AQZZ beginnt, und auch der fehlenden Dokumentation im Selektionsbildschirm des Reports. Die Dokumentation zu diesen Reports finden Sie in der SAP-Bibliothek unter **SAP ERP Central Component** • **Personalwirtschaft** • **Reporting in der Personalwirtschaft** in den entsprechenden HCM-Modulen.
Standardreports	Die Standardreports finden Sie im SAP Easy Access-Menü in den Infosystemen der einzelnen HCM-Module oder im HCM-Informationssystem (**Personal** • **Infosystem** • **Berichte**). Zusätzlich sind die HCM-Standardreports im SAP Easy Access-Menü in den übergreifenden Infosystemen gebündelt. In den nachfolgenden Kapiteln beschreiben wir nur den Pfad für die einzelnen HCM-Module.
SAP NetWeaver BI	Da SAP NetWeaver BI eine besondere Form der Auswertung ist, enthält jedes Kapitel zu den einzelnen Modulen ein eigenes Unterkapitel, das auf den HCM Business Content eingeht. Der Business Content der SAP-Personalwirtschaft (HCM) ermöglicht einen sehr komfortablen Zugriff auf vordefinierte betriebswirtschaftliche Standardreports und Kennzahlen. Sie können mit dem HCM Business Content direkt Auswertungen durchführen, andere Sichtweisen aufzeigen und die Daten analysieren. Den HCM Business Content finden Sie im SAP-Menü von SAP NetWeaver BI im Pfad **Business Information Warehouse** • **Modellierung** • **Data Warehousing Workbench: BI Content**.
Anzeige von Queries	Die vorhandenen Queries können über den Query Designer in Excel und auch direkt im Web ausgegeben werden. Zur Anzeige einer Query im Web klicken Sie im Query Designer auf den Button **Query im Web anzeigen**. Abbildung 7.1 zeigt die Query **Anzahl der Planstellen** im Internet Explorer. Nähere Informationen zu dieser Query finden Sie in Kapitel 9, *Organisationsmanagement*.

Einführung in Teil III | 7

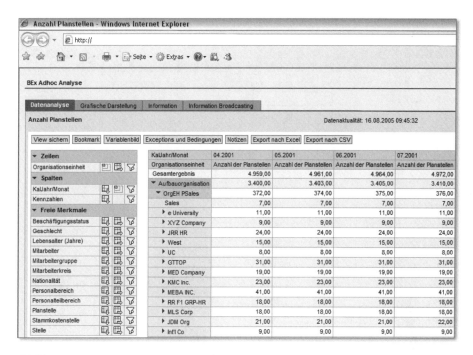

Abbildung 7.1 Anzeige einer Query im Web

Zur Ausgabe in Excel (siehe Abbildung 7.3) müssen Sie den Analyzer im Business Explorer starten. Diesen finden Sie ebenso wie den Query Designer im Startmenü Ihres Betriebssystems – für Windows XP in der Abbildung 7.2 zu sehen.

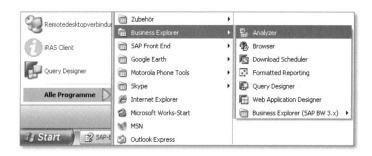

Abbildung 7.2 Startmenü in Windows XP (Business Explorer)

Abbildung 7.3 zeigt die Query **Anzahl der Planstellen**, wie sie schon in Abbildung 7.1 zu sehen ist, in einer Excel-Mappe.

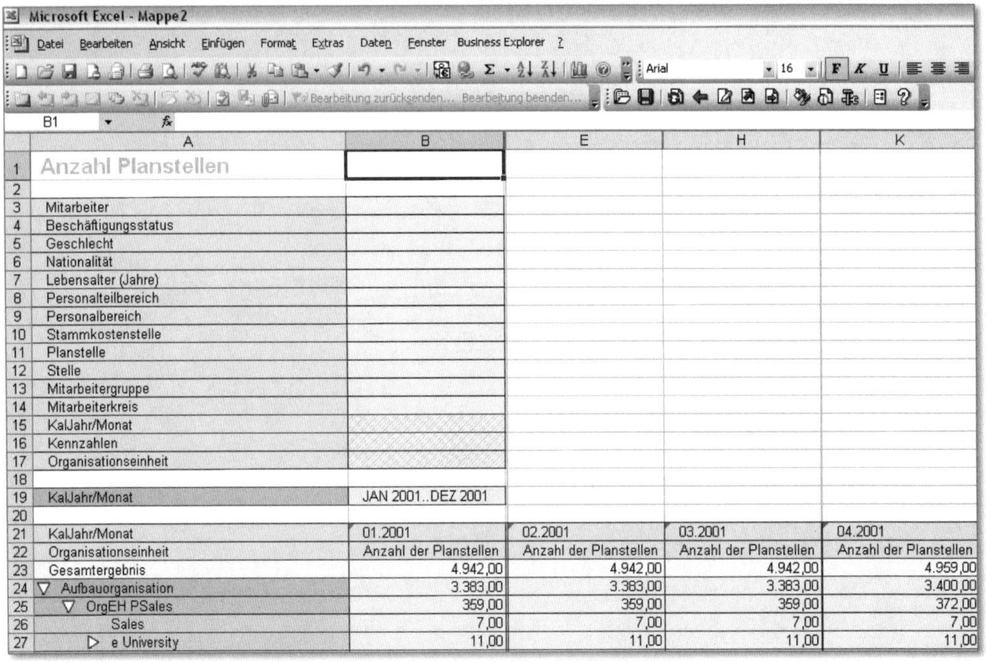

Abbildung 7.3 Anzeige einer Query mit MS Excel

Module in Teil III des Buches

In den folgenden Kapiteln stellen wir Ihnen nun das Reporting in den folgenden HCM-Modulen ausführlicher vor:

- Personaladministration (Kapitel 8)
- Organisationsmanagement (Kapitel 9)
- Personalbeschaffung (Kapitel 10)
- Personalabrechnung (Kapitel 11)
- Personalzeitwirtschaft (Kapitel 12)
- Personalentwicklung (Kapitel 13)
- Veranstaltungsmanagement (Kapitel 14)
- Personalkostenplanung (Kapitel 15)

Die Reports der Personaladministration umfassen Auswertungen zu einzelnen Mitarbeitern, den Mitarbeitern innerhalb der Organisationseinheiten und die Protokollierung der Änderung der Daten von Mitarbeitern.

8 Personaladministration

Die Personaladministration ist die Basis für alle weiteren Prozesse des Personalmanagements. Sie umfasst alle Aufgaben von der Einstellung bis zur Entlassung eines Mitarbeiters. Das Reporting unterstützt dabei die vielfältigen Aufgaben der Administration, zu denen auch das Berichtswesen eines Unternehmens gehört. Die Auswertungen sind im SAP Easy Access-Menü nach Mitarbeiterdaten, Organisatorischen Daten und Belegerzeugung unterteilt. Bei den Mitarbeiterdaten werden Auswertungen je Mitarbeiter erstellt wie zum Beispiel das Personalstammblatt. Bei den Organisatorischen Daten stehen dem Anwender Berichte zur Verfügung, die Auswertungen innerhalb von organisatorischen Einheiten oder des gesamten Unternehmens ermöglichen. Eine dieser Auswertungen ist die Personalbestandsveränderung. Bei der Belegerzeugung werden Infotypänderungen und Reportstarts protokolliert. Dies unterstützt die Revisionssicherheit des SAP-Systems.

Die Auswertungen zur Personaladministration erreichen Sie im SAP Easy Access-Menü über den Pfad **Personal • Personalmanagement • Administration • Infosystem • Berichte**. Der Pfad **Berichte** ist unterteilt in **Mitarbeiter**, **Organisatorische Daten** und **Belege**.

SAP Easy Access-Pfad

8.1 Mitarbeiterbezogene Reports

Die mitarbeiterbezogenen Reports werten die persönlichen Daten der Mitarbeiter aus, wie z.B. die Ausbildungsdaten, das Geburtsdatum, Maßnahmen sowie die Einstellung oder den Austritt.

8.1.1 Flexible Mitarbeiterdaten

Der Report »Flexible Mitarbeiterdaten« zeigt Ihnen zu einem Stichtag bis zu maximal 20 von 92 Feldern aus den persönlichen und organisatorischen Daten eines oder mehrerer Mitarbeiter an. Er hat nicht die Flexibilität einer SAP Query, da die Aufnahme neuer Felder nur über die Anpassung des Reports möglich ist.

Damit Sie diese Auswertung starten können, müssen Sie nicht zu allen Informationstypen berechtigt sein, die durch diesen Report ausgewertet werden können. Die Berechtigungsprüfung erfolgt in Abhängigkeit von den selektierten Feldern.

Abbildung 8.1 Selektionsbildschirm »Flexible Mitarbeiterdaten«

Sie können den Report nur starten, wenn Sie mindestens ein Feld aus der Feldauswahl selektiert haben. Hierzu müssen Sie unter **weitere Angaben** den Button **Feldauswahl** anklicken (siehe Abbildung 8.1). Wählen Sie hier Ihre Felder für die Liste aus. Sie müssen auch die **Personalnummer** mit auswählen. Die Felder unter **Selektion** werden nicht automatisch mit in die Anzeige der Liste übernommen.

ALV Grid Control   Das Auswertungsergebnis wird Ihnen als Liste im ALV-Grid-Control-Format angezeigt (siehe Abbildung 8.2).

[zB]   Sie haben im ALV Grid Control nicht mehr die Möglichkeit, Felder hinzuzufügen, die Sie vorher nicht mit in die Feldauswahl übernommen haben. Zu vielen Kennziffern wie der **Kostenstelle** müssen Sie den dazugehörigen Klartext in der Feldauswahl mit auswählen.

Flexible Mitarbeiterdaten			
Stichtag: 15.10.2006			
Personalnummer	Aufbereiteter Name des Mitarbeiters bzw.	Personalbereich	Kostenstelle
00001283	Helmut Leuchter	Dresden	0000004258
00001284	Gerhard Lampion	Dresden	0000004260
00001285	Holger Funkel	Dresden	0000004260
00001286	Karl-Heinz Quartz	Dresden	0000004275
00001287	Rudolf Platte	Dresden	0000004275
00001288	Helmut Glüher	Dresden	0000004260

Abbildung 8.2 Liste »Flexible Mitarbeiterdaten«

8.1.2 Personalstammblatt

Der Report »Personalstammblatt« erstellt das Personalstammblatt für einen bzw. mehrere Mitarbeiter. Die Anzeige erfolgt in Form einer ABAP-Liste und weist damit auch Grenzen in der Darstellung und dem Ausdruck auf. Es ist nur Normal- oder Fettdruck möglich und nur eine Schriftart druckbar. Wie ein Personalstammblatt unter Verwendung von SAPscript aussehen kann, sehen Sie, wenn Sie den Report RPLSTMC0, das Personalstammblatt der Schweiz, starten.

Das Personalstammblatt zieht Daten aus den folgenden internationalen Infotypen für den Ausdruck heran:

Infotypen

- Maßnahmen (0000)
- Organisatorische Zuordnung (0001)
- Daten zur Person (0002)
- Anschriften (0006)
- Sollarbeitszeit (0007)
- Basisbezüge (0008)
- Bankverbindung (0009)
- Wiederkehrende Be-/Abzüge (0014)
- Vertragsbestandteile (0016)
- Familie/Bezugsperson (0021)
- Ausbildung (0022)
- Datumsangaben (0041)

Im Feld **Ein- oder mehrseitige Ausgabe** des Selektionsbildschirms steuern Sie die Anzeige des Personalstammblatts. Im Standard ist dieses Feld mit MZHA vorbelegt. Mit dieser Eingabe wird das Perso-

Anzeige steuern

nalstammblatt, falls nötig, über mehrere Seiten angezeigt. Bei allen anderen Eingaben wird das Stammblatt auf einer Seite dargestellt. Entsprechend weniger Daten werden dann auch ausgedruckt.

Wenn Sie das Standardformular XP02 nutzen, müssen Sie keine Änderungen an den Tabellen der Formularsteuerung vornehmen (siehe Abbildung 8.3). Dies ist aber selten der Fall, da im Falle von Zulagen außerhalb der Basisbezüge die anzudruckenden Lohnarten in der Tabelle **Formularbezogene Steuerung der Lohnarten** (T512E) gepflegt werden müssen.

```
                    PERSONALSTAMMBLATT                    Seite       1
DATUM: 21.02.07                                    PERSONALNR     1288

NAME:                     GEBURTSDAT              ADRESSE
Helmut Glüher             01011970                Ziegelgasse 20
                          GEBURTSORT              6911 Heidelberg

FAMSTD  ab      Staats    Rel | GATTE  Geburtsname  Vorname    Geb.dat.
                              |
ledig           deutsch       |

KINDER:                Geb.Dat      Fam.Zulg ab      | NOTADRESSE
                                    Status  Beh   Zul|
                                                     |
                                                     |

BANKVERBINDUNG: Bankleitzahl  Bank            Konto
                67292200      Volksbank Wiesloch  34523

Eintritt           ab    beschaeftigt als    STNR         Arbeitsplatz

01.01.94         |01.01.94            APS-STENR       Produktion Glüh
Dresden          |01.01.97            APS-STENR       Produktion Glüh
Franziska Sachse |01.04.98            APS-STENR       Produktion Glüh
SACHBEARBEITER   |
                 |  besuchte Schulen   Abschluss    von     bis    Dauer
KUENDIGUNGSFRIST |
3 Monate/ Monatsen!
                 |
```

Abbildung 8.3 Ausschnitt aus dem Personalstammblatt

Tabellen/Views pflegen

Wenn Sie ein eigenes Formular entwickeln, müssen Sie folgende Tabellen/Views pflegen:

▸ Formularbezogene Steuerung der Lohnarten (T512E)

▸ Formular-Hintergrund (V_T512P)

▸ Informationen an festen Positionen (V_T512Q)

▸ Formular-Fenster (V_T512F)

Die Pflege der Views ist nicht im IMG des Customizings in zusammenhängender Form vorhanden. Pflegen Sie die Views stattdessen über die erweiterte Tabellenpflege im Menü (**System • Dienste • Tabellenpflege • Erweiterte Tabellenpflege**) der Transaktion SM30.

Die Pflege des Formulars über die Transaktion PE51, den HR-Formular-Editor, ist nicht zu empfehlen, da dieser Datenfelder zur Anzeige vorschlägt, die nicht im Stammblatt angezeigt werden können.

8.1.3 Terminübersicht

Der Report »Terminübersicht« wertet den Infotyp **Terminverfolgung** (0019) aus. Neben den Selektionsmöglichkeiten der logischen Datenbank PNP können Sie über die Felder **Termin**, **Erinnerungsdatum**, **Terminart** und **Bearbeitungsvermerk** des Infotyps 0019 filtern. Ebenso steht Ihnen der **Sachbearbeiter Personal** aus dem Informationstyp **Organisatorische Zuordnung** zur Verfügung.

Folgende Felder werden je nach Selektion angezeigt:

Felder des Reports

- Termin
- Erinnerungsdatum
- Bearbeitungsvermerk (numerischer Wert)
- Bearbeitungsvermerk (Text)
- Terminart (numerischer Wert)
- Terminart (Text)
- Personalnummer
- Vorname
- Nachname
- Bemerkungen (Zeile 1 bis 3)

> [«] Die Terminübersicht ist ein über die SAP Query generierter Report. Sie hat den Report »Terminübersicht« (RPPTRM00) mit Release 4.6C abgelöst. Die Möglichkeit, zur Bearbeitung direkt aus der Liste in den Infotyp **Terminverfolgung** zu springen, ist damit nicht mehr gegeben.

Wie in jeder generierten SAP Query wird Ihnen eine Vielzahl von Ausgabemöglichkeiten im Selektionsbildschirm angeboten (siehe Abbildung 8.4). Diese stehen Ihnen sonst nur in der Ausgabe im ALV Grid zur Verfügung. Die Auswahl reicht vom Listviewer bis zur Ablage der Daten in einer lokalen Datei.

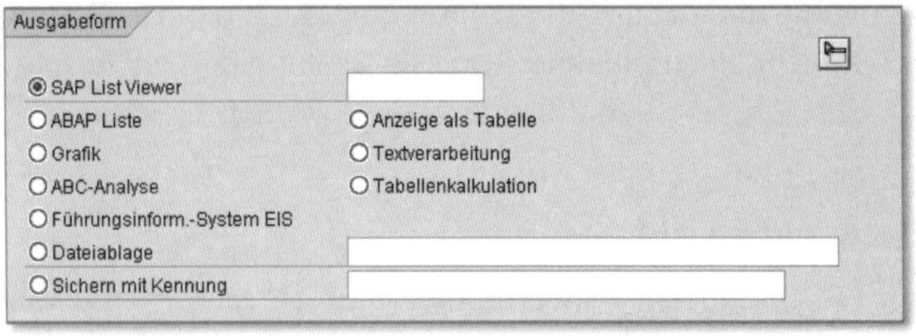

Abbildung 8.4 Ausgabeoptionen des Reports »Terminübersicht«

8.1.4 Ausbildung

Der Report »Ausbildung« erstellt eine Auswertung der Ausbildung Ihrer Mitarbeiter auf Grundlage der Daten im gleichnamigen Infotyp (0022). Mit diesem aus einer SAP Query generierten Bericht können Sie Mitarbeiter über Kostenstellen, Ausbildung, Schulabschluss, Schulart und Fachrichtung filtern. Folgende Daten werden in dem Bericht ausgegeben:

- Personalnummer
- Vorname
- Nachname
- Schulartentext
- Schulabschlusstext
- Ausbildungstext
- Fachbereich
- Institut/Ort
- Kostenstelle

In diesem Bericht stehen außer der Kostenstelle keine weiteren organisatorischen Daten zum Mitarbeiter zur Ausgabe zur Verfügung.

8.1.5 Dauer der tariflichen Zugehörigkeit

Der Report »Dauer der tariflichen Zugehörigkeit« (RPLTRF10) zeigt die tarifliche Einstufung sowie die Dauer der tariflichen Zugehörigkeit der einzelnen Mitarbeiter an. Sie haben die Möglichkeit der weiteren Einschränkung der selektierten Mitarbeiter auf Tarifgebiete, -arten, -gruppen und -stufen.

Der Bericht gibt die Namen der Mitarbeiter in einer Tabelle aus, zusammen mit folgenden Daten aus dem Infotyp **Basisbezüge** (0008):

- Personalnummer
- Name der Mitarbeiters
- Tarifgebiet, -art, -gruppe, -stufe
- Datum, ab dem der einzelne Mitarbeiter sich in der aktuellen Einstufung befindet
- Dauer der tariflichen Zugehörigkeit in Jahren und Monaten

> Sie können diesen Bericht nicht dazu verwenden, fehlende Infotypen-Basisbezüge bei einem Mitarbeiter zu ermitteln. Nutzen Sie hierzu den Bericht »Tarifliche Einstufung« (siehe Abschnitt 8.2.3).

[«]

Mit dem Report RPLTRF10 (**Personal • Personalmanagement • Administration • Infosystem • Berichte • Mitarbeiter • Vorschläge zur tariflichen Umstufung** im SAP Easy Access-Menü) können Sie sich Vorschläge für die nächste tarifliche Regelumstufung für die einzelnen Mitarbeiter anzeigen lassen. Dies macht allerdings nur Sinn, wenn Ihr Tarifvertrag eine Umstufung bei Erreichung eines bestimmten Lebensalters oder nach einer bestimmten Zugehörigkeitsdauer zu einer Tarifgruppe vorsieht. Mit dem Report »Tarifl. Umstufung nach Lebensalter bzw. tarifl. Zugehörigkeitsdauer« (RPITUM00) haben Sie die Möglichkeit einer maschinellen Regelumstufung bei Erreichung eines bestimmten Lebensalters oder nach einer bestimmten Zugehörigkeitsdauer zu einer Tarifgruppe.

8.1.6 Mutterschaftsübersicht

Der Report »Mutterschaftsübersicht« erstellt eine Übersicht über gespeicherte Mutterschaftsfälle und die dazugehörigen Abwesenheiten. Voraussetzung ist, dass Sie die Abwesenheitszeiten des Mutterschutzes über den Infotyp **Mutterschutz/Erziehungsurlaub** (0080) gepflegt haben.

Sie können sich auch nur eine Liste der Mutterschaftsfälle ausgeben lassen, die noch nicht der Aufsichtsbehörde gemeldet worden sind, wie in Abbildung 8.5 dargestellt. Hierzu markieren Sie das Feld **nur Ungemeldete zeigen**.

Personalnr	Name	MA/Bew.	PersBereich	PersTeilbereich	Kostenstelle	Gültig ab	Gültig bis	Anzeigedatum	Mut.Entb.	Tat.EntD.	Meldedatum
Ab-/AnwesenArt	AnAbArtText		Gültig ab	Gültig bis							
	1023	Nicole Hörter	1300	0001	2200	29.06.2006	31.12.9999	29.06.2006	20.08.2006	20.08.2006	
0500		Mutterschutz		09.07.2006	15.10.2006						
	1024	Nicole Hörter	1300	0001	2200	20.03.2006	31.12.9999	29.06.2006	20.08.2006	20.08.2006	
0500		Mutterschutz		09.07.2006	15.10.2006						
0510		Beschäftigungsverbot	20.03.2006	02.05.2006							
	60101196	Nora Neun	DE01		1000			04.03.2004	12.08.2004	04.03.2004	01.07.2004
0500		Mutterschutz		20.05.2004	12.08.2004						
	60101196	Nora Neun	DE01		1000			29.06.2006	31.12.9999	06.09.2006	20.08.2006	20.08.2006
0500		Mutterschutz		09.07.2006	15.10.2006						

Abbildung 8.5 Liste der ungemeldeten Mutterschaftsfälle

8.1.7 Ein- und Austritte

Der Report »Ein- und Austritte« wird verwendet, um eine Liste von Mitarbeitern zu erstellen, die zu einem bestimmten Zeitraum ein- oder ausgetreten sind. Im Merkmal ENTRY (Regel zur Bestimmung des Eintrittsdatums) ist hinterlegt, aus welchem Infotyp das Ersteintrittsdatum zu ermitteln ist. Folgende Infotypen können in dem Merkmal zur Bestimmung des Datums herangezogen werden:

- Maßnahmen (0000)
- Organisatorische Zuordnung (0001)
- Vertragsbestandteile – Ersteintrittsdatum bzw. Eintritt Konzern (0016)
- Datumsangaben – bestimmte Datumsarten (0041)

[+] Ermitteln Sie das Eintrittsdatum nicht aus diesen Infotypen, so können Sie auch mit dem Business Add-In HRPAD00_ENTRY_LEAVE ein Ihren Anforderungen entsprechendes Eintritts- und/oder Austrittsdatum programmieren.

Im Selektionsbildschirm können Sie diese Maßnahmen bei Bedarf weiter einschränken. Unter **Programmabgrenzungen** können Sie zusätzlich die Ein- und Austritte auf einen bestimmten Zeitraum eingrenzen. Folgende Daten werden im Standard ausgegeben:

- Personalnummer
- Vorname
- Nachname
- Eintritt
- Austritt

- Organisatorische Einheit
- Bezeichnung der Organisationseinheit

Der Report »Personalbestandsveränderung« im SAP Easy Access-Menü **Personal** · **Personalmanagement** · **Administration** · **Infosystem** · **Berichte** · **Organisatorische Einheit** bietet mehr Felder zur Ausgabe an. Sie müssen aber die **Maßnahmenarten** vorgeben, die einen Austritt beinhalten (siehe Abschnitt 8.2.1). Das Eintrittsdatum wird in dieser Liste immer angezeigt.

8.1.8 Dienstjubiläum

Mit dem Bericht »Dienstjubiläum« erstellen Sie eine Liste über die Dienstjubiläen von Mitarbeitern, die im Verlauf eines Jahres auftreten. Unter **Programmabgrenzung** können Sie unter **Jubiläum in Jahren** nur bestimmte Jubiläen auswerten. Sie wollen zum Beispiel nur die Mitarbeiter angezeigt bekommen, die ihr 25-jähriges Jubiläum in diesem Jahr feiern. Die Liste beinhaltet nur die Felder **Personalnummer**, **Nachname**, **Vorname**, **Eintrittsdatum** und **Jahre (Jubiläum)**.

Zu beachten ist, dass dieser Bericht nur den Infotyp **Personalmaßnahmen** (0001) auswertet. Ein eventuelles Ersteintrittsdatum im Infotyp **Vertragsbestandteile** (0016) oder **Datumsangaben** (0041) wird nicht berücksichtigt.

8.1.9 Vollmachten

Die Subtypen des Infotyps **Vollmachten** (0030) werden mit diesem Bericht ausgewertet. Die Bemerkungszeilen sind in der Liste nicht enthalten. Ausgedruckt werden die Felder **Personalnummer**, **Nachname**, **Vorname**, **Vertragsart** und **Organisationseinheit** (siehe Abbildung 8.6).

Vollmachten						
PersNr	Nachname	Vorname	Vollmacht	Voll...	OrgEinh.	Bezeichnung der Organisationse
00070043	Grant	Nancy	Prokura	02	50012481	Human Resources
00100241	Parker	John	Handlungsvollmacht	01	50000603	Sonderzahlungen und -leistungen (US)
00109503	Richardson	Cathryn	Bankvollmacht	03	50020339	United Kingdom Subsidiary

Abbildung 8.6 Liste »Vollmachten«

Wenn Sie die Programmabgrenzung **Art der Vollmacht** nicht füllen, werden auch die Mitarbeiter ohne einen Infotyp **Vollmachten** in der Liste mit aufgeführt.

8.1.10 Familienmitglieder

Die Subtypen des Infotyps **Familie/Bezugsperson** (0021) werden mit diesem Bericht ausgewertet. Die Bemerkungszeilen sind in dieser Liste nicht enthalten. Ausgedruckt werden die Felder **Personalnummer**, **aufbereiteter Name** und **Eintrittsdatum des Mitarbeiters** aus dem Infotyp **Personalmaßnahme** (siehe Abbildung 8.7). Zum Familienmitglied werden die Felder **Familienbeziehung**, **Nachname**, **Vorname** und **Geburtsdatum** aufgeführt. Wenn Sie nur Mitarbeiter sehen wollen, für die der Infotyp **Familie/Bezugsperson** gepflegt ist, müssen Sie die Programmabgrenzung **Art der Familienmitgliedschaft** füllen.

Familienmitglieder					
Personalnum	Name des Mitarbeiters bzw. Bew	Familienbeziehung	Vorname	Nachna	GebDatum
00000010	Herr James Bond				
00000069	Mr. Horatio Holder	Ehegatte	Harriet	Holder	01.01.1960
	Mr. Horatio Holder	Kind	Harold	Holder	01.01.1998
00000070	Miss Beryl Broughton				
00000071	Mr. Harry Hill				
00000072	Miss Freda Fish				
00000073	Mr. Colman Mustard				
00001000	Anja Müller	Ehegatte	Hans-Joachim	Müller	12.10.1955
	Anja Müller	Kind	Anna Sophie	Müller	11.11.2006
00001001	Michaela Maier				
00001002	Dipl.Kfm. Ulrike Zaucker	Ehegatte	Michael	Zaucker	06.04.1959
	Dipl.Kfm. Ulrike Zaucker	Kind	Maximilian	Zaucker	25.02.1991
	Dipl.Kfm. Ulrike Zaucker	Kind	Katharina	Zaucker	12.06.1993
00001003	Stefan Pfändili				

Abbildung 8.7 Liste »Familienmitglieder«

Da die Politik immer wieder Regelungen zur Familienförderung in die Gesetzgebung aufnimmt, kann dieser Report auch die Personalabrechnung unterstützen. Voraussetzung ist aber wie immer die Pflege der Daten hierzu. In vielen Unternehmen ist dieser Infotyp aufgrund der Pflegeaufwandes selten gefüllt.

8.1.11 Geburtstagsliste

Sie verwenden den Report »Geburtstagsliste«, um eine Übersicht über die Geburtstage von Mitarbeitern zu erstellen. Die Liste enthält neben dem Geburtsdatum auch das Alter zum aktuellen Datum. Abbildung 8.8 zeigt ein Beispiel für die Geburtstagsliste.

Geburtstagsliste												
PersNr	Nachname	Vorname	Eintritt	Austritt	GebDatum	Tag	GbTg	Jahr	Mon	Gsch	Kostenst.	OrgEinh.	Alter des Mitarbeiters
00001283	Leuchter	Helmut	19.12.1996	31.12.9999	01.01.1970	01	0101	1970	01	1	4258	50011806	37
00001284	Lampion	Gerhard	19.12.1996	31.12.9999	01.01.1970	01	0101	1970	01	1	4260	50000066	37
00001285	Funkel	Holger	19.12.1996	31.12.9999	01.01.1970	01	0101	1970	01	1	4260	50011852	37
00001286	Quartz	Karl-Heinz	19.12.1996	31.12.9999	01.01.1970	01	0101	1970	01	1	4275	50000067	37
00001287	Platte	Rudolf	19.12.1996	31.12.9999	01.01.1970	01	0101	1970	01	1	4275	50000067	37
00001288	Glüher	Helmut	19.12.1996	31.12.9999	01.01.1970	01	0101	1970	01	1	4260	50011852	37
00001289	Kerze	Olaf	19.12.1996	31.12.9999	01.01.1970	01	0101	1970	01	1	4260	50000066	37
00001290	Kunze	Heiner	19.12.1996	31.12.9999	01.01.1970	01	0101	1970	01	1	4260	50000066	37
00001291	Wunderlich	Jan-Peter	19.12.1996	31.12.9999	01.01.1970	01	0101	1970	01	1	4260	50000066	37

Abbildung 8.8 Geburtstagsliste

Diese Liste ermöglicht Ihnen eine vielfältige Sortierung des Geburtsdatums der Mitarbeiter nach Monat, Tag und auch Jahr. Aber auch die Möglichkeit der Sortierung nach Organisationseinheit und Kostenstellen ist möglich, jedoch wäre zum Verteilen der Listen ein Seitenvorschub im Ausdruck z. B. nach jedem Wechsel der Organisationseinheit wünschenswert. Dies ist ein Mangel in fast allen Listen, die den ALV-Grid nutzen. Auch weitere Daten zum Mitarbeiter wären hier von Nutzen, wie z. B. der Personalbereich und der Klartext zur Organisationseinheit und Kostenstelle.

8.1.12 Kfz-Suchliste

Der Report »Kfz-Suchliste« erstellt eine Liste der im Infotyp **Betriebsinterne Daten** (0032) hinterlegten Kfz-Kennzeichen Ihrer Mitarbeiter. Neben dem Kfz-Kennzeichen werden Ihnen auch die Gebäudenummer, Zimmernummer und interne Telefonnummer aus dem Infotyp 0032 aufgelistet (siehe Abbildung 8.9). Über diese Felder können Sie unter den **Programmabgrenzungen** auch die Selektion weiter einschränken. Zusätzlich werden neben der Personalnummer und den Namen noch Abrechnungskreis, Buchungskreis und die Kostenstelle abgedruckt.

Auch hier gilt: Wird in den **Programmabgrenzungen** nichts eingegeben, werden auch die Mitarbeiter ohne Infotyp **Betriebsinterne Daten** angezeigt.

[«]

KFZ-Suchliste									
PersNr	Vorname	Nachname	Fahrzeug-Kennzeichen	Tel	GebNr	ZimNr	AbrKrs	BuKr	Kostenst.
00001001	Michaela	Maier	KA- X 89		7	252	D2	1000	2100
00001001	Michaela	Maier	HR-MR 380	123	4	229	D2	1000	2100
00001002	Ulrike	Zaucker	EEV-IU 5405	1961	19	193	D2	1000	2100
00001003	Stefan	Pfändili	PIN-FS 5805	6187	6	44	D2	1000	2100
00001004	Olaf	Paulsen	GYC-EP 3398	5233	9	42	D2	1000	2100
00001005	Hanno	Gutjahr	PFQ-DH 4073	3355	6	181	D2	1000	2100
00001006	Yasmin	Awad	TXL-UK 8721	4626	1	75	D2	1000	2100
00001007	Hanna	Ulrich	WIB-PK 7173	7622	19	198	D2	1000	2100
00001008	Hilde	Müller	FJG-MX 9553	6898	10	72	D2	1000	2100
00001009	Herbert	Braunstein	RKK-ET 8716	5030	19	23	D2	1000	1110
00001010	Frank	Schmidtrohr	F-DT 4567	5642	2	290	D2	1000	1110
00001011	Claudia	Förster	GN-VK 3549	2346	16	9	D2	1000	2100

Abbildung 8.9 Kfz-Suchliste

8.1.13 Telefonliste

Mit dem Report »Telefonliste« können Sie verschiedene Telefonlisten von Mitarbeitern erzeugen. Sie haben die Möglichkeit, interne und externe Telefonanschlüsse sowie weitere im Infotyp **Kommunikation** (0105) hinterlegten Kommunikationsarten wie E-Mail-Adressen auszuwerten und auch als Verzeichnis drucken zu lassen.

Auswertbare Kommunikationswege

Sie können hier ebenfalls die Mitarbeiter nach Postleitzahl zu selektieren. Unter **Ausgabedaten** markieren Sie, welche Art von Anschlüssen das System auswerten soll:

- Wenn Sie **Externe Telefonanschlüsse** auswählen, wertet das System immer alle im Infotyp **Anschriften** (0006) hinterlegten Telefonnummern aus.

- Mit **Interne Telefonanschlüsse** wählen Sie die eingetragenen Telefonnummern im Infotyp **Betriebsinterne Daten** (0032) aus.

- Unter **Interne Kommunikationsanschlüsse** wertet das System alle in den Infotypen **Betriebsinterne Daten** (0032) und **Kommunikation** (0105) abgelegten Anschlüsse aus. Die Daten aus dem Infotyp **Kommunikation** können Sie mit der Selektionsoption **Kommunikationsanschlüsse** einschränken, indem Sie die entsprechenden Subtypen eingeben.

- Wenn Sie **Nur bekannte Telefonnummern** ankreuzen, werden Ihnen nur Mitarbeiter angezeigt, bei denen in den Infotypen **Anschriften** (0006) und **Betriebsinterne Daten** (0032) Telefonnummern hinterlegt wurden. Wenn Sie **Interne Kommunikationsanschlüsse** markiert haben, wird das Kennzeichen im Feld **Nur bekannte Telefonnummern** in der Auswertung ignoriert. Die internen Kommunikationsanschlüsse können Sie mit der Selektionsoption **Kommunikationsanschlüsse** einschränken, indem Sie die entsprechenden Subtypen einpflegen.

▸ Mit der Auswahl **Mit Personalnummer** werden in der Listenausgabe auch die Personalnummern der Mitarbeiter angezeigt.

▸ Wenn Sie zusätzlich die Adressen der Mitarbeiter ausdrucken wollen, wählen Sie **Mit Anschrift** aus.

▸ Wenn Sie die Option **Als Verzeichnis** markieren, sortiert das System automatisch nach den Namen der Mitarbeiter. Die Liste wird in einzelnen Seiten aufbereitet, die Sie in ein Standardtelefonregister einfügen können. Die Ausgabe der Telefonliste als Verzeichnis ist in Abbildung 8.10 enthalten.

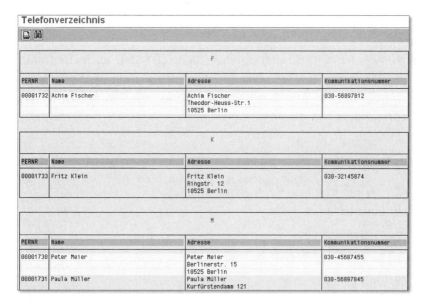

Abbildung 8.10 Telefonverzeichnis

| Wenn Sie eine Ausgabe als Verzeichnis wünschen, dürfen Sie in diesem Fall keine Sortierung vorgeben. | [+] |

8.2 Organisatorische Daten

Die Auswertungen mit Bezug auf die organisatorischen Einheiten wie Personalbereich und Organisationseinheit ermöglichen Ihnen einen Einblick in die organisatorischen Daten in Ihrem Unternehmen, z. B. in die Personalbestandsveränderungen oder die Gehaltsstruktur.

8.2.1 Personalbestandsveränderung

Der Report »Personalbestandsveränderung« erstellt eine Liste über Personalmaßnahmen, die im ausgewählten Zeitraum für Mitarbeiter durchgeführt worden sind.

Unter **Programmabgrenzungen** legen Sie diejenigen **Maßnahmenarten** fest, die ausgewertet werden sollen. Sie haben somit die Möglichkeit, die Auswahl auf bestimmte Personalmaßnahmenarten zu beschränken. Mit **Datum der Maßnahme** können Sie zusätzlich den Zeitraum für die auszuwertenden Maßnahmen einschränken, wenn dieser vom Selektionszeitraum abweichen soll.

Angezeigte Felder | Neben dem Eintrittsdatum sehen Sie in der Liste auch das Datum aller selektierten Maßnahmen. Das Eintrittsdatum wird wie in der Liste »Ein- und Austritte« (siehe Abschnitt 8.1.7) ermittelt. Es werden folgende Felder angezeigt:

- Personalnummer
- Vorname
- Nachname
- Eintrittsdatum
- Maßnahmenart
- Bezeichnung der Maßnahmenart
- Gültigkeitsbeginn
- Organisationseinheit
- Bezeichnung der Organisationseinheit
- Personalbereich
- Text zum Personalbereich
- Mitarbeiterkreis
- Text zum Mitarbeiterkreis
- Mitarbeitergruppe
- Text zur Mitarbeitergruppe
- Kostenstelle

8.2.2 Personalbestandsentwicklung

Dieser Report ermittelt die »Personalbestandsentwicklung« aufgrund der Zugehörigkeit von Mitarbeitern zu einer Organisationseinheit innerhalb einer ausgewählten Abrechnungsperiode. Im Reportselektionsbild müssen Sie daher unter **Abrechnungsperiode** Angaben zum Abrechnungskreis und zur Abrechnungsperiode machen.

Wenn Sie mehr als eine Periode auswerten wollen, geben Sie unter **weitere Angaben** die **Auswahlperioden von bis** an, die in der Liste angezeigt werden sollen. Mit dem **Stichtag** bestimmen Sie dann, zu welchem Stichtag die Mitarbeiter ausgewertet werden sollen. Zur Verfügung stehen hier **Erster**, **Mittlerer** und **Letzter** Tag der Abrechnungsperiode.

Mit dem Parameter **Seiten untereinander** entscheiden Sie, ob Sie die Listausgabe des Reports auf dem Bildschirm anzeigen lassen oder eine druckfähige Listversion erzeugen möchten. Sie haben folgende Möglichkeiten der Eingabe:

Listausgabe pflegen

- Wenn Sie **keine Eingabe** machen, erhalten Sie eine interaktive Liste mit der Möglichkeit der Ausgabe als SAP-Präsentationsgrafik. Die Schnittstelle zur SAP-Präsentationsgrafik lässt dabei Tabellen mit bis zu 31 Zeilen zu. Ist die angezeigte Bildschirmliste größer als 31 Zeilen, erhalten Sie ein Bildschirmbild, in dem Sie aufgefordert werden, den Datenbestand weiter durch Verdichtung zu verringern. Wenn Sie mehr als ein Jahr auswerten, bekommen Sie auch nur maximal 12 Monate je Seite angezeigt. Sie können zwischen den Jahren mit den Buttons **nächste Periode** oder **vorherige Periode** wechseln.
- Mit dem Parameter **X** erhalten Sie eine druckfähige Liste. Wenn Sie z. B. mehr als zwölf Monate auswählen, werden maximal alle zwölf Monate nebeneinander angezeigt. Die nächsten Perioden folgen dann unter dieser Periode.
- Mit **1** erzeugen Sie eine Liste wie mit dem Parameter **X**, aber mit einem Trennblatt bei einer neuen Periode.
- Mit **2** erzeugen Sie eine Liste wie mit dem Parameter **X**, aber mit zwei Trennblättern bei einer neuen Periode.

Die Liste trennt die Ergebnisse nach den gesetzten Markierungen, die Sie unter dem **Stichtag in Periode** finden:

- Personalbereich
- Personalteilbereich
- Mitarbeitergruppe
- Mitarbeiterkreis

In Abbildung 8.11 ist eine Liste über zwei Jahre mit dem Parameter **Seiten untereinander** gleich **X** abgebildet.

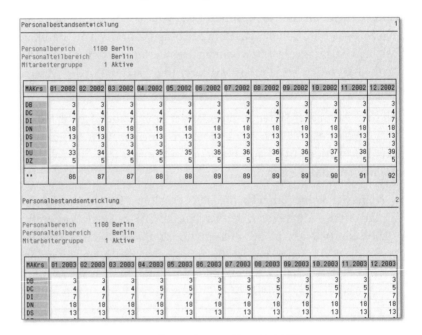

Abbildung 8.11 Liste »Personalbestandsentwicklung 2002/03«

[+] Wenn Sie den Parameter **SAP XXL Listviewer** gesetzt haben, wird der Bericht an Microsoft Excel als normale Tabelle oder Pivottabelle übergeben. Der Parameter **Seiten untereinander** darf dann nicht gefüllt sein.

8.2.3 Tarifliche Einstufung

Der Report »Tarifliche Einstufung« erstellt eine Liste über die tarifliche Einstufung der Mitarbeiter auf Basis des Infotyps **Basisbezüge** (0008) mit dem Subtyp **Basisvertrag** (0).

Customizing   Unter **weitere Angaben** können Sie folgende Eingaben machen, die bestimmen, wie die selektierten Daten ausgewertet werden:

- Nationalität
- Ländergruppierung
- Tarifgebiet
- Tarifart
- Tarifgruppe
- Tarifstufe
- Nur Neueintritte im Zeitraum

Sie können die Auswertung außerdem geschlechtsspezifisch oder generisch durchführen.

Die Auswertungsergebnisse werden als Tabelle angezeigt, wobei für jedes Tarifgebiet eine eigene Tabelle ausgegeben wird. Pro Tarifart erzeugt das System eine Zeile. Gehören die selektierten Mitarbeiter mehreren Tarifgebieten an, zeigt eine Tabelle im Anschluss an die einzelnen Tabellen die Ergebnisse zusammengefasst an.

Die Auswertung enthält die Anzahl der Mitarbeiter in der tariflichen Einstufung, unterteilt nach männlich und weiblich. Die Ergebnisse werden in absoluten Zahlen und in Prozentwerten angezeigt. Die letzte Spalte der Tabelle zeigt die Dauer der tariflichen Zugehörigkeit der Mitarbeiter in Jahren.

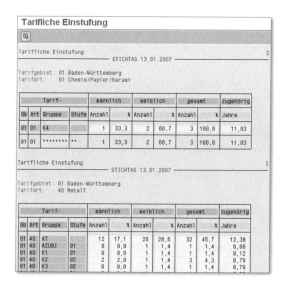

Abbildung 8.12 Liste »Tarifliche Einstufung«

Fehlerliste Wenn das System Personalnummern in der Auswertung nicht berücksichtigen konnte, gibt es am Ende eine Fehlerliste aus, die Ihnen die einzelnen Personalnummern und den jeweiligen Grund der Ablehnung anzeigt.

8.2.4 Aufstellung Gehalt nach Dienstalter

Der Report »Aufstellung Gehalt nach Dienstalter« errechnet die Jahresdurchschnittsgehälter von Mitarbeitern, getrennt nach Kostenstellen bzw. Organisationseinheiten und Dienstalter der Mitarbeiter. Die Auswertung erfolgt stichtagsbezogen, da die Zahlungszeitpunkte nicht standardisiert sind.

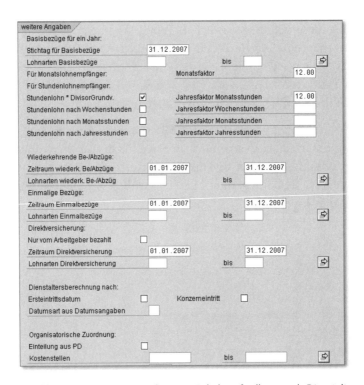

Abbildung 8.13 Weitere Angaben zur Gehaltsaufstellung nach Dienstalter

Unter **weitere Angaben** (siehe Abbildung 8.13) geben Sie Daten ein, die dem Programmlauf als Grundlage dienen. Das System gibt dabei einige Zeitwerte als Vorschlagswerte vor, die Sie jedoch überschreiben können. Die Einträge, die Sie in diesem Rahmen vornehmen, beziehen sich auf folgende Faktoren:

- Bezüge
- Dienstalter
- Organisatorische Zuordnung
- Währung

Die Liste zeigt für jede Kostenstelle bzw. Organisationseinheit die Jahresdurchschnittsgehälter. Innerhalb der einzelnen Listen werden die Jahresgehälter nach Dienstalter getrennt angezeigt. Unter der **Gehaltssumme** zeigt jede Liste das Gesamtaufkommen an Gehältern im Auswertungszeitraum (siehe Abbildung 8.14). Zusätzlich werden das aus dieser Summe gebildete Durchschnittsgehalt für jeden Mitarbeiter und die Anzahl aller ausgewerteten Mitarbeiter angezeigt.

```
Gehaltsinformationen
Kostenstelle 1000 0000001110 Vorstand

Dienstalter    Mitarbeiterzahl              Durchschnittsgehalt
03                    2                     EUR          53.518,50
05                    3                     EUR          33.089,16
07                   21                     EUR          38.569,90
08                   17                     EUR         495.347,34
09                    7                     EUR          11.026,80
11                    1                     EUR         193.868,34
13                   34                     EUR          44.373,75
Gehaltssumme                                EUR      11.216.940,57
Durchschnittsgehalt pro Mitarbeiter         EUR         131.964,01
Mitarbeiter                                                     85
```

Abbildung 8.14 Liste »Jahresgehälter nach Dienstalter«

Bei der Interpretation der Jahresgehaltswerte sollten Sie aber berücksichtigen, dass die Auswertung nicht die tatsächlichen Werte eines Mitarbeiters widerspiegelt, sondern nur eine Projektion der Werte zu einem Stichtag auf ein Jahr ist.

Es werden die Infotypen **Basisbezüge** (0008), **Direktversicherung** (0026), **Ergänzende Zahlung** (0015) und **Wiederkehrende Be- und Abzüge** (0014) in der Auswertung berücksichtigt.

Bei Teilzeitarbeitskräften wird das Gehalt anhand des eingegebenen Beschäftigungsgrades im Infotyp **Basisbezüge** (0008) zum vollbeschäftigten Jahresgehalt hochgerechnet, um eine vergleichbare Basis mit Vollzeitkräften zu erhalten.

Zusätzlich haben Sie die Möglichkeit der Darstellung des Ergebnisses als SAP-Präsentationsgrafik. Mit der Grafikdarstellung können Sie die Ergebnisse für die Kostenstellen bzw. Organisationseinheiten miteinander vergleichen.

8.2.5 Sonstige Auswertungen zur organisatorischen Einheit

Weitere Reports zur organisatorischen Einheit innerhalb der Personaladministration sind Listen, die Angaben zu Nationalität, Geschlecht, Lebensalter und Dienstalter enthalten.

- Mit der Auswertung »Nationalität« erhalten Sie eine stichtagsbezogene Liste der Nationalitäten Ihrer Mitarbeiter, getrennt nach Geschlechtern. Sie können in der Selektion festlegen, welches Land für die Auswertung als Inland gelten soll. Außerdem können Sie EU-Angehörige extra ausweisen.
- Die Auswertung »Geschlecht nach Lebensalter« erstellt eine nach Geschlecht getrennte Statistik zum Lebensalter Ihrer Mitarbeiter.
- Mit der Auswertung »Geschlecht nach Dienstalter« erhalten sie eine Statistik über Ihre Mitarbeiter nach dem Dienstalter, getrennt nach Geschlecht, erstellen. Sie können in der Selektion das auszuwertende Dienstalter einschränken.

8.3 Belege

Die Auswertungen im Bereich »Belege« unterstützen die Revisionssicherheit innerhalb der Personaladministration. Die Unterstützung der Revision erfolgt durch den Ausdruck der protokollierten Änderungen in den Daten der Informationstypen und der Protokollierung von Reportstarts.

8.3.1 Protokollierte Änderungen in den Daten der Infotypen

Mit dem Report »Protokollierte Änderungen in den Daten der Infotypen« werden Ihnen alle Änderungen in den Informationstypen angezeigt, die mit der Infotypbelegschreibung erstellt worden sind. Es werden neben den Informationstypen der Stammdaten auch die Belegschreibungen zu den Informationstypen der Abrechnung und Zeitwirtschaft ausgewertet.

Customizing Damit die Belegschreibung der Informationstypen durchgeführt wird, müssen Sie im Customizing des IMG (**Personalmanagement** •

Personaladministration • Werkzeuge • Revision • Änderungsbeleg einrichten) folgende Aktivitäten durchführen:

1. Im ersten Arbeitsschritt – **Belegrelevante Infotypen** – müssen Sie diejenigen Infotypen eintragen, bei denen Änderungen automatisch protokolliert werden sollen.

2. Im zweiten Schritt, der **Feldgruppendefinition**, legen Sie die Felder innerhalb eines Informationstyps fest, die protokolliert werden sollen. Es besteht die Möglichkeit, mehrere Felder zu einer **Feldgruppe** zusammenzufassen. Bei der Belegschreibung werden jeweils alle Felder einer Feldgruppe als Einheit betrachtet und zusammen protokolliert.

3. Im letzten Arbeitsschritt, **Feldgruppeneigenschaften**, geben Sie dem System bekannt, welche Feldgruppen protokolliert werden sollen. Darüber hinaus müssen Sie hier festlegen, ob der Beleg als Langzeit- (**L**) oder Kurzzeitbeleg (**S**) erfasst werden soll.

Im Standard liefert SAP keine Einträge hierzu aus. [«]

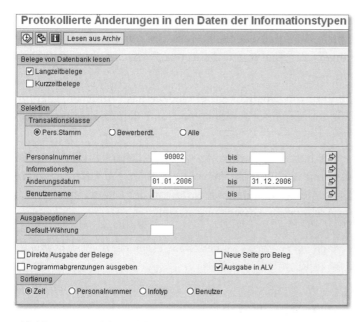

Abbildung 8.15 Selektionsbildschirm »Protokoll Infotypänderungen«

Datenselektion und -anzeige

Im Selektionsbildschirm dieses Reports stehen Ihnen folgende Möglichkeiten der Datenselektion und -anzeige zur Verfügung:

- Mit **Belege von der Datenbank lesen** entscheiden Sie, welche Belegarten Sie sich anzeigen lassen möchten.

- Die **Langzeitbelege** dienen Revisionszwecken, um nachträglich feststellen zu können, was von wem wann geändert, gelöscht oder hinzugefügt wurde.

- **Kurzzeitbelege** werden z. B. verwendet, um Fremdsysteme an das SAP-System zu koppeln. So können Sie z. B. mit kundeneigenen Programmen Kurzzeitbelege auswerten, um dann mit den Änderungsdaten ein Fremdsystem zu versorgen.

- Mit der **Transaktionsklasse** wählen Sie aus, ob Sie sich nur Personal- oder Bewerberstammdaten oder beides anzeigen lassen möchten. Zusätzlich können Sie auch über die **Personalnummer**, den **Informationstyp**, das **Änderungsdatum** und den **Benutzernamen** filtern.

- Sie haben die Möglichkeit der Ausgabe in Form des ALV Grid Controls oder einer normalen Liste. Wenn Sie mehr als einen Informationstyp in Ihrer Selektion haben, empfiehlt es, sich die Belege nicht direkt auszugeben, wenn Sie nur eine Übersicht der Änderungen zu einer oder mehreren Personalnummern haben möchten.

- Sie haben nur die Möglichkeit, die Belege nach Änderungsdatum, Personalnummer, Informationstypen und Benutzernamen vorab zu sortieren.

- Der Report liest standardmäßig von der Datenbank. Wenn Sie auch aus dem Archiv lesen möchten, wählen Sie **Lesen aus dem Archiv** aus. Sie können dann sowohl von der Datenbank als auch aus dem Archiv eine Auswertung starten.

[»] Ein Archiv kann nur angezeigt werden, wenn es mit der Archivverwaltung (Transaktion SARA) erstellt worden ist.

8.3.2 Protokoll der Reportstarts

Customizing

Mit der Auswertung »Protokoll der Reportstarts« erhalten Sie eine Liste aller Reportstarts, die Sie im Selektionsbildschirm angefordert haben. Damit Reportstarts protokolliert werden können, müssen folgende Voraussetzungen erfüllt sein:

- Die zu protokollierenden Reports müssen die logische Datenbank PNP verwenden.

- Im Customizing des IMG (**Personalmanagement • Personaladministration • Werkzeuge • Revision • Reportstarts protokollieren**) haben Sie in der Tabelle HR-Reportattribute (V_T599R) den Report aufgenommen und die Markierung **Protokollierung beim Start erwünscht** gesetzt.

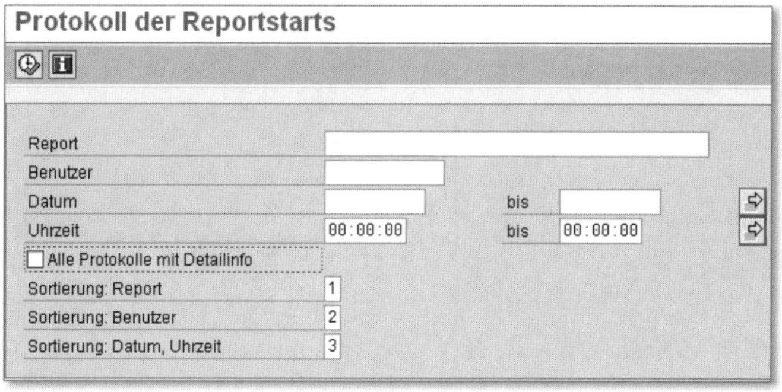

Abbildung 8.16 Selektionsbildschirm »Protokoll der Reportstarts«

Protokolliert werden neben Startdatum und -zeit Benutzer und Inhalt der Parameter und Selektionsoptionen, mit denen der Report gestartet wurde. Wenn Sie nicht **Alle Protokolle mit Detailinfo** markiert haben, erhalten Sie zuerst eine Übersichtsliste. Um dann Detailinfos zu einem Report zu erhalten, markieren Sie die Zeile und fordern Details mit **Auswählen** an.

[+] Bei Bedarf können Sie mit dem Report RPUPROTU die Protokolle aus den Reportstarts löschen.

8.4 SAP NetWeaver BI-Standard-Content

Die InfoCubes und ODS-Objekte zur Personaladministration erreichen Sie in der Data Warehousing Workbench des Business Contents unter dem Punkt **InfoProvider nach InfoAreas**. Im mittleren Teil des Bildschirms (siehe Abbildung 8.17) sind die Objekte der Personaladministration in der InfoArea **Human Resources • Personaladminstra-**

tion enthalten. Zur Verfügung stehen Ihnen hier die InfoCubes **Personalbestand** und **Personalbestand und -maßnahmen**. Zusätzlich enthält diese InfoArea noch das ODS-Objekt **Mitarbeiter – Ausbildung**.

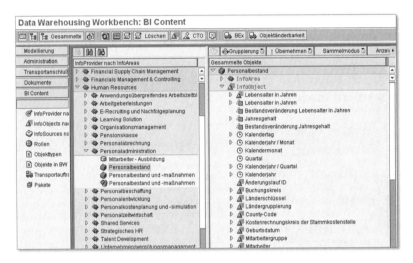

Abbildung 8.17 BI-Standard-Content zur Personaladministration

Im rechten Bereich der Workbench wird unter **Gesammelte Objekte** der Inhalt eines ausgewählten InfoCubes angezeigt. Ziehen Sie hierzu mit der Maus das ausgewählte Objekt in die **Gesammelten Objekte**. Wenn Sie den Ordner **InfoObject** öffnen, bekommen Sie alle Merkmale und Kennzahlen zu dem Objekt angezeigt.

8.4.1 InfoCube »Personalbestand«

Infotypen Die Merkmale des InfoCubes **Personalbestand** enthalten Daten aus folgenden Infotypen:

- Maßnahmen (0000)
- Organisatorische Zuordnung (0001)
- Daten zur Person (0002)
- Anschriften (0006)
- Basisbezüge (0008)

Aber auch hier sind nicht alle Felder der Infotypen enthalten. Es fehlt z. B. die Straße zur Anschrift; diese Daten lassen sich nur durch Erweiterungen des Standards ergänzen. Zum Mitarbeiter stehen die

Merkmale **Mitarbeiter** und **Person** zur Verfügung. Das Merkmal **Mitarbeiter** enthält die organisatorischen Daten. Das Merkmal **Person** stellt die persönlichen Daten zum Mitarbeiter wie Nationalität, Lebensalter, Geschlecht etc. zur Verfügung.

Zu den Merkmalen aus den Infotypen der Personalstammdaten können Sie auch berechnete (abgeleitete) Merkmale wie das Lebensalter auswählen.

Zu den Merkmalen sind die folgenden Hierarchien angelegt: **Merkmalshierarchien**

- Organisationseinheiten
- Kostenstellen
- Alter der Mitarbeiter
- Beschäftigungsgrad

Als Zeitmerkmale stehen folgende Merkmale zur Verfügung: **Zeitmerkmale**

- Kalendertag
- Kalenderjahr/Monat
- Kalendermonat
- Quartal
- Kalenderjahr/Quartal
- Kalenderjahr

Die Berechnung der Kennzahlen finden Sie in den Fortschreibungsregeln (siehe Abbildung 8.18).

Abbildung 8.18 Fortschreibungsregeln zu den Kennzahlen

Diese entsprechen nicht immer der Berechnungsgrundlage des eigenen Unternehmens. Da einige der Kennzahlen innerhalb von programmierten Includes (Routinen) erfolgen, sind bei Änderungen Kenntnisse der Programmiersprache ABAP notwendig (siehe Abbildung 8.19).

8 | Personaladministration

Abbildung 8.19 Routine zur Lebensalterberechnung

Kennzahlen des Infocubes

Folgende Kennzahlen stehen im InfoCube **Personalbestand** zur Verfügung:

- Lebensalter in Jahren
- Jahresgehalt
- Anzahl Mitarbeiter
- Kapazitätsbezogener Personalbestand
- Betriebszugehörigkeit (in Jahren)

8.4.2 InfoCube »Personalbestand und -maßnahmen«

Dieser InfoCube entspricht in weiten Teilen dem InfoCube **Personalbestand**. Hier sind jedoch noch weitere Merkmale wie der Maßnahmegrund und die Maßnahmeart, das Altersintervall (abgeleitetes Merkmal) und die Vertragsart enthalten.

Kennzahlen des Infocubes

Dieser InfoCube beinhaltet folgende Kennzahlen:

- Anzahl Maßnahmen
- Lebensalter in Jahren
- Jahresgehalt
- Anzahl Mitarbeiter
- Kapazitätsbezogener Personalbestand

- Beschäftigungsgrad
- Betriebszugehörigkeit (in Jahren)

Die Berechnung des Beschäftigungsgrads benötigt wie auch der kapazitätsbezogene Personalbestand keine Programmierkenntnisse. Sie sind über den Formeleditor angelegt worden (siehe Abbildung 8.20).

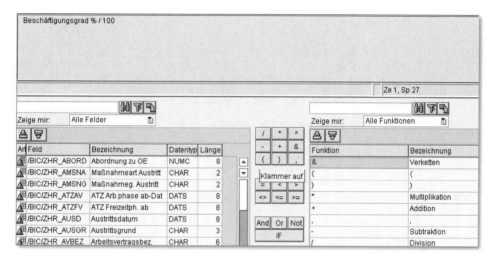

Abbildung 8.20 Ermittlung des Beschäftigungsgrades im Formeleditor

8.4.3 ODS-Objekt »Mitarbeiter – Ausbildung«

Das ODS-Objekt zur Ausbildung der Mitarbeiter (siehe Abbildung 8.21) enthält Informationen aus dem Infotyp **Ausbildung** (0022). Die Daten zum Mitarbeiter sind in dem Merkmal **Mitarbeiter** abgelegt, das neben dem Namen die organisatorischen Daten zum Mitarbeiter wie Personalbereich, Organisationseinheit, Planstelle, Gehaltsgruppe etc. enthält. Auch werden die schon in Abschnitt 8.4.1 erwähnten Hierarchien genutzt. Die Kursgebühren sind als Kennzahl in diesem Objekt hinterlegt.

8 | Personaladministration

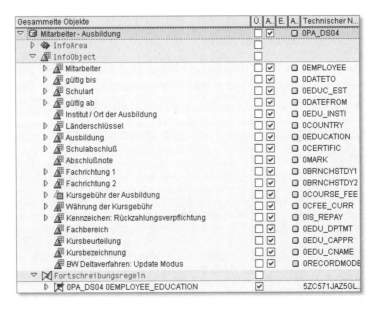

Abbildung 8.21 ODS-Objekt zur Ausbildung

8.4.4 Queries zum InfoCube »Personalbestand und -maßnahmen«

Zu den im BI-Content der Personaladministration enthaltenen Info-Providern stehen Ihnen Queries für die Auswertung des Personalbestands und der Personalbewegung zur Verfügung. Neben Ein- und Austritten können Sie Periodenvergleiche des Personalbestands durchführen und die Struktur der Belegschaft auswerten. Sie finden die Queries zur Personaladministration im Query Designer mit der Funktion **Query öffnen**. Im Dialogfenster zur Auswahl der Queries wählen Sie **InfoAreas** und in der Baumstruktur **Human Resources • Personaladministration**. Abbildung 8.22 zeigt den Query Designer mit der Query zum »Durchschnittlichen Personalbestand (4 Quartale)«.

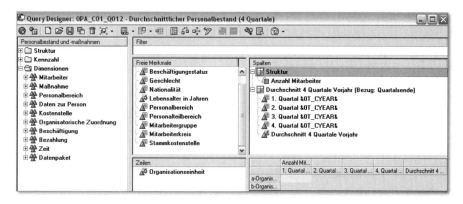

Abbildung 8.22 Query Designer

- **Eintritte**
    - Mit der Query »Anzahl der Eintritte« im Jahresvergleich wird der letzte Monat des Vorjahrs mit dem aktuellen Monat verglichen, und die Differenzen werden in absoluten und prozentualen Zahlen ausgegeben.
    - Die Query »Prozentuale Verteilung der Eintritte« weist für das aktuelle Kalenderjahr die prozentuale Anzahl der Eintritte im Verhältnis zur Gesamtzahl der Eintritte in Bezug auf die jeweils verwendeten Auswertungsmerkmale aus.
    - Die »Eintrittsquote« weist – bezogen auf das abgeschlossene Vorjahr – die Anzahl der Eintritte im Verhältnis zum durchschnittlichen Personalbestand aus.
    - Die »Nettoeintrittsquote« zeigt für das aktuelle Kalenderjahr die Anzahl der Eintritte im Verhältnis zur Anzahl der Austritte.
    - Die Query »Kapazitätsbezogene Anzahl Eintritte« weist für das aktuelle Kalenderjahr die Anzahl der Eintritte kapazitätsbezogen aus.
- **Austritte**
    - Mit der Query »Anzahl der Austritte« im Jahresvergleich werden die Austritte des letzten Monats des Vorjahrs mit dem aktuellen Monat verglichen und die Differenzen in absoluten und prozentualen Zahlen ausgegeben.
    - Die Query »Prozentuale Verteilung der Eintritte« weist für das aktuelle Kalenderjahr die prozentuale Anzahl der Austritte im

Verhältnis zur Gesamtzahl der Austritte in Bezug auf die jeweils verwendeten Auswertungsmerkmale aus.

- Die »Fluktuationsquote« zeigt – bezogen auf das abgeschlossene Vorjahr – die Anzahl der Austritte im Verhältnis zum durchschnittlichen Personalbestand aus.
- Die Query »Kapazitätsbezogene Anzahl Austritte« weist für das aktuelle Kalenderjahr die Anzahl der Eintritte kapazitätsbezogen aus.

▶ **Personalbestand/-struktur**

- Mit der Query der »Personalbestandsveränderungen« werden die Veränderungen im Personalbestand des letzten Monats im Vorjahr mit dem aktuellen Monat verglichen. Die Differenzwerte werden in absoluten Zahlen und Prozentzahlen ausgegeben.
- Mit den Queries »Durchschnittlicher Personalbestand (4 Quartale)« und »Durchschnittlicher Personalbestand (12 Monate)« wird der Personalbestand von vier Quartalen/zwölf Monaten eines Jahres ausgewiesen und ein Durchschnitt gebildet.
- Die Query »Prozentuale Verteilung der Mitarbeiter« weist für den zuletzt gebuchten Monat des aktuellen Kalenderjahres die prozentuale Verteilung der Mitarbeiter im Verhältnis zur Gesamtzahl der Mitarbeiter in Bezug auf die jeweils verwendeten Auswertungsmerkmale aus. Damit kann z. B. der Anteil der Mitarbeiter in Prozent u. a. auch nach Geschlecht sowie nach Nationalität ausgewertet werden.
- Die Query »Durchschnittsalter der Mitarbeiter« setzt für den zuletzt gebuchten Monat des aktuellen Kalenderjahres das Lebensalter der Mitarbeiter in Jahren zur Anzahl der Mitarbeiter in Beziehung.
- Die Query »Personalbestand Voll-/Teilzeitkräfte« zeigt für den zuletzt gebuchten Monat des aktuellen Kalenderjahres die Anzahl der Voll- und Teilzeitkräfte.
- Mit dem »Personalbestand nach Beschäftigungsgrad« wird die Anzahl der Mitarbeiter nach dem jeweiligen Beschäftigungsgrad im Jahresvergleich (letzter Monat Vorjahr/aktueller Monat) mit der absoluten und prozentualen Differenz ausgegeben.

- Die Query »Durchschnittliche Betriebszugehörigkeit« setzt für den zuletzt gebuchten Monat des aktuellen Kalenderjahres die Betriebszugehörigkeit der Mitarbeiter in Jahren zur Anzahl der Mitarbeiter in Beziehung.

- **Personalbestand/-struktur kapazitätsbezogen**
  - Die Query »Personalbestandsveränderung kapazitätsbezogen« weist den kapazitätsbezogenen Personalbestand sowie die kapazitätsbezogenen Personalbestandsveränderungen im Jahresvergleich aus.
  - Der »Personalbestand prozentual verteilt« weist für den zuletzt gebuchten Monat des aktuellen Kalenderjahres die prozentuale Verteilung des kapazitätsbezogenen Personalbestands im Verhältnis zum kapazitätsbezogenen Personalbestand insgesamt aus. Dies geschieht in Abhängigkeit der von Ihnen verwendeten Auswertungsmerkmale.
  - Die Query »Durchschnittlicher Personalbestand« beinhaltet die kapazitätsbezogenen Personalbestände der vier Quartale des Vorjahres und bildet einen Durchschnitt daraus.
  - Der »Personalbestand des aktuellen Jahres« zeigt für den zuletzt gebuchten Monat des aktuellen Kalenderjahres den Personalbestand sowie den kapazitätsbezogenen Personalbestand.

- **Personalbewegung**

  Eingeschränkt auf die Personalmaßnahmenarten »Vorruhestand/Pensionierung«, »Austritt«, »Organisatorischer Wechsel« und »Einstellung«, wird die »Anzahl der Personalmaßnahmen« im Jahresvergleich ausgegeben. Verglichen wird der letzte Monat des Vorjahrs mit dem aktuellen Monat. Ausgegeben wird die Differenz in absoluten und prozentualen Werten.

8.5 Fazit

Das Standardreporting in der Personaladministration wurde im Laufe der Zeit mit jedem neuen Release durch Queries ersetzt. Durch diese Änderungen ist manche Funktionalität leider verloren gegangen (siehe Abschnitt 8.1.3). Auch die Auswahl an Reports wurde nicht merklich erhöht. Da die Personaladministration vielfach mit den Daten aus dem Organisationsmanagement korrespondiert, wäre eine verstärkte Integration der Personalstammdaten mit den Daten aus dem Organisationsmanagement wünschenswert. So steht zum Beispiel für die Selektion von Mitarbeitern nur die Organisationsstruktur mit Organisationseinheiten zur Verfügung. Wünschenswert wäre hier eine Erweiterung der Selektion über flexiblere Auswertungswege, die z. B. auch die Stelle umfasst. Dies betrifft nicht nur die Selektion, sondern auch den Ausdruck der Listen, bei denen vielfach organisatorische Daten aus den Stammdateninfotypen vermisst werden.

Bei allen Standardreports der Personaladministration ist die Einbindung von kundeneigenen Infotypen natürlich immer ein Thema. Aber hier stößt das Standardreporting häufig an seine Grenzen und lässt sich nur durch Programmierung von Erweiterungen den Wünschen des Anwenders anpassen.

Der BI-Standard-Content ist deutlich flexibler in der Gestaltung der Ausdrucke, aber die Erweiterung um Daten (z. B. aus Kundeninfotypen) verlangt auch hier Expertenwissen. Allerdings ist die Verknüpfung der Daten, nicht nur innerhalb des HCM-Systems, sondern auch mit dem Controlling und Finanzwesen, ein großer Vorteil des Einsatzes von SAP NetWeaver BI.

Das Organisationsmanagement stellt Ihnen zahlreiche Reports zur Verfügung, mit denen Sie Daten zu den wichtigsten Fragestellungen zur Aufbauorganisation Ihres Unternehmens erhalten.

9 Organisationsmanagement

Die Auswertungen zum Organisationsmanagement erreichen Sie im SAP Easy Access-Menü über den Pfad **Personal • Organisationsmanagement • Infosystem**. Danach unterteilt sich der Pfad in Unterordner mit den Berichten zu Organisationsmanagement, Organisationseinheit, Stelle, Planstelle, Arbeitsplatz und allgemeinen Berichten.

SAP Easy Access-Pfad

9.1 Organisationseinheit

Mit der Organisationseinheit (Objektschlüssel O) wird das Grundgerüst der Aufbauorganisation eines Unternehmens abgebildet. Je nachdem, wie die Aufgabenverteilung in dem Unternehmen organisiert ist, können dies z. B. Abteilungen, Gruppen oder Projektteams sein.

9.1.1 Existierende Organisationseinheiten

Der Report »Existierende Organisationseinheiten« gibt Ihnen eine entsprechende Übersicht. Sie können die Auswahl der Organisationseinheiten nicht über einen Auswertungsweg einschränken, sondern müssen Sie in der Selektionsoption **Organisationseinheit** einpflegen.

Mit dem Parameter **Standardselektionsbild** können Sie auf das Standardselektionsbild zur Auswahl zusätzlicher Parameter zugreifen. Markieren Sie hierzu diesen Parameter, und wählen Sie **Ausführen**. Sie starten damit den Report »Existierende Objekte« (siehe Abschnitt 9.5.1).

Ausgegeben werden die Felder **Planvariante Objekttyp**, **Beginndatum**, **Endedatum**, **Planstatus**, **Objektkürzel**, **Objektbezeichnung** und **Erweiterte Objekt-Id**. Im Spaltenvorrat stehen Ihnen noch die Felder **Objekt-Id**, **Planvariante**, **Historisierung** und **Objektkürzel** zur Anzeige zur Verfügung.

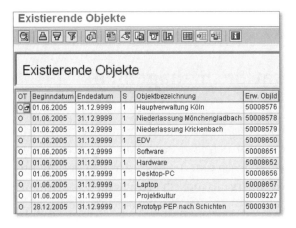

Abbildung 9.1 Liste »Existierende Organisationseinheiten«

9.1.2 Stabsfunktionen für Organisationseinheiten

Dieser Report zeigt die »Stabsfunktionen von Organisationseinheiten« an. Voraussetzung ist, dass Sie in der Transaktion **Organisation und Besetzung** (PPOSE) für die Organisationseinheit das Feld **Stab** markiert haben.

Expertenmodus

Im **Expertenmodus** (Transaktion PO10) legen Sie zur betreffenden Organisationseinheit einen Satz des Infotyps **Stab/Abteilung** (1003) an und markieren das Feld **Stab**. Im Selektionsbildschirm können Sie nur den **Zeitraum** einschränken. Wenn Sie weitere Einschränkungen machen wollen, markieren Sie das Feld **Standardselektionsbild** und klicken auf **Ausführen**. Sie erhalten dann das Selektionsbild der logischen Datenbank PCH. Sie haben nun den Bericht »Stabsfunktionen« (RHSTAB00) aufgerufen. In diesem können Sie für alle Objekttypen des Organisationsmanagements nach Stabsfunktionen suchen. Dies macht aber meist nur Sinn bei Planstellen und Organisationseinheiten.

Die Ausgabe erfolgt als ALV Grid. Zuerst wird Ihnen die Anzahl der Organisationseinheit mit Stabsfunktion angezeigt. Markieren Sie die

Zeile, und wählen Sie **Auswählen**. Danach werden Ihnen alle Organisationseinheiten mit Stabsfunktionen mit den Feldern **Objektbezeichnung**, **Planstatusbezeichnung** und **Zeitraum** angezeigt. Im Spaltenvorrat stehen Ihnen noch die Felder **Objekt-Id** und **Planstatus** zur Verfügung.

9.2 Stelle

Stellen (Objektschlüssel C) sind die allgemeinen Beschreibungen von Funktionen (z. B. Sekretärin) in einem Unternehmen. Sie liefern die Stellenbeschreibungen, die für mehrere Planstellen mit vergleichbaren Aufgaben und Eigenschaften gelten.

9.2.1 Existierende Stellen

Der Report »Existierende Stellen« erzeugt eine entsprechende Übersicht. Sie können die Auswahl der Stellen nicht über einen Auswertungsweg einschränken, sondern müssen dies in der Selektionsoption **Stellen** einpflegen. Der Report ist analog dem Report »Existierende Organisationseinheiten« in Abschnitt 9.1.1.

9.2.2 Stellenplan

Der Report »Stellenplan« erstellt eine Liste mit den selektierten Stellen und den zugeordneten Planstellen einschließlich der Inhaber. Falls die zugeordnete Planstelle nicht besetzt ist, wird unter **Inhaber** angezeigt, seit wann die Planstelle unbesetzt ist. Mit dem Parameter **Direkt zugeordnete Personen** können Sie sich direkt den Stellen zugeordnete Personen anzeigen lassen.

Wenn Sie weitere Einschränkungen machen wollen, markieren Sie das Feld **Standardselektionsbild**, und klicken Sie auf **Ausführen**. Sie erhalten dann das Selektionsbild der logischen Datenbank PCH.

Die Liste enthält alle Stellen mit Informationen zur zugeordneten Planstelle, dem Inhaber und dem Besetzungsprozentsatz der Planstelle. Im Spaltenvorrat befinden sich noch weitere Felder zu **Stelle**, **Planstelle** und **Inhaber** wie die **Objekt-Id** und die **Personalnummer**.

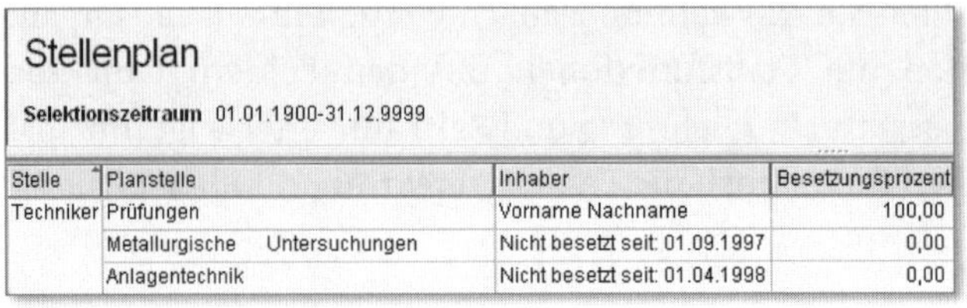

Stellenplan			
Selektionszeitraum 01.01.1900-31.12.9999			
Stelle	Planstelle	Inhaber	Besetzungsprozent
Techniker	Prüfungen	Vorname Nachname	100,00
	Metallurgische Untersuchungen	Nicht besetzt seit: 01.09.1997	0,00
	Anlagentechnik	Nicht besetzt seit: 01.04.1998	0,00

Abbildung 9.2 Liste »Stellenplan«

9.2.3 Stellenbeschreibung

Der Report »Stellenbeschreibung« ist ein Vorreport für den allgemeinen Report »Objektbeschreibung« (RHDESC20). In diesem Report haben Sie die Möglichkeit, mehr als eine Stelle auszuwählen. Markieren Sie hierzu das Feld **Standardselektionsbild** und klicken auf **Ausführen**. Wenn Sie mehr als eine Stelle ausgewählt haben, erhalten Sie eine Auswahlliste aller selektierten Stellen. Markieren Sie die Stellen, die Sie sehen wollen, und klicken auf **Mark. Objekte anzeigen**.

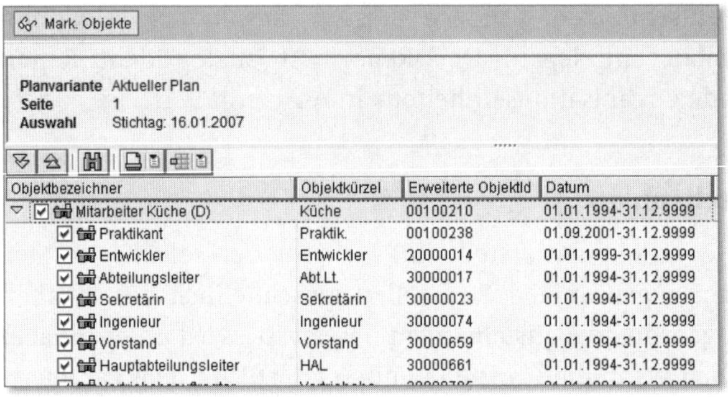

Mark. Objekte				
Planvariante Aktueller Plan				
Seite 1				
Auswahl Stichtag: 16.01.2007				
Objektbezeichner		Objektkürzel	Erweiterte ObjektId	Datum
▽ ☑ Mitarbeiter Küche (D)		Küche	00100210	01.01.1994-31.12.9999
	☑ Praktikant	Praktik.	00100238	01.09.2001-31.12.9999
	☑ Entwickler	Entwickler	20000014	01.01.1999-31.12.9999
	☑ Abteilungsleiter	Abt.Lt.	30000017	01.01.1994-31.12.9999
	☑ Sekretärin	Sekretärin	30000023	01.01.1994-31.12.9999
	☑ Ingenieur	Ingenieur	30000074	01.01.1994-31.12.9999
	☑ Vorstand	Vorstand	30000659	01.01.1994-31.12.9999
	☑ Hauptabteilungsleiter	HAL	30000661	01.01.1994-31.12.9999

Abbildung 9.3 Auswahlliste aller selektierten Stellen

Das SAP-System zeigt die Beschreibung zum ersten der markierten Objekte an. Sie navigieren zwischen den Stellen mit den Buttons **vorheriges Objekt** und **nächstes Objekt**. In Abbildung 9.3 ist die Anzeige über **Layout ändern** angepasst worden.

Ihnen stehen folgende weitere Funktionen in der Liste zur Verfügung:

- Mit dem Button **Infotyp anzeigen** springen Sie in die Transaktion PP01_DISP. Hier können Sie sich alle Infotypen zur Stelle anzeigen lassen.

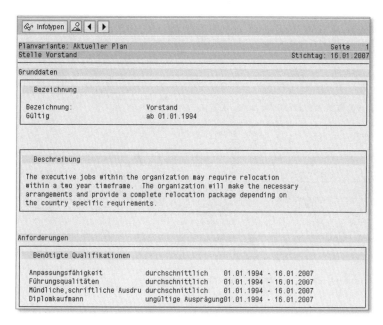

Abbildung 9.4 Stellenbeschreibung »Vorstand«

- In der Ausgabeliste können Sie im Menü über **Einstellungen · Berichtslayout** ein eigenes Berichtslayout (Transaktion OO0D) für diesen Report erstellen.

9.2.4 Komplette Stellenbeschreibung

Der Report »Komplette Stellenbeschreibung« listet für Stellen die Angaben zur verbalen Beschreibung, zum Anforderungsprofil, zum Aufgabenprofil sowie zu Hilfsmitteln und Kompetenzen auf. Die Beschreibung umfasst folgende Informationen:

- verbale Beschreibung der Stelle (Infotyp 1002)
- Anforderungsprofil (nur wenn Sie die Qualifikationen und Anforderungen gepflegt haben)
- Tätigkeitsprofil
- gegebenenfalls **Hilfsmittel/Kompetenzen** (Infotyp 1010)

[+] Das Anforderungsprofil von Stellen kann nur ausgewertet werden, wenn das Modul *Personalentwicklung* im Einsatz ist.

9 | Organisationsmanagement

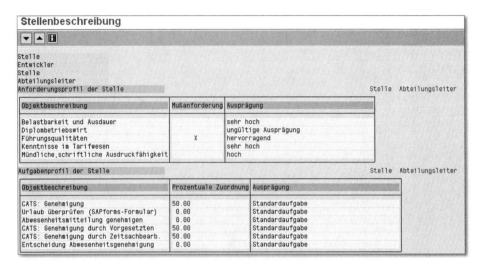

Abbildung 9.5 Liste »Komplette Stellenbeschreibung«

9.3 Planstelle

Planstellen (Objektschlüssel S) sind die konkreten, von Inhabern (Mitarbeitern) besetzten Positionen in einem Unternehmen, z. B. Sekretärin im Einkauf.

9.3.1 Existierende Planstellen

Der Report »Existierende Planstellen« gibt Ihnen eine entsprechende Übersicht. Sie können die Auswahl der Planstellen nicht über einen Auswertungsweg einschränken. Sie müssen dies in der Selektionsoption **Planstellen** einpflegen. Dieser Report ist analog dem Report »Existierende Organisationseinheiten« in Abschnitt 9.1.1.

9.3.2 Stabsfunktionen für Planstellen

Der Report »Stabsfunktionen für Planstellen« entspricht in Funktion und Ausgabe dem Report »Stabsfunktionen für Organisationseinheiten« (siehe Abschnitt 9.1.2).

9.3.3 Zeiträume unbesetzter Planstellen

Der Report »Zeiträume unbesetzter Planstellen« zeigt pro Organisationseinheit die Zeiträume an, in denen zugeordnete Planstellen unbesetzt sind. Es werden die Nichtbesetzungszeiträume (in Tagen) von Planstellen summiert, die einer bestimmten Organisationseinheit zugeordnet sind. Wahlweise können auch mehrere bestimmte Organisationseinheiten für die Auswertung angegeben werden. Standardmäßig ist für diesen Report der Auswertungsweg SBESX eingestellt. Sie werten damit alle Planstellen aus, die der gesamten Organisationsstruktur bzw. einer Teilstruktur zugeordnet sind.

Organisationseinheit	Planstelle	Unbes. von	Unbes. bis	Neuer Inhaber	Unbes. Tage	Durchschnitt unbes. Tage pro Orgeinheit
Beratung und Entwicklung	Juniorberater	01.01.2007	31.12.2007		365	365
Kiosk Aachenerstrasse	Buchhaltung	01.01.2007	31.12.2007		365	
	Einkäufer	01.01.2007	31.12.2007		365	
	Verkäufer I	01.01.2007	31.12.2007		365	
	Verkäufer II	01.01.2007	31.12.2007		365	
	Verkäufer III	01.01.2007	31.12.2007		365	365

Zeiträume unbesetzter Planstellen pro Organisationseinheit
Selektionszeitraum: 01.01.2007 - 31.12.2007

Abbildung 9.6 Liste »Zeiträume unbesetzter Planstellen«

Wenn Sie weitere Einschränkungen vornehmen möchten oder den Auswertungsweg ändern müssen, markieren Sie das Feld **Standardselektionsbild** und klicken auf **Ausführen**. Sie erhalten dann das Selektionsbild der logischen Datenbank PCH. Diesen erhalten Sie auch, wenn Sie keine Organisationseinheit eingeben und auf **Ausführen** klicken.

9.3.4 Besetzungsplan

Der Report »Besetzungsplan« zeigt zu einer oder mehreren ausgewählten Organisationseinheiten die zugehörigen Besetzungspläne (Planstellen und Personen) an.

Die Auswertung erfolgt entlang der Organisationsstruktur mit dem Auswertungsweg ORGEH (Organisationsstruktur), wenn Sie den Parameter **Org.struktur auswerten** gesetzt haben.

Die Liste enthält alle selektierten Planstellen und Personen einer oder mehrerer Organisationseinheiten mit Besetzungsprozentsatz und Genehmigungs- und Beschäftigungsstunden. Sie können sich entweder nur die Planstelleninhaber oder auch die Stellvertreter mit anzeigen lassen.

OrgEinheit	Planstellen	Mitarbeiter	Leiter	Besetzungsstatus	Ist Arbeitszeit	Soll Arbeitszeit	BesProzent	Mitarbeitergruppe	Mitarbeiterkreis
CABB Intern.	Vorstand		Leiter	vakant seit 01.01.2003	0,00	40,00	0,00		
00 Cont	00 Leiter Controlling		Leiter	vakant seit 01.01.2003	0,00	40,00	0,00		
00 Cont	00 Sachbearbeiter Controlling	Vera Schneid			37,50	40,00	100,00	Aktive	Angestellte
00 Cont	00 Sachbearbeiter Controlling	Maria Gonzales			37,50	40,00	100,00	Aktive	Angestellte
00 Cont	00 Sachbearbeiter Controlling			vakant seit 01.01.2003	0,00	40,00	0,00		
00 Cont	00 Hilfsarbeiter Controlling	Dieter Sommer			37,50	40,00	100,00	Aktive	Stundenlöhner

Abbildung 9.7 Liste »Besetzungsplan«

Die Reihenfolge, in der die Planstellen sortiert sind, erfolgt gemäß der Priorität, die in der Sicht **Pflege der Organisationseinheit** im Infotyp **Verknüpfungen** (1001) definiert wurde.

Die Ist-Arbeitszeit wird dem Infotyp **Sollarbeitszeit** (0007) des Mitarbeiters entnommen und die Soll-Arbeitszeit dem Infotyp **Arbeitszeit** (1011) des Organisationsmanagements. Vorgegeben ist die Anzeige der Wochenarbeitszeit in Stunden. Wenn Sie die Anzeige je Tag, Monat oder Jahr wünschen, wechseln Sie durch Markieren des Parameters **Standardselektionsbild** in die erweiterte Selektion. Hier geben Sie beim Parameter **Arbeitszeitbasis** die gewünschte Anzeige ein (z. B. **D** für Tag).

Im Spaltenvorrat des Layouts finden Sie noch weitere Spalten zur Anzeige wie z. B. die Objekt-ID der Planstelle, die Personalnummer, die effektive Arbeitszeit und den effektiven Besetzungsprozentsatz.

9.3.5 Planstellenbeschreibung

Der Report »Planstellenbeschreibung« ist ein Vorreport für den allgemeineren Report »Objektbeschreibung« (RHDESC20). In diesem Report haben Sie die Möglichkeit, mehr als eine Planstelle auszuwählen. Markieren Sie hierzu das Feld **Standardselektionsbild**, und klicken Sie auf **Ausführen**. Weiterführende Beschreibungen finden Sie in Abschnitt 9.2.3. Zusätzlich zur Stellenbeschreibung werden die Einbindung in die Organisationsstruktur und die dazugehörige Stellenbeschreibung ausgegeben.

9.3.6 Vakante Planstellen

Mit dem Report »Vakante Planstellen« können Sie zum Stichtag diejenigen Planstellen anzeigen lassen, die im Infotyp **Vakanz** (1007) als vakant gekennzeichnet sind. Eine vakante Planstelle ist eine Planstelle, die in einem bestimmten Zeitraum keinen Inhaber hat und ausdrücklich als vakant gekennzeichnet ist. Voreingestellt ist der Auswertungsweg PLSTE (Planstellenübersicht entlang Organisationsstruktur).

In der Liste werden der Zeitraum der Vakanz und der Besetzungsstatus dargestellt. Der Besetzungsstatus enthält Informationen darüber, ob die Planstelle noch besetzt ist und wie lange oder seit wann sie vakant ist.

Über den Button **Nachfolgeplanung** bekommen Sie zur markierten vakanten Planstelle eine Liste mit Vorschlägen, die zeigt, welche Mitarbeiter für die Planstelle als Nachfolger geeignet sind.

9.3.7 Obsolete Planstelle

Mit diesem Bericht werden diejenigen Planstellen zu einem vorgegebenen Stichtag angezeigt, die im Infotyp **Obsolet** (1014) als obsolet gekennzeichnet sind. Eine obsolete Planstelle ist eine Planstelle, die zu einem bestimmten Zeitraum abgebaut wird. Voreingestellt ist der Auswertungsweg PLSTE (Planstellenübersicht entlang Organisationsstruktur), so dass die Suche nach obsoleten Planstellen über die Organisationseinheit erfolgt.

Gezeigt wird in der Liste das Datum, zu dem eine Planstelle obsolet ist. Ist die Planstelle noch besetzt, können Sie über den Button **Laufbahnplanung** für den Inhaber einen Vorschlag zur Laufbahnplanung erzeugen.

Laufbahnplanung

9.3.8 Komplette Planstellenbeschreibung

Die Auswertung »Komplette Planstellenbeschreibung« erstellt eine Beschreibung zu einer oder mehreren Planstellen ähnlich der Auswertung »Komplette Stellenbeschreibung« (siehe Abschnitt 9.2.4).

Die Beschreibung umfasst folgende Informationen:

- verbale Beschreibung der Planstelle aus dem Infotyp 1002
- Besetzung, d. h. Auflistung der Inhaber der Planstelle
- Über-/Unterstellungen der Planstelle
- spezielles Tätigkeitsprofil der Planstelle

- gegebenenfalls spezielles Anforderungsprofil (nur wenn das Modul *Personalentwicklung* im Einsatz ist)
- beschreibende Stelle
- Tätigkeitsprofil der Stelle
- Anforderungsprofil der Stelle
- Zugehöriger Arbeitsplatz
- organisatorische Einbindung der Planstelle

Über die Funktion **Objektbeschreibung** können weitere Informationen angezeigt werden, wie z. B. **Hilfsmittel/Kompetenzen**.

9.3.9 Kompetenzen und Hilfsmittel

Dieser Bericht listet alle Planstellen mit den für sie angegebenen Kompetenzen und Hilfsmitteln auf. Zur Auswertung von Kompetenzen und Hilfsmitteln müssen Sie für die Planstellen die Subtypen des Infotyps **Hilfsmittel/Kompetenzen** (1010) gepflegt haben.

Sie müssen alle Organisationseinheiten eingeben, für deren Planstellen Sie die Auswertung benötigen. Zusätzlich können Sie mit der Selektionsoption **Kompetenzen/Hilfsmittel** die auszuwertenden Subtypen einschränken.

Wenn Sie den Parameter **Standardselektion** markieren und **Ausführen** wählen, gelangen Sie in das Selektionsbild der logischen Datenbank PCH. Hier haben Sie die Möglichkeit, die Planstelleninhaber auszudrucken. Markieren Sie hierzu den Parameter **Personal-Besetzung anzeigen**.

Abbildung 9.8 Liste »Kompetenzen/Hilfsmittel« mit Planstelleninhabern

9.3.10 Solllohnkosten

Mit dem Report »Solllohnkosten« ermitteln Sie die Soll-Bezahlung pro Planstelle für eine oder mehrere Organisationseinheiten.

Für die Planstellen der betreffenden Organisationseinheiten oder zumindest für die jeweiligen Stellen muss der Infotyp **Sollbezahlung** (1005) gepflegt sein. Der Standardauswertungsweg ist SOLLBE, der Organisationseinheiten, Planstellen und Stellen umfasst.

> Wenn für die Planstellen kein Infotyp **Sollbezahlung** (1005) vorhanden ist, gibt der Report beim Standardauswertungsweg keinen Betrag aus.

Der Report gibt den Betrag für die Planstelle von der jeweiligen Stelle mit folgender Logik aus:

Ausgabelogik des Reports

1. Das System prüft, ob für die entsprechende Stelle ein Infotyp **Sollbezahlung** (1005) vorhanden ist (die Zeitbindung der Stellen erlaubt mehrere Sätze des Infotyps **Sollbezahlung** zu einem Stichtag).

2. Wenn das System einen Satz findet, prüft es, ob für die Planstelle oder die Organisationseinheit ein Infotyp **Kontierungsmerkmale** (1008) vorhanden ist.

3. Wenn das System einen Satz findet, prüft es, ob in diesem Infotyp ein Personalbereich und ein Personalteilbereich vorhanden sind.

4. Wenn ein Personalbereich und ein Personalteilbereich gepflegt sind, prüft das System, ob für die Tarifart und das Tarifgebiet für die Stelle ein Infotyp **Sollbezahlung** (1005) vorhanden ist.

5. Wenn ein Satz vorhanden ist, gibt der Report den Betrag aus diesem Infotyp aus.

6. Wenn das System keinen entsprechenden Satz des Infotyps **Sollbezahlung** (1005) findet, ermittelt der Report den Durchschnitt aus den Beträgen aus allen vorhandenen Sätzen des Infotyps **Sollbezahlung** (1005) für die Stelle.

Beim Verlassen der Tabelle gelangen Sie auf das zugehörige Fehlerprotokoll.

> [»] Wenn Sie den Parameter **Standardselektion** markieren und **Ausführen** wählen, gelangen Sie in das Selektionsbild der logischen Datenbank PCH. Beachten Sie, dass sich die Logik für die Betragsermittlung mit einem Auswertungsweg ohne Stellen ändert.

9.4 Arbeitsplatz

Der Arbeitsplatz (Objektschlüssel A) ist die organisatorische Einheit, die einen zweckmäßig eingerichteten räumlichen Bereich darstellt, in dem Arbeitsleistung erbracht wird.

9.4.1 Existierende Arbeitsplätze

Der Report »Existierende Arbeitsplätze« gibt Ihnen eine entsprechende Übersicht. Sie können die Auswahl der Arbeitsplätze über einen Auswertungsweg in der Selektionsoption **Arbeitsplätze pflegen** einschränken. Der Report ist analog dem Report »Existierende Organisationseinheiten« in Abschnitt 9.1.1.

9.4.2 Kompetenzen und Hilfsmittel

Der Report »Kompetenzen und Hilfsmittel« listet diese für alle Arbeitsplätze auf. Zur Auswertung von Kompetenzen und Hilfsmitteln müssen Sie für die Arbeitsplätze die Subtypen des Infotyps **Hilfsmittel/Kompetenzen** (1010) gepflegt haben. Dieser Report entspricht dem in Abschnitt 9.3.9 vorgestellten Report »Kompetenzen und Hilfsmittel zur Planstelle«.

9.4.3 Einschränkungen/Gesundheitsvorsorge

Der Pfad **Personal** • **Organisationsmanagement** • **Infosystem** • **Arbeitsplatz** im SAP Easy Access-Menü enthält noch zwei Unterordner zu Einschränkungen und Gesundheitsvorsorge. Sie enthalten folgende Berichte, die hier nur kurz beschrieben werden:

▶ Der Report »Arbeitsplätze mit Einschränkungen einer Organisationseinheit« wertet den Infotyp **Einschränkungen** (1006) entlang einer Organisationsstruktur aus.

- Mit dem Report »Einzelne Arbeitsplätze mit Einschränkungen« wird der Infotyp **Einschränkungen** (1006) für einzelne Arbeitsplätze ausgewertet.
- Der Report »Einzelne Arbeitsplätze mit Gesundheitsvorsorge einer Organisationseinheit« wertet den Infotyp **Gesundheitsvorsorge** (1009) entlang einer Organisationsstruktur aus. Ausgewertet werden die Subtypen **Handicap** (0001) und **Vorsorge** (0002).
- Der Report »Einzelne Arbeitsplätze mit Gesundheitsvorsorge« wertet den Infotyp **Gesundheitsvorsorge** (1009) für einzelne Arbeitsplätze aus. Ausgewertet werden auch hier die Subtypen **Handicap** (0001) und **Vorsorge** (0002).

9.5 Allgemein

Die nachfolgenden Reports können unabhängig von den Objekttypen Organisationseinheit, Stelle etc. gestartet werden. Sie sind flexibel für alle Objekttypen, auch kundeneigene Objekttypen, zu verwenden.

9.5.1 Existierende Objekte

Der Report »Existierende Objekte« gibt Ihnen eine entsprechende Übersicht. Er kann auch aus anderen Reports wie zum Beispiel »Existierende Organisationseinheit« (siehe Abschnitt 9.1.1) und »Transaktionen« aufgerufen werden. Die Liste enthält alle Objekte, jeweils mit Informationen zum Gültigkeitszeitraum, Status, zur Bezeichnung und erweiterten Objekt-ID. Im Spaltenvorrat stehen Ihnen noch die Felder **Objekt-Id**, **Planvariante**, **Historisierung** und **Objektkürzel** zur Anzeige zur Verfügung.

9.5.2 Strukturanzeige

Der Report »Strukturanzeige« zeigt gemäß dem angegebenen Ausgangsobjekt und dem angegebenen Auswertungsweg einen Ausschnitt aus einer Aufbauorganisation an.

Ausgegeben wird ein Strukturbaum, der die Zuordnungen der Organisationsobjekte zueinander anzeigt. Die Hierarchiestufen werden durch entsprechende Einrückungen in der Baumstruktur verdeutlicht.

[»] Mit dem Basis-Release 6.20 erfolgt die Ausgabe des Baums mit einem Tree Control. Wenn Sie allerdings die klassische Ausgabe als ABAP-Liste möchten, können Sie mit diesem Parameter **Klassische Ausgabe** dorthin verzweigen. Alternativ kann man auch den Report RHSTRU00_OLD direkt aufrufen. Abbildung 9.9 zeigt die Ausgabe mit dem ABAP Tree Control.

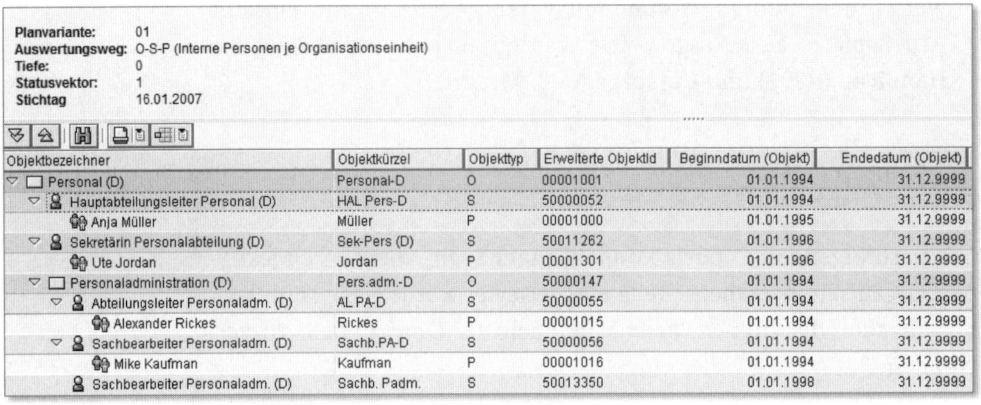

Objektbezeichner	Objektkürzel	Objekttyp	Erweiterte ObjektId	Beginndatum (Objekt)	Endedatum (Objekt)
Personal (D)	Personal-D	O	00001001	01.01.1994	31.12.9999
Hauptabteilungsleiter Personal (D)	HAL Pers-D	S	50000052	01.01.1994	31.12.9999
Anja Müller	Müller	P	00001000	01.01.1995	31.12.9999
Sekretärin Personalabteilung (D)	Sek-Pers (D)	S	50011262	01.01.1996	31.12.9999
Ute Jordan	Jordan	P	00001301	01.01.1996	31.12.9999
Personaladministration (D)	Pers.adm.-D	O	50000147	01.01.1994	31.12.9999
Abteilungsleiter Personaladm. (D)	AL PA-D	S	50000055	01.01.1994	31.12.9999
Alexander Rickes	Rickes	P	00001015	01.01.1994	31.12.9999
Sachbearbeiter Personaladm. (D)	Sachb.PA-D	S	50000056	01.01.1994	31.12.9999
Mike Kaufman	Kaufman	P	00001016	01.01.1994	31.12.9999
Sachbearbeiter Personaladm. (D)	Sachb. Padm.	S	50013350	01.01.1998	31.12.9999

Planvariante: 01
Auswertungsweg: O-S-P (Interne Personen je Organisationseinheit)
Tiefe: 0
Statusvektor: 1
Stichtag: 16.01.2007

Abbildung 9.9 Strukturbaum mit Auswertungsweg O-S-P

Über das Menü **Bearbeiten • Information** oder **Bearbeiten • Pflegetransaktion** gelangen Sie in die entsprechende Transaktion zur Infotypanzeige oder -pflege. Hierzu müssen Sie das anzuzeigende oder zu pflegende Objekt in dem Baum vorher markieren. Klicken Sie hierzu auf das Icon der Zeile, so dass die ganze Zeile markiert ist.

[»] Die logische Datenbank PCH führt normalerweise keine Rekursionsprüfung durch. Mit den Standardwerkzeugen ist das Anlegen einer Rekursion nicht möglich und sollte daher nicht vorkommen. Allerdings können Rekursionen durch Datenschiefstände oder automatische Modifikationen mit Reports auftreten. Zur Ermittlung dieser Rekursionen können Sie die Prüfung über den Parameter **Rekursion** einschalten.

9.5.3 Infotypen anzeigen und pflegen

Der Report »Infotypen anzeigen und pflegen« (RHDESC00) bietet innerhalb einer Planvariante zu einem oder mehreren Objekten eine Übersicht aller vorhandenen Infotypen einschließlich der Status

(Transaktion PP01_DISP – Objekte anzeigen). Wahlweise können die angebotenen Infotypen (parametergesteuert) auch bearbeitet werden.

Ist der Parameter **Mit allen nationalen Infotypen** gesetzt, können Sie alle Infotypen, d. h. die internationalen und nationalen, anzeigen bzw. bearbeiten. Ist dieser Parameter nicht gesetzt, erhalten Sie in der Anzeige die internationalen Infotypen und nur die nationalen Infotypen des Landes, das Sie über Länderschlüssel ausgewählt haben.

9.5.4 Starten einer Personalanwendung

Mit dem Report »Starten einer Personalanwendung« können Sie verschiedene Berichte zu einer Menge von Personalnummern starten, die sich aus den Strukturen einer Aufbauorganisation ergeben.

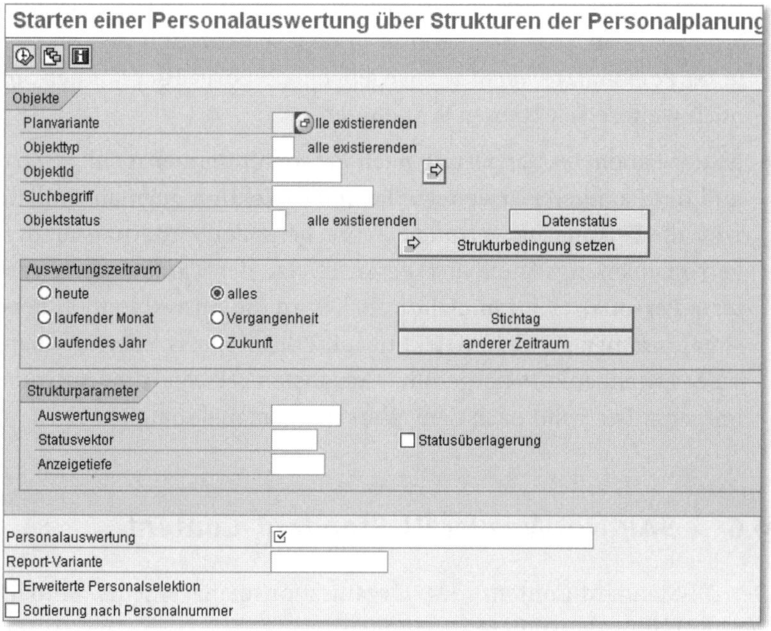

Abbildung 9.10 Selektionsbildschirm »Starten einer Personalauswertung«

Das Programm geht anhand der angegebenen Auswahlkriterien über die Datenbank des Organisationsmanagements und sammelt Personalnummern, sofern in der ausgewählten Objektmenge Objekte vom Typ P (Person) enthalten sind.

Danach wird die im Parameter **Personalauswertung** angegebene Personalstammdatenauswertung mit diesen Personalnummern gestartet.

Damit ist es möglich, jede Auswertung der Personalstammdaten über eine Menge von Personalnummern und in der Personalnummersortierung zu starten, die sich aus einer Personalplanungsstruktur (Organisationsstruktur o. Ä.) ergibt.

Neben den bekannten Selektionskriterien (siehe Abbildung 9.10) der logischen Datenbank PCH müssen Sie den ABAP-Namen der Personalauswertung angeben. Folgende Parameter können Sie noch optional füllen:

- In der **Report-Variante** geben Sie die Variante ein, mit der Sie den Bericht starten wollen. Diese Variante muss vorher hinter dem Bericht abgespeichert worden sein.

- Ist der Parameter **Erweiterte Personalselektion** gesetzt, gelangen Sie nach dem Start des Reports in den Selektionsbildschirm des unter **Personalauswertung** angegebenen Reports. Hier können Sie noch weitere Selektionen vornehmen.

- Ist der Parameter **Sortierung nach Personalnummer** nicht gesetzt und der Parameter **Erweiterte Personalselektion** ebenfalls initial, wird die Personalauswertung entsprechend der Sortierung auf der Personalplanungsdatenbank gestartet. Ist der Parameter **Erweiterte Personalselektion** nicht initial, wird die Auswahloption **Personalnummer** auf dem Selektionsbild des Reports über die logische Datenbank PNP gefüllt. Ansonsten erfolgt die Ausgabe immer aufsteigend nach dem Wert der Personalnummer.

9.6 SAP NetWeaver BI-Standard-Content

Der BI-Standard-Content des Organisationsmanagements enthält den InfoCube **Planstellenbesetzungen**.

9.6.1 InfoCube »Planstellenbesetzungen«

Der InfoCube **Planstellenbesetzungen** enthält alle aus dem HCM-System übermittelten Bewegungsdaten zur Planstellenbesetzung im Unternehmen. Über die InfoSource **Planstellenbesetzung** werden die Daten im InfoCube bereitgestellt. Der InfoCube enthält sowohl die Stammdaten zum Mitarbeiter als auch Informationen aus den Infotypen der Planstelle, wie z.B. die Befristung der Planstelle oder die Leitungsfunktion der Planstelle durch die Verknüpfung A/B012 mit der Organisationseinheit.

Im BI-Content des Organisationsmanagements ist auch die strukturelle Berechtigung in den ODS-Objekten **HR Strukturelle Berechtigungen – Hierarchie** und **HR Strukturelle Berechtigungen – Werte** enthalten (siehe Abbildung 9.11).

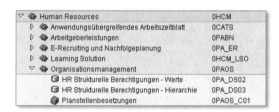

Abbildung 9.11 BI-Standard-Content zum Organisationsmanagement

Im InfoCube stehen die Hierarchien zur Organisationseinheit, den Kostenstellen und zum Alter der Mitarbeiter zur Verfügung. Zu beachten ist, dass das Merkmal **Lebensalter in Jahren** das Alter eines Mitarbeiters zum Periodenende zeigt.

Eine Person kann mehrfach als Mitarbeiter geführt werden. Um zwischen den Beschäftigungsverhältnissen (Merkmal **Mitarbeiter**) und der realen Personen (Merkmal **Person**) unterscheiden zu können, ist die Person ein Attribut des Mitarbeiters.

Der InfoCube beinhaltet folgende allgemeine Kennzahlen:

- Anzahl besetzte Planstellen
- Anzahl unbesetzte Planstellen
- Anzahl vakante unbesetzte Planstellen
- Besetzte Planstellen als Vollzeitplanstellen
- Unbesetzte Planstellen als Vollzeitplanstellen
- Vakante unbesetzte Planstellen als Vollzeitplanstellen
- Anzahl besetzte vakante Planstellen

Kennzahlen des InfoCubes

- Besetzte vakante Planstellen als Vollzeitplanstellen
- Anzahl Planstellen
- Planstellen als Vollzeitplanstellen
- Leitungsspanne einer Planstelle

Den Aufbau und die Berechnung der Kennzahlen finden Sie in den Fortschreibungsregeln zum InfoCube (siehe Abbildung 9.12)

Status	Kennzahlen	Typ	Quellfelder
☐	Anzahl unbesetzte Planstellen	←	Anzahl unbesetzte Planst
☐	Anzahl besetzte Planstellen	←	Anzahl besetzte Planstel
☐	Anzahl vakante unbesetzte Planste	←	Anzahl vakante unbesetzt
☐	unbesetzte Planstellen als Vollzeit	←	FTE freier Planstellen
☐	besetzte Planstellen als Vollzeit	←	FTE besetzte Planstellen
☐	vakante unbes. Planstellen als Vo	←	FTE vakante Planstellen
☐	besetzte vakante Planstellen als V	←	FTE vakante besetzte Pla
☐	Anzahl besetzte vakante Planstelle	←	Anzahl besetzte vakante
☐	Planstellen als Vollzeit	←	Anzahl FTE
☐	Anzahl Planstellen	←	Anzahl der Planstellen
☐	Leitungsspanne einer Planstelle	←	Leitungsspanne einer Pla

Abbildung 9.12 Fortschreibungsregeln zur Planstellenbesetzung

Kennzahl »Vollzeitplanstellen«

Als zusätzliches Attribut der Planstelle wird die so genannte *Vollzeitplanstelle* oder auch *Vollzeitäquivalent* (*FTE = Full Time Equivalent*) als Kennzahl angeboten. Mit der Vollzeitplanstelle wird die Soll-Arbeitszeit der Planstelle mit der Standardarbeitszeit in der Organisationseinheit, der die Planstelle zugeordnet ist, in Beziehung gesetzt. Die Vererbungslogik der generellen Arbeitszeit der Organisationseinheit wird auch berücksichtigt. Beträgt die Standardarbeitszeit z.B. 40 und die an der Planstelle hinterlegte Soll-Arbeitszeit 20 Wochenstunden, entspricht dies dem Wert einer Vollzeitplanstelle von 0,5. Ist bei der Planstelle keine besondere Arbeitszeit hinterlegt, entspricht sie per Definition dem Wert einer Vollzeitplanstelle von 1.

Als zeitliche Dimension für die Auswertungen stehen Ihnen **Kalenderjahr, Kalenderjahr/Monat, Kalenderjahr/Quartal, Kalendermonat**, Quartal sowie **zuletzt gebuchter Monat** (aktuelles Kalenderjahr) zur Verfügung.

Mit dem InfoCube werden mehrere Strukturen bzw. Templates ausgeliefert, die Kennzahlen in Kombination mit bestimmten Berechnungsregeln enthalten. Diese Templates ermöglichen den einfachen Zugriff auf häufig benötigte Auswertungsstrukturen (z.B. Vergleich

Vorjahr/aktuelles Jahr) mit absoluter und prozentualer Differenz der Ergebniswerte.

> In den Fortschreibungsregeln werden Felder aus den Stammdatentabellen gelesen und als Merkmale in den InfoCube geschrieben. Es ist daher erforderlich, dass die Stammdaten vor den InfoSources geladen und aktiviert werden.

9.6.2 Queries zum InfoCube »Planstellenbesetzungen«

Die Queries des Organisationsmanagements werten Planstellen, ihre Anzahl, Funktionen und Vakanzen aus. Folgende Queries stehen im BI-Content zur Verfügung:

- Mit »Vakante Planstellen je Stelle« wird über den Zeitraum eines Kalenderjahres pro Kalendermonat für die gesamte Organisationsstruktur die Anzahl der Planstellen je Stelle anzeigt.

- Die Query »Vakante Planstellen im Jahresvergleich« enthält die Anzahl der vakanten unbesetzten Planstellen pro Organisationseinheit im Jahresvergleich. Hiermit können z.B. die jeweiligen absoluten und relativen Abweichungen der Anzahl der vakanten unbesetzten Planstellen ausgewertet werden.

- Die »Planstellenübersicht« enthält für den zuletzt gebuchten Monat des aktuellen Kalenderjahres je Organisationseinheit die Anzahl
    - der besetzten Planstellen,
    - der unbesetzten Planstellen,
    - der vakanten unbesetzten Planstellen
    - und der besetzten vakanten Planstellen.

- Mit der Query »Prozentuale Verteilung vakante Planstellen« wird für den zuletzt gebuchten Monat des aktuellen Kalenderjahres die Anzahl der vakanten unbesetzten Planstellen pro Organisationseinheit angezeigt. Zusätzlich wird der prozentuale Anteil, den die ermittelte Zahl am Gesamtergebnis der in sämtlichen Organisationseinheiten vorhandenen vakanten unbesetzten Planstellen ausmacht, ermittelt.

- In der Query »Anzahl befristete Planstellen« wird die Anzahl der vorhandenen ganzzahligen Planstellen für den zuletzt gebuchten Monat des aktuellen Kalenderjahres ausgegeben. Zusätzlich wird angezeigt, wie viele dieser Planstellen einen Objektzeitraum umfassen, der vor dem 31.12.9999 endet.

- Die Query »Anzahl Planstellen« ermittelt für den zuletzt gebuchten Monat des aktuellen Kalenderjahres die Anzahl der vorhandenen ganzzahligen Planstellen und wie viele dieser Planstellen besetzt und vakant beziehungsweise unbesetzt und vakant sind.
- Um die Gesamtanzahl der Planstellen und die Anzahl der Planstellen mit Leitungsfunktion für den zuletzt gebuchten Monat zu ermitteln, steht die Query »Anzahl Planstellen mit Leitungsfunktion« zur Verfügung.
- Die Query »Stabsstellen« ermittelt die Anzahl der Stabsstellen für den zuletzt gebuchten Monat.
- Mit der Übersicht »Vakante Planstellen« erhalten Sie eine Liste der Anzahl der vakanten und noch nicht besetzten Planstellen.
- Die Query »Planstellen als Vollzeitplanstellen: besetzt, vakant, unbesetzt« zeigt die besetzten Planstellen, die unbesetzten Planstellen, die vakanten unbesetzten Planstellen sowie die besetzten vakanten Planstellen, die pro Organisationseinheit vorhanden sind. Die Planstellen werden in Vollzeitplanstellen umgerechnet.
- Mit der Query »Anzahl Vollzeitplanstellen im Jahresvergleich« werden die Anzahl der Vollzeitplanstellen für den zuletzt gebuchten Monat des Vorjahres und die Zahl der Vollzeitplanstellen für den zuletzt gebuchten Monat des aktuellen Kalenderjahres gegenübergestellt. Zusätzlich werden die absolute und die relative Abweichung zwischen diesen beiden Zahlen ausgegeben.«
- Mit dem »Quartalsvergleich der vakanten Planstellen (Vollzeit)« werden die vakanten unbesetzten Planstellen – ausgedrückt in Vollzeitplanstellen – pro Organisationseinheit angezeigt.

9.7 Fazit

Das Standardreporting des Organisationsmanagements deckt schon viele Bedürfnisse des Anwenders ab. Durch den Selektionsbildschirm der logischen Datenbank PCH lässt sich die Auswertung auch sehr flexibel auf andere Objekttypen neben den Standardobjekttypen Organisationseinheit, Stelle und Planstelle ergänzen. Dies betrifft auch kundeneigene Objekttypen. Hierzu sind nur entsprechende Auswertungswege zu pflegen und diese in den Selektionsbildschirm aufzunehmen.

Aber auch hier gilt, wie in der Personaladministration, dass die Einbindung von kundeneigenen Infotypen in die Reports nur durch programmierte Erweiterungen möglich sind.

Mit dem BI-Standard-Content erweitern sich die Möglichkeiten zur Auswertung der Daten des Organisationsmanagements erheblich. Die zur Verfügung Daten und Queries beschäftigen sich jedoch leider fast nur mit den Planstellen und deren Veränderungen. Die Auswertung anderer (insbesondere kundeneigener) Objekttypen ist leider nur durch Erweiterungen und eigene Extraktoren zu verwirklichen.

Die Reports der Personalbeschaffung enthalten statistische Auswertungen oder Listen zu Bewerbern, Vakanzen und Ausschreibungen.

10 Personalbeschaffung

Mithilfe der Reports zur Personalbeschaffung können Sie statistische Auswertungen oder Listen zu Bewerbern, Vakanzen und Ausschreibungen erstellen.

Die überwiegende Anzahl der Berichte nutzt die logische Datenbank der Bewerberstammdaten (PAP). Hierzu müssen Sie beachten, dass die Eingabe eines Stichtages im Feld **Bewerbungseingang** dazu führt, dass nur die Bewerbungen selektiert werden, die genau an diesem Stichtag eingegangen sind. Mit dem Datum im Feld **Stichtag Datenauswahl** werden nur diejenigen Datensätze eines Bewerbers selektiert, die am angegebenen Stichtag gültig sind.

Logische Datenbank PAP

Die Auswertungen zur Personaladministration erreichen Sie über das SAP Easy Access-Menü **Personal** • **Personalmanagement** • **Personalbeschaffung** • **Infosystem** • **Berichte**. Danach unterteilt sich der Pfad in die Unterordner **Bewerber**, **Vakanzen** und **Ausschreibungen**. Diese enthalten die Berichte zur Personalbeschaffung.

SAP Easy Access-Pfad

10.1 Bewerber

Mit den Berichten mit Bezug auf Bewerberdaten können Sie unterschiedliche Listen zu Bewerberdaten erstellen. Beispielsweise haben Sie die Möglichkeit, eine variable Bewerberliste ganz nach Ihren Auswertungswünschen oder fest vorgegebene Listen, z. B. geordnet nach Bewerbernamen, ausgeben zu lassen. Administrative Unterstützung bietet der Bericht »Geplante Vorgänge«. Der zuständige Personalreferent kann sich hiermit einen Arbeitsvorrat der noch abzuarbeitenden Bewerbervorgänge erzeugen.

10.1.1 Variable Bewerberliste

Der Report »Variable Bewerberliste« zeigt Ihnen zu einem Stichtag bis zu maximal 20 von 60 Feldern aus den Daten von Bewerbern an. Die anzuzeigenden Daten werden im Selektionsbild über den Button **Feldauswahl** festgelegt. Damit der Bericht gestartet werden kann, muss mindestens ein Feld nur Anzeige selektiert werden. Die Felder aus der Selektionsmaske der logischen Datenbank der Bewerberstammdaten (PAP) werden nicht automatisch mit in die Liste übernommen. Das Auswertungsergebnis wird Ihnen dann als Liste im ALV-Grid-Control-Format angezeigt.

10.1.2 Bewerber nach Namen

Kurzporträt

Der Report »Bewerber nach Namen« gibt eine Namensliste aller Bewerber aus, die den im Selektionsbildschirm eingegebenen Bedingungen entsprechen. Ausgegeben werden die Bewerbernummer, der Name des Bewerbers, der aktuelle Bewerberstatus und das Beginndatum des Bewerberstatus. In der Ausgabe können Sie sich mit dem Button **Kurzporträt** ein Kurzporträt eines in der Liste markierten Bewerbers wie in Abbildung 10.1 anzeigen lassen.

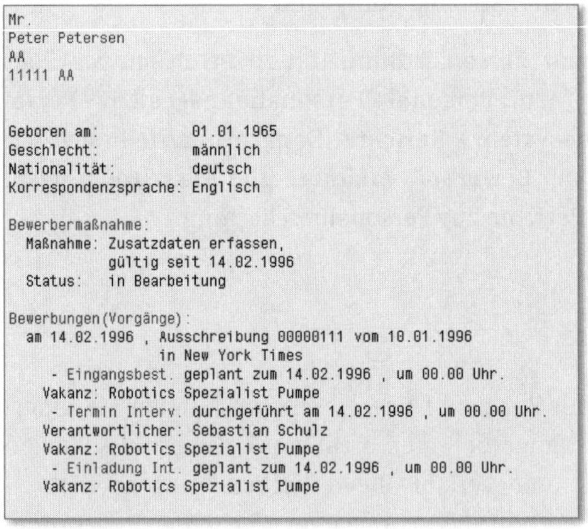

```
Mr.
Peter Petersen
AA
11111 AA

Geboren am:            01.01.1965
Geschlecht:            männlich
Nationalität:          deutsch
Korrespondenzsprache:  Englisch

Bewerbermaßnahme:
  Maßnahme: Zusatzdaten erfassen,
            gültig seit 14.02.1996
  Status:   in Bearbeitung

Bewerbungen(Vorgänge):
  am 14.02.1996 , Ausschreibung 00000111 vom 10.01.1996
                  in New York Times
    - Eingangsbest. geplant zum 14.02.1996 , um 00.00 Uhr.
      Vakanz: Robotics Spezialist Pumpe
    - Termin Interv. durchgeführt am 14.02.1996 , um 00.00 Uhr.
      Verantwortlicher: Sebastian Schulz
      Vakanz: Robotics Spezialist Pumpe
    - Einladung Int. geplant zum 14.02.1996 , um 00.00 Uhr.
      Vakanz: Robotics Spezialist Pumpe
```

Abbildung 10.1 Kurzporträt eines Bewerbers

Wenn Sie den Bericht über das SAP Easy Access-Menü **Personal** • **Personalmanagement** • **Personalbeschaffung** • **Bewerberstamm** • **Massenverarbeitung** • **Bewerber nach Namen** gestartet haben, stehen Ihnen weitere interaktive Funktionen zur Pflege der Bewerberdaten zur Verfügung wie z. B. Änderung der Stammdaten, Zusatzdaten oder des Gesamtstatus.

10.1.3 Bewerber nach Maßnahmen

Mit dem Report »Bewerber nach Maßnahmen« wird eine Liste ausgegeben, die für jeden Bewerber anzeigt, welche Bewerbermaßnahmen durchgeführt wurden. Die Liste enthält die Felder **Bewerbernummer**, **Name des Bewerbers**, **durchgeführte Maßnahme**, **Bewerberstatus** und **zuständiger Personalreferent**.

Wie im Bericht »Bewerber nach Namen« stehen Ihnen beim Start des Reports über das SAP Easy Access-Menü **Personal** • **Personalmanagement** • **Personalbeschaffung** • **Bewerberstamm** • **Massenverarbeitung** • **Bewerber nach Maßnahmen** weitere Funktionen zur Pflege der Bewerberdaten zur Verfügung.

10.1.4 Ausbildung der Bewerber

Der Report »Ausbildung der Bewerber« liefert Informationen zur Schul- und Fortbildung der Bewerber. Zusätzlich stehen in der Ausgabeliste zwei Statistiken zur Verfügung:

- In *Statistik I* werden alle Bewerber summiert, die jeweils dieselbe Schulart, denselben Schulabschluss, dieselbe Fachrichtung und dieselbe Ausbildung haben.
- In *Statistik II* werden alle Bewerber summiert, die dieselbe Schulart und denselben Schulabschluss haben.

10.1.5 Bewerbungen

Mit dem Report »Bewerbungen« wird eine Liste aller Bewerbungen ausgeben. In der Ausgabe können Sie sich über den Button **Kurzporträt** zusätzlich ein Kurzporträt eines in der Liste markierten Bewerbers anzeigen lassen. Die Liste enthält folgende Informationen:

- Bewerbernummer
- den Namen des Bewerbers
- das Eingangsdatum der Bewerbung

- die Ausschreibung bzw. die Spontanbewerbergruppe, auf die sich die Bewerbung bezieht

Wie im Bericht »Bewerber nach Namen« stehen Ihnen beim Start des Reports über das SAP Easy Access-Menü **Personal** • **Personalmanagement** • **Personalbeschaffung** • **Bewerberstamm** • **Massenverarbeitung** • **Bewerbungen** weitere Funktionen zur Pflege der Bewerberdaten zur Verfügung.

10.1.6 Bewerberstatistik

Die »Bewerberstatistik« umfasst mehrere Auswertungsstufen. In der ersten Auswertungsstufe erhalten Sie Informationen zur Anzahl der Bewerber je Bewerberstatus, und mit Doppelklick auf einen Bewerberstatus bekommen Sie eine Liste der dazugehörigen Bewerber.

Bewerberstatus (gesamt)	Anzahl
in Bearbeitung	133
zurückgestellt	7
abgelehnt	8
einzustellen	24
Vertrag angeboten	4
Angebot abgelehnt	0
einladen	3
Insgesamt	179

Stichtag 08.02.2007

Abbildung 10.2 Bewerberstatistik (Auswertungsstufe 1)

Mit der Funktion **Statistik Vorgänge** können Sie für jeden aufgeführten Bewerberstatus den Stand der geplanten und erledigten Vorgänge pro Vorgangsart ausgeben. Wählen Sie hierzu einen Bewerberstatus in der Liste aus und klicken auf den Button **Statistik Vorgänge**. Markieren Sie im folgenden Auswahlfenster die Vorgänge, die ausgewertet werden sollen, und klicken auf **Weiter**. Sie erhalten anschließend eine Liste mit einer Statistik der ausgewählten Vorgänge.

	Vorgangsstatistik für Bewerberstatus: in Bearbeitung				
	135 Bewerbungen von 133 Bewerbern selektiert.				
davon haben pro Vorgangsart:	mind. einen erledigten Vorg.	mind. einen geplanten Vorg.	keinen entspr. Vorg.	Summe	
001 Eingangsbest.	13	96	26	135	
002 Übergabe Akte	0	0	135	135	
003 Akte zurück	0	0	135	135	
004 Einladung Int.	18	13	104	135	
005 Termin Interv.	15	19	101	135	
006 Tel. Einladung	1	0	134	135	
007 Einladung Test	0	4	131	135	
008 Termin Test	2	3	130	135	
009 Beurteilung	1	1	133	135	

Abbildung 10.3 Vorgangsstatistik

Mit Doppelklick auf eine der Zeilen in den Summenspalten erhalten Sie eine Liste mit den Bewerbern nach Vorgängen.

In den Listen mit den dazugehörigen Bewerbern stehen Ihnen beim Start des Berichts über **Personal • Personalmanagement • Personalbeschaffung • Bewerberstamm • Massenverarbeitung • Bewerberstatistik** im SAP Easy Access-Menü weitere Funktionen zur Pflege der Bewerberdaten zur Verfügung.

10.1.7 Geplante Vorgänge

Mit dem Report »Geplante Vorgänge« können Sie eine Liste aller geplanten Vorgänge ausgeben, die ein Personalreferent bis zu einem bestimmten Termin ausführen soll. Dem Personalreferenten stehen folgende Informationen zur Verfügung:

- der Name des Personalreferenten
- der Name des Bewerbers
- der geplante Vorgang
- der Termin, bis zu dem der geplante Vorgang ausgeführt werden soll; gegebenenfalls das Datum, an dem eine E-Mail zu diesem Vorgang verschickt wurde (bei mehreren Mails das letzte Datum)

In den Listen mit den dazugehörigen Bewerbern stehen Ihnen beim Start des Berichts über **Personal • Personalmanagement • Personalbeschaffung • Bewerbervorgang • geplante Vorgänge** im SAP Easy Access-Menü weitere Funktionen zur Pflege der Bewerberdaten zur

Verfügung. Sie können dann z. B. E-Mails an die Verantwortlichen des Vorgangs senden oder geplante Vorgänge auf erledigt setzen.

10.2 Vakanz

Der Personalbedarf eines Unternehmens wird in das Modul *Personalbeschaffung* durch Vakanzen abgebildet. Eine *Vakanz* ist eine ganz oder teilweise zu besetzende Planstelle, die von einem fachverantwortlichen Mitarbeiter oder einem zuständigen Personalreferenten betreut wird. Mit den vakanzenbezogenen Berichten stehen Ihnen Listen mit Daten zu Vakanzen und zu bestehenden Vakanzzuordnungen zur Verfügung. Voraussetzung ist, dass die Integration zur Personalplanung aktiv ist und die Vakanzen in der Personalplanung gepflegt worden sind.

10.2.1 Vakanzzuordnungen

Mit diesem Report können Sie eine Liste aller »Vakanzzuordnungen« mit folgenden Informationen ausgeben:

- Bewerbername
- Gesamtstatus des Bewerbers
- Vakanz, auf die sich die Bewerbung bezieht
- Bewerberstatus für diese Vakanz

Auch hier besteht die Möglichkeit der Ausgabe eines Kurzporträts zum Bewerber. Markieren Sie einen Bewerber, und wählen Sie den Button **Kurzporträt**.

Beim Start des Reports über das SAP Easy Access-Menü **Personal · Personalmanagement · Personalbeschaffung · Bewerberstamm · Massenverarbeitung · Vakanzenzuordnung** stehen Ihnen weitere Funktionen zur Pflege der Bewerberdaten zur Verfügung.

10.2.2 Vakanzen

Mit dem Report »Vakanzen« erhalten Sie eine Liste aller in der Personalplanung angelegten Vakanzen. Die Liste enthält folgende Informationen:

- die Tätigkeit
- das Beginndatum
- das Endedatum
- den Fachverantwortlichen
- das Kürzel des Personalreferenten
- den Besetzungsstatus
- das Kennzeichen, ob die Vakanz im Organisationsmanagement gepflegt wurde
- Informationen darüber, ob ein Anforderungsprofil gepflegt wurde

In diesem Report stehen Ihnen für die einzelnen Vakanzen noch folgende Funktionen zur Verfügung:

Weitere Funktionen im Report

- Anzeige von Informationen zur Vakanz und zum Anforderungsprofil
- Suche nach geeigneten Kandidaten
- Ausdruck der Bewerberstatistik, Bewerberliste und Planstellenbeschreibung

Zusätzlich haben Sie im Menü mit **Bearbeiten • Vakanzenzuordnung pflegen** noch die Möglichkeit der Pflege von Vakanzenzuordnungen.

10.3 Ausschreibungen und Beschaffungsinstrumente

Mit den Reports zu Ausschreibungen können Sie Listen zu den publizierten Ausschreibungen oder den eingesetzten Beschaffungsinstrumenten (Presse, Internet etc.) erstellen und entsprechend auswerten.

10.3.1 Ausschreibungen

Dieser Report gibt alle in den Selektionskriterien enthaltenen »Ausschreibungen« aus. Hierfür stehen folgende Selektionskriterien zur Verfügung:

- Ausschreibung
- Beschaffungsinstrument
- Publikationsdatum

▸ Ausschreibungsende

▸ Vakanz

Sie erhalten Informationen zu folgenden Inhalten:

▸ die Nummer der Ausschreibung
▸ das Publikationsdatum der Ausschreibung
▸ das für die Ausschreibung verwendete Beschaffungsinstrument
▸ die im Beschaffungsinstrument publizierte(n) Vakanz(en)
▸ der Status der Vakanz(en)
▸ die Anzahl der Bewerbungen pro Ausschreibung

In der Ausgabeliste (siehe Abbildung 10.4) finden Sie Funktionen zur Anzeige der Ausschreibung und der Vakanz sowie eine Bewerberstatistik.

PublDatum	Verfallsdatum	Ausschr.	Bez. Instrument	Gültig ab	Planstellenkurztext	St.	Bew.
01.01.1998	31.12.9999	14	Deutschland-Ost	01.01.2002	Assistent(in) Vorstand Fi	vak.	0
01.01.1998	31.12.9999	14	Deutschland-Ost	01.12.2002	Assistent(in) Vorstand Fi	vak.	0
01.01.1998	31.12.9999	13	Deutschland-Nord	01.01.1997	Vertriebsbeauftragter 3 G	vak.	0
01.01.1998	31.12.9999	13	Deutschland-Nord	03.05.2002	Vertriebsbeauftragter 3 G	bes.	0
01.01.1998	31.12.9999	12	Deutschland-West	29.01.1997	Abteilungsleiter Anlagenb	vak.	0
01.01.1998	31.12.9999	12	Deutschland-West	01.01.2004	Abteilungsleiter Anlagenb	bes.	0
30.06.1997	31.12.9999	11	PA	16.07.1997	Sachbearbeiter Personalad	vak.	0
15.04.1996	31.12.9999	5	New York Times				1
15.04.1996	31.12.9999	5	New York Times	27.09.2001	Sachbearbeiter Personalad	vak.	1
15.04.1996	31.12.9999	5	New York Times	01.01.2004	Sachbearbeiter Personalad	vak.	1
03.04.1996	31.12.9999	4	Boston Globe				2
03.04.1996	31.12.9999	4	Boston Globe				2
03.04.1996	31.12.9999	4	Boston Globe				2
10.01.1996	31.12.9999	111	New York Times	01.02.1996	Robotics Spezialist Pumpe	vak.	101
03.01.1996	31.12.9999	1	FAZ	01.02.1996	Robotics Spezialist Pumpe	vak.	9
01.01.1996	31.12.9999	15	Quiosque Empregado				3
01.01.1996	31.12.9999	10	USA NorthEast				0
01.01.1996	31.12.9999	9	USA Central	01.01.1996	Operator	vak.	0
01.01.1996	31.12.9999	8	USA South				1
01.01.1996	31.12.9999	6	USA West	01.01.1996	Clerk - Sales and Marketi	vak.	3
21.11.1995	31.12.9999	3	Encontre Aqui	01.07.1995	Sachbearbeiter Pers.entw.	vak.	7
21.11.1995	31.12.9999	3	Encontre Aqui	01.01.2002	Sachbearbeiter Pers.entw.	vak.	7
21.11.1995	31.12.9999	3	Encontre Aqui	01.01.2004	Sachbearbeiter Pers.entw.	bes.	7
11.11.1995	31.12.9999	2	FAZ				4

Abbildung 10.4 Liste »Ausschreibungen«

10.3.2 Beschaffungsinstrumente

Zur Auswertung der Effektivität der genutzten »Beschaffungsinstrumente« steht Ihnen dieser Report zur Verfügung. Die Ausgabeliste enthält folgende Informationen:

- das Beschaffungsinstrument
- die Anzahl der in diesem Beschaffungsinstrument veröffentlichten Ausschreibungen
- die Anzahl der Bewerber, die sich auf diese Ausschreibungen beworben haben
- die Gesamtkosten für alle in diesem Beschaffungsinstrument veröffentlichten Ausschreibungen
- die Ausschreibungskosten pro eingegangener Bewerbung (der hier ausgegebene Wert ist das Ergebnis aus der Summe der Kosten aller Ausschreibungen in einem Beschaffungsinstrument, dividiert durch die Anzahl der Bewerber)

In der Ausgabeliste (siehe Abbildung 10.5) stehen noch Funktionen zur Verfügung, mit denen Sie weitere Informationen zum Beschaffungsinstrument und zur Ausschreibung erhalten. Zusätzlich können Sie die Bewerberstatistik und eine Bewerberliste aufrufen.

Weitere Funktionen im Report

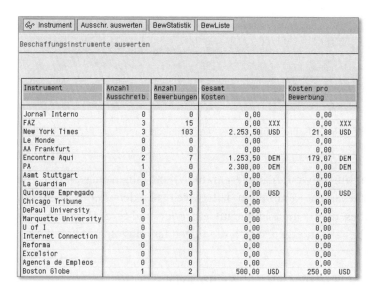

Abbildung 10.5 Liste »Beschaffungsinstrumente«

10.4 SAP NetWeaver BI-Standard-Content

Der BI-Standard-Content des Personalbeschaffung enthält den InfoCube **Bewerbungen und Bewerbermaßnahmen**.

10.4.1 InfoCube »Bewerbungen und Bewerbermaßnahmen«

Der InfoCube **Bewerbungen und Bewerbermaßnahmen** beinhaltet alle aus dem HCM-System hochgeladenen Daten zu Bewerbungen und Bewerbermaßnahmen. Über die InfoSources **Bewerber**, **Bewerbungen** und **Bewerbermaßnahmen** werden die Daten im InfoCube bereitgestellt.

Allgemeine Kennzahlen

Der InfoCube beinhaltet die allgemeinen Kennzahlen (siehe Abbildung 10.6):

- Anzahl Bewerber
- Anzahl Bewerbungen
- Anzahl Bewerbermaßnahmen
- Lebensalter in Jahren

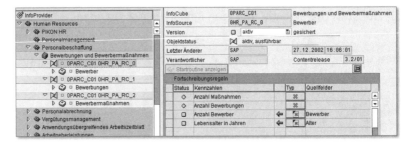

Abbildung 10.6 Fortschreibungsregel »Allgemeine Kennzahlen zur Personalbeschaffung«

Eingeschränkte Kennzahlen

Darüber hinaus werden eingeschränkte Kennzahlen ausgeliefert. Die eingeschränkten Kennzahlen leiten sich aus den Kennzahlen des InfoCubes über einen Filter auf ein oder mehrere Merkmale des InfoCubes ab. So ergeben sich die folgenden eingeschränkten Kennzahlen:

- Anzahl Bewerber mit Status **einzustellen**
- Anzahl Bewerber mit Status **Vertrag angeboten**

- Anzahl Bewerber mit Status **Angebot abgelehnt**
- Anzahl Spontanbewerbungen
- Anzahl Bewerbungen auf Ausschreibung

> In den Fortschreibungsregeln werden zahlreiche Felder aus den Stammdatentabellen zum Periodenende gelesen und als Merkmale in den InfoCube geschrieben. Es ist daher erforderlich, dass die Stammdaten vor den InfoSources geladen und aktiviert werden.

[!]

Als zeitliche Dimension für die Auswertungen stehen **Kalendertag**, **Kalenderjahr/Monat**, **Kalenderjahr/Quartal** und **Kalenderjahr** zur Verfügung.

Mit den Queries der Personalbeschaffung werten Sie die Daten zu den Bewerbungen, Bewerbern, der Personalwerbung und den Einstellungen oder abgelehnten Verträgen aus.

> Bedingt durch die InfoSources, die SAP ausliefert, sind nur bestimmte Auswertungen pro InfoSource empfehlenswert. Zum Beispiel ist es sinnvoll, in der InfoSource **Bewerbungen** bewerbungsbezogene Auswertungen vorzunehmen und nicht etwa bewerbungsmaßnahmenbezogene Auswertungen.

[«]

10.4.2 Queries zum InfoCube »Bewerbungen und Bewerbermaßnahmen«

Folgende Queries sind im BI-Standard-Content enthalten:

- **Bewerbungen**
  - Die Query »Anzahl der Bewerbungen mit Stammdaten« im Jahresvergleich zeigt die absolute und prozentuale Differenz des aktuellen Jahres zum Vorjahr. Die Query enthält Daten zu den Bewerbungen wie z. B. den Bewerber, den Gesamtstatus des Bewerbers und die Bewerbergruppe.
  - Die Query »Prozentuale Verteilung Bewerbungen mit Stammdaten« enthält für das aktuelle Kalenderjahr die prozentuale Verteilung der Bewerbungen im Verhältnis zur Gesamtzahl der Bewerbungen.
  - Mit der Query »Durchschnittliche Anzahl Bewerbungen« wird die durchschnittliche Anzahl der Bewerbungen, bezogen auf die letzten vier Quartale, angezeigt.

- Mit dem »Verhältnis Bewerbungen/Bewerber« wird der Faktor Bewerbungen zu Bewerbern ermittelt.

▶ **Bewerber**
- Die Query »Anzahl Bewerber mit Stammdaten« zeigt mit absoluten und prozentualen Abweichungen die Anzahl der Bewerber mit Stammdaten. Verglichen wird zwischen dem letztem Monat des Vorjahres und dem zuletzt gebuchtem Monat des aktuellen Kalenderjahres.
- Mit dem »Durchschnittsalter der Bewerber« werden neben dem Durchschnittsalter auch andere Daten zu den Bewerbern wie z. B. Gesamtstatus des Bewerbers, Geschlecht und Nationalität angezeigt.
- Die Query »Durchschnittliche Anzahl Bewerber« zeigt die durchschnittliche Anzahl der Bewerber, bezogen auf die letzten vier Quartale.

▶ **Personalwerbung**
- Die Query »Anzahl der Bewerbungen in Bezug auf die Personalwerbung« ermöglicht einen Jahresvergleich (aktuelles Jahr/Vorjahr) mit absoluten und prozentualen Abweichungen der Bewerbungen zur Personalwerbung. Zur Auswertung stehen unter anderem die InfoObjects »Ausschreibung«, »Medium« und »Personalbeschaffungsinstrument« zur Verfügung.
- Um für das aktuelle Kalenderjahr die Anzahl der Bewerbungen je Ausschreibung mit den Ausschreibungskosten je Ausschreibung zu erhalten, steht die Query »Anzahl Bewerbungen je Ausschreibung mit Kosten« zur Verfügung
- Mit der Query »Prozentuale Verteilung Bewerbungen auf Personalwerbung« erhalten Sie eine Auswertung für das aktuelle Kalenderjahr, die die prozentuale Verteilung der Bewerbungen in Bezug auf die Personalwerbung anzeigt. Zur Auswertung stehen zusätzliche Auswertungsmerkmale wie z. B. Personalbeschaffungsinstrument, Medium und Spontanbewerbungsgruppe zur Verfügung.
- Um für das aktuelle Kalenderjahr die Anzahl der Spontanbewerbungen und die Anzahl der Bewerbungen auf Ausschreibungen zu bekommen, nutzen Sie die Query »Spontanbewerbungen und Bewerbungen auf Ausschreibung«.

- Die Query »Quote der Spontanbewerbungen« enthält für das aktuelle Kalenderjahr die Anzahl der Bewerber, die Anzahl der Spontanbewerbungen und die Anzahl der Bewerbungen auf Ausschreibungen sowie die Quote der Spontanbewerbungen.

▶ **Einstellungen/Arbeitsverträge**

- Mit der Query »Einstellungen/angebotene/abgelehnte Verträge« wird für den zuletzt gebuchten Monat des aktuellen Kalenderjahres die Anzahl aller Bewerber, die Anzahl Bewerber mit Status **einzustellen**, die Anzahl Bewerber mit Status **Vertrag angeboten** und die Anzahl Bewerber mit Status **Angebot abgelehnt** angezeigt.

- Um einen Jahresvergleich des aktuellen Jahres mit dem Vorjahr zu den Einstellungen und Verträgen zu bekommen, steht die Query »Jahresvergleich Einstellungen/angebotene/abgelehnte Verträge« zur Verfügung. Angezeigt werden die absoluten und prozentualen Abweichungen.

- Die Query »Quote Anzahl Bewerber/Einstellungen« ermittelt aus der Anzahl der Bewerber und der Anzahl der Bewerber mit Status **einzustellen** die Quote der Anzahl Bewerber zu den Einstellungen.

- Mit der Query »Quote Anzahl angebotene/abgelehnte Verträge« wird aus der Anzahl der Bewerber mit Status **Angebot abgelehnt** und der Anzahl der Bewerber mit Status **Vertrag angeboten** die Quote der angebotenen gegenüber den abgelehnten Vertragsangeboten ermittelt.

10.5 Fazit

Die Standardreports und auch der BI-Standard-Content decken schon einen großen Teil der Anforderungen der Anwender an Reports im Modul *Personalbeschaffung* ab. Leider ist auch hier die Integration mit anderen Modulen des SAP-Systems nur über SAP NetWeaver BI abbildbar. Und auch hier gilt, dass kundeneigene Infotypen oder zusätzliche Informationen aus Standardinfotypen nur durch programmierte Erweiterungen in den Reports möglich sind.

In diesem Kapitel beschreiben wir die Standardreports zur Personalabrechnung. Auf das gesetzlich vorgeschriebene Berichtswesen gehen wir nicht ein.

11 Personalabrechnung

In den folgenden Abschnitten geben wir Ihnen einen Überblick über die Standardreports, die innerhalb der deutschen Personalabrechnung zur Verfügung stehen. Die Auswertungen finden Sie im SAP Easy Access-Menü unter **Personal** • **Personalabrechnung** • **<Kontinent>** • **<Land>** • **Infosystem**. Dieser Ordner ist noch unterteilt in **Mitarbeiter**, **Organisatorische Zuordnung**, **Lohnart**, **Arbeitsgeberdarlehen**, **Statistik** und **Öffentlicher Dienst**.

SAP Easy Access-Pfad

> Nationale, gesetzlich erforderliche Berichte wie z. B. Beitragsnachweise oder die Schwerbehindertenanzeige sind in diesem Buch nicht aufgeführt. Informationen über diese Berichte finden Sie in der SAP-Bibliothek in der Dokumentation zur jeweiligen Landesversion der Personalabrechnung.

[«]

11.1 Entgeltnachweis

Der Entgeltnachweis listet für jeden Abrechnungslauf die Be- und Abzüge eines Mitarbeiters in übersichtlicher Form. Er dient vor allem dem Informationsbedarf des Mitarbeiters zu seinem Einkommen.

11.1.1 Entgeltnachweis (Standard)

Der Report für den »Entgeltnachweis« im Standard liefert die Ergebnisse eines Abrechnungslaufs in Form einer ABAP-Liste. Diese ist in der Ausgabe sehr einfach gehalten und lässt nur wenig gestalterischen Spielraum zu.

Sie können neben den Abrechnungsdaten z. B. auch persönliche bzw. allgemeine Mitteilungen aus dem Infotyp **Mitteilungen** (0128) für Ihre Mitarbeiter erfassen, die als Zusatzinformation auf den Entgeltnachweis gedruckt werden. Format, Aufbau und Inhalt der Formulare für den Entgeltnachweis bestimmen Sie im Customizing der Personalabrechnung (**Personalabrechnung** • **Abrechnung Deutschland** • **Formularwesen** • **Entgeltnachweis** • **Entgeltnachweis einrichten**).

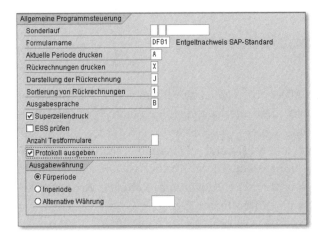

Abbildung 11.1 Selektionsbildschirm des Entgeltnachweises

Im Selektionsbildschirm (siehe Abbildung 11.1) wählen Sie die Abrechnungsperiode und den Abrechnungskreise aus, für den Sie den Entgeltnachweis drucken wollen. Die Selektion einer oder mehrerer Personalnummern ist auch möglich.

Allgemeine Programmsteuerung

Zusätzlich können Sie im Selektionsbildschirm noch Angaben zur allgemeinen Programmsteuerung machen. Folgende Parameter stehen zur Verfügung:

▶ **Formularname**
Dieses Feld enthält das vierstellige alphanumerische Kennzeichen für das Formular aus dem Customizing.

▶ **Aktuelle Periode drucken**
Dieser Parameter steuert, ob ein Formular für die Abrechnungsperiode gedruckt wird. Folgende Eingaben sind zulässig:

▸ **A** – Es wird immer ein Formular für die Abrechnungsperiode gedruckt.

▸ **D** – Es wird nur dann ein Formular für die Abrechnungsperiode gedruckt, wenn schon eine Rückrechnung gedruckt wurde oder sich eine Veränderung einer in der Tabelle T512E angeführten Lohnart, die im Feld DIFAR entsprechend gekennzeichnet ist, gegenüber der letzten Periode ergeben hat.

- F – Es wird nur dann ein Formular für die Abrechnungsperiode gedruckt, wenn eine Ausgabe in ein Formularfenster erfolgt.
- Z – Es wird nur dann ein Formular für die Abrechnungsperiode gedruckt, wenn eine kundeneigene Bedingung erfüllt ist. Dazu ist im Include RPCEDSZ9 eine Routine CHECK_PRINT_MOD mit der entsprechenden Bedingung aufzunehmen.
- Rückrechnungen drucken
- Darstellung der Rückrechnung
- Sortierung der Rückrechnungen
- Ausgabesprache
- Superzeilen ausdrucken
- ESS prüfen
- Protokoll ausgeben

Sie dürfen die Felder für den Sonderlauf nur für Off-Cycle-Abrechnungen füllen. Unter der Gruppe der Ausgabewährung bestimmen Sie, in welcher Währung die Ausgabe des Entgeltnachweises erfolgen soll.

11.1.2 Entgeltnachweis mit HR-Forms

Der Entgeltnachweis mit HR-Forms ermöglicht die Ausgabe des Entgeltnachweises mit Grafik und in unterschiedlichsten Schriftformaten. SAP hat hierzu Musterformulare ausgeliefert. Für Deutschland wählen Sie das Musterformular SAP_PAYSLIP_DE (siehe Abbildung 11.2).

Voraussetzung für den Druck des Entgeltnachweises über diese Transaktion ist, dass ein Formular im HR-Formular-Workplace (Transaktion HRFORMS) eingerichtet und generiert wurde.

Das Customizing für den Entgeltnachweis mit HR-Forms können Sie im IMG unter **Personalabrechnung · Abrechnung Deutschland · Formularwesen mit dem HR-Formular-Workplace** durchführen.

11 | Personalabrechnung

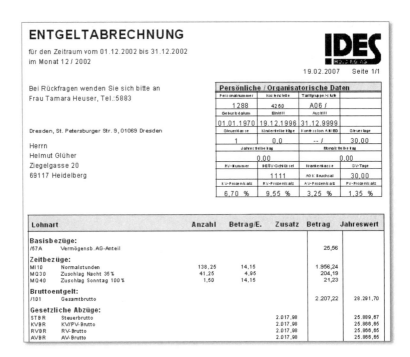

Abbildung 11.2 Beispiel zum Entgeltnachweis mit HR-Forms

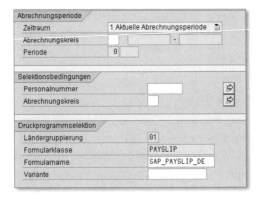

Abbildung 11.3 Selektionsbildschirm bei Aufruf des Entgeltnachweises mit HR-Forms

Startvarianten
Sie haben die folgenden drei Möglichkeiten, das ausgewählte Formular zu drucken:

▶ **Ausführen ohne Variante**
Wenn Sie im Selektionsbildschirm (siehe Abbildung 11.3) keine Variante angeben, gelangen Sie in das Reportselektionsbild des

Formulars, wo Sie weitere Selektionsbedingungen und Ausgabeparameter eingeben können, wie z. B. den Andruck von Rückrechnungen. Die Parameter haben Sie vorher im Customizing bestimmt. Ein Beispiel für weitere Parameter ist in Abbildung 11.4 zu sehen.

- **Ausführen mit Variante**
  Wenn Sie eine Variante bereits angelegt haben, können Sie diese mithilfe der F4 -Taste auswählen und den Druck direkt starten.

- **Ausführen mit kundeneigener Transaktion**
  Sie können eine kundeneigene Transaktion anlegen, d. h. eine Kopie der Standardtransaktion, in der Sie über die Parameter die Art des Drucks bestimmen können. Details können Sie der Dokumentation der Standardtransaktion entnehmen.

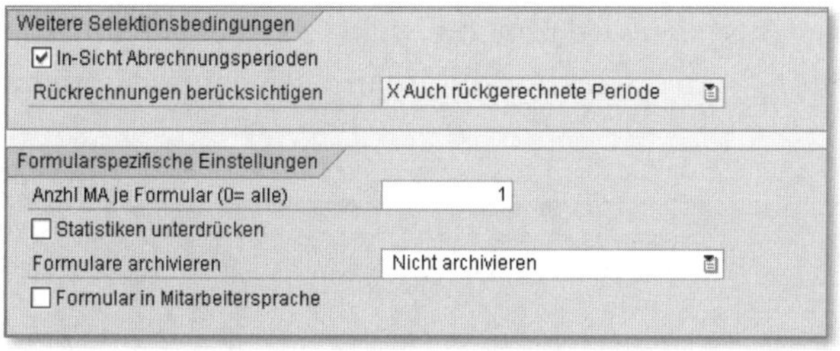

Abbildung 11.4 Weitere Selektionsbedingungen und Ausgabeparameter

11.2 Auswertungen zu den Infotypen und Ergebnissen der Personalabrechnung

Mit den Auswertungen zu den Infotypen und Abrechnungsergebnissen der Mitarbeiter wird die tägliche Arbeit der Personalabrechner des Unternehmens unterstützt. Die nachfolgenden Auswertungen sind nur ein kleiner Ausschnitt der vielen Reports im Standard, die neben dem Informationsbedarf der Mitarbeiter und des Unternehmens auch den Informationsbedarf externer Stellen befriedigen.

11.2.1 Lohnjournal

Der Report »Lohnjournal« enthält detaillierte, ausgewählte Abrechnungsdaten für mehrere Mitarbeiter, die in einem bestimmten Zeitraum oder einer ausgewählten Abrechnungsperiode erstellt wurden. Sie können mit dem Lohnjournal z. B. Fehler, die im Abrechnungslauf aufgetreten sind, aufdecken oder Abrechnungsdaten einer organisatorischen Einheit summieren. Zusätzlich können Sie das Lohnjournal auch als zusätzliches, detailliertes Kontrollmedium für Revisionszwecke verwenden.

[»] Das Lohnjournal dient nicht als Grundlage für Abstimmungen mit dem Finanzwesen und Controlling. Hierzu nutzen Sie die entsprechenden Überleitungsreports.

Der Aufbau des Lohnjournals ist frei gestaltbar. Eine ausführliche Dokumentation zum Einrichten der Lohnjournalbestandteile erhalten Sie im Einführungsleitfaden unter **Personalabrechnung • Abrechnung Deutschland • Formularwesen • Lohnjournal • Lohnjournalformulare einrichten**.

Die Gestaltung der Ausgabe wird über die weiteren Angaben und die Ausgabeaufbereitung im Selektionsbildschirm bestimmt (siehe Abbildung 11.5).

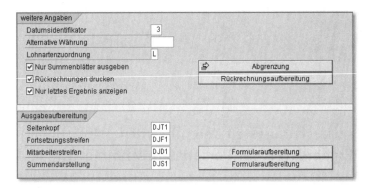

Abbildung 11.5 Aufbereitungsparameter zum Lohnjournal

Ausgabesteuerung

Folgende Möglichkeiten bestehen zur Ausgabe des Lohnjournals unter den weiteren Angaben:

- **Datumsidentifikator**
  Der Datumsidentifikator legt fest, welche Datumsart für die Entscheidung, ob ein Abrechnungsergebnis in dem angegebenen Zeitraum liegt, relevant ist.
  - 01 – Zahltag
  - 02 – Datum des Abrechnungslaufs
  - 03 – Periodenendedatum

Die Angabe in diesem Feld wird ignoriert, wenn das Programm nur für eine Abrechnungsperiode gestartet wird.

- **Lohnartenzuordnung**
  Mit diesem Parameter legen Sie fest, wie Lohnarten, die nicht splitgenau gespeichert sind, für die Auswertung herangezogen werden sollen:
  - **F** – Zuordnung zu erstem Arbeitsplatz/Basisbezugszeitraum
  - **L** – Zuordnung zu letztem Arbeitsplatz/Basisbezugszeitraum
  - **space** – Keine Zuordnung

- **Nur Summenblätter ausgeben**
  Ist dieses Feld markiert, werden lediglich Summendarstellungen ausgegeben und keine Mitarbeiterstreifen gedruckt. Mit dem Button **Abgrenzung** neben diesem Feld bestimmen Sie die Summenstufen (z. B. **Buchungskreis**, **Personalbereich** und **Kostenstelle**).

- **Rückrechnung drucken**
  Mit diesem Parameter bestimmen Sie, ob Rückrechnungen gedruckt werden sollen. Mit dem Button **Rückrechnungsaufbereitung** neben diesem Parameter steuern Sie die Art des Rückrechnungsandrucks und die Sortierung der Lohnarten beim Andruck.

- **Nur letztes Ergebnis anzeigen**
  Ist dieses Feld markiert, wird pro Personalnummer lediglich das letzte Abrechnungsergebnis im gewählten Zeitraum dargestellt. Andernfalls werden alle Abrechnungsergebnisse im angegebenen Zeitraum ausgegeben.

Für die Erstellung des Lohnjournals werden die Datensätze der Personalabrechnung ausgewertet, deren *In-Periode* in dem angegebenen Zeitraum liegt. Rückrechnungsdifferenzen, die für eine bestimmte Abrechnungsperiode entstanden sind, werden erst mit der Abrechnungsperiode im Lohnjournal ausgewertet, in der die Rückrechnung stattgefunden hat. Die ausgewählten Abrechnungsergebnisse werden entsprechend der *In-Periodensicht* nacheinander in dem Formular aufgeführt. Abbildung 11.6 zeigt die Ausgabe eines Lohnjournals entsprechend den Parametern aus Abbildung 11.5.

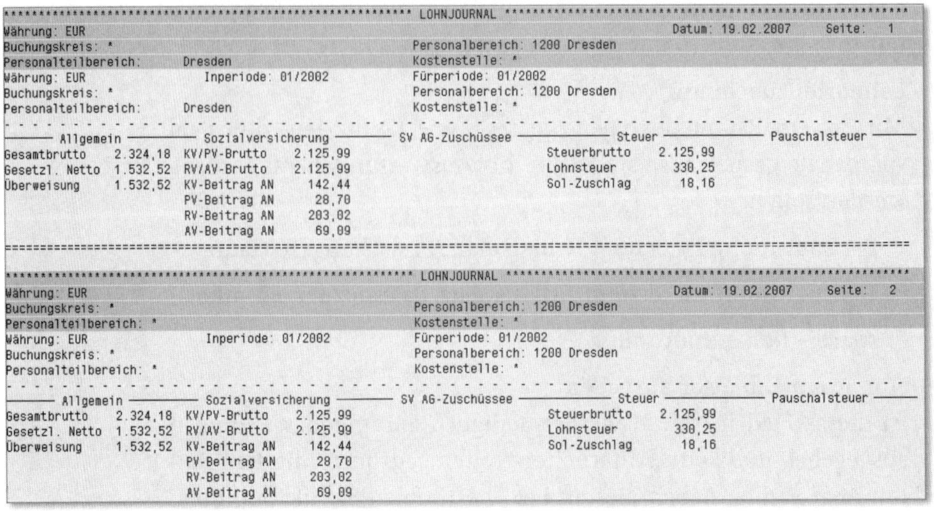

11 | Personalabrechnung

![Lohnjournal Ausgabe]

Abbildung 11.6 Ausgabe eines Lohnjournals

11.2.2 Lohnkonto

Mit dem Report »Lohnkonto« erhalten Sie eine formatierte Aufstellung der Lohnarten über einen bestimmten Zeitraum. Diese Zusammenstellung ist nach Personalnummern sortiert. Damit erfüllen Sie z. B. in Deutschland die steuerlichen und sozialversicherungsrechtlichen Anforderungen des Gesetzgebers. Er kann aber auch zu internen Revisionszwecken genutzt werden.

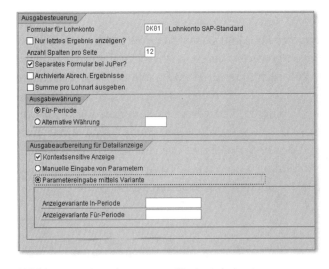

Abbildung 11.7 Ausgabesteuerung für das Lohnkonto

Die Ausgabe des Lohnkontos gestalten Sie im Customizing des IMG unter **Personalabrechnung • Abrechnung Deutschland • Formularwesen • Lohnkonto • Lohnkonto einrichten**.

Customizing

Im Selektionsbildschirm können Sie die Art der Ausgabe mit der **Ausgabesteuerung** (siehe Abbildung 11.7) über die folgenden Parameter bestimmen:

Ausgabesteuerung

- **Formular für Lohnkonto**
  Dieses Feld enthält den Kurznamen des im Customizings erstellten Formulars für das Lohnkonto. Ausgeliefert wird als Musterformular für die Abrechnung Deutschland das Formular DK01 (Lohnkonto SAP-Standard).

- **Nur letztes Ergebnis anzeigen**
  Ist dieser Parameter nicht markiert, werden bei Rückrechnungen die Differenzen der Beträge mit Angabe der In-Periode aufgeführt. Bei der Angabe der Sozialversicherungs- und Steuerdaten werden die ursprünglichen und die geänderten Kennzeichen angegeben. Im Einzelnen sind dies der SV-Schlüssel, der DEÜV-Schlüssel, der DEÜV-Personengruppenschlüssel, die monatlichen und jährlichen Freibeträge, die zusätzlichen monatlichen und jährlichen Freibeträge, die Steuerklasse, die Kinderfreibeträge und die Konfessionsdaten des Arbeitnehmers und des Ehegatten. Ist der Parameter markiert, wird pro Periode der aktuelle Satz ausgegeben.

- **Anzahl Spalten pro Seite**
  Es können mehrere Perioden gleichzeitig ausgegeben werden. Die Anzahl der angezeigten Perioden ergibt sich aus dem Datenauswahlzeitraum. Mehr als zwölf Spalten nebeneinander können aber nicht angezeigt werden. Bei der Auswahl von mehr als zwölf Monaten werden die restlichen Monate auf einer neuen Seite angedruckt.

- **Summe pro Lohnart ausgeben**
  Wenn Sie diesen Parameter markieren, erhalten Sie in der Gesamtansicht zum Lohnkonto eine zusätzliche Summenzeile bei Rückrechnungen. Voraussetzung ist, dass im Customizing zum Lohnkonto diese speziellen Zeilen mit dem *Splitkennzeichen* **B** eingerichtet worden sind.

```
Lohnkonto            1000 IDES AG              1200 Dresden              Währung: DEM   Datum: 19.02.2007 Seite: 01

Persnr.: 00001288              Geburtsdatum : 01.01.1970   Beschaeft.Art: 632 01    Tarifgebiet  : Sachsen
                               Eintr.-Datum : 01.01.1994   Rentenvers.Nr:           Finanzamt    : Heidelberg
Helmut Glüher                  Austr.-Datum :              Rentenbezug  : Nein      Ausst.Gemeinde: 69190 Walldorf, Stadt
Ziegelgasse 20                 Staatsangeh. : deutsch      Vorruhestand : Nein      Kirchengebiet : Baden-Württemberg
69117 Heidelberg               Familienstand: ledig        Mitglieds.Nr.:           Konfession    : nicht KiSt.pflichtig
                               Kostenstelle : 4260         Mehrf.besch. : Nein
```

LG-A Kurztext	Gesamt	01/2001 Januar	02/2001 Februar	03/2001 Maerz	04/2001 April	05/2001 Mai	06/2001 Juni	07/2001 Juli	08/2001 August	09/2001 September	10/2001 Oktober	11/2001 November	12/2001 Dezember
T001 Freib.Mo		0,01-	0,01-	0,01-	0,01-	0,01-	0,01-	0,01-	0,01-	0,01-	0,01-	0,01-	0,01-
T002 Freib.Ja		0,01-	0,01-	0,01-	0,01-	0,01-	0,01-	0,01-	0,01-	0,01-	0,01-	0,01-	0,01-
T010 Frb.mo.z		0,01-	0,01-	0,01-	0,01-	0,01-	0,01-	0,01-	0,01-	0,01-	0,01-	0,01-	0,01-
T011 Frb.ja.z		0,01-	0,01-	0,01-	0,01-	0,01-	0,01-	0,01-	0,01-	0,01-	0,01-	0,01-	0,01-
T003 Steuerkl		1	1	1	1	1	1	1	1	1	1	1	1
T005 KiSt AN													
V001 Krk MA		AOK/BR	AOK/BR	AOK/BR	AOK/BR	AOK/BR	AOK/BR	AOK/BR	AOK/BR	AOK/BR	AOK/BR	AOK/BR	AOK/BR
V002 SV-S amt		1111	1111	1111	1111	1111	1111	1111	1111	1111	1111	1111	1111
V003 DEÜV-SL		632 01	632 01	632 01	632 01	632 01	632 01	632 01	632 01	632 01	632 01	632 01	632 01
V016 DEÜV-PGR		102	102	102	102	102	102	102	102	102	102	102	102
/3A3 SV-Tg AV	360,00	30,00	30,00	30,00	30,00	30,00	30,00	30,00	30,00	30,00	30,00	30,00	30,00
/3K3 SV-Tg KV	360,00	30,00	30,00	30,00	30,00	30,00	30,00	30,00	30,00	30,00	30,00	30,00	30,00
/3R3 SV-Tg RV	360,00	30,00	30,00	30,00	30,00	30,00	30,00	30,00	30,00	30,00	30,00	30,00	30,00
/3PZ SV-Tg PV	360,00	30,00	30,00	30,00	30,00	30,00	30,00	30,00	30,00	30,00	30,00	30,00	30,00
/101 Gesamtbr	10621387	941759	771292	894994	835661	1000922	965095	916500	909843	765787	770349	1037944	811241
/102 Ltd. Ent	8979246	814779	693550	818941	746183	822041	751287	803122	800385	690388	693587	609753	735230
/103 Einm.Zah	467555						116889				350666		
/313 KV-B.1.S	7787253	652500	652500	652500	652500	652500	652500	652500	652500	652500	609753	652500	

Abbildung 11.8 Lohnkonto (Formular DK01)

Abbildung 11.8 zeigt die Ausgabe eines Lohnkontos mit dem Formular DK01. Es wird nur das letzte Abrechnungsergebnis angezeigt. Zu jeder Spalte, die einer Periode zugeordnet ist, kann eine Detailanzeige (Entgeltnachweis) ausgewählt werden. Die Aufbereitung des Entgeltnachweises (siehe Abschnitt 11.1.1) kann im Selektionsbildschirm in einer Variante abgelegt sein oder manuell bestimmt werden. Hierzu müssen Sie den Parameter **Manuelle Eingabe von Parametern** markieren. Dann erhalten Sie die Aufbereitungsoptionen zum Entgeltnachweis, wie in Abbildung 11.1 dargestellt.

11.2.3 Be- und Abzüge

Der Report »Be- und Abzüge« erzeugt eine Liste, die Be- und Abzüge von Mitarbeitern anzeigt. Sie können die Lohn-/Gehaltsarten und auszuwertenden Infotypen im Selektionsbildschirm einschränken. Ausgewertet werden folgende Infotypen:

- Basisbezüge (0008)
- Vermögensbildung (0010)
- Externe Überweisung (0011)
- Wiederkehrende Be- und Abzüge (0014)

- Ergänzende Zahlungen (0015)
- Verdienstsicherung (0052)

Sie können mit dem Parameter **Ausgabe in ALV-Liste** wählen, in welcher Form die Liste ausgegeben werden soll, entweder als ABAP-Liste oder ALV Grid. Abbildung 11.9 zeigt die Ausgabe als ABAP-Liste.

```
Stichtag: 10.02.2001

Pernr   Name                            Tätigkeit        Ta Tg Tarifgru Ts
Infotyp                                 Subtyp              Ob Beginndatum Endedatum
Grund
     Lohnart           Betrag           Währ    A Anzahl    Einheit  %-Differenz

00001283 Helmut Leuchter                Facharbeiter     40 16 L10

0008 Basisbezüge                   0    Basisvertrag              10.02.2001-10.02.2001
03 Änderung der Bezüge
     MC10 Tarifmonatslohn    5.853,80   DEM       0,00                     0,00
     MC20 Tarifzulage Monatsl  157,33   DEM       2,50 Prozent             0,00
     MC30 freiwillige Zul. Mo 3.300,00  DEM       0,00                     0,00
     **** Summe              9.311,13   DEM       0,00                     0,00

0010 Vermögensbildung              1    1. Vertrag                10.02.2001-10.02.2001

     M760 Vermögensw. Leistun   50,00   DEM    A  1,00                     0,00

0014 Wiederkehrende Be-/Abzüge     M110                            10.02.2001-10.02.2001

     M110 Urlaubsgeld          997,67   DEM       0,00                     0,00

0014 Wiederkehrende Be-/Abzüge     M120                            10.02.2001-10.02.2001

     M120 Weihnachtsgeld     2.993,00   DEM       0,00                     0,00
```

Abbildung 11.9 Ausgabe der Be- und Abzüge eines Mitarbeiters (ABAP-Liste)

Fehler z. B. beim Customizing werden in der Ausgabeliste mit der Funktion **Fehlerliste** angezeigt.

11.2.4 Auswertung der Pfändungsergebnisse

Mit dem Report »Auswertung der Pfändungsergebnisse« erhalten Sie verschiedene Auswertungen über die Ergebnisse von Pfändungen/Abtretungen der Mitarbeiter.

Möchten Sie die Informationen nur für bestimmte Pfändungen/Abtretungen erhalten, müssen Sie die Pfändungsart und/oder die Pfändungsnummer im Selektionsbildschirm einschränken. Es werden die Ergebnisse angezeigt, die in der im Selektionsbild ausgewählten Periode die aktuellsten waren. Abbildung 11.10 zeigt die Ausgabeoberfläche mit der Auswahl einer Periode eines Mitarbeiters im Baum.

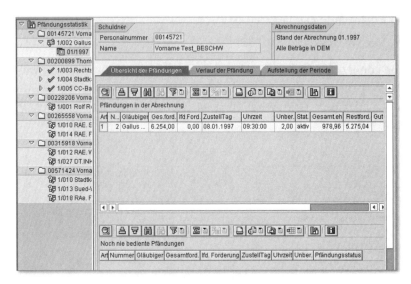

Abbildung 11.10 Pfändungsstatistik für mehrere Mitarbeiter

Die Symbole im Baum für die Pfändungen haben dabei die folgende Bedeutung:

- ✓

  bereits getilgte Pfändungen

- 🚩

  Pfändungen in der Abrechnung, die noch nicht getilgt sind

-

  noch nie bediente Pfändungen

Durch Auswahl der **Pfändungsstatistik** im Baum wird die **Gesamtstatistik** im Anzeigebereich angezeigt (siehe Abbildung 11.11). Diese beinhaltet Informationen zu allen im Selektionsbild gewählten Personalnummern und zur Anzahl von Personen mit Pfändungen. Die Pfändungen werden aufgeteilt nach Pfändungsart und nach Stellung der Pfändung in der Abrechnung bzw. den Stammdaten. Wird der Report für mehrere Personalnummern mit Pfändungen gestartet, erscheint zuerst die Gesamtstatistik im Anzeigebereich.

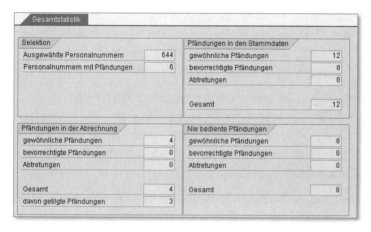

Abbildung 11.11 Gesamtstatistik

Die Selektion einer **Personalnummer** im Baum bewirkt das Einblenden der Übersicht der Pfändungen. Der Verlauf der Pfändung und die Aufstellung der Periode sind ausgeblendet. Alle Pfändungen, aufgeteilt nach Pfändungen in der Abrechnung und noch nie bedienten Pfändungen, werden auf dem Anzeigebildschirm dargestellt.

- Für **Pfändungen in der Abrechnung** werden Angaben zu Gläubiger, Gesamteinhaltung, Restforderung, laufender Forderung, Guthaben, Anzahl Unterhaltsberechtigter, Pfändungsstatus, Zustelltag und -zeit ausgegeben.

- **Nie bediente Pfändungen** werden mit Angaben zu Gläubiger, Gesamtforderung, laufender Forderung, Anzahl Unterhaltsberechtigter, Pfändungsstatus, Zustelltag und -zeit angegeben.

Die Selektion einer bereits bedienten Pfändung im Baum bewirkt das Anzeigen des Pfändungsverlaufs. In der Übersicht der zugehörigen Personalnummer kann geblättert werden, während die Aufstellung der Periode nicht sichtbar ist. Bei Auswahl einer noch nie bedienten Pfändung wird die Übersicht der zugehörigen Personalnummer geöffnet.

Es werden alle Perioden einer Pfändung dargestellt, für die eine Überweisung stattfand oder ein Guthaben einbehalten wurde. Die Ausgabe enthält Angaben zu Forderung, Einhaltung, Restforderung, Guthaben, Arbeitgeberkosten, Einhaltung Arbeitgeberkosten und Arbeitgeberrestkosten pro Periode.

Die Selektion einer **Periode** im Baum bewirkt die Anzeige der Aufstellung der Periode. Durch Blättern in den Registerkarten können Sie in die Übersicht der zugehörigen Personalnummer oder in den Verlauf der zugehörigen Pfändung verzweigen.

Druckausgabe

Die **Druckausgabe** erfolgt entweder für die markierte Personalnummer oder für alle im Selektionsbild ausgewählten Personalnummern. Zur Druckausgabe können Sie in einem Auswahlfenster (siehe Abbildung 11.12) bestimmen, ob nur für eine oder alle Personalnummern die Druckausgabe erfolgen soll:

- Für eine Personalnummer kann der Verlauf der markierten Pfändung oder die Aufstellung der markierten Periode ausgedruckt werden.
- Die Druckausgabe für mehrere Schuldner kann als Übersicht, Verlauf und/oder Aufstellung erfolgen. Es werden die Übersicht für alle Personalnummern, der Verlauf für alle Pfändungen und/oder die Aufstellung für die im Selektionsbild gewählte Periode für alle Pfändungen gedruckt. Bei Auswahl der Gesamtstatistik werden alle auf dem gleichnamigen Anzeigebildschirm vorhandenen Informationen ausgedruckt.

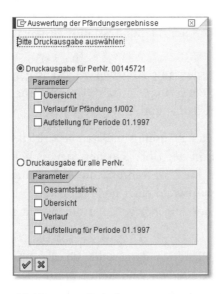

Abbildung 11.12 Dialogfenster zur Druckausgabe

11.2.5 Bankverbindungen

Sie können sich mit diesem Bericht Bankverbindungen, die in folgenden Infotypen und Subtypen abgelegt sind, anzeigen lassen:

- Bankverbindung (0009)
- Vermögensbildung (0010)
- Externe Überweisungen (0011)

Unter **weitere Angaben** können Sie die Selektion weiter berichtsspezifisch nach Infotyp, Subtyp, Bankland und Bankenschlüssel einschränken.

Die Liste ist nach Mitarbeitern sortiert. Wenn Sie mehrere Infotypen für die Selektion zugelassen haben, listet das System die Bankverbindungsdaten getrennt nach Infotypen und Subtypen auf. Neben der Anschrift des Mitarbeiters werden die Daten des Empfängers und die Bankdaten angedruckt.

11.2.6 Lohnarten-Reporter

Der Report »Lohnarten-Reporter« wertet Lohnarten aus den Abrechnungsergebnissen für einen bestimmten Zeitraum aus. Es handelt sich dabei nur um Daten aus den Tabellen RT (Result Table) und WPBP (Work Place Basic Pay).

Im Gruppenrahmen **Selektion** stehen die Standardselektionsfelder der logischen Datenbank PNP zur Verfügung. Die Selektion nach organisatorischen Kriterien in diesen Feldern muss nicht einer Selektion von Abrechnungsergebnissen für die gewählte organisatorische Einheit entsprechen, insbesondere bei rückwirkenden Stammdatenänderungen können hier Unterschiede auftreten. Es empfiehlt sich, Objekte, nach denen selektiert wurde, auch in die Objektauswahl mit einzubeziehen.

Im Gruppenrahmen **Abrechnungszeitraum** geben Sie den Zeitraum ein, für den Sie die Lohnarten auswerten wollen. Dieser kann mehr als einen Abrechnungsmonat umfassen. Wenn Sie den Button **Abrechnungsperiode** anklicken, können Sie den auszuwertenden Abrechnungszeitraum über die Periode einschränken. Weiterhin können Sie einen Vergleich zwischen regulären Abrechnungen durchführen und darstellen. Zusätzlich können Sie die anzuzeigenden Daten über die absolute und prozentuale Abweichung von

Betrag und Anzahl einschränken. Abbildung 11.13 zeigt die Auswahl über die Abrechnungsperiode.

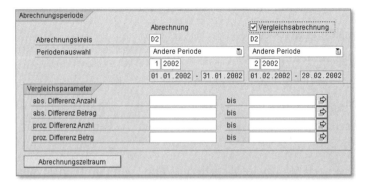

Abbildung 11.13 Selektion »Vergleich zweier Abrechnungen«

Wenn Sie eine Vergleichsrechnung durchführen, werden sowohl die Daten aus den beiden Vergleichsabrechnungen als auch die absoluten und prozentualen Abweichungen zwischen Anzahl und Betrag in der Liste ausgegeben.

Wenn Sie im Gruppenrahmen **Zeitraumbestimmung** das Feld **In-Periodensicht** oder **Für-Periodensicht** aktivieren, wird die Liste in der gewählten Sicht erstellt.

Bei **In-Periodensicht** werden alle Ergebnisse selektiert, die in diesem Zeitraum zustande kamen, wobei für die Zeitraumzuordnung das Periodenendedatum ausschlaggebend ist. Eine Abrechnung im Februar 2006 für Dezember 2005 würde in obigem Beispiel herangezogen werden, eine Abrechnung im Mai 2006 für Februar 2006 jedoch nicht.

Bei **Für-Periodensicht** werden alle Ergebnisse selektiert, die für den gewählten Zeitraum zustande kamen, wobei für die Zeitraumzuordnung das Zahldatum der Periode ausschlaggebend ist. Eine Abrechnung im Februar 2006 für Dezember 2005 würde jetzt nicht herangezogen werden, jedoch eine Abrechnung im Mai 2006 für Februar 2006.

Wenn Sie im Gruppenrahmen **Weitere Selektion** keine Lohnart angeben, werden alle Lohnarten selektiert, die in der Ergebnistabelle (RT) für das gewählte Abrechnungsergebnis enthalten sind. Außerdem legen Sie hier fest, ob Sie auch archivierte Daten und Sätze mit Nullwerten sehen möchten.

Mit der Funktion **Objektwahl** legen Sie fest, welche Objekte als Spalten in der Liste erscheinen und welche Objekte verdichtet werden. Die ausgewählten Objekte werden als Spalten in der Liste ausgegeben und über die nicht gewählten Objekte hinweg verdichtet.

Im Gruppenrahmen **Ausgabe** geben Sie an, ob Sie die Lohnartenliste mit dem SAP List Viewer, dem ALV Grid Control oder mit Microsoft Excel erstellen wollen. Abbildung 11.14 zeigt die Ausgabe der Liste als ALV Grid Control.

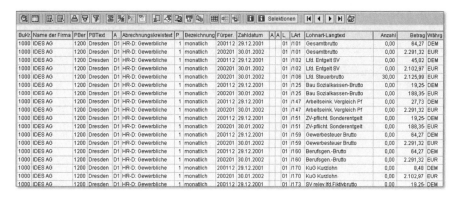

Abbildung 11.14 Ausgabe des Reports »Lohnarten-Reporter« (ALV Grid Control)

11.3 Werkzeuge der Personalabrechnung

Mit der Auswertung zur Ermittlung eines Nettoeinkommens und der Anzeige des Abrechnungsergebnisses der Mitarbeiter liefert SAP Werkzeuge zur Unterstützung der Personalabrechner, um z. B. Informationen über das voraussichtliche Nettoeinkommen eines Mitarbeiters geben zu können, ohne seine Daten zu verändern, oder eine Übersicht über alle Informationen aus dem Abrechnungslauf zu einem Mitarbeiter zu erhalten.

11.3.1 Nettoeinkommen auf Monatsbasis

Mit dem Report »Nettoeinkommen auf Monatsbasis« kann, ausgehend von einem laufenden monatlichen Bruttobetrag, unter Berücksichtigung der angegebenen Steuer- und SV-Kennzeichen der Nettobetrag ermittelt werden. Einmalzahlungen, sonstige Bezüge oder pauschal zu versteuernde Bezüge werden in diesem Report nicht berücksichtigt.

Diesen Report finden Sie im SAP Easy Access-Menü unter **Personal · Personalabrechnung · <Kontinent > · <Land> · Infosystem · Mitarbeiter**. Sie steht zwar unter **Mitarbeiter**, ist jedoch unabhängig von einer Personalnummer.

Teilbereiche des Selektionsbildschirms

Der Selektionsbildschirm gliedert sich in folgende Gruppen:

▶ **Allgemeine Angaben**
In dem Bruttobetrag sollten die in der zweiten Zeile eingegebenen Versorgungsbezüge enthalten sein. Die Versorgungsbezüge bilden die Berechnungsgrundlage für den Versorgungsfreibetrag. Zusätzlich geben Sie die Werte zur Berechnung des Steuer- und Sozialversicherungsbeitrags ein.

▶ **Steuermerkmale**
Neben den Steuermerkmalen der Steuerkarte haben Sie die Möglichkeit, das Altersentlastungskennzeichen zu setzen, wenn Sie die Berechnung für einen Arbeitnehmer durchführen wollen, der zu Beginn des Kalenderjahres bereits das 64. Lebensjahr vollendet hat. Geben Sie zusätzlich noch das Erstjahr ein, ab dem der Altersentlastungsbetrag nach §24a EStG für Arbeitslohn gewährt wird.

▶ **SV-Attribute**
Für die Berechnung der Sozialversicherung geben Sie zunächst den SAP-internen SV-Schlüssel ein.

Mit der Markierung des West-Ost-Kennzeichens für den Arbeitsplatz bestimmen Sie, welche Beitragsbemessungsgrenzen in der Rentenversicherung für den Arbeitnehmer in Abhängigkeit vom Bundesgebiet maßgebend sind.

Bezüglich der Angabe der Krankenkasse haben Sie zwei Möglichkeiten, den Krankenversicherungsprozentsatz zu bestimmen. Entweder geben Sie den Prozentsatz im Feld **KV-Prozentsatz** ein, oder über den Namen einer Krankenkasse im Feld **Krankenkasse** wird der Wert aus den dazugehörigen Tabellen ermittelt.

Eintragungen im Abschnitt **Freiwillige Versicherungen** machen nur Sinn, wenn der entsprechende SV-Schlüssel hinterlegt wurde.

Die Ankreuzfelder **Privat krankenversichert** und **Befreit/unter Jahresentgeltgrenze** können nur angekreuzt werden, wenn der entsprechende SV-Schlüssel (KV 5 oder 6) eingegeben wurde.

Falls das Steuerbrutto vom Bruttobetrag abweicht (z. B. aufgrund des persönlichen Freibetrags, erscheint im Anschluss des Ausgabefeldes

Werkzeuge der Personalabrechnung | 11.3

für die Lohnsteuer eine Lupe. Durch Anklicken der Lupe erfahren Sie das für die Steuerberechnung maßgebliche Steuerbrutto.

Abbildung 11.15 Ausgabe einer Nettoberechnung

11.3.2 Anzeige der Abrechnungsergebnisse

Mit dem Report »Anzeigen von Abrechnungsergebnissen« werden Ihnen zu einer oder mehreren Personalnummern die zugehörigen Abrechnungsergebnisse angezeigt. Diese Auswertung finden Sie im SAP Easy Access-Menü unter **Personal • Personalabrechnung • <Kontinent> • <Land> • Werkzeuge**.

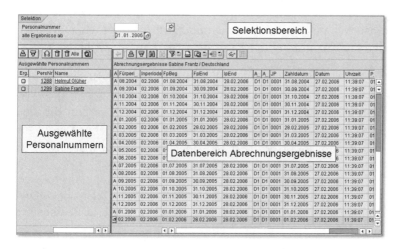

Abbildung 11.16 Bildschirm »Anzeige Abrechnungsergebnisse«

281

Der Bildschirm, den Sie in Abbildung 11.16 sehen, unterteilt sich in die Bereiche **Selektion**, **Ausgewählte Personalnummern** und **Abrechnungsergebnisse**.

Geben Sie im Bereich **Selektion** im Feld **Personalnummer** die Personalnummern ein, deren Abrechnungsergebnisse Sie anzeigen wollen, und wählen Sie **Übernehmen**. Mit der Eingabe eines Datums im Feld **Alle Ergebnisse ab** zeigt das System alle Abrechnungsergebnisse an, für die der Beginn der *Für-Periode* oder das Ende der *In-Periode* im angegebenen Zeitraum liegt.

Das System zeigt die ausgewählten Personalnummern im Bereich **Ausgewählte Personalnummern** an. Standardeinstellung für die Anzeige der ausgewählten Personalnummern ist der aufbereitete Name aus dem Infotyp **Organisatorische Zuordnung** (0001). Wenn Sie die sortierfähigen Namen aus dem Infotyp **Daten zur Person** (0002) anzeigen wollen, wählen Sie die Funktion **Vor- und Nachname**. Das Symbol in der Spalte **Erg.** informiert Sie darüber, ob im gewählten Zeitraum Ergebnisse vorhanden sind:

- ⬤ – Ergebnisse im gewählten Zeitraum vorhanden
- ■ – keine Ergebnisse im gewählten Zeitraum vorhanden
- ◆ – keine Berechtigung, vorhandene Ergebnisse anzuzeigen

Wenn Sie die zu einer der Personalnummern aus der Liste vorhandenen Abrechnungsergebnisse sehen wollen, markieren Sie die Personalnummer. Die vorhandenen Abrechnungsergebnisse werden dann im rechten Bildschirmbereich angezeigt. Um Personalnummern aus der Liste der angezeigten Personalnummern zu entfernen, markieren Sie die Personalnummern und wählen **Löschen** oder **Alle löschen**.

Für die Übersicht der Abrechnungsergebnisse können Sie ein persönliches Standardlayout einrichten und sichern. Die Ergebnisse werden dann immer in diesem Layout angezeigt, wenn Sie den Report starten. Für jedes Land gibt es ein vorgegebenes Layout für die relevanten länderspezifischen Felder. Dieses wird angezeigt, falls Sie kein persönliches Standard-Layout gesichert haben.

In der Übersicht der Abrechnungsergebnisse erhalten Sie allgemeine Informationen über die Abrechnungsergebnisse wie z. B. über die Aktualität des Abrechnungsergebnisses, die In-Periode und die Für-Periode.

Das Aktualitätskennzeichen in der ersten Spalte enthält die Information, wie alt ein Abrechnungsergebnis ist. Es gibt drei Ausprägungen, die das Kennzeichen annehmen kann:

- **Ausprägung A**
  Das Abrechnungsergebnis ist durch die letzte Abrechnung entstanden und deshalb aktuell.

- **Ausprägung P**
  Das Abrechnungsergebnis wurde durch eine Rückrechnung von einem neuen Satz abgelöst. Es ist also der Vorgänger des aktuellen Satzes.

- **Ausprägung O**
  Das Abrechnungsergebnis ist durch mindestens zwei Rückrechnungen abgelöst worden, und der Satz ist deswegen nicht mehr aktuell oder der Vorgänger des aktuellen Satzes.

Wenn Sie die Tabellen zu einem Abrechnungsergebnis anzeigen wollen, markieren Sie dieses Abrechnungsergebnis, und wählen Sie **Übersicht anzeigen**. Das System zeigt die Übersicht aller für das jeweilige Land des Mitarbeiters relevanten Tabellen dieses Abrechnungsergebnisses (siehe Abbildung 11.17) sowie die Anzahl der Einträge pro Tabelle an.

Sabine Frantz / Seq.nr. 00597 (01.02.2006 - 28.02.2006)		
Name	Bezeichnung	Zahl
VERSION	Erstellungsinformationen	1
PCL2	Update-Informationen PCL2	1
VERSC	Statusinformationen der Abrechnung	1
WPBP	Arbeitsplatz/Basisbezüge	1
RT	Ergebnistabelle	98
RT_	Ergebnistabelle (komprimierte Darstellun	98
CRT	Kumulierte Ergebnistabelle	29
BT	Zahlungsinformationen	2
SV	Sozialversicherung	1
ST	Steuer	1
SCRT	Kumulierte RT für Steuer	8
XIT	Erweiterte IT	36
DUV	DEÜV-Stammdaten	1
TL	Tagesleiste	4
NAME	Abrechnungsergebnis: Namen des Mitarbeiters	1
PERM	Abrechnungsergebnis: Persönliche Merkmale	1
ADR	Abrechnungsergebnis: Adresse	1
MODIF	Modifikatoren	1

Abbildung 11.17 Tabellen zu einem Abrechnungsergebnis

Sie können auch die Tabellen anzeigen, die für das gewählte Abrechnungsergebnis keine Einträge enthalten. Wählen Sie hierzu im Menü **Tabellen • Leere Tabellen • Anzeigen**.

Sie können eine oder mehrere Zeilen der Übersicht markieren. Halten Sie hierzu die Taste [Strg] gedrückt, und markieren Sie die entsprechende Tabelle. Wählen Sie anschließend **Inhalt anzeigen**. Sie gelangen auf das Bild **Tabellen/Feldleisten des Abrechnungsergebnisses** und sehen den Inhalt der ausgewählten Tabellen für das jeweilige Abrechnungsergebnis (siehe Abbildung 11.18).

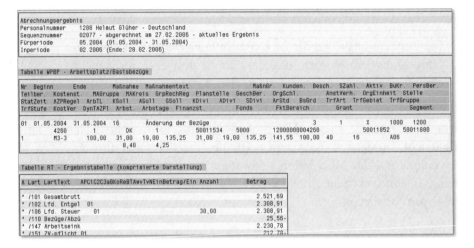

Abbildung 11.18 Inhalt der Tabellen WPBP und RT

Diese Auswahl können Sie bis zum Verlassen des Programms abspeichern, indem Sie die Funktion **Auswahl sichern** wählen. Wenn Sie zu einem Abrechnungsergebnis bereits eine bestimmte Auswahl an Tabellen gesichert haben, können Sie in der Übersicht der Abrechnungsergebnisse über die Funktion **Inhalt anzeigen** direkt in die Anzeige der ausgewählten Tabellen springen.

Sie können von hier aus auch in die Anzeige oder Pflege der Personalstammdaten wechseln. Wählen Sie hierzu **Springen • Personalstammdaten • Anzeigen** oder **Springen • Personalstammdaten • Pflegen**.

Ebenfalls können Sie Darlehenslohnarten in die Anzeige mit einbeziehen, indem Sie **Tabellen • Darlehen • Anzeigen** wählen. Damit ersetzt dieser Report den Report »Ausdruck von Darlehensergebnissen« (RPCLSTO).

11.4 SAP NetWeaver BI-Standard-Content

Der BI-Standard-Content für die Personalabrechnung (siehe Abbildung 11.19) enthält die InfoCubes:

- Mitarbeitergenaue Abrechnungsdaten
- Abrechnungsbelege
- Revisionsinformationen zu kostenrechnungsrelevanten Buchungen
- MultiCube (Zeit- und Abrechnungsdaten)

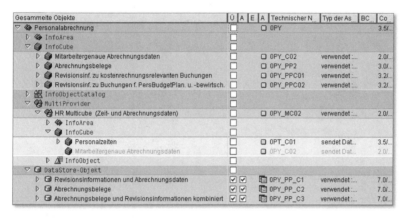

Abbildung 11.19 BI-Standard-Content zur Personalabrechnung

11.4.1 InfoCube »Mitarbeitergenaue Abrechnungsdaten«

Der InfoCube **Mitarbeitergenaue Abrechnungsdaten** enthält Lohnarten mit Ländergruppierung mit den Kennzahlen **Betrag** und **Anzahl**. Es fehlt jedoch das Feld **Betrag/Einheit**, was bei verschiedenen Themenstellungen den Stundensatz, der in diesem Feld gespeichert wird, vermissen lässt. Die Vorgabe der Ländergruppierung ermöglicht den internationalen Einsatz des InfoCubes.

Leider ist die in der Personalabrechnung gängige Unterscheidung zwischen Für-Perioden-Sicht und In-Perioden-Sicht nicht realisiert. Auswertungen für das Controlling, die meist die In-Perioden-Sicht erfordern, können mit diesem InfoCube nicht durchgeführt werden. Diese müssen Sie auf Basis der InfoCubes **Abrechnungsbelege** oder **Revisionsinfo zu kostenrechnungsrelevanten Buchungen** durchgeführen. In Abbildung 11.20 ist der InfoCube mit Dimensionen und Kennzahlen dargestellt.

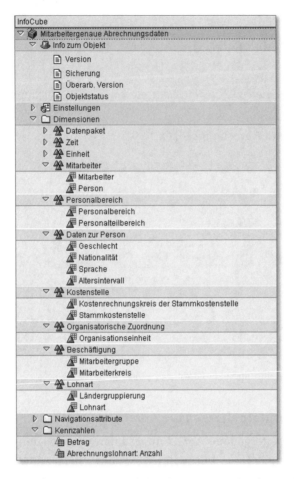

Abbildung 11.20 InfoCube »Mitarbeitergenaue Abrechnungsdaten«

Mit dem InfoCube **Mitarbeitergenaue Abrechnungsdaten** lassen sich verschiedenste Lohnartenauswertungen erstellen. In Abbildung 11.21 sehen Sie eine Jahresübersicht von Bruttobezügen pro Kostenstelle. Was mit Standard-R/3/ERP-Mitteln nur in Form des Lohnkontos möglich ist, kann in SAP NetWeaver BI einfach realisiert werden. Ein InfoCube mit wenigen Queries bietet im Vergleich zum Standard-Reporting ein Vielfaches an Möglichkeiten.

SAP NetWeaver BI-Standard-Content | 11.4

Table		Origi. Währ./Einheit	Betrag							
			EUR							
		Orig. Währ./Einheit	Euro							
Stammkostenstel		Kal Jahr/Monat	JAN 2003	FEB 2003	MAR 2003	APR 2003	MAI 2003	JUN 2003	JUL 2003	AUG 2003
10000/#		1000/Nichtzugeordn	535.917,40 EUR	498.185,94 EUR	499.433,89 EUR	535.700,94 EUR	587.186,64 EUR	590.177,35 EUR	595.745,09 EUR	595.479,66 EUR
10000/1000		Corporate Services				4.484,78 EUR	19.258,56 EUR	25.216,81 EUR	19.258,56 EUR	19.258,56 EUR
10000/1110		Vorstand					121.498,15 EUR	146.428,16 EUR	121.367,59 EUR	122.508,62 EUR
10000/1200		Kantine				4.167,02 EUR	4.167,02 EUR	5.019,16 EUR	4.167,02 EUR	4.167,02 EUR
10000/1210		Telefon				1.923,73 EUR	1.923,73 EUR	2.349,80 EUR	1.923,73 EUR	1.923,73 EUR
10000/1220		Fuhrpark				4.402,22 EUR	4.402,22 EUR	5.629,32 EUR	4.402,22 EUR	4.402,22 EUR
10000/1230		Energie				4.656,59 EUR	4.656,59 EUR	5.917,77 EUR	4.656,59 EUR	4.656,59 EUR
10000/2100		Finanzen & Admin.	3.783,56 EUR	3.783,56 EUR		82.247,13 EUR	82.247,13 EUR	105.772,87 EUR	82.247,13 EUR	82.247,13 EUR
10000/2200		Personal				46.814,41 EUR	46.814,41 EUR	59.441,27 EUR	46.814,41 EUR	46.814,41 EUR
10000/2300		Beschaffung			3.783,56 EUR	35.464,80 EUR	35.464,80 EUR	46.585,41 EUR	35.464,80 EUR	35.464,80 EUR
10000/3100		Vertrieb Motorräder				2.410,75 EUR	3.093,31 EUR	4.115,89 EUR	3.093,31 EUR	3.093,31 EUR
10000/3105		Vertrieb Automotive					8.757,40 EUR	11.640,91 EUR	8.757,40 EUR	8.757,40 EUR
10000/3110		Vertrieb Pumpen					10.896,14 EUR	14.424,57 EUR	10.896,14 EUR	10.896,14 EUR
10000/3120		Vertr. Farben/Lü.m.					7.439,29 EUR	9.910,53 EUR	7.439,29 EUR	7.439,29 EUR
10000/3125		Vertr. Pharma/Kosm.					7.311,47 EUR	9.731,58 EUR	7.311,47 EUR	7.311,47 EUR
10000/3130		Vertrieb Glühbirnen					8.279,86 EUR	10.983,40 EUR	8.279,86 EUR	8.279,86 EUR
10000/3135		Vertrieb Nahrungsm.					7.720,50 EUR	10.276,96 EUR	7.720,50 EUR	7.720,50 EUR
10000/3140		Vertrieb High Tech					119.892,42 EUR	159.816,51 EUR	119.892,42 EUR	119.892,42 EUR
10000/3150		Vertrieb Lifte					7.124,85 EUR	9.368,56 EUR	7.124,85 EUR	7.124,85 EUR
10000/3200		Marketing					10.530,17 EUR	13.875,72 EUR	10.530,17 EUR	10.530,17 EUR
10000/4100		Techn. Service - 1				25.366,14 EUR	38.735,28 EUR	46.263,70 EUR	38.797,98 EUR	38.734,30 EUR
10000/4110		Technische Anlagen				13.760,30 EUR	13.760,30 EUR	17.113,52 EUR	13.787,04 EUR	13.757,21 EUR
10000/4120		EDV-Abteilung					7.770,08 EUR	9.469,11 EUR	7.770,08 EUR	7.770,08 EUR
10000/4130		Lager				3.896,10 EUR	3.896,10 EUR	4.946,29 EUR	3.896,10 EUR	3.896,10 EUR

Abbildung 11.21 Lohnartenauswertung – Jahresübersicht

11.4.2 InfoCube »Abrechnungsbelege«

Der InfoCube **Abrechnungsbelege** enthält den Buchungsbeleg mit Kontierungs- und Buchungsinformationen (siehe Abbildung 11.22). Die Daten basieren auf den Belegzeilen des HR-Belegs. Ein Aufriss nach Lohnarten oder Mitarbeitern ist nicht möglich, dies können Sie aber mit dem InfoCube **Revisionsinfo und Abrechnungsdaten** machen.

Table						
	Gesamtbrutto	Tarifgehalt	Steuern Arbeitgeber	AG Aufwand SV	Lohnsteuer	Überstunden
1. Quartal 2007 (laufend)	21.613,55 EUR		1.546,61 EUR	637.159,32 EUR	3.402,75 EUR	
4. Quartal 2006	23.726,72 EUR	2.720,35 EUR	413,21 EUR	909.821,85 EUR	4.118,97 EUR	
3. Quartal 2006	17.923,98 EUR	620,86 EUR	70,12 EUR	882.364,94 EUR	1.895,73 EUR	
2. Quartal 2006	39.825,96 EUR	7.822,74 EUR	2.394,12 EUR	2.040.210,47 EUR	3.207,15 EUR	

Abbildung 11.22 InfoCube »Abrechnungsbelege«

11.4.3 InfoCube »Abrechnungsbelege und Revisionsinformationen kombiniert«

Der InfoCube **Abrechnungsbelege und Revisionsinformationen kombiniert** ermöglicht die Darstellung und Analyse von Personalkosten auf Mitarbeiterbasis. Der Buchungsbeleg der Personalabrechnung kann mit den Revisionsinformationen zu Mitarbeitern und Lohnarten ausgewertet werden. Dies ermöglicht Auswertungen zu gebuchten Personalkosten, die sonst nur mit Kundenreports realisiert werden konnten.

11.4.4 MultiCube »Zeit- und Abrechnungsdaten«

Der MultiCube **Zeit- und Abrechnungsdaten** verbindet die Inhalte der InfoCubes **Personalzeiten** und **Mitarbeitergenaue Abrechnungsdaten**, um Zeiten und dazugehörende Kosten gemeinsam in einer Query auswerten zu können (siehe Abbildung 11.23).

[»] Der MultiCube enthält leider auch die Schwächen der als Basis verwendeten InfoCubes. Das fehlende Feld **Betrag/Einheit** fällt bei den für diesen InfoCube typischen Anwendungen, wie z. B. Mehrarbeitskosten oder Krankheitskosten, besonders ins Gewicht.

11.4 SAP NetWeaver BI-Standard-Content

Abbildung 11.23 MultiCube »Zeit- und Abrechnungsdaten«

11.4.5 Queries zu den InfoCubes der Personalabrechnung

Queries zum InfoCube »Mitarbeitergenaue Abrechnungsdaten«

Der InfoCube **Mitarbeitergenaue Abrechnungsdaten** beinhaltet die folgenden Queries:

- **Lohnartenauswertung**
  Es können Lohnartenbeträge nach Lohnart, Währung, Stammkostenstelle und Periode dargestellt werden.

- **Quartalsvergleich Lohnarten**
  Die Query stellt die letzten vier Quartale in Spalten dar. In den Zeilen werden die Lohnarten dargestellt, die in dem Selektionsfenster ausgewählt wurden.

- **WEB: Meine Kostenstelle Personalkosten aktuelle und YTD**
  Darstellung der Personalkosten der eigenen Kostenstelle für das Portal.

- **WEB: Meine Kostenstelle Personalkosten Quartal**
  Quartalsweise Darstellung der Personalkosten der eigenen Kostenstelle.

- **Lohnartenvergleich Personalbereiche**
  In dieser Query werden Lohnarten verschiedener Personalbereiche oder Personalteilbereiche miteinander verglichen. Der Zeitraum ist als freies Merkmal ausgelegt. Die organisatorischen Kriterien sind ebenfalls frei wählbar.

- **Lohnartenübersicht US**
  Die Query gibt einen quartalsweisen Überblick über zentrale Lohnarten aus der Abrechnung USA.

- **Lohnartenübersicht Deutschland**
  Die Query gibt einen quartalsweisen Überblick über ausgewählte Lohnarten der deutschen Abrechnung (siehe Abbildung 11.24).

- **Jahresübersicht Lohnarten**
  Die Query gibt eine Jahressumme für das aktuelle Jahr und eine Jahressumme des Vorjahres aus. Es werden Differenz und prozentuale Abweichung gebildet. Im Selektionsfenster können Lohnarten ausgewählt werden.

- **Quartalsübersicht Lohnarten**
  Die Query bietet eine quartalsweise Darstellung beliebiger Lohnarten.

Für den InfoCube **Mitarbeitergenaue Abrechnungsdaten** gibt es in der Praxis zahlreiche Anwendungsmöglichkeiten. Die genannten Queries dienen nur als Beispiel und können durch firmenindividuelle Queries ergänzt werden.

SAP NetWeaver BI-Standard-Content | **11.4**

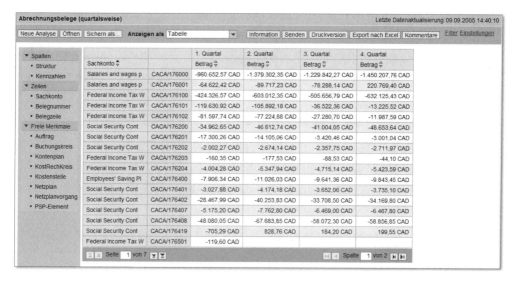

Abbildung 11.24 Query »Lohnartenübersicht Deutschland«

Query zum InfoCube »Abrechnungsbelege«

Zu dem InfoCube **Abrechnungsbelege** existiert nur die Query »Abrechnungsbelege (quartalsweise)« (siehe Abbildung 11.25).

Abbildung 11.25 Abrechnungsbelege (quartalsweise)

Queries zum InfoCube »Abrechnungsbelege und Revisionsinformationen kombiniert«

Der InfoCube »Abrechnungsbelege und Revisionsinformationen kombiniert« ist Basis für den Soll-/Ist-Vergleich der Personalkostenplanung. Er enthält folgende Queries:

- »WEB: Personalkosten des aktuellen Geschäftsjahres (Quartale)«
- »WEB: Personalkosten der letzten Buchungsperiode«
- »Mitarbeitergenaue Abrechnungs- und Buchungsinformationen«
- »WEB: Personalkosten des aktuellen Geschäftsjahres«

Queries zum MultiCube »Zeit- und Abrechnungsdaten«

- **Jahresübersicht Krankheitsstunden und -kosten**
  Die Krankheitsstunden sind der Berichtszeitart entnommen und die Kosten der Lohnart /841 der Personalabrechnung. Beide Werte sind in eingeschränkten Kennzahlen dargestellt und werden in einer Struktur mit Spalten für Vorjahreswert und Differenzbildung abgeglichen.

- **Mehrarbeitsstunden und -kosten (Web Cockpit)**
  Zu dieser Query gehören vier Views: Überstundenkosten aktuell (ohne Aufriss), Überstundenkosten aktuell, Überstundenkosten aktuell und Vormonate, Überstundenkosten 4 Quartale.

- **Krankheitsstunden und -kosten (Web Cockpit)**
  Zu dieser Query gehören vier Views: Krankheitskosten aktuell (ohne Aufriss), Krankheitskosten aktuell, Krankheitskosten aktuell und Vormonate, Krankheitskosten 4 Quartale.

- **Jahresübersicht Überstunden**
  Die Query liefert die Mehrarbeitsstunden und Kosten des aktuellen Jahres und Vorjahres und die Abweichung in Betrag und Prozent.

- **Mehrarbeit: Stunden- und Kostenübersicht**
  Bei dieser Query werden die Kosten und Zeiten jeweils in einer Spalte dargestellt.

Die Queries, besonders die zum Thema Mehrarbeit, müssen an die jeweiligen Anforderungen angepasst werden. Die eingeschränkten Kennzahlen müssen firmenindividuell definiert werden. Abbildung

11.26 zeigt die Definition der Query **Jahresübersicht Überstunden** mit den eingeschränkten Kennzahlen.

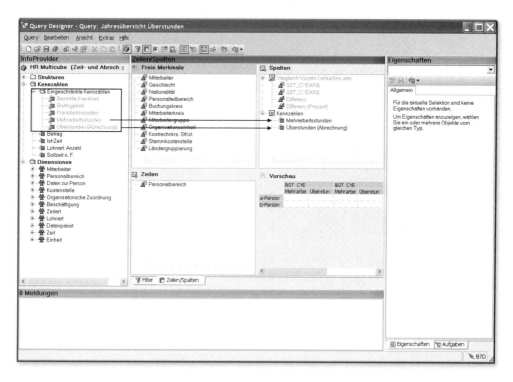

Abbildung 11.26 Query »Jahresübersicht Überstunden«

11.5 Fazit

Im Bereich der Abrechnung kann es aus Sicht der Personalabrechner nie genug Listen zur Abstimmung und Auswertung geben. Die im Standard vorhandenen Reports decken aber einen Großteil der Anforderungen an das Berichtswesen ab. Die Verknüpfung der Abrechnungsdaten mit den Zeitwirtschaftsdaten, insbesondere zur Kostenanalyse z. B. von Fehlzeiten, existiert leider nur im BI-Standard-Content.

Die Reports der Personalzeitwirtschaft geben Auskunft über den Arbeitszeitplan, die An-/Abwesenheiten und die Zeitkonten der Mitarbeiter.

12 Personalzeitwirtschaft

Die Personalzeitwirtschaft unterstützt Sie bei der Durchführung aller personalwirtschaftlichen Abläufe, die die Planung, Erfassung und Bewertung der Arbeitsleistungen und Abwesenheitszeiten Ihrer Mitarbeiter betreffen. Die Standardreports liefern Informationen für den Zeitbeauftragten und den Zeitverantwortlichen zu den Personalzeiten und Freizeitkontingenten der Mitarbeiter.

Die Auswertungen zur Personalzeitwirtschaft erreichen Sie im SAP Easy Access-Menü über den Pfad **Personal • Personalzeitwirtschaft • Administration • Infosystem • Berichtsauswahl**. In diesem Pfad sind die Berichte in den Ordnern Arbeitszeitplan, Anwesenheit, Abwesenheit und Zeitkonten abgelegt.

SAP Easy Access-Pfad

12.1 Arbeitszeitplan

Die Reports zum Arbeitszeitplan informieren über die Soll-Vorgaben zur Arbeitszeit von Mitarbeitern und über die verschiedenen Arbeitszeitmodelle, die mit dem Arbeitszeitplan definiert werden. Sie bekommen hier tagesbezogen eine mitarbeiterübergreifende Übersicht über alle wesentlichen Soll-Vorgaben zur Arbeitszeit eines Mitarbeiters. Auch können Sie z. B. eine Übersicht von Tagesarbeitszeitplänen mit bestimmten Kriterien erstellen.

12.1.1 Persönlicher Arbeitszeitplan

Der Report »Persönlicher Arbeitszeitplan« erstellt tagesbezogen für jeden beliebigen Zeitraum eine mitarbeiterübergreifende Übersicht über alle wesentlichen Soll-Vorgaben zur Arbeitszeit eines Mitarbeiters (siehe Abbildung 12.1).

Cluster B2

Wird das Feld **Lesen vom Cluster** angekreuzt, werden beim Lesen des persönlichen Arbeitszeitplans die Daten des Clusters B2 zugrunde gelegt. In diesem Fall wird ein durch die Zeitauswertung dynamisch ermittelter Tagesarbeitszeitplan angezeigt.

Sie können über das Selektionsbild den Datenauswahlzeitraum zusätzlich einschränken, z. B. können Sie sich die Soll-Vorgaben zur Arbeitszeit nur für die Tage anzeigen lassen, an denen der Mitarbeiter aktiv oder in Rente war (**Status Beschäftigung 3** oder **2**). Da auch Rentner immer noch einen Infotyp **Sollarbeitszeit** haben, ist es erforderlich, diesen Parameter zu füllen. Hierzu wählen Sie in der Gruppe **Anzeige von Zeiträumen** den entsprechenden Parameter aus.

PersNr	Name	Datum	Tag	TAzp	TV	TagesAZP	Va	Text	Gp	Arb.B	Arb.E	S.Std	Fk	Tt	TTypTxt	PAzp	Text	FK	Text	AZi
00001000	Anja Müller	13.02.2007	DI	FLEX		Gleitzeit			01	08:00	18:00	8,00	0		Arbeit/bezahlt	FLEX	Gleitzeit	06	Feiertagskalender Hessen	0
		14.02.2007	MI	FLEX		Gleitzeit			01	08:00	18:00	8,00	0		Arbeit/bezahlt	FLEX	Gleitzeit	06	Feiertagskalender Hessen	0
		15.02.2007	DO	FLEX		Gleitzeit			01	08:00	18:00	8,00	0		Arbeit/bezahlt	FLEX	Gleitzeit	06	Feiertagskalender Hessen	0
		16.02.2007	FR	FLEX	B	Gleitzeit			01	08:00	16:30	5,00	0		Arbeit/bezahlt	FLEX	Gleitzeit	06	Feiertagskalender Hessen	0
		17.02.2007	SA	OFF		Frei			01			0,00	0		Arbeit/bezahlt	FLEX	Gleitzeit	06	Feiertagskalender Hessen	0
		18.02.2007	SO	OFF		Frei			01			0,00	0		Arbeit/bezahlt	FLEX	Gleitzeit	06	Feiertagskalender Hessen	0
		19.02.2007	MO	FLEX		Gleitzeit			01	08:00	18:00	8,00	0		Arbeit/bezahlt	FLEX	Gleitzeit	06	Feiertagskalender Hessen	0
		20.02.2007	DI	FLEX		Gleitzeit			01	08:00	18:00	8,00	0		Arbeit/bezahlt	FLEX	Gleitzeit	06	Feiertagskalender Hessen	0
		21.02.2007	MI	FLEX		Gleitzeit			01	08:00	18:00	8,00	0		Arbeit/bezahlt	FLEX	Gleitzeit	06	Feiertagskalender Hessen	0
		22.02.2007	DO	FLEX		Gleitzeit			01	08:00	18:00	8,00	0		Arbeit/bezahlt	FLEX	Gleitzeit	06	Feiertagskalender Hessen	0
		23.02.2007	FR	FLEX	B	Gleitzeit			01	08:00	16:30	5,00	0		Arbeit/bezahlt	FLEX	Gleitzeit	06	Feiertagskalender Hessen	0
		24.02.2007	SA	OFF		Frei			01			0,00	0		Arbeit/bezahlt	FLEX	Gleitzeit	06	Feiertagskalender Hessen	0
		25.02.2007	SO	OFF		Frei			01			0,00	0		Arbeit/bezahlt	FLEX	Gleitzeit	06	Feiertagskalender Hessen	0
		26.02.2007	MO	FLEX		Gleitzeit			01	08:00	18:00	8,00	0		Arbeit/bezahlt	FLEX	Gleitzeit	06	Feiertagskalender Hessen	0
		27.02.2007	DI	FLEX		Gleitzeit			01	08:00	18:00	8,00	0		Arbeit/bezahlt	FLEX	Gleitzeit	06	Feiertagskalender Hessen	0
		28.02.2007	MI	FLEX		Gleitzeit			01	08:00	18:00	8,00	0		Arbeit/bezahlt	FLEX	Gleitzeit	06	Feiertagskalender Hessen	0
00001001	Michaela Maier	01.02.2007	DO	FLEX		Gleitzeit			01	08:00	18:00	8,00	0		Arbeit/bezahlt	FLEX	Gleitzeit	06	Feiertagskalender Hessen	0
		02.02.2007	FR	FLEX	B	Gleitzeit			01	08:00	16:30	5,00	0		Arbeit/bezahlt	FLEX	Gleitzeit	06	Feiertagskalender Hessen	0
		03.02.2007	SA	OFF		Frei			01			0,00	0		Arbeit/bezahlt	FLEX	Gleitzeit	06	Feiertagskalender Hessen	0

Abbildung 12.1 Ausgangsliste »Persönlicher Arbeitszeitplan«

In der Ausgangsliste des Reports haben Sie folgende Möglichkeiten:

- Sie können sich Detailinformationen z. B. zum **Tagesarbeitszeitplan** (siehe Abschnitt 12.1.2) oder zur **Sollarbeitszeit** (0007) eines Mitarbeiters anzeigen lassen.
- Sie können sehen, ob und wie viele Zeitinfotypsätze für einen Mitarbeiter an einem Tag erfasst worden sind. Dabei werden die Infotypen **Anwesenheiten** (2001), **Abwesenheiten** (2002), **Vertretungen** (2003), **Bereitschaft** (2004) und **Mehrarbeiten** (2005) berücksichtigt. Sie haben darüber hinaus die Möglichkeit, Detailinformationen zu den Zeitinfotypsätzen der Mitarbeiter zu erhalten.

Fehlerliste

- Sie können sich eine Fehlerliste aller aufgetretenen Fehler (z. B. Customizing-Fehler) anzeigen lassen (siehe Abbildung 12.2). Diese enthält den Typ der Fehlermeldung (z. B. ein rotes Icon für

E = Error), die Personalnummer, bei der ein Fehler aufgetreten ist, und den Fehlertext.

Abbildung 12.2 Fehlerprotokoll

> Sehr nervig ist aber, dass vor Ausgabe der Liste bei jeder Personalnummer mit Fehlern ein Meldungsfenster aufgeblendet wird und die Meldungen zur Person bestätigt werden müssen. Ist z. B. im Customizing der Arbeitszeitplanregeln (View V_T508A) im Feld **Automat. Generieren** ein **M** eingetragen und der Arbeitszeitplan noch nicht generiert worden, wird auch die Meldung zum Generieren des Monatsarbeitszeitplans bei jeder Personalnummer in diesem Meldungsfenster angezeigt.

[«]

12.1.2 Tagesarbeitszeitplan

Der Report »Tagesarbeitszeitplan« erstellt eine Übersicht in der Form eines Table Controls von Tagesarbeitszeitplänen, die bestimmten Kriterien entsprechen (siehe Abbildung 12.3). In dieser Tabelle können Sie z. B. die Tagesarbeitszeitpläne überprüfen, die Sie im Customizing angelegt haben. Diese Tabelle entspricht der Anzeige des Views V_T550A.

Customizing

Grpg	Tagesarbeitszeitplan	Variante	TagesAZP Text	Beginn	Ende
01	9X80			01.01.1990	31.12.9999
01	9X80	A		01.01.1990	31.12.9999
01	AFTN			01.01.1990	31.12.9999
01	BWOK		Bereit WO	01.01.1990	31.12.9999
01	DAY			01.01.1990	31.12.9999
01	EXEC			01.01.1990	31.12.9999
01	F-11		Früh	01.01.1990	31.12.9999
01	FLEX		Gleitzeit	01.01.1990	31.12.9999
01	FLEX	A	Gleitzeit	01.01.1990	31.12.9999
01	FLEX	B	Gleitzeit	01.01.1990	31.12.9999

Abbildung 12.3 Liste »Tagesarbeitszeitplan«

In den Selektionskriterien schränken Sie die Gruppierung der Personalteilbereiche für den Tagesarbeitszeitplan (Feld **Gruppierung Personalteilber.**) oder die Tagesarbeitszeitplankurzbezeichnung (Feld **Tagesarbeitszeitplan**) ein.

In dieser Tabelle wird neben der Kurzbezeichnung des Tagesarbeitszeitplans auch der Langtext ausgegeben. Weiterhin werden alle zu einem Tagesarbeitszeitplan existierenden Varianten angezeigt. Durch Zeilenauswahl verzweigen Sie auf das Detailbild des Tagesarbeitszeitplans, um z. B. Informationen über die Soll-Arbeitszeit und den zugeordneten Arbeitspausenplan zu erhalten.

In der Tabelle haben Sie mithilfe der Auswahlkriterien die Möglichkeit, die Anzeige der Tagesarbeitszeitpläne weiter einzuschränken. Sie wollen z. B. nur alle Tagesarbeitszeitpläne mit weniger als acht Soll-Stunden sehen. Wählen Sie hierzu im Menü **Auswahl • Nach Inhalten**. Sie gelangen in ein Dialogfenster, das weitere Selektionskriterien auflistet. Markieren Sie hier die gewünschten Selektionskriterien (z. B. Soll-Arbeitszeitstunden), und wählen Sie **Weiter**. In dem folgenden Selektionsfenster können Sie Ihre Einschränkungen eingeben.

Sie können sich den Inhalt der Tabelle ausdrucken lassen. Im Druck werden alle Angaben zum Tagesarbeitszeitplan aufgelistet. Sie haben hier noch die Möglichkeit, den Inhalt der Liste an Ihre Anforderungen anzupassen. Wählen Sie dafür in der Liste **Einstellungen • Layout • Ändern**.

Sie können die Liste auch per E-Mail versenden oder zur Weiterverarbeitung an Excel oder Word übergeben.

12.2 Ab-/Anwesenheiten

Mit den Reports zu den Ab-/Anwesenheiten erhalten Sie Übersichten über Personalzeiten der Mitarbeiter, an denen Sie aufgrund einer Abwesenheit nicht gearbeitet haben oder anwesend waren bzw. eine speziell belegte Tätigkeit verrichtet haben.

12.2.1 Ab-/Anwesenheitsdaten – Übersicht

Der Report »Ab-/Anwesenheitsdaten – Übersicht« bietet die Möglichkeit, Ab- und Anwesenheitsdaten von Mitarbeitern nach verschiedenen Gesichtspunkten zu verdichten und aufzuschlüsseln. Sie können z. B. auch eine Auswertung, bezogen auf nur Abwesenheiten, nur Anwesenheiten oder auf einzelne Ab- und Anwesenheitsarten durchführen. Oder Sie können sich z. B. den Urlaub von Mitarbeitern eines Personalbereichs aufgeschlüsselt nach Personalteilbereich und Mitarbeiter anzeigen lassen.

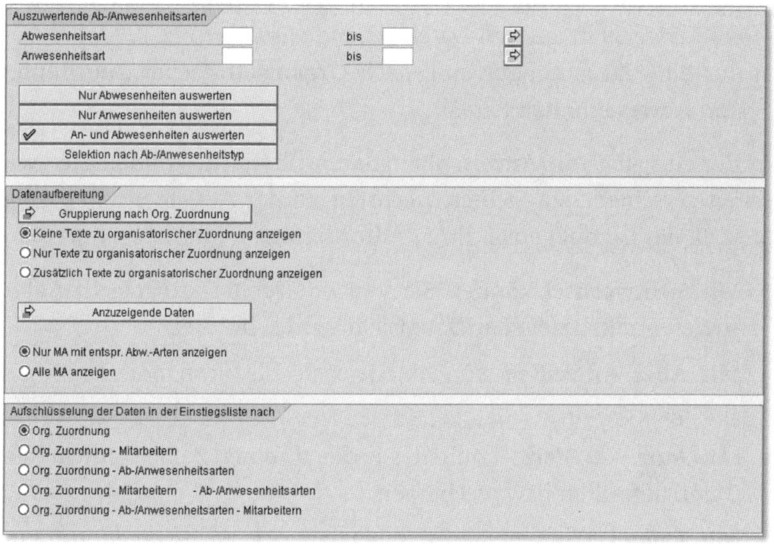

Abbildung 12.4 Selektionsbildschirm »Ab-/Anwesenheitsdaten«

Der Selektionsbildschirm (siehe Abbildung 12.4) bietet neben den normalen Selektionen der logischen Datenbank PNP folgende Möglichkeiten zur Aufbereitung und Anzeige der Liste:

- Sie können auch Mitarbeiter ohne Ab- und Anwesenheiten selektieren.

- Sie können festlegen, welche Ab-/Anwesenheiten Sie auswerten möchten.

- Mit dem Button **Gruppierung nach Org. Zuordnung** können Sie festlegen, welche organisatorischen Daten als Spalten zur Ausgabeliste hinzugefügt werden sollen. Voreingestellt sind **Personalbereich** und **Personalteilbereich**. Wenn Sie den Button anklicken, erscheint ein Fenster, in dem Sie weitere Daten auswählen können. Diese werden dann in der Reihenfolge ihrer Auswahl als Spalten zur Liste hinzugefügt.

- Mit dem Button **Anzuzeigende Daten** können Sie festlegen, welche zusätzlichen Daten als Spalten zur Ausgabeliste hinzugefügt werden sollen. Voreingestellt sind Ab/Anwesenheitsstunden, Sollstunden, Ab-/Anw.-Stunden bez. auf Sollzeit in Prozent, Ab-/Anwesenheitstage, Solltage, Ab-/An.-Tage bez. auf Solltage in Prozent und Anzahl der Ab-/Anwesenheitssätze.
- Bei **Aufschlüsselung der Daten in der Einstiegsliste** können Sie eine erste Sicht auf den Datenbestand auswählen (z. B. wollen Sie nur eine Zusammenfassung nach **Organisatorischer Zuordnung** und **Abwesenheiten** haben).

Ausgabesteuerung

In der Ausgabe **Ab-/Anwesenheitsdaten-Übersicht** können Sie zwischen verschiedenen Sichten wechseln. In der Ausgabeliste können Sie z. B. das Layout gemäß Ihren Anforderungen im Dialog anpassen.

- Mit **Sichtwechsel** können Sie von mitarbeiterbezogener zu ab-/anwesenheitsbezogener Datensicht wechseln.
- Mit **Alles Aufreißen** können Sie sich alle vorhandenen Daten anzeigen lassen.
- Mit **Aufr. <-> Verb.** können Sie die in einer Zeile verdichteten Daten aufreißen bzw. verbergen.
- Mit **Layout** können Sie zwischen zwei verschiedenen Layouts wählen.
- Mit **Detail** (nicht zu verwechseln mit **Details**, dem Icon mit der Lupe) können Sie verschiedene Detailsichten wählen. Dieser Button steht Ihnen aber nicht zur Verfügung, wenn Sie die Anzeige auf die **Organisatorische Zuordnung** verdichtet haben. Sie können sich folgende Detailsichten anzeigen lassen:

Tabelle T554S

- Beim Markieren einer Zeile, die pro Ab-/Anwesenheit verdichtete Daten enthält, gelangen Sie über **Detail** in die Sicht **An-/Abwesenheitsdaten anzeigen: Detail (Tabelle T554S)**.
- Beim Markieren einer Zeile, die pro Mitarbeiter verdichtete Daten enthält, gelangen Sie über **Detail** in die Anzeige der **Ab-/Anwesenheitsdaten-Kalendersicht** (siehe Abschnitt 12.2.2).
- Beim Markieren einer Zeile, die An-/Abwesenheitsdaten eines Mitarbeiters für eine bestimmte An-/Abwesenheitsart beinhaltet, gelangen Sie über **Detail** in die Anzeige der Infotypsätze, die im ausgewählten Datenauswahlzeitraum liegen. Hier können Sie z. B.

in die einzelnen Sätze verzweigen oder sich den persönlichen Arbeitszeitplan des Mitarbeiters anzeigen lassen.

- Über den Button **Fehlerliste** können Sie sich eine Fehlerliste der nicht selektierten Mitarbeiter anzeigen lassen. Diese enthält die Personalnummern der Mitarbeiter, bei denen ein Fehler aufgetreten ist, den Typ der Fehlermeldung und den Fehlertext.

Abbildung 12.5 enthält die Ab-/Anwesenheitsdaten mit dem Aufriss **Organisatorische Zuordnung · Ab-/Anwesenheiten · Mitarbeiter**.

PBer	Teilb	AbAnArt	An-/AbwArtText	PersNr	Name MA/Bew.	Std	Sollstunden	Std/Soll	Tage	Solltage	Tge/Soll	Anz. Sätz
✱	✱	****	****	****	****	46.714,01	8606.514,91	0,54 %	6.581,70	1164.829,00	0,57 %	2.359
1000	✱	****	****	****	****	13.396,11	1935.338,46	0,69 %	1.880,17	263.406,00	0,71 %	745
1000		****	****	****	****	13.396,11	1935.338,46	0,69 %	1.880,17	263.406,00	0,71 %	745
1000		0270	Arbeitsunfall	****	****	0,00		0,00 %	0,00		0,00 %	1
1000		0270	Arbeitsunfall	00001162	Christoph Grass	0,00	8.983,50	0,00 %	0,00	1.192,00	0,00 %	1
1000		0100	Urlaub	****	****	4.865,56		0,25 %	711,00		0,27 %	56
1000		0100	Urlaub	00001162	Christoph Grass	273,60	8.983,50	3,05 %	38,00	1.192,00	3,19 %	3
1000		0100	Urlaub	00001162	Christoph Grass	326,50	8.983,50	3,63 %	46,00	1.192,00	3,86 %	5
1000		0100	Urlaub	00001162	Christoph Grass	112,50	8.983,50	1,25 %	15,00	1.192,00	1,26 %	1
1000		0100	Urlaub	00001162	Christoph Grass	450,00	8.983,50	5,01 %	60,00	1.192,00	5,03 %	4

Abbildung 12.5 Liste »Ab-/Anwesenheitsdaten«

12.2.2 Ab-/Anwesenheitsdaten – Kalendersicht

Der Report »Ab-/Anwesenheitsdaten – Kalendersicht« bietet die Möglichkeit, Ab- und Anwesenheiten pro Mitarbeiter in einer Kalender- oder Listenansicht darzustellen. Zusätzlich können Sie sich für jeden Mitarbeiter eine Statistik und eine Legende ausgeben lassen.

Der Selektionsbildschirm bietet neben den normalen Selektionen der logischen Datenbank PNP folgende Möglichkeiten zur Aufbereitung und Anzeige der Kalendersicht:

Ausgabesteuerung

- Wenn Sie die Ab-/Anwesenheiten über die Ab-/Anwesenheitsart auswählen möchten, markieren Sie das Feld **Ab-/Anwesenheitsart**, und kreuzen Sie an, ob Sie Ab- und Anwesenheiten auswählen möchten. Sie haben dann noch die Möglichkeit, die Auswertung auf einzelne Ab-/Anwesenheiten zu beschränken.
- Wenn Sie die Ab-/Anwesenheiten über den Ab-/Anwesenheitstyp auswählen möchten, markieren Sie das Feld **Ab-/Anwesenheitstyp**, und schränken Sie die Auswahl bei Bedarf weiter ein.

- Für die **Kalendersicht** können Sie festlegen, in welche Perioden der Personenauswahlzeitraum bei der Erstellung der Kalendersicht unterteilt werden soll. Die Periode können Sie nur über das Selektionsbild festlegen.

- In der **Listenansicht** werden alle Tage ausgegeben, die Sie im Datenauswahlzeitraum angegeben haben. Die Ausgabe können Sie auf die Tage einschränken, an denen auch tatsächlich die gewünschten Ab-/Anwesenheiten vorliegen.

- Mit dem Button **Anzeige organisatorische Zuordnung** können Sie festlegen, welche organisatorischen Daten im Seitenkopf der Ausgabeliste angezeigt werden sollen. Voreingestellt sind **Personalbereich** und **Personalteilbereich**. Wenn Sie den Button anklicken, erscheint ein Fenster, in dem Sie weitere Daten auswählen können. Diese werden dann in der Reihenfolge ihrer Auswahl im Seitenkopf gedruckt.

- Ist das Feld **Statistik** angekreuzt, wird bei der Auswahl monatlicher oder wöchentlicher Perioden eine monatliche Statistik gedruckt. Bei der Wahl einer alternativen Periode wird die Statistik über die jeweilige Periode gebildet. In der Statistik werden die Stunden kumuliert, die z. B. pro Monat auf einen bestimmten Ab- oder Anwesenheitstyp entfallen, und es wird der prozentuale Anteil dieser Stunden an der Soll-Stundenzahl eines Mitarbeiters gedruckt. Ab- oder Anwesenheitssätze mit Vortageszuordnung zählen zu der Periode, in der der Vortag liegt.

- Haben Sie **Legende anzeigen** ausgewählt, steht Ihnen in der Kalendersicht auf jeder Seite eine Legende über die selektierten Ab-/Anwesenheitstypen (Kürzel + Ab- bzw. Anwesenheitsart) zur Verfügung.

Zusätzliche Symbole

Ab- und Anwesenheiten werden in der Ausgabeliste durch ihren Ab- oder Anwesenheitstyp (Kürzel) dargestellt. Bei untertägigen Ab-/Anwesenheiten wird das Kürzel kleingeschrieben. Neben den im Customizing hinterlegten Kürzeln können zusätzlich folgende Symbole auftreten:

- Das Symbol ? bedeutet, dass für die entsprechende Ab- bzw. Anwesenheitsart kein Kürzel im Customizing hinterlegt ist.

- Mit dem Symbol / sind die inaktiven Tage eines Mitarbeiters gekennzeichnet.

- Ist ein Tag mit dem Symbol < gekennzeichnet, bedeutet dies, dass eine der am Folgetag auftretenden Ab- oder Anwesenheiten diesem Tag zugeordnet ist (Vortageszuordnung).
- Ist ein Tag mit dem Symbol * gekennzeichnet, bedeutet dies, dass an diesem Tag mehrere Ab- oder Anwesenheiten auftreten.
- Feiertage sind im Kalender rot gekennzeichnet.

Detailinformationen zu Ab-/Anwesenheiten erhalten Sie in der Kalenderdarstellung, wenn Sie auf das entsprechende Kürzel doppelklicken. Sie gelangen in die Anzeige des zugehörigen Infotypsatzes. Wenn an einem Tag sowohl Ab- als auch Anwesenheiten vorliegen, müssen Sie in einem Dialogfenster entscheiden, in welchen Infotypsatz Sie verzweigen wollen.

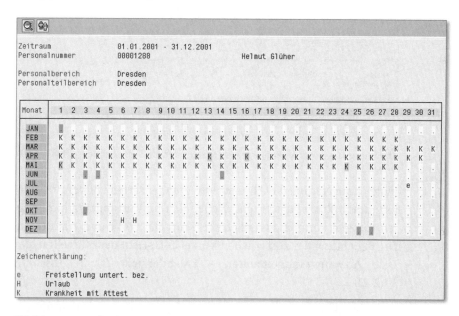

Abbildung 12.6 Kalendersicht – monatlich

Sowohl in der Kalendersicht (siehe Abbildung 12.6) als auch in der Listenansicht können Sie in die mitarbeiterübergreifende Sicht (siehe Abschnitt 12.2.3) springen. Sie können sich die mitarbeiterübergreifende Sicht jeweils für die Periode anzeigen lassen, auf die Sie den Cursor gestellt haben. Klicken Sie hierzu auf den Button **Mitarbeiterübergreifende Sicht**. Steht der Cursor an einer anderen Stelle in der Ausgabe, wird jeweils die letzte ausgewählte Periode bzw. der letzte Monat angezeigt.

[»] Die Funktion Mitabeiterübergreifende Sicht steht Ihnen nicht zur Verfügung, wenn Sie die Kalendersicht mit der wöchentlichen Darstellungsperiode ausgewählt haben.

12.2.3 Ab-/Anwesenheitsdaten – Mitarbeiterübergreifende Sicht

Der Report »Ab-/Anwesenheitsdaten – Mitarbeiterübergreifende Sicht« zeigt die Ab- und Anwesenheiten in einem Monat pro Mitarbeiter (siehe Abbildung 12.7). Der Auswahlzeitraum ist auf einen Monat festgelegt, d. h., der Bericht wertet genau den Monat aus, in dem der eingegebene Stichtag liegt. Außerdem können Sie z. B. eine Auswertung, bezogen auf nur Abwesenheiten, nur Anwesenheiten oder auf einzelne Ab- und Anwesenheitsarten durchführen.

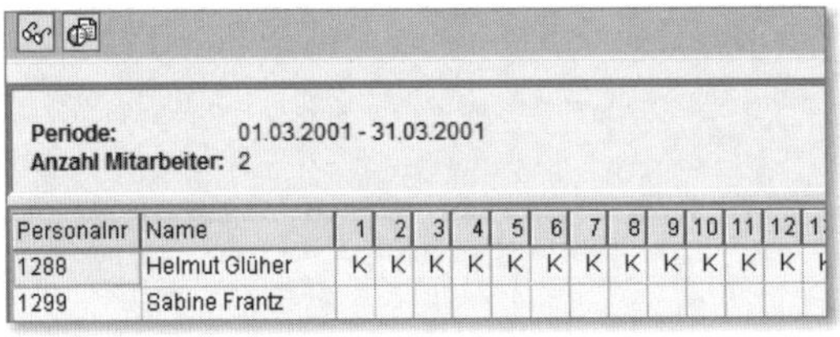

Periode: 01.03.2001 - 31.03.2001
Anzahl Mitarbeiter: 2

Personalnr	Name	1	2	3	4	5	6	7	8	9	10	11	12	1:
1288	Helmut Glüher	K	K	K	K	K	K	K	K	K	K	K	K	K
1299	Sabine Frantz													

Abbildung 12.7 Mitarbeiterübergreifende Sicht der Ab-/Anwesenheitsdaten

In der Liste werden die Ab- und Anwesenheitsarten auf der Ausgabeliste durch Kürzel dargestellt. Neben den im Customizing hinterlegten Kürzeln können zusätzlich die Symbole *****, **?**, **<** und **/** auftreten. Die Bedeutung der zusätzlichen Kürzel entspricht den Kürzeln in der Liste **Ab-/Anwesenheitsdaten – Kalendersicht** (siehe Abschnitt 12.2.2).

Aus der mitarbeiterübergreifenden Sicht können Sie in den Infotyp verzweigen, der zur jeweiligen Ab- oder Anwesenheit gehört. Sind Fehler aufgetreten, können Sie sich eine Liste der Mitarbeiter anzeigen lassen, bei denen Fehler aufgetreten sind.

12.2.4 Anwesenheitskontrolle

Der Report »Anwesenheitskontrolle« erstellt eine Liste der Mitarbeiter, die zu einem ausgewählten Zeitpunkt anwesend sind, die begründet abwesend sind, die unentschuldigt fehlen oder die sich verspätet haben. Sie können sich zusätzlich die Mitarbeiter anzeigen lassen, die nach ihrem persönlichen Arbeitszeitplan arbeiten müssten, aber weder anwesend noch begründet abwesend sind.

Dieser Bericht berücksichtigt die an einem Zeiterfassungssystem erfassten Zeitereignisse sowie die Infotypen **Abwesenheiten** (2001) und **Anwesenheiten** (2002).

Wenn Sie mit Zeiterfassungsgeräten arbeiten, müssen die Zeitereignisse vor dem Start der Auswertung in das SAP-System geladen worden sein. Wenn Sie Zeitereignisarten nutzen, die sowohl **Kommen** als auch **Gehen** bedeuten (z. B. **Kommen oder Gehen**) muss die Paarbildung in der Zeitauswertung durchgeführt worden sein. Bei diesen Zeitereignissen kann die Interpretation nur im Zusammenhang mit einem weiteren Zeitereignis erfolgen.

Zeitereignisse

PersNr	Name Mitarb./Bewerb.	Stat	Statustext	ZEA	Bedeutung	Uhrzeit	AbAnArt	An-/AbwArtText
10967	Mrs Ellen Olbright	1	anwesend	P10	Kommen	07:45:46		
10968	Mr. Alan Parker	1	anwesend	P10	Kommen	07:45:21		
10969	Mrs Jessica Tendy	1	anwesend	P10	Kommen	07:49:49		
70128	Mr. Rolf Lissie	5	ganztägig abwesend			00:00:00	0240	Ferien

Abbildung 12.8 Anwesenheitsliste

Der Anwesenheitsstatus wird folgendermaßen bestimmt:

Bestimmung des Anwesenheitsstatus

1. Aufgrund der letzten Buchung vor dem Auswertungszeitpunkt wird bestimmt, ob der Mitarbeiter anwesend, auf Dienstgang oder in der Pause ist. Haben Sie das Feld **Auswertung Arbeitszeitplan** aktiviert, wird zusätzlich anhand der letzten Buchung geprüft, ob der Mitarbeiter **verspätet** oder **verspätet bzgl. Normalarbeitszeit** kam bzw. ob eine Kernzeitverletzung vorliegt.

2. Ist der Mitarbeiter aufgrund seiner letzten Buchung nicht anwesend, wird überprüft, ob für ihn eine Abwesenheit (2001) oder eine Anwesenheit (2002) vorliegt. Es werden dann die Anwesenheitsstatus **untertägig anwesend**, **untertägig abwesend**, **ganztägig anwesend** bzw. **ganztägig abwesend** ausgegeben.

3. Liegen keine erfassten An- bzw. Abwesenheiten vor und wünschen Sie die Auswertung des Tagesarbeitszeitplans, wird geprüft, ob der Mitarbeiter gemäß seinem Tagesarbeitszeitplan anwesend sein müsste. Gegebenenfalls wird der Anwesenheitsstatus **fehlt** bzw. **fehlt bzgl. Normalarbeitszeit** ausgegeben.

Mit der Angabe der **Stunden vor Auswertungszeitpunkt** legen Sie fest, wie viele Stunden die letzte Buchung höchstens vor diesem Zeitpunkt liegen darf. Nur diese Buchungen werden berücksichtigt.

Ist das Feld **Auswertung Arbeitszeitplan** aktiviert, werden zusätzlich die Mitarbeiter ausgegeben, die zum Auswertungszeitpunkt nach ihrem persönlichen Arbeitszeitplan arbeiten müssten, aber weder anwesend noch begründet abwesend sind.

Bei Mitarbeitern mit Status **Zeitwirtschaft 0 (keine Zeitauswertung)**, Status **Zeitwirtschaft 7 (Zeitauswertung ohne Integration Abrechnung)** oder Status **Zeitwirtschaft 9 (Zeitauswertung Soll)**, für die keine An- bzw. Abwesenheiten im Auswertungszeitraum erfasst sind, wird angenommen, dass sie gemäß ihrem Tagesarbeitszeitplan anwesend sind. Mitarbeiter mit Status **Zeitwirtschaft 8 (Fremddienstleistung)**, für die keine An. bzw. Abwesenheiten im Auswertungszeitraum erfasst sind, werden nicht aufgeführt.

Bei Tagesarbeitszeitplänen, die den Zeitpunkt Mitternacht umfassen, werden ganztägige Abwesenheiten nur dann richtig erkannt, wenn das Feld **Auswertung Arbeitszeitplan** aktiviert wurde. Wenn Sie aber nur eine Aussage über die anwesenden Mitarbeiter treffen wollen, lassen Sie das Feld **Auswertung Arbeitszeitplan** frei, da die Bestimmung des Tagesarbeitszeitplans relativ viel Rechenzeit in Anspruch nimmt.

12.2.5 Grafische An-/Abwesenheitsübersicht

Der Report »Grafische An-/Abwesenheitsübersicht« erstellt eine Plantafel, die An- und Abwesenheiten von Mitarbeitern grafisch darstellt (siehe Abbildung 12.9). Sie können sich auch gesperrte Sätze ausgeben lassen.

In der Grafik werden die Anwesenheiten (gelb) und Abwesenheiten (rot) mit farbigen Balken dargestellt. Gesperrte Anwesenheiten werden blau und gesperrte Abwesenheiten grün ausgegeben.

Die Auswertung kann mit verschiedenen Zeitrastern wie einem täglichen oder wöchentlichen Raster dargestellt werden. Die Feinheit des Zeitrasters können Sie interaktiv in der Grafik verändern. Sie können auch das Layout in der Grafik anpassen, z. B. bezüglich der Farbenzuordnung oder der Gittereinteilung.

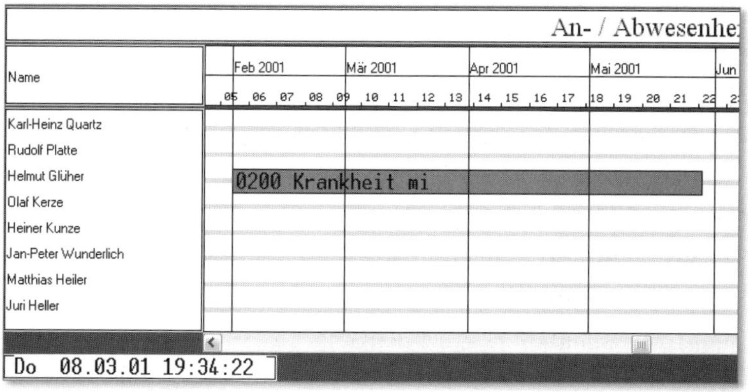

Abbildung 12.9 Grafische An-/Abwesenheitsübersicht mit Zeiteinheit Kalenderwoche

Aus der Grafik heraus können Sie durch Klicken auf eine Ab-/Anwesenheit in den entsprechenden Infotypen oder durch Klicken auf den Namen des Mitarbeiters in die Funktion **Zeitdaten anzeigen** verzweigen.

12.3 Zeitkonten

Die Berichte zur Anzeige und Auswertung von Zeitkonten zeigen die in der Zeitauswertung (RPTIME00) ermittelten Ergebnisse (z. B. Zeitsalden, Zeitlohnarten oder Fehlermeldungen). Außerdem liefern sie Informationen zu den Abwesenheitskontingenten von Mitarbeitern.

12.3.1 Zeitnachweis

Der Report »Zeitnachweis« erstellt eine Übersicht über die durch die Zeitauswertung ermittelten Ergebnisse, z. B. über die Zeitsalden und Zeitlohnarten pro Mitarbeiter. Sie können mit diesem Bericht z. B. die Zeitauswertungsergebnisse überprüfen oder die Zeitnachweise zur Information an die Mitarbeiter verschicken. Mit der Self-Service-Anwendung für den Zeitnachweis können sich die Mitarbeiter im Internet/Intranet über den aktuellen Stand der Zeitsalden und Zeitlohnarten informieren.

Um einen Zeitnachweis erstellen zu können, müssen Sie die Zeitdaten der entsprechenden Mitarbeiter mit dem Report »Zeitauswer-

Report »Zeitauswertung«

tung« (RPTIME00) ausgewertet, d. h. im Cluster B2 gespeichert haben.

Auf dem Selektionsbildschirm des Zeitnachweises können Sie angeben, mit welchem Formular der Zeitnachweis ausgegeben werden soll. Sie können entweder ein Standardformular angeben oder ein eigenes, das Sie vorher im Customizing erstellt haben (**Personalzeitwirtschaft • Zeitauswertung • Auswertungen und Arbeitsvorrat • Zeitnachweisformular**).

Im Standard finden Sie die in Tabelle 12.1 aufgeführten Musterformulare.

Bezeichnung	Inhalt
TF00	tagesgenaue Auflistung der wichtigsten Zeitsalden
TF01	tagesgenaue Auflistung der wichtigsten Zeitsalden, Briefkopf mit Anschrift, Zusatzinformationen
TF02	tagesgenaue Auflistung der wichtigsten Zeitsalden, Briefkopf mit Anschrift, Zusatzinformationen mit einer optisch aufwändigen Gestaltung
TFL1	Übersichtsliste der kumulierten Zeitsalden
TFL2	Übersichtsliste der kumulierten Zeitsalden, der Andruck erfolgt nur unter gewissen Bedingungen, z. B. wird die Gleitzeitüber-/Gleitzeitunterdeckung nur ausgedruckt, wenn sie < 0 ist (diese Bedingung ist im Customizing festgelegt)

Tabelle 12.1 Musterformulare des Reports »Zeitnachweis«

[»] Die Zeitsaldenübersicht innerhalb der Auswertungen für die Zeitkonten benutzt diesen Report mit dem Formular TFL1.

Die Ausgabe der Zeitdaten und der durch die Zeitauswertung ermittelten Zeitsalden und -lohnarten erfolgt tagesbezogen wie in Abbildung 12.10. Nur wenn der Zeitnachweis für eine ganze, bereits abgerechnete Periode erstellt wird, wird zusätzlich zu den Tagessalden eine Summenübersicht über die für die ausgewertete Periode errechneten Salden angezeigt.

```
                        Zeitnachweisliste
gedruckt am: 21.02.2007                                    Seite:    1

Mitarbeiter     : 00001288 Helmut Glüher
Sachbearbeiter: Marianne Uhr

Personalbereich    : 1200      Personalteilbereich:
Mitarbeitergruppe: 1           Mitarbeiterkreis    : DK
Kostenstelle    : 4260         Planstelle          : 50011534   AZPRegel: M3-3

              Auswertungszeitraum vom 01.01.2001 bis 31.01.2001


                        Einzelergebnisse

Tag Text          Kter Gter  Beguz Enduz  erf.  Sollz Rahmz  Glz  Mehrz TAZP

01  Neujahr                  05:11 14:30  9,33  7,75  7,75  0,00  0,00  F-11
    arbeitsfrei
    Normalstunden                         7,75
    Zuschlag Feiertag 10                  9,33
02  Di                       05:25 14:27  9,04  7,75  7,75  0,00  0,29  F-11
    Normalstunden                         7,75
    Zuschlag Mehrarbeit                   0,29
03  Mi                       05:11 14:17  9,09  7,75  7,75  0,00  0,34  F-11
    Normalstunden                         7,75
    Zuschlag Mehrarbeit                   0,35
04  Do                       05:11 14:20  9,14  7,75  7,75  0,00  0,39  F-11
    Normalstunden                         7,75
```

Abbildung 12.10 Ausschnitt aus dem Zeitnachweis (TF02)

Mit dem Parameter **Ausdruck der Rückrechnung** können Sie auch einen Zeitnachweis für Perioden ausgeben, für die in der Zeitauswertung eine Rückrechnung angestoßen wurde. Die maximale Rückrechnungstiefe legen Sie im SAP Easy Access-Menü unter **Personal • Personalzeitwirtschaft • Administration • Einstellungen • Rückrechnungstiefe Zeitnachweis** fest.

Um auch für Mitarbeiter einen Zeitnachweis ausgeben, bei denen die Zeitauswertung auf einen Fehler gelaufen ist, markieren Sie den Parameter **auch Mitarbeiter mit Fehlern**.

Mit **Verzweigung in Zeitdateninfotypen** auf dem Selektionsbildschirm legen Sie fest, ob aus dem Listbild heraus in Zeitdatensätze verzweigt werden kann.

Sie können komprimierte Sichten auf die Ergebnisse ausgeben, wie z. B. Wochensummen und verdichtete Zeitlohnarten (d. h., eine Zeitlohnart erscheint pro Tag nur einmal auf dem Zeitnachweis). Dies legen Sie in den **Parametern für die Listgestaltung** fest.

Sie können für den Zeitnachweis zusätzlich eine **Ausgabesprache** angeben, z. B. die Sprache des Mitarbeiters.

[+] Mit der SAP-Erweiterung HRPTIM04 können Sie die Informationen aus den Tabellen des Clusters B2 vor der Ausgabe modifizieren.

12.3.2 Kumulierte Zeitauswertungsergebnisse

Der Report »Kumulierte Zeitauswertungsergebnisse« erstellt eine Liste der Tagessalden (Tabelle ZES) wie in Abbildung 12.11, der kumulierten Salden (Tabelle SALDO) oder der Zeitlohnarten (Tabelle ZL) des Clusters B2. Sie können z. B. überprüfen, welche Salden pro Organisationseinheit gebildet wurden. Unter **Selektionsbedingungen** können Sie die auszuwertenden Salden oder Lohnarten auch einschränken.

Tagessalden

Datenauswahlzeitraum 01.01.2001 - 31.12.2001

PersNr	Name MA/Bew.	Periode	Datum	ZtArt	Zeitartenlangtext	≡ Anzhl
1288	Helmut Glüher	200101	01.01.2001	0600	Abwesenheit am Feiertag	7,75
1288	Helmut Glüher	200101	01.01.2001	0120	Füllzeit Abwesenheit	7,75
1288	Helmut Glüher	200101	01.01.2001	0100	Füllzeit	7,75
1288	Helmut Glüher	200101	01.01.2001	0020	Abwesenheit	7,75
1288	Helmut Glüher	200101	01.01.2001	0003	Rahmenzeit	7,75
1288	Helmut Glüher	200101	01.01.2001	0500	Pause	1,00
1288	Helmut Glüher	200101	01.01.2001	0002	Sollzeit	7,75
1288	Helmut Glüher	200101	02.01.2001	0043	Mehrarbeit Grundl./Freiz.	0,29
1288	Helmut Glüher	200101	02.01.2001	0410	Freizeit aus Mehrarbeit	0,29
1288	Helmut Glüher	200101	02.01.2001	0040	geleistete Mehrarbeit	0,29

Abbildung 12.11 Liste »Tagessalden«

Der Report dient auch zur Überprüfung von Grenzwerten, die Sie im Customizing für einzelne Zeit- oder Lohnarten festlegen können. Hierzu müssen Sie aber den Parameter **Stundengrenzwerte berücksichtigen** im Selektionsbildschirm markieren. Die Grenzwerte definieren Sie im Merkmal **LIMIT** (Stundengrenzwerte für kumulierte Salden) für die einzelnen Zeit- und Lohnarten. Das Merkmal unterteilt sich in folgende drei Untermerkmale:

- LIMIE: Stundengrenzwerte für Tagessalden
- LIMIS: Stundengrenzwerte für kumulierte Salden
- LIMIZ: Stundengrenzwerte für Zeitlohnarten

Die Entscheidungen zur Festlegung des Schwellenwertes können Sie dabei von organisatorischen und tariflichen Kriterien abhängig machen, z. B. vom Personalbereich oder von der Tarifart. Die notwendigen Einstellungen zur Festlegung der Grenzwerte legen Sie über das Customizing der Zeitauswertung (**Personalzeitwirtschaft • Zeitauswertung • Auswertungen und Arbeitsvorrat • Grenzwerte für kumulierte Auswertungsergebnisse festlegen**) fest.

In der Liste haben Sie auch die Möglichkeit zur grafischen Ausgabe der Daten. Wählen Sie hierzu in der Liste im Menü **Springen • Grafik**.

12.3.3 Zeitkonten anzeigen

Der Report »Zeitkonten anzeigen« erstellt eine Übersicht über ausgewählte, aktuelle Zeitsalden für jeden einzelnen Mitarbeiter (siehe Abbildung 12.12). Die Zeitsalden werden bei der Zeitauswertung (RPTIME00) ermittelt. Sie können den Bericht alternativ zum Zeitnachweis (siehe Abschnitt 12.3.1) verwenden, um sich z. B. für einzelne Mitarbeiter schnell über aktuelle Salden zu informieren. Die Salden, die angezeigt werden sollen, definieren Sie im Customizing (**Personalzeitwirtschaft • Zeitauswertung • Einstellungen zur Auswertungssteuerung • Zeitarten definieren**). Das Feld **Abstellen für Zeitkonten** in der Definition der Zeitarten muss mit einer **1** (Abstellung) gefüllt sein.

Zeitauswertung

PersNr	Name des Mitarbeiters bzw. Bewerbers	ZtArt	Zeitartenlangtext	Anzahl
00001288	Helmut Glüher	0002	Sollzeit	6,25
		0003	Rahmenzeit	6,25
		0005	GLZ-Saldo	15,00
		0050	Produktivstunden	7,25
		0110	Füllzeit Anwesenheit	6,25
		0410	Freizeit aus Mehrarbeit	198,66
00001299	Sabine Frantz	0002	Sollzeit	135,25
		0003	Rahmenzeit	135,25
		0005	GLZ-Saldo	15,00
		0050	Produktivstunden	153,25
		0110	Füllzeit Anwesenheit	135,25

Abbildung 12.12 Anzeige der Zeitsalden im Zeitkonto

Wenn Sie Zeiterfassungsgeräte im Einsatz haben, handelt es sich bei einigen der dargestellten Salden um die Salden, die an die Zeiterfassungsgeräte heruntergeladen werden.

[»] Die angezeigten Salden haben den Stand des letzten fehlerfreien Laufs des Reports »Zeitauswertung« (RPTIME00).

12.3.4 Anzeige von Abwesenheitskontingentinformationen

Der Report »Anzeige von Abwesenheitskontingentinformationen« erstellt eine Übersicht über die **Abwesenheitskontingente** (Infotyp 2006) von Mitarbeitern unter verschiedenen Aspekten.

PersNr	Name	Kontingent	Einheit	Σ Anspruch	Σ Verbrauch	Σ abgegolten bis Stichtag	Σ Rest insgesamt
1288	Helmut Glüher	Urlaub (Tage)	Tage	30,00000	2,00000	0,00000	28,00000
1289	Olaf Kerze	Urlaub (Tage)	Tage	30,00000	0,00000	0,00000	30,00000
1290	Heiner Kunze	Urlaub (Tage)	Tage	30,00000	0,00000	0,00000	30,00000
1291	Jan-Peter Wunderlich	Urlaub (Tage)	Tage	30,00000	0,00000	0,00000	30,00000
1292	Matthias Heiler	Urlaub (Tage)	Tage	30,00000	0,00000	0,00000	30,00000
1293	Juri Heller	Urlaub (Tage)	Tage	30,00000	0,00000	0,00000	30,00000
1294	Jutta Haas	Urlaub (Tage)	Tage	30,00000	0,00000	0,00000	30,00000
1295	Claudia Hermann	Urlaub (Tage)	Tage	30,00000	0,00000	0,00000	30,00000
1296	Hermann Hecker	Urlaub (Tage)	Tage	30,00000	0,00000	0,00000	30,00000
1297	Edgar Huber	Urlaub (Tage)	Tage	30,00000	0,00000	0,00000	30,00000
1298	Horst Marstaller	Urlaub (Tage)	Tage	30,00000	0,00000	0,00000	30,00000
1299	Sabine Frantz	Urlaub (Tage)	Tage	30,00000	0,00000	0,00000	30,00000
			Tage ▪	360,000... ▪	2,00000 ▪	0,00000 ▪	358,00000

Abbildung 12.13 Anzeige von Abwesenheitskontingenten

Über das Menü **Einstellungen • Anzeigevariante • Aktuelle** in der Ausgabeliste können Sie noch weitere Felder mit Informationen zur organisatorischen Zuordnung des Mitarbeiters und zu den Abwesenheitskontingenten der Liste hinzufügen. Abbildung 12.13 zeigt die Standardaufbereitung der Liste.

In den Selektionskriterien können Sie die Abwesenheitskontingente, die bei der Auswertung berücksichtigt werden, einschränken. Sie können wählen, welche Kontingenttypen mit welchen Zeiteinheiten und mit welchen Abtragungszeiträumen für die Auswertung zur Verfügung stehen sollen.

Sie können sich nicht nur aktuelle Kontingentstände ausgeben lassen, sondern auch Kontingentstände in der Zukunft oder in der Vergangenheit. Dazu können Sie auf dem Selektionsbild einen Stichtag für die Abtragung und einen Stichtag für den Anspruch angeben. Diese Daten werden bei der Auswertung folgendermaßen verwendet:

Besitzt ein ausgewählter Mitarbeiter ein Abwesenheitskontingent, das zur Auswertung zur Verfügung steht, werden

- sein Anspruch zu diesem Kontingent zum Datum Stichtag für den Anspruch und
- Abtragung, Rest und Abgeltung von diesem Kontingent zum Datum Stichtag für die Abtragung berechnet.

Sie können eine Hochrechnung der Kontingentstände in die Zukunft durchführen, um z. B. die Mitarbeiter über ihren zu erwartenden Urlaubsanspruch zu informieren. Wenn für einen selektierten Mitarbeiter die Stichtage (Anspruch und/oder Abtragung) größer oder gleich dem **Rückrechnungsdatum für BDE** im Infotyp **Abrechnungsstatus** (0003) sind, bewirkt ein Einschalten der Hochrechnung, dass für diesen Mitarbeiter die Zeitauswertung (RPTIME00-Lauf im Simulationsmodus) angestoßen wird.

> Sie können sich z. B. am Jahresende eine Liste ausgeben lassen, die für jeden Mitarbeiter den Restanspruch und die Abgeltung auflistet. [zB]

Für den Ausdruck können Sie die Auswahl der Mitarbeiter wie folgt einschränken:

- **Alle selektierten Mitarbeiter**
  In der Ausgabeliste erscheinen auch Mitarbeiter ohne selektierte Abwesenheitskontingentsätze.

- **Nur Mitarbeiter mit selektierten Abwesenheitskontingentsätzen**
  In der Ausgabeliste erscheinen nur Mitarbeiter, denen mindestens einer der ausgewählten Kontingentsätze zugeordnet werden konnte. Diese Auswahl können Sie weiter einschränken:
  - Nur Mitarbeiter mit Anspruch
  - Nur Mitarbeiter mit Restanspruch
  - Nur Mitarbeiter mit Abgeltung
  - Nur Mitarbeiter mit Verbrauch

Zu jeder Auswahl können Sie auch ein Intervall angeben, in dem z. B. der Restanspruch liegen soll (Mitarbeiter mit einem Restanspruch von mindestens zehn Tagen). Sind z. B. Bedingungen an den Kontingentanspruch und den Kontingentrest gestellt, werden nur Mitarbeiter ausgegeben, die den beiden Bedingungen gleichzeitig genügen.

12.3.5 Anzeige von Zeitauswertungsmeldungen

Der Report »Anzeige von Zeitauswertungsmeldungen« erstellt eine Liste von Meldungen, die bei der Zeitauswertung aufgetreten sind. Dazu liest der Report die Tabelle FEHLER aus Cluster B2 ein. Sie finden den Report im SAP Easy Access-Menü unter **Personal** • **Personalzeitwirtschaft** • **Administration** • **Zeitauswertung** • **Zeitauswertungsmeldungen**.

Zeitauswertung

Er liefert erst dann sinnvolle Ergebnisse, wenn die Mitarbeiter an der Zeitauswertung teilnehmen und der Report »Zeitauswertung« (RPTIME00) für die gewünschte Periode gelaufen ist.

Durch zusätzliche Selektionskriterien, z. B. Typ der Meldungsart oder Nummer der Meldungsart, können Sie die Auswahl der Meldungen über das Selektionsbild einschränken.

In der Ausgabeliste (siehe Abbildung 12.14) sind die Meldungen (Nummer der Meldungsart und Meldungslangtext) wie folgt farblich gekennzeichnet:

- Eine Meldung, die einen Hinweis kennzeichnet, ist grau unterlegt (ohne Nachrichtentyp).
- Bei Meldungen mit dem Nachrichtentyp I sind die Meldungsart und der Meldungstext gelb hinterlegt.
- Eine Meldung, die eine Rückrechnung erforderlich macht, ist hellrot unterlegt (Nachrichtentyp F).
- Eine Meldung, die zu einem Abbruch der Zeitauswertung führt, ist dunkelrot unterlegt (Nachrichtentyp E).

Nachrichtentypen

Die Nachrichtentypen werden im Zeitauswertungsschema innerhalb von Regeln mit der Operation COLER gebildet oder sind technische Fehler z. B. innerhalb der Paarbildung. Sie haben dabei folgende Bedeutung:

- **E** – Die Zeitauswertung wird für den aktuellen Mitarbeiter abgebrochen.
- **F** – Die Verarbeitung wird normal fortgeführt; das Rückrechnungskennzeichen wird gesetzt, damit der aktuelle Tag bei der nächsten Auswertung nochmals abgerechnet wird.
- **I** – Die Verarbeitung wird normal fortgeführt; das Rückrechnungskennzeichen wird nicht gesetzt. Die Meldung bleibt so lange im

Cluster B1 stehen, bis sie mit der Meldungsbearbeitung quittiert wird.

- **Sonst** – Die Zeitauswertung wird fortgesetzt; es handelt sich um einen Hinweis.

Typ	MldArt	Meldungslangtext	PersNr	Name MA/Bew.	KT	Lg. Dat.
1	41	Gleitzeitunterschreitung	1046	Hannelore Elsner	MI	31.01.2001
1	08	Trotz Tagestyp '1' anwesend	1266	Manfred Effenberg	MO	01.01.2001
1	70	Es liegt ungenehmigte Mehrarb. vor	1266	Manfred Effenberg	MO	01.01.2001
1	70	Es liegt ungenehmigte Mehrarb. vor	1266	Manfred Effenberg	DI	02.01.2001
1	70	Es liegt ungenehmigte Mehrarb. vor	1266	Manfred Effenberg	MI	03.01.2001
1	70	Es liegt ungenehmigte Mehrarb. vor	1266	Manfred Effenberg	DO	04.01.2001
1	70	Es liegt ungenehmigte Mehrarb. vor	1266	Manfred Effenberg	FR	05.01.2001
1	70	Es liegt ungenehmigte Mehrarb. vor	1266	Manfred Effenberg	SA	06.01.2001
1	70	Es liegt ungenehmigte Mehrarb. vor	1266	Manfred Effenberg	MO	08.01.2001
1	70	Es liegt ungenehmigte Mehrarb. vor	1266	Manfred Effenberg	DI	09.01.2001

Abbildung 12.14 Liste der Fehlermeldungen aus der Zeitauswertung

Im Spaltenvorrat des ALV Grid stehen Ihnen noch weitere Felder für den Ausdruck der Liste zur Verfügung. Diese beinhalten z. B. Informationen zur organisatorischen Zuordnung, zum Tagesarbeitszeitplan und weitere Informationen zur Fehlermeldung.

12.3.6 Anzeige Zeitauswertungsergebnisse (Cluster B2)

Mit dem Report »Anzeige Zeitauswertungsergebnisse« können Sie sich pro Mitarbeiter und Periode den Inhalt des Clusters B2 aus der Zeitauswertung (RPTIME00) anzeigen lassen.

Diesen Bericht finden Sie im SAP Easy Access-Menü unter **Personal • Personalzeitwirtschaft • Administration • Werkzeuge • Werkzeugauswahl • Cluster • Anzeige Zeitauswertungsergebnisse (Cluster B2)**.

Bei der Auswahl **Liste der Personalnummern und Perioden** in der Listaufbereitung steigen Sie mit einer Übersicht über die ausgewählten Personalnummern und Perioden in die Ausgabe ein. Mit der Funktion **Auswählen** gelangen Sie in eine Übersicht über die Tabellen des Clusters B2 mit Informationen zur Anzahl der erzeugten Einträge pro Periode (siehe Abbildung 12.15). Hier haben Sie die folgenden Möglichkeiten:

- Wenn Sie den Cursor auf eine Tabelle stellen und die Funktion **Auswählen** verwenden, können Sie Detailinformationen zu den Tabelleneinträgen anzeigen.

- Wenn Sie die Funktion **Alle Tabellen** wählen, können Sie eine Liste aller Einträge aller Tabellen zu einer Periode ausgeben. Diese Funktion bietet sich an, wenn Sie die Liste zu einer genauen Fehleranalyse drucken möchten.

- Die Auswahl **Detaillierte Beschreibung aller Tabelleneinträge** entspricht der Funktion **Alle Tabellen** bei der Auswahl über die Liste der Personalnummern und Perioden.

- Im Gruppenfenster **Archivierte Daten** können Sie auswählen, ob nur nicht archivierte oder archivierte Cluster oder beide angezeigt werden sollen. Beachten Sie, dass sich die Laufzeit des Reports erhöhen kann, falls archivierte Daten angezeigt werden sollen.

Gruppe Tabellenname	Bezeichnung	Anzahl Einträge
Grunddaten und Arbeitszeitplan		
WPBP	Grunddaten	1
PSP	Persönlicher Arbeitszeitplan	32
Salden, Lohnarten und Kontingentbewegungen		
ZES	Zeitsalden pro Tag	245
SALDO	Zeitsalden kumuliert	14
ZKO	Zeitkontingente	0
ZL	Zeitlohnarten	139
ALP	Abweichende Bezahlung	0
C1	Kostenverteilung	0
VS	Variable Salden	0
CVS	Kumulierte variable Salden	0
FEHLER	Meldungen	19
KNTAG	Mitternachtsübergreifende Arbeit	1
Automatischer Aufbau von Abwesenheitskontingenten		
QTACC	Abwesenheitskontingentgenerierung	0
QTBASE	Basisanspruch	0
QTTRANS	Überleitungsvorrat	0
URLAN	Urlaubsaufbau	0
Zeitpaare und Lohnscheine		
PT	Zeitpaare	19
WST	Lohnscheine, sonstige Belege	0

Abbildung 12.15 Übersicht der Tabellen des Clusters B2 eines Mitarbeiters für eine Periode

[+] Erläuterungen zu den Tabellen des Clusters B2 erhalten Sie in der SAP-Bibliothek unter **SAP ERP Central Component • Personalzeitwirtschaft • Zeitauswertung • Anhang • Cluster • Die Tabellen des Clusters B2**.

12.4 SAP NetWeaver BI-Standard-Content

Die BI-Standard-Content in der Personalzeitwirtschaft erhält zum einen Daten aus den Infotypen der Zeitwirtschaft und zum anderen Daten aus der Zeitauswertung (Cluster B2). Leider sind nicht alle Infotypen der Zeitwirtschaft enthalten, wie z. B. die Bereitschaft

(2004), Zeitumbuchungen (2012) und die Vertretungen (2003). Obwohl die Vertretungen in der Istzeit enthalten sind, so kann auch relevant sein, um welche Vertretungsart es sich handelt, wie z. B. die Kurzarbeit.

12.4.1 InfoCube »Personalzeiten«

Im SAP NetWeaver BI-Standard-Content der Personalzeitwirtschaft steht der InfoCube **Personalzeiten** zur Verfügung. Die Zeitdaten des HCM-Systems werden unabhängig davon, aus welcher Quelle (DB-Tabelle, Funktionsbaustein) die Daten stammen, nach Zeitarten für das Berichtswesen unterschieden. Die Definition dieser Zeitarten müssen im HCM-Customizing hinterlegt sein. Um Queries und Kennzahlen mit betriebswirtschaftlicher Bedeutung ausliefern zu können, gibt es im Standard vordefinierte Zeitarten mit fester Semantik (siehe Tabelle 12.2).

Zeitart	Beschreibung
00000001	Urlaub
00000002	Krankheit
00000003	Sollzeit (AZP Zeitausw.)
00000004	Mehrarbeit
00000005	Produktivzeit
00000009	Sollzeit laut Pers. AZP

Tabelle 12.2 Vordefinierte Zeitarten des BI-Standard-Contents

Die Pflege der Zeitarten ist im Customizing des HCM-Systems (**Personalzeitwirtschaft · Informationssystem · Einstellungen für das Berichtswesen · Personalzeiten · Berichtszeitarten definieren**) hinterlegt (siehe Abbildung 12.16).

Customizing

Abbildung 12.16 Berichtszeitart definieren

Sowohl die Zuordnungen von HCM-Zeitwirtschaftsdaten zu Zeitarten als auch zusätzliche kundeneigene Zeitarten sind im SAP-Zeitwirtschaftssystem frei definierbar. Als mögliche Quellen dienen die Informationstypen der Zeitwirtschaft **Abwesenheiten** (2001), **Anwesenheiten** (2002) und **Entgeltbelege** (2010) sowie **Zeitauswertungsergebnisse** (Cluster B2). Persönlicher Arbeitszeitplan

Abbildung 12.17 zeigt die Definition des genommenen Urlaubs.

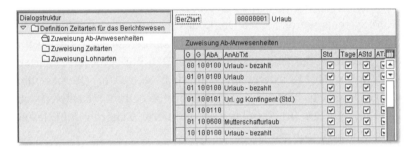

Abbildung 12.17 Definition der Berichtszeitart »Urlaub«

Persönlicher Arbeitszeitplan

Eine Ausnahmestellung nimmt die Zeitart 00000009 (Sollzeit laut Persönlichem Arbeitszeitplan) ein. Der Ursprung der Datensätze mit dem Zeitartenwert 00000009 (Sollzeit laut Persönlichen Arbeitszeitplan) ist immer der persönliche Arbeitszeitplan. Diesem entspricht in ERP kein eigenes Objekt der Datenbank, sondern der persönliche Arbeitszeitplan wird zur Laufzeit stets dynamisch erstellt.

Der InfoCube speichert monatlich kumulierte Zeitdaten in Tages- und Stundeneinheiten. Für das Berichtswesen werden sowohl Stundenwerte (Mehrarbeit) als auch Tageswerte (Urlaub) benötigt.

Prinzipiell erlaubt der Extraktor im HCM auch die Überleitung von Tagessummen. Dieser InfoCube ist aber für Kennzahlenberichte ausgelegt, für die Monatssummen ausreichen. Eine weitere Verdichtung auf Quartals- und Jahreskennzahlen findet im Cube automatisch statt.

Wechselt ein Mitarbeiter innerhalb eines Monats im SAP ERP HCM-System seine Zuordnung (Beispiel: Wechsel der Stammkostenstelle) und ist das dazugehörige InfoObject im InfoCube als Merkmal enthalten, werden die Zeiten auf die einzelnen Bereiche tagesgenau verteilt und entsprechend im Bericht unter den Merkmalsausprägungen getrennt ausgewiesen.

Die Daten aus dem Infotyp Kostenverteilung stehen ebenso zur Verfügung, wie die abweichende Kostenzuordnung und die Daten zur Leistungsverrechnung von Ab-/Anwesenheiten und Vertretungen (siehe Abbildung 12.18).

Kostenverteilung

Abbildung 12.18 Leistungsverrechnung in der Personalzeitwirtschaft

Zu den Merkmalen können folgenden Hierarchien genutzt werden:

Hierarchien

- Organisationseinheiten
- Kostenstellen

Als Zeitmerkmale stehen folgende Merkmale zur Verfügung:

Zeitmerkmale

- Kalendertag
- Kalenderjahr/Monat
- Kalenderjahr/Quartal
- Kalenderjahr

Folgende Kennzahlen finden Sie im InfoCube **Personalzeiten**:

Kennzahlen

- Lohnartenbetrag für Bezüge
- Istzeit
- Kontenwirksame Zeit
- Sollzeit laut persönlichem Arbeitszeitplan
- Sollzeit ohne Feiertage

Der Lohnartenbetrag berechnet sich aus einer im HCM-System bei der Zeitdatenerfassung explizit angegebenen Bewertungsgrundlage, multipliziert mit den Ist-Stunden. Fehlt die Angabe der Bewertungsgrundlage, wird dieses Feld im HCM-System standardmäßig nicht versorgt. Sie können dieses Feld in einer Kundenerweiterung des Extraktors der InfoSource 0HR_PT_2 versorgen oder verändern. Die Ist-Zeit ist in erster Linie ein Container für die An-/Abwesenheitsstunden/-tage der Infotypen **Abwesenheiten** (2001) und **Anwesenheiten** (2002).

Eingeschränkte Kennzahlen

Dazu stehen noch die eingeschränkten Kennzahlen zur Verfügung. Diese leiten sich aus den Kennzahlen des InfoCubes über einen Filter auf ein oder mehrere Merkmale des InfoCubes ab. So ergeben sich die Krankheitsstunden aus dem Wert der Kennzahl **Ist-Zeiten**, wobei die Bedingungen Mengeneinheit gleich Stunden und Zeitart gleich Krankheit erfüllt sein müssen, ansonsten ergeben sich null Krankheitsstunden. Die Formulierung der Bedingung müssen Sie im Kundensystem eventuell an die InfoObjects **Ausprägungen** und deren Semantik anpassen. Insbesondere die Filterwerte für die Einheiten Stunden und Tage werden von den ausgelieferten Filterwerten abweichen. Erst wenn entsprechend den geladenen InfoCube-Daten konsistente Bedingungen formuliert sind, können die Queries korrekte Kennzahlen liefern.

Weitere Daten aus den InfoSources

Die InfoSources des InfoCubes **Personalzeiten** stellen neben den Stammdaten aus den Infotypen folgende Daten zur Verfügung:

- **Zeiten aus pers. Arbeitszeitplan**
  Die Kennzahlen **Sollzeit aus persönlichem Arbeitszeitplan** und **Sollzeit ohne Feiertage** stehen hier zur Verfügung. Entnommen werden diese aus der Berichtszeitart 00000009 (Sollzeit laut Arbeitszeitplan). Die abweichende Kostenzuordnung steht hier nicht zur Verfügung.

- **Personal-Ist-Zeiten**
  Die Kennzahlen dieser InfoSource enthalten die **Ist-Zeiten**, die **Kontenwirksame Zeit** und den **Betrag aus der abweichenden Bewertungsgrundlage**. Die Zeiten werden den entsprechenden Berichtszeitarten entnommen. Der abweichende Betrag zur Bewertungsgrundlage wird aus der abweichenden Bezahlung der Ab-/Anwesenheiten, Vertretungen und Entgeltbelege (siehe Abbildung 12.19) entnommen. Diese Daten sind im Cluster B2 in der Tabelle ALP gespeichert.

Abbildung 12.19 Abweichende Bezahlung von Anwesenheiten

- **Kontingentbewegungen**
  Die Kontingentbewegungen enthalten die Daten aus den Infotypen **Urlaubsanspruch** (0005), **Abwesenheitskontingente** (2006) und **Anwesenheitskontingente** (2007). Die Kennzahlen enthalten den Anspruch, Verbrauch, Zufluss, Verfall und die Abgeltung von Urlaub oder Kontingenten.

12.4.2 Queries zum InfoCube »Personalzeiten«

Die Queries der Personalzeitwirtschaft umfassen die Kennzahlen zu den Personalzeiten wie die Krankheits- und Mehrarbeitsrate und die Personalzeiten im Periodenvergleich.

- **Kennzahlen der Personalzeiten**

  - Die Query »Produktivitätsrate« dient dazu, die tatsächlich geleisteten Arbeitszeiten der Mitarbeiter mit den geplanten Arbeitszeiten eines Quartals zu vergleichen. Die Quartalssicht enthält das aktuelle und das letzte Quartal sowie drei Quartale davor.

  - Die Query »Krankheitsrate« vergleicht die krankheitsbedingten Fehlzeiten der Mitarbeiter mit der Soll-Zeit eines Quartals. Ausgegeben wird neben den Soll-Stunden und Krankheitsstunden die Krankheitsrate in Prozent.

  - Die Query »Mehrarbeitsrate« dient dazu, die Mehrarbeiten der Mitarbeiter mit der Soll-Zeit eines Quartals zu vergleichen. Neben den absoluten Stunden wird der prozentuale Wert der Mehrarbeitsrate zu den Soll-Stunden ausgegeben.

  - Mit der Query »Urlaub pro Soll« werden die Fehlzeiten, die aufgrund des genommenen Urlaubs der Mitarbeiter entstehen, mit der Soll-Zeit eines Quartals verglichen.

> [»] Dabei wird die Ist-Zeit zugrunde gelegt und nicht die das Urlaubskonto belastende Zeit, die unter Umständen davon abweicht.

- Die Query »Genommener Urlaub je effektiver Vollzeitkraft« dient dazu, die genommenen Urlaubstage der Mitarbeiter mit den geplanten Arbeitszeiten eines Quartals zu vergleichen. Die Urlaubstage werden auf die Soll-Zeit in Einheiten von Vollzeitkräften bezogen, so dass sich die im Quartal pro Organisationseinheit von einer effektiven Vollzeitkraft genommenen Urlaubstage als Kennzahl ergibt.

- Für die Berechnung der Urlaubstage in der Query »Genommener Urlaub pro effektiver Vollzeitkraft« wird nicht wie in der Query »Urlaub pro Soll« die Ist-Zeit, sondern die kontenwirksame Zeit zugrunde gelegt. Die Effizienz einer Arbeitskraft ergibt sich aus dem Verhältnis von Soll-Stunden im Quartal zu einem Viertel der Jahresarbeitszeit einer Vollzeitkraft. Beträgt beispielsweise die Jahresarbeitszeit einer Vollzeitkraft 2.000 Stunden, ergibt eine Soll-Zeit von 1.800 Stunden einen Wert von 0,9 in Einheiten einer Vollzeitkraft.

▶ **Übersichten zu den Personalzeiten**

- Mit der Query »Kostenstellenbelastung im Jahresvergleich« werden ausgewählte Zeitarten eines Jahres mit den Zeiten des Vorjahres verglichen. Der mit den entsprechenden Personalkosten belasteten Kostenstelle kann als einziges Zeilenmerkmal eine externe Hierarchie zugeordnet werden

- Die Query »Personalzeiten Monatsentwicklung« dient dazu, ausgewählte Personalzeiten eines Jahres auf Basis eines Monats darzustellen. Durch die Wahl der Zeilenmerkmale kann aber auch über Quartale und Jahre verdichtet werden. Als Selektionsvariablen dienen **Personalbereich** und **Kalenderjahr/Monat**. Angezeigt werden die Krankheitsstunden, Produktivstunden, die Mehrarbeit und die Soll-Stunden.

- Mit der Query »Personalzeitenüberblick im Vergleich zum Vorjahr« können Sie Personalzeiten eines Jahres nach Zeitarten geordnet und im Verhältnis zur Soll-Arbeitszeit mit den Zeiten des Vorjahres vergleichen. Verglichen wird das aktuelle Jahr mit dem Vorjahr. Die Differenz wird in absoluten und prozentualen Zahlen ausgegeben.

- **Personalzeiten ausgedrückt in Vollzeitkräften**

    Mit den »Personalzeiten ausgedrückt in Vollzeitkräften« werden Soll-Zeit, Produktivzeit und Mehrarbeit eines Jahres mit den Werten des Vorjahres verglichen. Die Zeiten werden in Einheiten von Vollzeitkräften ausgedrückt, indem die Stundenanzahl auf die Jahresarbeitszeit einer Vollzeitkraft bezogen wird. Die Jahresarbeitszeit einer Vollzeitkraft ist im Business Information Warehouse mit dem Vorschlagswert von 2.000 Stunden hinterlegt. Beträgt beispielsweise die Jahresarbeitszeit einer Vollzeitkraft 2.000 Stunden, ergibt eine Soll-Zeit von 1.000 Stunden einen Wert von 0,5 in Einheiten einer Vollzeitkraft.

12.5 Fazit

Die Standardreports in der Zeitwirtschaft sind nur als Basis für Auswertungen in den Zeitwirtschaftsdaten zu sehen. Es wäre wünschenswert, wenn Daten wie z. B. die persönliche Arbeitszeit, Abwesenheitskontingente und/oder Ab-/Anwesenheiten in einer Auswertung verknüpft wären. Derzeit dienen die Standardreports nur als Lieferant von Zahlen und Daten, die dann z. B. in MS Excel-Tabellen zusammengeführt werden.

Leider liefert hier auch der BI-Standard-Content nur sehr wenig für ein umfangreiches Reporting. Sie müssen im Customizing meist noch Anpassungen zur Überleitung an das BI-System vornehmen. Die Erfahrung zeigt, dass dies meist immer noch nicht ausreicht und die Programmierung eigener Extraktoren im HCM-System notwendig wird.

Die in diesem Kapitel gezeigten Reports unterstützen den Unternehmer bei einer gezielten Personalentwicklung.

13 Personalentwicklung

Das Modul *Personalentwicklung* ermöglicht dem Unternehmer die gezielte Ausrichtung der Personalentwicklung an den Unternehmenszielen bei gleichzeitiger Berücksichtigung der Mitarbeiterwünsche. Mit den Berichten der Personalentwicklung stehen zahlreiche Standardreports zur Verfügung, mit deren Hilfe Sie statistische, auf Mitarbeiterdaten oder organisatorische Daten zugreifende Auswertungen durchführen können.

Die Berichte erreichen Sie im SAP Easy Access-Menü über den Pfad **Personal · Personalmanagement · Personalentwicklung · Infosystem · Berichte**.

SAP Easy Access-Pfad

13.1 Profile

Mit den Profil-Reports erhaltenen die Personalentwickler ein Werkzeug, um z. B. die Profile einer Planstelle mit dem Profil des Mitarbeiters zu vergleichen.

13.1.1 Profilvergleich

Mit dem Report »Profilvergleich« vergleichen Sie Qualifikationen und Anforderungen von Objekten (Personen, Bewerbern, Stellen, Planstellen etc.) miteinander. In die Auswertung geht auch die jeweils geforderte und vorhandene Ausprägung pro Qualifikation ein. Sie können z. B.:

- die Qualifikationen eines Mitarbeiters den Anforderungen der aktuell besetzten Planstelle gegenüberstellen
- die Eignung einer oder mehrerer Personen für eine Planstelle bestimmen

- Personen identifizieren, die überqualifiziert sind oder Qualifikationsdefizite besitzen
- geeignete Bewerber für eine Vakanz finden
- gezielte Weiterbildungsmöglichkeiten für Personen identifizieren
- den Qualifikationsstand in einer Organisationseinheit überprüfen
- den Weiterbildungsbedarf in einer Organisationseinheit bestimmen

Für den Profilvergleich gibt es folgende Möglichkeiten zur Auswahl der zu vergleichenden Objekte:

- Die zu vergleichenden Objekte werden individuell bestimmt.
- Der Profilvergleich wird aus dem Profil einer Person/eines Benutzers bzw. einer Planstelle direkt mit der aktuellen Planstelle bzw. dem aktuellen Inhaber durchgeführt.
- Der Profilvergleich wird zwischen allen Personen einer Organisationseinheit und den jeweils besetzten Planstellen durchgeführt.

Abbildung 13.1 Selektionsoptionen zum Profilvergleich

Abbildung 13.1 zeigt den Selektionsbildschirm für den Profilvergleich mit den folgenden Selektionsoptionen:

- Auswahl der Objekte, deren Qualifikationen in den Profilvergleich einbezogen werden sollen
- Auswahl der Objekte, deren Anforderungen in den Profilvergleich einbezogen werden sollen
- Einschränkung der Auswertung auf Qualifikationsdefizite, bei denen die vorhandene Ausprägung der Qualifikation niedriger ist als die geforderte Qualifikation
- Ermittlung von Weiterbildungsvorschlägen. Hierzu muss das Modul *Veranstaltungsmanagement* im Einsatz sein.

Veranstaltungsmanagement

- der Stichtag für die Auswertung

Qualifikationsgruppe	Qualifikation	Mußanforderung	Gefordert	Erfüllte Auspr.	Differenz	Weiterbil.
Kenntnisse Elektrik	Kenntnisse Elektroinstallation	☐	gering	nicht vorhanden	2-	
Kenntnisse Mechanik	Kenntnisse Bohren	☐	ausreichend	nicht vorhanden	4-	
Kenntnisse Mechanik	Kenntnisse Massanforderungen	☐	ausreichend	nicht vorhanden	4-	
Kenntnisse Mechanik	Kenntnisse Material	☐	durchschnittlich	nicht vorhanden	5-	
Kenntnisse Mechanik	Kenntnisse mech. Instandhaltung	☐	durchschnittlich	nicht vorhanden	5-	

Abbildung 13.2 Ausgabe des Profilvergleichs mit Weiterbildungsvorschlag

Abbildung 13.2 enthält die Ausgabe des Profilvergleichs mit einem Weiterbildungsvorschlag. Wenn Sie auf das Symbol in der Spalte **Weiterbildungsvorschläge** klicken, bekommen Sie eine Übersicht mit Weiterbildungsvorschlägen zur geforderten Qualifikation.

Weiterbildungsvorschläge

13.1.2 Profile einer Organisationseinheit

Mit dem Report »Profile einer Organisationseinheit« starten Sie einen Profilvergleich für die ausgewählte Organisationseinheit. Dieser Einstieg in den Profilvergleich hat den Vorteil, dass alle Objekte der Organisationseinheit wie Stelle, Planstelle und Person in die Selektion übernommen werden (siehe Abbildung 13.3 in Abschnitt 13.1.3).

13.1.3 Auswertung von Profilen

Mit dem Report »Auswertung von Profilen« können Sie eine Liste erzeugen, die Ihnen einen Überblick über die Profile beliebiger Personen, Planstellen etc. verschafft. Abbildung 13.3 zeigt den Selektionsbildschirm zur Profilauswertung.

Abbildung 13.3 Selektionsbildschirm zur Profilauswertung

Funktionen der Profilauswertung

Folgende Funktionen stehen Ihnen zur Verfügung:

- Sie können eine beliebige Anzahl von Planungsobjekten auswerten, wie z. B. Personen und Planstellen.
- Sie können Planungsobjekte verschiedener Objekttypen gleichzeitig auswerten.
- Sie können für jeden Objekttyp vorgeben, welche Teilprofile angezeigt werden sollen, wie z. B. bei der Person die Qualifikationen, Potenziale und Abneigungen.
- Sie können durch die Änderung des Auswahlzeitraums vergangenheits-, gegenwarts- oder zukunftsbezogene Auswertungen durchführen.

13.2 Qualifikationen

Die Auswertungen zu den Qualifikationen in der Personalentwicklung unterstützen den Personalentwickler bei der gezielten Suche nach Qualifikationen der Mitarbeiter im Unternehmen. Sie unterstützen auch die Suche nach geeigneten Mitarbeitern z. B. für eine vakante Planstelle.

13.2.1 Suche zu Qualifikationen

Mit dem Report »Suche zu Qualifikationen« können Sie nach Objekten wie z. B. Personen suchen, die über bestimmte Qualifikationen verfügen. Dabei können Sie die geforderten Ausprägungen pro Qualifikation genau vorgeben und den Suchbereich über verschiedene Kriterien zielgenau einschränken. Für Personen kann zusätzlich die Verfügbarkeit überprüft werden.

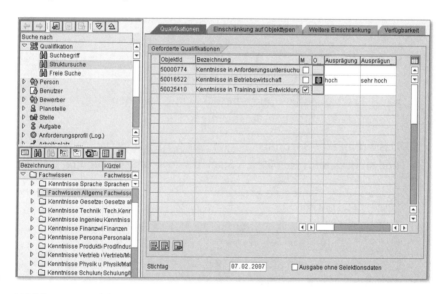

Abbildung 13.4 Selektion zum Report »Suche zu Qualifikationen«

Folgende Selektionsoptionen stehen für die Suche nach Qualifikationen zur Verfügung: Zunächst können Sie die Qualifikationen auswählen, zu denen Objekte gesucht werden sollen. Die Auswahl der Qualifikationen kann auf verschiedene Arten erfolgen:

Selektionsoptionen

▸ Sie können einzelne Qualifikationen aus dem Qualifikationskatalog auswählen.

13 | Personalentwicklung

- Sie können die Qualifikations- bzw. Anforderungsprofile beliebiger Objekte als Vorlage verwenden und gegebenenfalls bearbeiten.
- Sie können die Suche auch aus der Struktursicht einer Organisationseinheit aufrufen.

Wenn Sie ein Objekt markiert haben, werden dessen Qualifikationen bzw. Anforderungen direkt in die Suche übernommen. Das sind im Einzelnen:

- die geforderte Ausprägung pro Qualifikation
- ob die Qualifikation zwingend notwendig erfüllt werden muss (Muss-Anforderung).
- die Einschränkung des Suchbereichs auf bestimmte Objekttypen (z. B. nur Personen und Benutzer, nur Bewerber)
- die Einschränkung des Suchbereichs nach weiteren Kriterien (in Abhängigkeit von den ausgewählten Objekttypen), für Personen z. B. auf eine bestimmte Organisationseinheit oder einen Personalbereich
- die Einschränkung der Treffermenge auf Personen, die in einem Planungszeitraum für eine bestimmte Anzahl von Tagen verfügbar sind
- ob Ersatzqualifikationen berücksichtigt werden, hängt von den benutzerspezifischen Einstellungen ab

Das komplette Suchmuster kann als Variante gespeichert werden und steht damit bei späteren Suchen wieder zur Verfügung.

Abbildung 13.5 Ergebnis des Reports »Suche zu Qualifikationen«

13.2.2 Abgelaufene Qualifikationen

Laufbahnplanung

Der Report »Abgelaufene Qualifikationen« zeigt alle Planungsobjekte einer Organisationseinheit an, die im Auswertungszeitraum abgelaufene Qualifikationen haben. Die Ergebnisliste informiert über die Planungsobjekte, die abgelaufenen bzw. ablaufenden Qualifikationen und deren Gültigkeitszeitraum sowie über mögliche Weiterbildungsvorschläge zur Erneuerung der Qualifikationen. Für jedes Planungsobjekt können Sie in die Profilanzeige und in die Laufbahnplanung verzweigen.

13.3 Sonstige Auswertungen

In diesem Abschnitt beschreiben wir exemplarisch für die vielen weiteren Reports zur Personalentwicklung zwei Reports, in denen es um die Auswertung von Beurteilungen und den Vergleich von Anforderungen einer Planstelle mit dem Inhaber geht.

13.3.1 Auswertung von Beurteilungen

Diese Auswertung ermöglicht die Verwaltung, Suche und Auswertung aller Beurteilungen, die mit dem Beurteilungssystem der Personalentwicklung erstellt wurden. Die leistungsfähige Suchfunktion bietet Ihnen die Möglichkeit, verschiedene Selektionskriterien zu kombinieren, um auch komplexe Suchmuster abzubilden und differenzierte Suchen im Datenbestand durchzuführen.

Abbildung 13.6 Selektionsbildschirm »Beurteilungen«

Von der Ergebnisliste (siehe Abbildung 13.7) aus stehen Ihnen umfangreiche Auswertungs- und Aufbereitungsoptionen zur Verfügung. Im Bearbeitungsmodus können Sie außerdem in die Bearbeitung der Beurteilungen verzweigen.

Anzahl	Beurteilungsname	Beurt.typ	Typ	Name Beurteiler	Typ	Name Beurteilter	Beurt.St.
1	Performance Goal Setting	Beurteilung	Person	Mr. Mark Taylor	Person	Mrs Patricia Otto	Abgeschlossen
1	Managers Appraisal of Employee 2003	Beurteilung	Person	Mrs Patricia Otto	Person	Mr. Jonathan Meyers	Abgeschlossen
1	Performance Goal Setting	Beurteilung	Person	Mr. Tom Peterson	Person	Mr. Michael Hire	Abgeschlossen
1	Managers Appraisal of Employee 2003	Beurteilung	Person	Mr. Jack Kincaid	Person	Mr. Michael Roth	Abgeschlossen
1	Performance Goal Setting	Beurteilung	Person	Mr. Peter Trautmann	Person	Harvey Stevens	Abgeschlossen
1	Performance Goal Setting	Beurteilung	Person	Mr. Tom Peterson	Person	Mrs Michelle O'Connor	Abgeschlossen
1	Performance Goal Setting	Beurteilung	Person	Mr. Thomas McNamara	Person	Douglas Darwin	Abgeschlossen
1	Performance Goal Setting	Beurteilung	Person	Mr. William Brabazon	Person	Mrs Aileen Band	Abgeschlossen
1	Managers Appraisal of Employee	Beurteilung	Person	Mr. Thomas McNamara	Person	Mrs Sue Benoy	Abgeschlossen
1	Performance Goal Setting	Beurteilung	Person	Mr. John Silvan	Person	Mrs Jennifer Gibson	Abgeschlossen
1	Performance Goal Setting	Beurteilung	Person	Mr. Jack Kincaid	Person	Mr. Rick Smolla	Abgeschlossen
1	Managers Appraisal of Employee	Beurteilung	Person	Mrs MaryEllen Wells	Person	Mr. Mike Anderson	Abgeschlossen

Abbildung 13.7 Ausschnitt aus der Liste »Beurteilungen«

Sie können diesen Bericht verwenden, um z. B.:

- zu ermitteln, ob ein Mitarbeiter in einem bestimmten Zeitraum eine Beurteilung erhalten hat
- zu ermitteln, welche Mitarbeiter einer Organisationseinheit eine Beurteilung erhalten haben und von wem
- zu ermitteln, welche Beurteilungen verschiedene Mitarbeiter für einen bestimmten Zeitraum erhalten haben
- zu ermitteln, welche Beurteiler für einen bestimmten Zeitraum Beurteilungen erstellt haben
- alle Beurteilungen eines Beurteilers für einen bestimmten Zeitraum zu ermitteln
- Personen zu identifizieren, die ein bestimmtes Beurteilungsergebnis erzielt haben
- alle Beurteilungen innerhalb einer Organisationseinheit für die letzte Beurteilungsperiode zu ermitteln
- zu ermitteln, welche Beurteilungen noch nicht abgeschlossen sind
- zu ermitteln, welche Beurteilungen nicht genehmigt wurden

Zusätzlich können auch noch Objekte ohne Beurteilung ausgewertet werden.

13.3.2 Vergleich Planstelle/Inhaber für Organisationseinheit

Mit dem Report »Vergleich Planstelle/Inhaber für Organisationseinheit« werden die Anforderungen aller Planstellen der angegebenen Organisationseinheiten mit den Qualifikationen ihrer jeweiligen Inhaber verglichen. In der Ausgabe (siehe Abbildung 13.8) können Sie über das Menü **Springen • Tabelle** in die Darstellung der Liste mit dem ALV Grid wechseln.

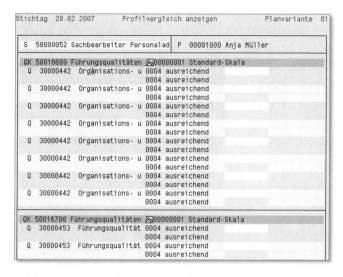

Abbildung 13.8 Liste des Profilvergleichs von Planstelle und Inhaber

Ist der Parameter **Weiterbildungsvorschläge** in der Selektion markiert worden, wird in der Liste auch ein vorhandener Weiterbildungsvorschlag wie in Abbildung 13.9 angezeigt. Wenn Sie auf das Symbol **Führungstechniken** neben dem Weiterbildungsvorschlag klicken, gelangen Sie in den Dialog zur Buchung der entsprechenden Veranstaltung. Wenn Sie auf den Entwicklungsplan **Junior Management – Sales** klicken, verzweigen Sie von der Liste in die **individuelle Entwicklungsplanung**.

Weiterbildungsvorschläge

Abbildung 13.9 Weiterbildungsvorschlag zum Profilvergleich

13.4 SAP NetWeaver BI-Standard-Content

Mit dem BI-Standard-Content zur Personalentwicklung erhalten Sie eine Übersicht über die Qualifikationen der Mitarbeiter und die Ausprägungen ihrer Qualifikationen. Zusätzlich werden Aussagen zur Anzahl und den Bewertungen von Beurteilungen gemacht. Hierzu enthält der BI-Content die InfoCubes **Qualifikationen** und **Beurteilungen**.

13.4.1 InfoCube »Qualifikationen«

Qualifikationen

Der InfoCube **Qualifikationen** enthält die Bewegungsdaten zu den Qualifikationen Ihrer Mitarbeiter. Er beinhaltet die allgemeinen Kennzahlen **Anzahl Mitarbeiter**, **Anzahl Qualifikationen** und **Ausprägung**. Daneben stehen Ihnen in den Merkmalen einige ausgewählte Stammdaten aus den Infotypen **Maßnahmen** (0000), **Organisatorische Zuordnung** (0001), **Daten zur Person** (0002) und **Basisbezüge** (0008) zur Verfügung. Natürlich liefert er auch alle relevanten Daten zur Qualifikation der Mitarbeiter. Dies sind im Folgenden:

- Ausprägung
- Qualifikation
- Qualifikationsgruppe
- Ersatzqualifikation
- Skala

Als zeitliche Dimension stehen für die Auswertungen **Kalenderjahr/Monat**, **Kalenderjahr/Quartal**, **Kalendermonat**, **Quartal** und **Kalenderjahr** zur Verfügung.

13.4.2 InfoCube »Beurteilungen«

Beurteilungen

Der InfoCube **Beurteilungen** enthält die Bewegungsdaten zu Beurteilungen und ermöglicht die Auswertung aller Beurteilungen, die mit dem Beurteilungssystem der Personalentwicklung erstellt wurden. Er beinhaltet die allgemeinen Kennzahlen **Anzahl Bewertungen von Kriterien** und **Anzahl Beurteilungen**. Zusätzlich zu den zeitlichen Dimensionen der Qualifikationen steht hier auch der Kalendertag zur Verfügung. Der InfoCube (siehe Abbildung 13.10) enthält folgende Merkmale neben den Daten zum Mitarbeiter (das Merkmal **Person** ist dabei ein Attribut des Merkmals **Mitarbeiter**):

- Kennzeichen für unbewertet
- Bewerber
- Beurteilung
- Beurteilter
- Beurteiler
- Typ des Beurteilten
- Typ des Beurteilers
- Beurteilungskriterium
- Datum der Beurteilungserstellung
- Kriteriengruppe 1
- Kriteriengruppe 2
- Bewertung
- Beurteilungsmuster
- Status der Beurteilung

Daneben werden noch Daten zu den Veranstaltungen und den Qualifikationen geliefert.

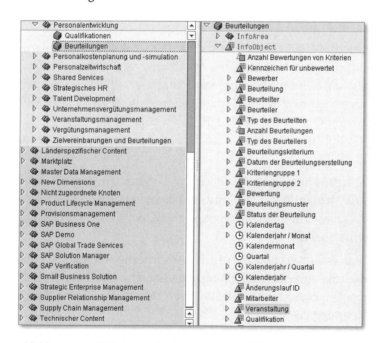

Abbildung 13.10 BI-Standard-Content zu den Beurteilungen

13.4.3 Queries zu den InfoCubes der Personalentwicklung

Folgende Queries sind im BI-Standard-Content enthalten:

Queries zum InfoCube »Qualifikationen«

- Mithilfe der Query »Qualifikationen je Mitarbeiter im Jahresvergleich« können Sie z. B. auswerten, welche Veränderungen es im Jahresvergleich bei welchen Qualifikationen gab. Ausgewertet werden die Mitarbeiter mit bestimmten Qualifikationen. Verglichen wird der letzte Monat des Vorjahres mit dem aktuellen Monat. Ausgegeben werden die Differenzen in absoluten und prozentualen Werten.

- Um z. B. auszuwerten, welche und wie viele Qualifikationen in welchen Organisationseinheiten vorhanden sind, nutzen Sie die Query »Qualifikationen je Mitarbeiter nach Organisationseinheiten«. Sie erhalten eine Übersicht der Anzahl an Mitarbeitern mit bestimmten Qualifikationen in den einzelnen Organisationseinheiten des Unternehmens für den zuletzt gebuchten Monat.

- Die Query »Ausprägung einer Qualifikation je Mitarbeiter« zeigt die Anzahl der Mitarbeiter an, die jeweils über bestimmte Qualifikationen und Ausprägungen im zuletzt gebuchten Monat verfügen.

- Die Query »Mitarbeiter nach Qualifikationsgruppen je Organisationseinheit« listet die Anzahl der Mitarbeiter mit bestimmten Qualifikationen. Die Auswertung erfolgt nach Qualifikationsgruppen pro Organisationseinheit für den zuletzt gebuchten Monat. Mithilfe dieser Query werten Sie z. B. aus, welche Qualifikationsgruppen/Qualifikationen in welchen Organisationseinheiten vorhanden sind.

- Die Query »Prozentuale Verteilung Mitarbeiter zu Qualifikation« zeigt die prozentuale Verteilung der bei den Mitarbeitern vorhandenen Qualifikationen im Vergleich mit der Gesamtanzahl der Qualifikationen.

- Mit der Query »Durchschnittliche Ausprägung je Qualifikation« erhalten Sie die vorhandene Anzahl und durchschnittliche Ausprägung je Qualifikation für den zuletzt gebuchten Monat des aktuellen Kalenderjahres.

Queries zum InfoCube »Beurteilungen«

- Die Query »Anzahl Bewertungen pro Skala« zeigt – abhängig von einer Skala und deren Ausprägungen – die Anzahl der bewerteten Beurteilungskriterien an. Sie können z. B. auswerten, zu welchen Beurteilungskriterien gute Bewertungen im Vergleich zu weniger guten oder schlechten Bewertungen abgegeben wurden.

- Mithilfe der Query »Bewertungen der Beurteilungen im Jahresvergleich« können Sie auswerten, wie oft gute Bewertungen im Vergleich zu weniger guten oder schlechten Bewertungen abgegeben wurden. Ausgegeben wir die prozentuale und absolute Differenz der Häufigkeit von bewerteten Beurteilungskriterien zwischen dem letzten Monat des Vorjahres und dem aktuellen Monat.

13.5 Fazit

Das Standardreporting im Bereich der Personalentwicklung ist sehr umfangreich und sollte den größten Teil der Anforderungen der Personalentwickler abdecken. Aber insbesondere für Auswertungen im Bereich der Beurteilungen von Mitarbeitern ist der BI-Standard-Content ein unverzichtbares Werkzeug.

Die Reports im Veranstaltungsmanagement stellen umfangreiche Auswertungen zu Veranstaltungen, Teilnahmen und Ressourcen zur Verfügung.

14 Veranstaltungsmanagement

Mit den Reports zu Veranstaltungen, Teilnahmen und Ressourcen im Veranstaltungsmanagement steht Ihnen ein Werkzeug zur Verfügung, das umfassend und schnell Auskunft gibt, z. B. über Weiterbildungskosten von Mitarbeitern, Informationen zu Veranstaltungen oder Teilnehmern oder fehlende Ressourcen für eine Veranstaltungsdurchführung.

Die Auswertungen zum Organisationsmanagement erreichen Sie im SAP Easy Access-Menü über den Pfad **Personal • Veranstaltungsmanagement • Infosystem • Berichte**. Danach unterteilt sich der Pfad in nachfolgend beschriebene Unterordner mit den Berichten zu den Teilnahmen, Veranstaltungen und Ressourcen.

SAP Easy Access-Pfad

Eine weitere Möglichkeit, die Auswertungen des Veranstaltungsmanagements zu starten, ist das dynamische Auskunftsmenü. Im SAP Easy Access-Menü finden Sie es im Pfad **Personal • Veranstaltungsmanagement • Infosystem**. Nach dem Start des dynamischen Auskunftsmenüs erhalten Sie eine Übersicht der Veranstaltungsgruppen und -typen wie in sie in Abbildung 14.1. zu sehen ist.

Dynamisches Auskunftsmenü

Über das Menü **Auskunft** können Sie die einzelnen Auswertungen des Veranstaltungsmanagements unterschieden nach Teilnahmen, Veranstaltungen und Ressourcen aufrufen. Abbildung 14.2 zeigt die vorhandenen Berichte zu den Teilnahmen.

14 | Veranstaltungsmanagement

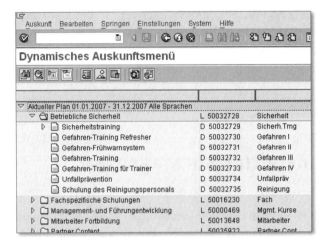

Abbildung 14.1 Dynamisches Auskunftsmenü mit Veranstaltungsgruppen und -typen

Abbildung 14.2 Dynamisches Auskunftsmenü – Teilnahmen

14.1 Teilnahmen

Die Reports zu den Teilnahmen geben Auskunft über wichtige Daten zu Teilnahmen im Veranstaltungsmanagement. Sie unterstützen z. B.

den Veranstaltungsablauf durch Anwesenheitslisten, den Sachbearbeiter bei den Tätigkeiten im Veranstaltungsmanagement durch die Ausgabe der umzubuchenden Teilnehmer oder dienen als Informationsgrundlage bei der Stornierung von Veranstaltungen.

14.1.1 Teilnehmerliste

Der Report »Teilnehmerliste« erzeugt eine Liste der internen und externen Teilnehmer von Veranstaltungsterminen. Über Selektionsparameter können Sie neben dem Zeitraum auch wählen, ob Teilnehmer mit Normalbuchungen und/oder Muss-Buchungen und/oder Wartelistenbuchungen in die durch den Report erstellte Teilnehmerliste aufgenommen werden. Durch eine Ortseingabe legen Sie fest, dass nur die Daten eines Veranstaltungsortes bei der Auswertung eingelesen werden. In der Ausgabe der Liste erhalten Sie Informationen zum Veranstaltungszeitraum, den Teilnehmern, dem Buchungsdatum und gegebenenfalls Informationen zu den Gebühren. Abbildung 14.3 zeigt den Ausschnitt aus einer Teilnehmerliste.

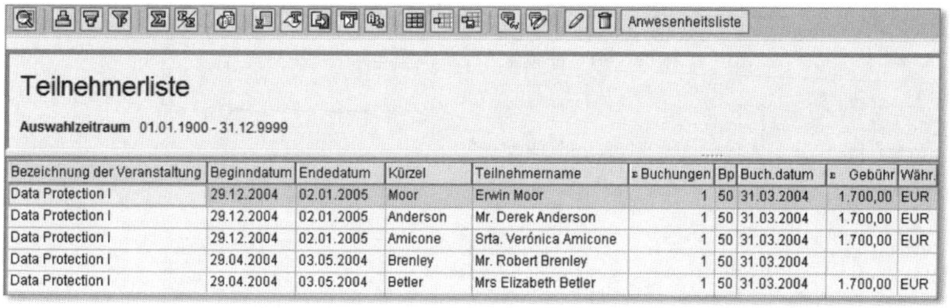

Bezeichnung der Veranstaltung	Beginndatum	Endedatum	Kürzel	Teilnehmername	Σ Buchungen	Bp	Buch.datum	Σ Gebühr	Währ.
Data Protection I	29.12.2004	02.01.2005	Moor	Erwin Moor	1	50	31.03.2004	1.700,00	EUR
Data Protection I	29.12.2004	02.01.2005	Anderson	Mr. Derek Anderson	1	50	31.03.2004	1.700,00	EUR
Data Protection I	29.12.2004	02.01.2005	Amicone	Srta. Verónica Amicone	1	50	31.03.2004	1.700,00	EUR
Data Protection I	29.04.2004	03.05.2004	Brenley	Mr. Robert Brenley	1	50	31.03.2004		
Data Protection I	29.04.2004	03.05.2004	Betler	Mrs Elizabeth Betler	1	50	31.03.2004	1.700,00	EUR

Abbildung 14.3 Teilnehmerliste

Über den Button **Anwesenheitsliste** verzweigen Sie für die markierte Veranstaltung in die Auswertung zur Anwesenheitsliste, wie sie in Abbildung 14.5 zu sehen ist.

14.1.2 Anwesenheitsliste

Der Report »Anwesenheitsliste« erstellt eine Liste der Teilnehmer einer Veranstaltung mit einer Spalte für Unterschriften. Diese Liste kann im Laufe der Veranstaltung zur Überprüfung der tatsächlich anwesenden Teilnehmer verwendet werden und als Grundlage für die Vergabe von Teilnahmebestätigungen dienen.

Sie erhalten eine Liste der Teilnehmer, in der pro Zeile ein Teilnehmername ausgegeben wird, die organisatorische Zuordnung und eine Spalte für die Unterschrift (siehe Abbildung 14.4). Im Ausdruck werden

- Teilnehmer auf der Warteliste nicht ausgegeben
- keine Objekt-IDs angezeigt
- für eine N.N.-Buchung mit n Personen n Zeilen ausgegeben

Abbildung 14.4 Ausgabe der Teilnehmerliste

Weitere Funktionen im Listbild

Vom Listbild aus können Sie noch folgende Funktionen ausführen:

- mit der Funktionstaste **WinWord** die Anwesenheitsliste in Microsoft Word laden (siehe Abbildung 14.5)
- die Teilnehmer alphabetisch nach Nachnamen sortieren
- die Teilnehmer über die organisatorische Zuordnung alphabetisch sortieren

Abbildung 14.5 Anwesenheitsliste (Microsoft Word)

14.1.3 Mitarbeiterliste

Mit dem Report »Mitarbeiterliste« erstellen Sie eine Mitarbeiterliste einer internen (Objekttyp **Organisationseinheit**) oder externen Organisationsstruktur (Objekttypen **Firma**, **Kunde** oder **Interessent**). Sie können diese z. B. nutzen, um Teilnehmer der N.N.-Buchungen einer Firma zu ersetzen. Ein Beispiel für diese Liste sehen Sie in Abbildung 14.6.

Org. Zuordnung	MitarbKürzel	Mitarbeiterbezeichnung	Beginndatum	Endedatum
BASF AG Ludwigshafen	Dampf	Hans Dampf	01.01.1994	31.12.9999
BASF AG Ludwigshafen	Feinbein	Peter Feinbein	01.01.1994	31.12.9999
Brauer AG Frankfurt	Hirschberger	Werner Hirschberger	01.01.1994	31.12.9999
Exxon Company International	Miller	Christina Miller	01.01.1994	31.12.9999
Philip Morris Schweiz	Leroc	Janine Leroc	01.01.1994	31.12.9999
FAG Canada Inc.	Smith	Susann Smith	01.01.1994	31.12.9999
Deutsche Bank Luxembourg	Sauer	Michaela Sauer	01.01.1994	31.12.9999
Deutsche Bank Luxembourg	Dupont	Michael Dupont	01.01.1994	31.12.9999
Editions Nathan	Fröhlich	Heike Fröhlich	01.01.1994	31.12.9999
South African Airways	Leeson	Briam Leeson	01.01.1999	31.12.9999
South African Airways	Vollmond	Berta Vollmond	01.01.1994	31.12.9999
South African Airways	Wrangler	Lisa Wrangler	01.01.1995	31.12.9999
BMW Limited	Meyer	Klaus Meyer	01.01.1994	31.12.9999
Learning Dynamics Canada	Matthews	Sheila Matthews	01.01.1997	31.12.9999
Learning Dynamics Canada	Johnston	Kit Johnston	01.01.1997	31.12.9999
Learning Dynamics Canada	Grant	Kalvin Grant	01.01.1997	31.12.9999
Learning Dynamics Canada	George	Heather George	01.01.1997	31.12.9999

Abbildung 14.6 Mitarbeiterliste

14.1.4 Buchungen pro Teilnehmer

Der Report »Buchungen pro Teilnehmer« erstellt eine Liste der gebuchten Veranstaltungen eines internen oder externen Teilnehmers oder eines Sammelteilnehmers.

Über folgende Selektionsparameter neben dem Auswertungszeitraum und dem Auswertungsobjekt können Sie bestimmen, welche Daten ausgewertet werden:

- Über den **Veranstaltungstyp** selektieren Sie nur Buchungen auf Veranstaltungen dieses Veranstaltungstyps
- Mit dem Parameter **Mitarbeiterbuchungen** werden bei den N.N.-Buchungen von Sammelteilnehmern (Teilnehmertypen **Firma**, **Organisationseinheit**, **Kunde** oder **Interessent**) die Buchungen der jeweiligen Mitarbeiter angezeigt.
- Wenn Sie den Parameter **ohne Mitarbeiterbuchungen** wählen, werden bei Sammelteilnehmern wie z. B. einer Organisationseinheit nur die Buchungen der Organisationseinheit insgesamt aufgeführt und nicht nach den einzelnen Mitarbeitern aufgesplittet.

Abbildung 14.7 zeigt einen Ausschnitt aus der Buchungsliste.

Kürzel	Teilnehmername	Veranstaltung	Beginndatum	Endedatum	∑ Buchungen	Bp	Buchungsdatum	∑ Gebühr	Währ.
Schmidtrohr	Dipl.Kfm. Frank Schmidtrohr	Abfall	17.07.2006	19.07.2006	1	50	07.12.2006		
Förster	Claudia Förster	Abfall	17.07.2006	19.07.2006	1	50	07.12.2006		
Hintze	Gudrun Hintze	Abfall	17.07.2006	19.07.2006	1	50	07.12.2006		
Rickes	Alexander Rickes	Data Protect	05.01.2004	09.01.2004	1	50	01.04.2004	1.700,00	EUR
Rickes	Alexander Rickes	Sicherh.Trng	09.10.2006	30.10.2006	1	50	22.10.2006	800,00	EUR
Rickes	Alexander Rickes	Abfall	17.07.2006	19.07.2006	1	50	07.12.2006		
Kaufman	Mike Kaufman	Abfall	17.07.2006	19.07.2006	1	50	07.12.2006		
Sturm	Annette Sturm	Abfall	17.07.2006	19.07.2006	1	50	07.12.2006		
Fischer	Bill Fischer	Abfall	17.07.2006	19.07.2006	1	50	07.12.2006		
Thomson	Keith Thomson	Data Protect	05.01.2004	09.01.2004	1	50	01.04.2004	1.700,00	EUR

Abbildung 14.7 Liste »Buchungen pro Teilnehmer«

14.1.5 Ausbildungshistorie eines Teilnehmers

Dieser Report erstellt die Ausbildungshistorie eines internen oder externen Teilnehmers. Es wird eine Liste aller Weiterbildungsveranstaltungen ausgegeben, die der betreffende Teilnehmer besucht hat und/oder auf die er gebucht ist.

Die Liste enthält u. a. den Veranstaltungsnamen, -termin, -ort, die Teilnahmegebühr und das Kennzeichen für gesperrte (**S**), abgesagte (**L**), historisierte (**Histo.**) und externe (**Ext**) Veranstaltungen (siehe Abbildung 14.8).

Teilnahmen | **14.1**

Kürzel	Teilnehmername	Veranst.	Veran.Typ	Veranstaltung	Beginndatum	Endedatum	∑ Tage	∑ Stunden	∑ Gebühr	Währ.
Allan	Mr. George Allan	☑		Abfall	17.07.2006	19.07.2006	3	18,00		
Alletto	Mr. Thomas Alletto	☑	☐	Datenschutz	14.04.2003	18.04.2003	5	34,00	1.700,00	EUR
Alletto	Mr. Thomas Alletto	☑	☐	Kommunika	07.04.2003	09.04.2003	3	18,00	900,00	EUR
Altobelli	Mrs Karen Altobelli	☑	☐	Discrim	13.01.2003	15.01.2003	3	8,00	250,00	CAD
Altobelli	Mrs Karen Altobelli	☑	☐	OSHA Refresh	02.01.2003	02.01.2003	1	4,00	700,00	USD
Alwin Wong	Alwin Wong	☑	☐	Abfall	17.07.2006	19.07.2006	3	18,00		
Amicone	Srta. Verónica Amicone	☑	☐	Data Protect	29.12.2004	02.01.2005	5	34,00	1.700,00	EUR
Anderson	Mr. Derek Anderson	☑	☐	Abfall	17.07.2006	19.07.2006	3	18,00		
Anderson	Mr. Derek Anderson	☑	☐	Data Protect	29.12.2004	02.01.2005	5	34,00	1.700,00	EUR

Abbildung 14.8 Liste »Ausbildungshistorie«

14.1.6 Teilnahmevoraussetzungen

Mit dem Report »Teilnahmevoraussetzungen« erhalten Sie die zur Teilnahme an Veranstaltungen eines oder mehrerer Veranstaltungstypen notwendigen Voraussetzungen, wie z. B. den Besuch von Veranstaltungen eines bestimmten Veranstaltungstyps oder Qualifikationen (EDV-Kenntnisse, HCM-Kenntnisse etc.). Abbildung 14.9 zeigt die Voraussetzungen für den Besuch einer Veranstaltung »Gefahren-Training für Trainer«.

Veranstaltungstyp	Veran.Typ	Qualif.	Voraussetzung	Qual.-Beg.	Ende-Datum
Gefahren-Training für Trainer	☐	☑	Zertifikat: H2S	01.01.1997	31.12.9999
General Ledger Accounting in SAP	☑	☐	SAP Overview	01.01.2003	31.12.9999

Abbildung 14.9 Liste »Teilnahmevoraussetzungen«

14.1.7 Qualifikationen eines Teilnehmers

Mit dem Report »Qualifikationen eines Teilnehmers« können Sie die Besuche von Veranstaltungen eines bestimmten Veranstaltungstyps und die Qualifikationen im Sinne von Kenntnissen, Fähigkeiten und Fertigkeiten ausgegeben.

Die Liste (siehe Abbildung 14.10) enthält Informationen zum Veranstaltungstyp besuchter Veranstaltungen, den gültigen Qualifikationen und deren Halbwertszeit und den abgelaufenen Qualifikationen und deren Halbwertszeit. Die abgelaufenen Qualifikationen werden invers, d. h. dunkel unterlegt, dargestellt.

> In der Liste werden nur die Veranstaltungstypen angezeigt, deren Veranstaltungstermine bis zum eingegebenen Stichtag stattgefunden haben. Wartelistenbuchungen werden bei der Auswertung nicht berücksichtigt.
>
> Falls der Teilnehmer mehrfach über die gleiche Qualifikation verfügt, da er z. B. mehrere Veranstaltungen desselben Veranstaltungstyps besucht hat, wird in der Liste nur der jüngste Erwerb dieser Qualifikation angezeigt.

[«]

14 | Veranstaltungsmanagement

```
23.03.2007              Qualifikationen eines Teilnehmers                          1
Person                  Ms. Emma Ward
Auswahlzeitraum         01.01.2007  -  31.12.2007
Stichtag                23.03.2007

Achtung : abgelaufene Qualifikationen sind invers dargestellt

Veranstaltungstyp                       Gültigkeitszeitraum        Halbwertszeit
Erste Hilfe                             01.04.2005 - 01.04.2005    1 Jahr
Gefahren-Training Refresher             23.06.2005 - 23.06.2005              6 Monate
Kommunikation mit Kunden                20.07.2005 - 22.07.2005

Qualifikation                           Gültigkeitszeitraum        Halbwertszeit
Kenntnisse in Excel                     04.07.1946 - 31.12.9999
First Aider sch                         04.07.1946 - 31.12.9999    1 Jahr
Kenntnisse in Präsentations-Software    01.01.1994 - 31.12.9999
Kenntnisse in Powerpoint                01.01.1994 - 31.12.9999
Kommunikationsfähigkeit                 01.01.2002 - 31.12.9999
Initiative                              01.01.2002 - 31.12.9999
Effektivitäts-Interesse                 01.01.2002 - 31.12.9999
Kontaktfähigkeit                        01.01.2002 - 31.12.9999
Anpassungsfähigkeit                     01.01.2002 - 31.12.9999
Organisations- u. Dispositionfähigkeit  01.01.2002 - 31.12.9999
Teamarbeit                              01.01.2004 - 31.12.9999
Unternehmensethik                       27.01.2005 - 31.12.9999
```

Abbildung 14.10 Report »Qualifikationen eines Teilnehmers«

14.1.8 Teilnahmestatistik

Die Teilnahmestatistik beinhaltet die Teilnehmerzahlen aller Veranstaltungen der ausgewählten Veranstaltungstypen.

Über die folgenden Selektionsparameter können Sie noch festlegen, welche Daten ausgegeben werden sollen:

- **Sprache**
  Hier geben Sie Sprachenschlüssel ein, wenn Sie Veranstaltungen mit der entsprechenden Veranstaltungssprache auswerten wollen.

- **Angebot**
  Mit diesem Parameter werden nur Veranstaltungen, auf die noch gebucht werden kann, in der Statistik angezeigt.

- **Nur gesperrte**
  Es werden nur gesperrte Veranstaltungen in der Statistik angezeigt.

- **Nur historisierte**
  Es werden nur historisierte Veranstaltungen angezeigt.

- **Veranstaltungsort**
  Es werden nur Veranstaltungen, die an diesem Veranstaltungsort stattfinden, angezeigt.

▶ **Status**
Es werden nur Veranstaltungen, die diesen Status haben, angezeigt.

▶ **Nur externe**
Nur externe Veranstaltungen werden in der Statistik angezeigt.

▶ **Nur abgesagte**
Nur abgesagte Veranstaltungen werden in der Statistik angezeigt. Abbildung 14.11 enthält einen Ausschnitt aus der Teilnahmestatistik.

Das Listbild kann abhängig von den Layouteinstellungen folgende Informationen enthalten:

▶ Veranstaltungsbezeichnung
▶ Veranstaltungstermin
▶ Veranstaltungssprache
▶ Gesamtteilnehmerzahl
▶ Anzahl der Buchungen
▶ Anzahl der Wartelistenbuchungen
▶ Kennzeichen für gesperrte (**S**), abgesagte (**L**), historisierte und nachbereitete Veranstaltungen
▶ Kennzeichen für fixierte Veranstaltungen
▶ Kennzeichen für externe (**Ext**) Veranstaltungen

Abbildung 14.11 Teilnahmestatistik

Vom Listbild aus können Sie folgende Funktionen ausführen:

▶ Anzeige der Teilnehmerliste
▶ Anzeige der fixierten und abgesagten Veranstaltungen
▶ Nachbereitung von Veranstaltungen

Weitere Funktionen im Listbild

14.1.9 Stornierungen pro Veranstaltung/Teilnehmer

Zu den Stornierungen je Veranstaltung gibt es zwei Reports, die die Stornierungen pro Veranstaltung und eine Auswertung für jeden Teilnehmer zeigen.

Die *Auswertung je Veranstaltung* erzeugt für die ausgewählten Veranstaltungsgruppen, Veranstaltungstypen bzw. Veranstaltungen im Auswahlzeitraum eine Liste der Veranstaltungen, von denen Teilnehmer storniert wurden (siehe Abbildung 14.12). Eventuell erhobene Stornogebühren werden in der Liste ebenfalls ausgegeben.

Die *Liste der Stornierungen eines oder mehrerer ausgewählter Teilnehmer* enthält die gleichen Daten wie die Auswertung zu den Stornierungen je Veranstaltung.

Veranst.	Beginndatum	Endedatum	Teilnehmername	Organisatorische Zuordnung	= Storn.	= Gebühr	KWähr	Stornogrund
Mgmt Tech	04.06.2002	05.06.2002	Ashraf Hamed		1			Teilnahme nicht möglich - Storno über ESS
ProbSolvng	24.01.2000	25.01.2000	Robert Ryan	McBer & Associates	1	140,00	EUR	
Coaching	12.04.2000	13.04.2000	Mrs William Denver		1	133,17	EUR	Veranstalter sagt Teilnahme ab
Bus Ethics	26.11.2001	26.11.2001	Max Schmidt	Vormontage Pumpen (D)	1			Teilnahme nicht möglich - Storno über ESS
BW_Einf	06.01.2003	10.01.2003	Mrs Rhonda Phillips	Sonderzahlungen und -leistungen (US)	1			
BW_Einf	06.01.2003	10.01.2003	Mrs Alice Gorrell	Workforce Planning	1			Teilnahme nicht möglich - Storno über ESS
BW_Einf	06.01.2003	10.01.2003	Mr. David Snyder	Workforce Planning	1			
BW_Einf	06.01.2003	10.01.2003	Mrs Jane Heller	HR Information Systems (US)	1			Teilnahme nicht möglich - Storno über ESS
BW_Einf	06.01.2003	10.01.2003	Mr. Jonathan Meyers	HR Information Systems (US)	1			
					= 9	= 273,17	EUR	

Abbildung 14.12 Liste der Stornierungen pro Veranstaltung

14.2 Veranstaltungen

Die Auswertungen zu den Veranstaltungen geben Auskunft über wichtige Daten zu Veranstaltungen, die den Sachbearbeiter z. B. bei der offenen Ressourcenbelegung je Veranstaltung oder Veranstaltungstermin unterstützen.

14.2.1 Veranstaltungsbedarf

Der Report über den »Veranstaltungsbedarf« enthält die Anzahl der benötigten und geplanten Veranstaltungstermine pro Veranstaltungstyp. Sie können die Auswertung pro Planungsjahr ausführen oder auch einzelne Quartale des entsprechenden Planungsjahres aus-

14.2 Veranstaltungen

werten und dabei den Bedarf an zu planenden Veranstaltungsterminen nach Veranstaltungssprachen und Veranstaltungsorten getrennt ausgeben. Die Liste (siehe Abbildung 14.13) enthält Informationen zu Veranstaltungstyp, -ort, Veranstaltungssprache und Anzahl der offenen und gedeckten Bedarfe.

Veranstaltungsbedarf												
Kalenderjahr 2002									Bed.: = Bedarf / Ged. = gedeckter Bedarf			
Veranstaltungstyp	Ort	Spr	Quartal								Summe	
			1		2		3		4			
			Bed.	Ged.	Bed.	Ged.	Bed.	Ged.	Bed.	Ged.	Bed.	Ged.
Computer-Fertigkeiten	Kein Bedarf vorhanden											
Tabellenkalkulation mit MSExcel	Walldorf	DE	1	1	0	0	1	1	0	0	2	2
	Philadelphia	EN	0	0	1	1	0	0	1	1	2	2
Summe											4	4
MSOffice Software Training	Kein Bedarf vorhanden											
Outlook Express	Kein Bedarf vorhanden											
Outlook Express	Kein Bedarf vorhanden											
Präsentationsgrafik mit MSPowerPoint	Walldorf	DE	1	1	0	0	1	1	0	0	2	2
	Philadelphia	EN	0	0	1	1	0	0	1	1	2	2
Summe											4	4
Textverarbeitung mit MSWord	Walldorf	DE	1	1	0	0	1	0	0	0	2	1
	Philadelphia	EN	0	0	1	1	0	0	1	1	2	2
Summe											4	3

Abbildung 14.13 Liste »Veranstaltungsbedarf«

Existieren in einem Quartal bereits Termine, jedoch kein Veranstaltungsbedarf, werden diese Termine nicht ausgegeben. [«]

Vom Listbild aus können Sie folgende Funktionen ausführen:

- sich alle bereits existierenden Veranstaltungstermine zu den Veranstaltungstypen anzeigen lassen
- Veranstaltungstermine planen
- Bedarfe anlegen bzw. bereits bestehende Bedarfe ändern
- Anzeige nach Veranstaltungssprachen splitten
- Anzeige nach Veranstaltungsorten splitten
- in die Anzeige der Liste im ALV Grid wechseln

Weitere Funktionen im Listbild

14.2.2 Veranstaltungsinformationen

Mit dem Report »Veranstaltungsinformationen« bekommen Sie umfangreiche Detailinformationen zu Veranstaltungsterminen wie z. B. Ort, Referenten, Raum, Telefonnummer des Raums, Kursverantwortlichen, freie Plätze, Veranstaltungsdauer. Die Abbildung 14.14 zeigt beispielhaft den Ausdruck der Liste. Neben der Möglichkeit, einen schnellen Einblick in relevante Veranstaltungsdaten zu erhalten, ist die Liste eine Bearbeitungshilfe, um gezielt auswerten zu können, welche Veranstaltungen z. B. fixiert oder nachbereitet werden müssen oder gesperrt sind.

Sie können für die Selektion der anzuzeigenden Veranstaltungstermine unter folgenden Optionen auswählen:

- nur fixierte/nur geplante
- nicht/nur historisierte
- nicht/nur abgesagte
- nicht/nur gesperrte
- nur freie/nur belegte
- nur interne/nur externe
- nicht nachbereitete/nur nachbereitete

Bezeichnung Veranstaltung	Beginndatum	Endedatum	Σ Freie Pl.	Σ Mußbuchun	Σ Normalbuch	Σ Warteliste	Σ Tage	Σ Stunden	Referent
HR-50 Introduction to HR	10.01.2000	11.01.2000	9	0	0	0	2	15,00	
HR-306 Time Recording	17.01.2000	18.01.2000	6	0	0	0	2	15,00	
Primer curso de ingreso - operarios	15.06.2000	17.06.2000	25	0	0	0	3	18,00	
Segundo Cursos de ingreso - operarios	20.06.2000	22.06.2000	20	0	0	0	3	18,00	
Cursos de ingreso - operarios	01.07.2000	03.07.2000	23	0	2	0	3	18,00	
Create a Material Master Record	13.07.2000	13.07.2000	1.000	0	0	0	1	8,00	
HR-306 Time Recording	19.09.2000	20.09.2000	6	0	0	0	2	15,00	
HR-50 Introduction to HR	20.09.2000	21.09.2000	5	0	0	0	2	15,00	
Shift Planning	20.09.2000	22.09.2000	12	0	0	0	3	18,00	
Shift Planning	17.10.2000	19.10.2000	12	0	0	0	3	18,00	
HR-306 Time Recording	24.10.2000	25.10.2000	6	0	0	0	2	15,00	
Recruitment	01.11.2000	03.11.2000	12	0	0	0	3	18,00	Sheila Matthews
Recruitment	01.12.2000	03.12.2000	12	0	0	0	3	18,00	Sheila Matthews
HR-50 Introduction to HR	11.12.2000	12.12.2000	9	0	0	0	2	15,00	
Shift Planning	01.01.2001	03.01.2001	12	0	0	0	3	18,00	
Shift Planning	01.01.2001	03.01.2001	12	0	0	0	3	18,00	
CRM - Einführung	08.01.2001	12.01.2001	20	0	0	0	5	34,00	
CRM - Einführung	08.01.2001	12.01.2001	15	0	0	0	5	34,00	
Recruitment	10.01.2001	12.01.2001	11	0	1	0	3	18,00	Sheila Matthews

Abbildung 14.14 Liste »Veranstaltungsinformationen«

14.2.3 Veranstaltungstermine

Der Report »Veranstaltungstermine« zeigt diese für die selektierten Veranstaltungstypen an. Sie können vom Listbild direkt in die Teilnehmerliste einer markierten Veranstaltung springen. Wählen Sie hierzu den Button **Teilnehmerliste** in der Funktionsleiste.

Teilnehmerliste

> Abgesagte, gesperrte, nachbereitete oder historisierte Veranstaltungen werden in dieser Auswertung nicht angezeigt.

[«]

Die Ausgabe der Liste (siehe Abbildung 14.15) enthält u. a. Informationen zur Veranstaltungstypbezeichnung, der Anzahl der Veranstaltungstermine, den Veranstaltungsterminen und dem Veranstaltungsort.

Veranstaltungstyp	Beginndatum	Endedatum	Ort	SP	Veranstaltung	= Anz
Englisch - Allgemein	06.11.2002	24.12.2002	Walldorf	DE	Englisch-All	1
Englisch - Allgemein	08.01.2003	25.02.2003	Walldorf	DE	Englisch-All	1
Englisch - Allgemein	26.02.2003	15.04.2003	Walldorf	DE	Englisch-All	1
Englisch - Allgemein	11.06.2003	29.07.2003	Hamburg	DE	Englisch-All	1
Englisch - Allgemein	30.07.2003	16.09.2003	Walldorf	DE	Englisch-All	1
Englisch - Allgemein	24.09.2003	11.11.2003	Walldorf	DE	Englisch-All	1
Englisch - Allgemein	01.11.2004	19.12.2004	Walldorf	DE	Englisch-All	1
Englisch - Allgemein	17.01.2005	06.03.2005	Walldorf	DE	Englisch-All	1
Englisch - Allgemein	27.02.2006	16.04.2006	Walldorf	DE	Englisch-All	1
Englisch - Wirtschaft	21.11.2001	29.01.2002	Walldorf	DE	Englisch-W.	1
Englisch - Wirtschaft	06.11.2002	14.01.2003	Walldorf	DE	Englisch-W.	1
Englisch - Wirtschaft	08.01.2003	18.03.2003	Walldorf	DE	Englisch-W.	1
Englisch - Wirtschaft	21.05.2003	29.07.2003	Frankfurt	DE	Englisch-W.	1
Englisch - Wirtschaft	27.08.2003	04.11.2003	Hamburg	DE	Englisch-W.	1
Englisch - Wirtschaft	26.11.2003	03.02.2004	Walldorf	DE	Englisch-W.	1
Englisch - Wirtschaft	10.01.2005	20.03.2005	Walldorf	DE	Englisch-W.	1

Auswahlzeitraum: 01.01.2002 - 31.12.9999
Sprache: Deutsch

Abbildung 14.15 Liste »Veranstaltungstermine«

14.2.4 Offene Ressourcenbelegung pro Veranstaltung

Mit dem Report »Offene Ressourcenbelegung pro Veranstaltung« können Sie eine Liste der Ressourcentypen erstellen, die pro Veranstaltung noch benötigt werden, d. h., zu denen noch keine Ressourcen belegt wurden.

Das Listbild (siehe Abbildung 14.16) des Reports enthält u. a. die Veranstaltungsbezeichnung, die Bezeichnung des benötigten Ressourcentyps, den Belegungszeitraum des Ressourcentyps, die Anzahl und Uhrzeiten der Belegungen.

Veranstaltung	Ressourcentyp	Beginndatum	Endedatum	Beginnzeit	Endezeit	∑ Anz.Std.
Lagebestimmu	Contact 1-800-545-6859	01.10.2003	01.10.2003	00:01:00	23:59:00	23,97
Lagebestimmu	Referent	01.10.2003	01.10.2003	00:01:00	23:59:00	23,97
Orga/Disp	Overhead - Projektor	07.07.1998	07.07.1998	10:00:00	17:00:00	7,00
Orga/Disp	Overhead - Projektor	08.07.1998	08.07.1998	09:00:00	17:00:00	8,00
Orga/Disp	Raum / Räume	07.07.1998	07.07.1998	10:00:00	17:00:00	7,00
Orga/Disp	Raum / Räume	08.07.1998	08.07.1998	09:00:00	17:00:00	8,00
Personal 070	Overhead - Projektor	18.01.1999	18.01.1999	13:00:00	17:00:00	4,00
Personal 070	Overhead - Projektor	19.01.1999	20.01.1999	09:00:00	17:00:00	16,00
Personal 070	Overhead - Projektor	01.02.1999	01.02.1999	13:00:00	17:00:00	4,00
Personal 070	Overhead - Projektor	02.02.1999	03.02.1999	09:00:00	17:00:00	16,00
Personal 070	Overhead - Projektor	15.02.1999	15.02.1999	13:00:00	17:00:00	4,00
Personal 070	Overhead - Projektor	16.02.1999	17.02.1999	09:00:00	17:00:00	16,00
Personal 070	Overhead - Projektor	01.03.1999	01.03.1999	13:00:00	17:00:00	4,00
Personal 070	Overhead - Projektor	02.03.1999	03.03.1999	09:00:00	17:00:00	16,00
Personal 070	Overhead - Projektor	15.03.1999	15.03.1999	13:00:00	17:00:00	4,00

Abbildung 14.16 Liste »offene Ressourcenbelegung pro Veranstaltung«

14.3 Ressourcen

Die Auswertungen der Ressourcen im Veranstaltungsmanagement unterstützen den Sachbearbeiter z. B. bei Informationen zu den offenen Ressourcenbelegungen je Ressourcentyp. Sie geben aber auch grafische Informationen zu den Ressourcenbelegungen.

14.3.1 Ressourcenausstattung

Mit dem Report »Ressourcenausstattung« können Sie die Ausstattung von Ressourcen wie z. B. von Schulungsräumen mit Bildschirmen angezeigen. Dafür werden die Objekte des Typs R (Ressourcentyp, z. B. Bildschirm) aufgelistet, die mit Objekten des Typs G (Ressource, z. B. Schulungsraum) verknüpft sind.

Abbildung 14.17 zeigt den Ausschnitt einer Liste zur Ressourcenausstattung. Sie enthält u. a. die Ressource, die Ausstattung, die Ausstattungsanzahl und den Ausstattungszeitraum.

Ressource	Ausstattung	Beginndatum	Endedatum	∑ Anzahl
Schulungsraum Johannesburg - Toronto	Bildschirme	01.01.1994	31.12.9999	12
Schulungsraum Sydney - Berlin	Bildschirme	01.01.1994	31.12.9999	12
Schulungsraum Singapur - Hamburg	Bildschirme	01.01.1994	31.12.9999	12
Schulungsraum Tokio - Dresden	Bildschirme	01.01.1994	31.12.9999	12
Schulungsraum Moskau - London	Bildschirme	01.01.1994	31.12.9999	12
Schulungsraum Toronto - Frankfurt	Bildschirme	01.01.1994	31.12.9999	12
Schulungsraum Madrid - Montreal	Bildschirme	01.01.1994	31.12.9999	14
Schulungsraum Mailand - New York	Bildschirme	01.01.1994	31.12.9999	14
Schulungsraum Freiburg - Walldorf	Bildschirme	01.01.1994	31.12.9999	8
Schulungsraum Paris - Atlanta	Bildschirme	01.01.1994	31.12.9999	14
Schulungsraum Kopenhagen - Chicago	Bildschirme	01.01.1994	31.12.9999	8
Schulungsraum Düsseldorf - Los Angeles	Bildschirme	01.01.1994	31.12.9999	6
Schulungsraum México - Mexico	Bildschirme	01.01.1994	31.12.9999	14
Schulungsraum 1 - Philadelphia	Bildschirme	01.01.1999	31.12.9999	12
Schulungsraum 2 - Philadelphia	Bildschirme	01.01.1999	31.12.9999	12
Schulungsraum 3 - Philadelphia	Bildschirme	01.01.1999	31.12.9999	12
Schulungsraum 4 - Walldorf	Bildschirme	01.01.2001	31.12.9999	8
Calgary Training Room 1	Overhead - Projektor	01.01.1998	31.12.9999	1
Calgary Training Room 1	Bildschirme	01.01.1998	31.12.9999	9

Abbildung 14.17 Liste »Ressourcenausstattung«

14.3.2 Referenteninformation

Mit dem Report »Referenteninformation« wird die Referententätigkeit von Einzelpersonen im Veranstaltungsmanagement ausgewertet. Die Liste (siehe Abbildung 14.18) enthält Informationen wie z. B. den Referentennamen, die Veranstaltungs-ID, das Datum des ersten und letzten Veranstaltungstags, die Anzahl der Veranstaltungstage, die Veranstaltungsdauer pro Tag in Stunden und die Gesamtveranstaltungsdauer in Stunden.

Ress.Typ	Ressource	Bezeichnung	Beginndatum	Endedatum	Beginnzeit	Endezeit	Tage	Anz.Std.
Referent	Karin Anselm	Einführungsveranstaltung	04.10.2001	04.10.2001	09:00:00	12:00:00	1	3,00
Referent	Karin Anselm	Einführungsveranstaltung	16.11.2001	16.11.2001	09:00:00	12:00:00	1	3,00
Referent	Karin Anselm	Einführungsveranstaltung	19.11.2001	19.11.2001	09:00:00	12:00:00	1	3,00
Referent	Karin Anselm	Einführungsveranstaltung	03.01.2001	03.01.2001	09:00:00	12:00:00	1	3,00
Referent	Karin Anselm	Unternehmensphilosophie	02.01.2001	02.01.2001	09:00:00	12:00:00	1	3,00
Referent	Mrs Pauline Ball	Elektronik Stufe 1	06.01.2003	08.01.2003	09:30:00	12:00:00	1	2,50
Referent	Mrs Pauline Ball	Elektronik Stufe 1	06.01.2003	08.01.2003	13:00:00	16:30:00	1	3,50
Referent	Mrs Pauline Ball	Elektronik Stufe 1	06.01.2003	08.01.2003	08:30:00	12:00:00	1	3,50
Referent	Mrs Pauline Ball	Elektronik Stufe 1	06.01.2003	08.01.2003	13:00:00	16:30:00	1	3,50
Referent	Mrs Pauline Ball	Elektronik Stufe 1	06.01.2003	08.01.2003	08:30:00	12:00:00	1	3,50
Referent	Mrs Pauline Ball	Elektronik Stufe 1	06.01.2003	08.01.2003	13:00:00	14:30:00	1	1,50

Abbildung 14.18 Liste mit Referenteninformationen

14.3.3 Ressourcenbelegung

Der Report »Ressourcenbelegung« zeigt die Belegung der Ressourcen eines ausgewählten Ressourcentyps über einen vorgegebenen Zeitraum. Abhängig vom gewählten Zeitraster wird die Tabelle in einem

14 | Veranstaltungsmanagement

Stunden-, Tages- oder Wochenraster dargestellt. Abbildung 14.19 zeigt die Ressourcenbelegung einer Mitarbeiterin im Wochenraster.

Veranstaltungen ein- oder ausschließen Neben dem Zeitraster haben Sie auch die Möglichkeit, fixierte und/oder geplante Veranstaltungen in die Datenauswahl ein- oder auszuschließen. Sie können die Datenauswahl auch über den Veranstaltungstyp, den Veranstaltungsort und die Mindestbelegung je Ressource einschränken. Zusätzlich haben Sie die Möglichkeit, wenn Sie im Zeitraster **Tag** ausgewählt haben, in der Ausgabe die freien Tage mit anzeigen zu lassen.

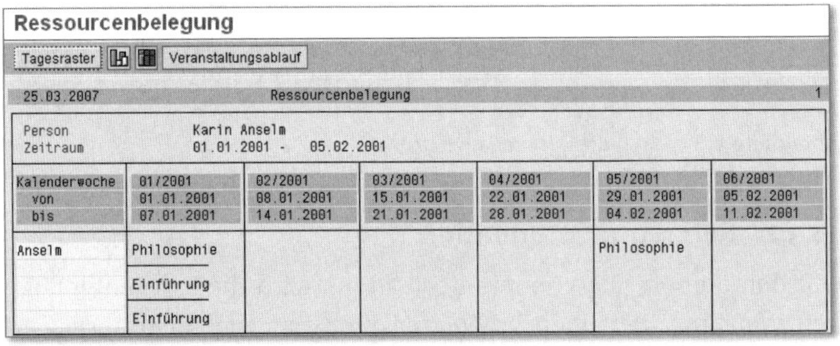

Abbildung 14.19 Ressourcenbelegung einer Mitarbeiterin im Wochenraster

Die durch den Report erstellte Tabelle enthält Informationen wie die Ressourcentypbezeichnung, Wochentage/Datum/Uhrzeit (je nach gewähltem Zeitraster), die Ressourcenbezeichnung und Veranstaltungskurzbezeichnung.

Sie haben aber die Möglichkeit, in der Liste das vorher gewählte Zeitraster noch zu ändern. Über **Bearbeiten** im Menü können Sie auch zwischen der Anzeige der Ein- bzw. Mehrfachbelegungen einer Ressource umschalten. Außerdem können Sie hier über **Grafik** in eine grafische Sicht der Ressourcenbelegung wechseln.

Wenn Sie den Cursor auf einer Veranstaltung der Grundliste positionieren und **Teilnehmerliste** wählen, wird die Teilnehmerliste dieser Veranstaltung in einem Dialogfenster angezeigt. Wenn Sie **Veranstaltungsablauf** wählen, wird in Ihnen der Ablauf der Veranstaltung angezeigt.

14.4 SAP NetWeaver BI-Standard-Content

Der BI-Standard-Content des Veranstaltungsmanagements enthält die drei InfoCubes **Veranstaltungsmanagement**, **Professioneller Seminaranbieter** und **Ressourcenbelegung** (siehe Abbildung 14.20).

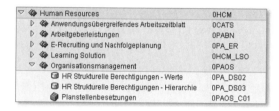

Abbildung 14.20 BI-Standard-Content zum Veranstaltungsmanagement

14.4.1 InfoCube »Veranstaltungsmanagement«

Der InfoCube **Veranstaltungsmanagement** enthält die Bewegungsdaten zu Teilnahmebuchungen und Stornierungen. Über die InfoSources **Teilnahme** und **Stornierung** werden die Daten im InfoCube bereitgestellt.

Der InfoCube beinhaltet die allgemeinen Kennzahlen:

- Anzahl Stornierungen
- Anzahl Teilnahmen
- Stornierungsgebühr
- Teilnahmegebühr
- Veranstaltungsdauer in Stunden
- Veranstaltungsdauer in Tagen
- Veranstaltungskosten

Darüber hinaus werden berechnete Kennzahlen (z. B. **Durchschnittliche Stornierungsgebühr**, **Buchungen gesamt**) sowie eingeschränkte Kennzahlen ausgeliefert, d. h. Kennzahlen, die in Abhängigkeit von bestimmten Merkmalen existieren (z. B. **Fakturierte Teilnahmegebühren**, **Anzahl interner Teilnahmen**).

Als zeitliche Dimension für die Auswertungen stehen **Kalendertag**, **Kalenderjahr**, **Kalenderjahr/Quartal** und **Kalenderjahr/Monat** zur Verfügung.

Der InfoCube **Veranstaltungsmanagement** enthält Merkmale aus den Stammdaten zum Mitarbeiter (wie z. B. **Name**, **Personalbereich**, **Organisationseinheit** und **Stammkostenstelle**) und folgende Daten aus dem Veranstaltungsmanagement:

- Teilnehmer
- Teilnehmertyp
- Teilnahmegebühr
- Stornierungsgebühr
- Stornierungsdatum
- Stornierungsgrund
- Gebührenkennzeichen
- Belegstatus
- Veranstaltung
- Veranstaltungskosten
- Veranstaltungsgruppe
- Veranstaltungstyp
- Firma
- Externe Person

Über das Merkmal **Teilnehmertyp** können z. B. interne und externe Teilnahmen unterschieden und ausgewertet werden. Dabei ist entscheidend, welche Teilnehmertypen Sie als interne oder externe Teilnehmer definiert haben.

> [»] Eine Person kann mehrfach als Mitarbeiter geführt werden. Um zwischen Beschäftigungsverhältnissen (Merkmal **Mitarbeiter**) und realen Personen (Merkmal **Person**) unterscheiden zu können, ist die Person ein Attribut des Mitarbeiters.

Der InfoCube enthält Hierarchien zu den InfoObjects **Veranstaltungsgruppe**, **Veranstaltungstyp**, **Veranstaltung**, **Organisationseinheit** und **Stammkostenstelle**. Im Veranstaltungsmanagement werden in der hierarchischen Darstellung nur diejenigen Veranstaltungsgruppen angezeigt, zu denen Veranstaltungstermine mit Buchungen existieren.

14.4.2 InfoCube »Professioneller Seminaranbieter«

Der InfoCube **Professioneller Seminaranbieter** enthält die Bewegungsdaten zu Teilnahmebuchungen und Stornierungen, ohne die Stammdaten der Mitarbeiter zu enthalten. Ansonsten enthält er die Merkmale und allgemeinen Kennzahlen zu den Veranstaltungen, die auch im InfoCube **Veranstaltungsmanagement** zu finden sind.

14.4.3 InfoCube »Ressourcenbelegung«

Der InfoCube **Ressourcenbelegung** beinhaltet die Bewegungsdaten zu Ressourcen (siehe Abbildung 14.21). Über die InfoSource **Ressourcenbelegung** werden die Daten im InfoCube bereitgestellt. Dieser InfoCube stellt als allgemeine Kennzahlen die Belegungsdauer in Tagen, in Stunden und die Ressourcenkosten zur Verfügung. Er enthält neben den Daten zu der Veranstaltung im Merkmal **Veranstaltung** folgende Objekte zur Ressource:

- Ressource
- Objekttyp der Ressource
- Ressourcentyp
- Dispositionsmerkmal Ressourcentyp
- Ressourcenkosten

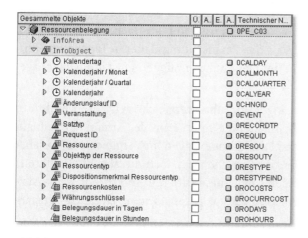

Abbildung 14.21 Inhalt des InfoCubes »Ressourcenbelegung«

Als zeitliche Dimension für die Auswertungen stehen Ihnen **Kalendertag**, **Kalenderjahr**, **Kalenderjahr/Quartal** und **Kalenderjahr/Monat** zur Verfügung.

Zur Ressourcenbelegung gibt es nur eine Query im Standard. Die Query **Ressourcenkosten Jahresvergleich** zeigt die Kosten von Ressourcen des aktuellen Jahres im Vergleich zum Vorjahr an. Es wird die absolute Differenz der Vergleichszahlen sowie diese Differenz in Prozent ausgegeben. Die Ressourcen werden über das Merkmal **Dispositionsmerkmal** getrennt nach den Kategorien aufgeführt, also getrennt nach den Kategorien Referent, Raum, Material und sonstige Ressourcen.

14.4.4 Queries zum InfoCube »Veranstaltungsmanagement«

Im Veranstaltungsmanagement enthält der Standard folgende Queries:

- Die Query »Anzahl Teilnahmen und Stornierungen« zeigt je Veranstaltungsgruppe die Anzahl der Teilnahmen und Stornierungen sowie deren Summe, die Gesamtzahl der Buchungen, für das aktuelle Kalenderjahr an.

- Die Query »Ausbildungsdauer« dient der Auswertung der Dauer von Veranstaltungen nach Tagen und Stunden für das aktuelle Jahr auf der Ebene der Veranstaltungsgruppen. Zusätzlich wird der prozentuale Wert der Veranstaltungsdauer in Tagen und Stunden, gemessen an der Gesamtdauer aller Veranstaltungen, ausgegeben.

- Die Query »Buchungen im Jahresvergleich« zeigt die Anzahl der Buchungen. Sie beinhaltet die Summe aus der Anzahl der Teilnahmen und der Anzahl der Stornierungen im Vergleich des Vorjahrs mit dem aktuellen Jahr an. Sie zeigt auch die absolute Differenz der Vergleichszahlen sowie diese Differenz in Prozent.

- Mit der Query »Erlöse im Jahresvergleich« bekommen Sie eine Übersicht der Erlöse (Veranstaltungsgebühren abzüglich der Veranstaltungskosten), die der Ausrichter einer Veranstaltung im aktuellen Jahr im Vergleich zum Vorjahr je Veranstaltungsgruppe erwirtschaftet hat. Die **Gebühren Gesamt** sind dabei als Veranstaltungsumsätze zu verstehen.

- Die Query »Gebühren für Teilnahmen und Stornierung« zeigt die entstandenen Gebühren für Teilnahmen und Stornierungen je Veranstaltungsgruppe im Vergleich des aktuellen Jahres mit dem Vorjahr an. Die Veränderungen werden in absoluten und prozentualen Werten ausgegeben.

- Die Query »Gebührenquote« listet auf, welche durchschnittlichen Veranstaltungsgebühren insgesamt im aktuellen Jahr im Vergleich zum Vorjahr angefallen sind. Es wird ausgewertet, wie viel die Bildungsmaßnahmen je Veranstaltungsgruppe im Durchschnitt gekostet haben.

- Die Query »Gebührenverteilung nach internen/externen Buchungen« wertet die Gebührenverteilung nach Abrechnungsart getrennt aus. Sie zeigt, welche Teilnahme- und Stornierungsgebühren im aktuellen Jahr extern fakturiert oder intern verrechnet wurden.

- Mit der Query »Teilnahme- und Stornierungsquote« werden die Werte des Vorjahres mit dem aktuellen Jahr verglichen. Die Kennzahl **Teilnahme pro Stornierung** zeigt dabei an, wie viele Teilnahmen auf eine Stornierung gerechnet werden, und stellt somit das Verhältnis zwischen den Teilnahmen und den Stornierungen dar. Die Stornierungsquote gibt den Prozentsatz der Stornierungen an den Gesamtbuchungen an.

- Die Query »Veranstaltungskosten im Jahresvergleich« vergleicht die angefallenen Veranstaltungskosten des aktuellen Jahres mit dem Vorjahr. Es werden die prozentuale und die absolute Abweichung der Veranstaltungskosten angezeigt.

- Mit der Query »Weiterbildung nach organisatorischer Zuordnung« wird für jede Organisationseinheit die Anzahl der Buchungen gezeigt. Die Summe der Anzahl der Teilnahmen und der Anzahl der Stornierungen des aktuellen Jahres wird mit dem Vorjahr verglichen. Ausgegeben werden zusätzlich die absolute Differenz der Vergleichszahlen sowie diese Differenz in Prozent.

- Die »Weiterbildung nach Zielgruppen« zeigt an, welche Buchungen im aktuellen Jahr im Vergleich zum Vorjahr pro Stelle gemacht wurden. Sie stellt diese Auswertung nach Berufsgruppen zur Verfügung.

- Die entstandenen Weiterbildungsgebühren je Organisationseinheit im Vergleich des aktuellen Jahres mit dem Vorjahr werden durch die Query »Weiterbildungsgebühren nach organisatorischer Zuordnung« ausgegeben.

- Die Query »Weiterbildungsgebühren nach Zielgruppen« zeigt für unterschiedliche Berufsgruppen die angefallenen Weiterbildungsgebühren im aktuellen Jahr im Vergleich zum Vorjahr je Stelle an.

14.5 Fazit

Das Standardreporting zum Veranstaltungsmanagement ist mit den Reports zu den Teilnahmen, Ressourcen und Veranstaltungen sehr umfangreich. Um aber einen detaillierten Überblick über die Kosten von Veranstaltungen oder Weiterbildungsmaßnahmen zu bekommen, ist der Inhalt des BI-Standard-Contents ein weitaus hilfreicheres Werkzeug.

Die Reports der Personalkostenplanung und -simulation unterstützen sowohl ein strategisches Personalmanagement als auch die Gesamtunternehmensstrategie.

15 Personalkostenplanung

Die Personalkostenplanung bietet die Möglichkeit, die Entwicklung der Löhne und Gehälter für die Mitarbeiter ebenso wie die der Personalnebenkosten zu planen. Durch die Simulation verschiedener Planungsszenarien analysieren Sie deren Auswirkungen auf das Unternehmen. Die **Personalkostenplanung und -simulation** kann nur dann verwendet werden, wenn Sie das *Organisationsmanagement* einsetzen.

Die Auswertungen zur Personalkostenplanung erreichen Sie über das SAP Easy Access-Menü **Personal** • **Personalmanagement** • **Personalkostenplanung** • **Infosystem** • **Berichte**.

SAP Easy Access-Pfad

15.1 Datenbasis

Innerhalb der Reports finden Sie unter **Datenbasis** vier SAP Queries, die die Kostenbestandteile je **Mitarbeiter**, **Planstellen**, **Stellen** und **Organisationseinheit** anzeigen, die bei der Datensammlung erzeugt wurden. Diese SAP Queries nutzen die logische Datenbank PCH und damit zur Selektion die Struktur des Organisationsmanagements. Sie haben unter den **Programmabgrenzungen** aber noch die folgenden Möglichkeiten zur weiteren Einschränkung der Listenausgabe:

Logische Datenbank PCH

- Datenbasis (Subtyp)
- Datensammlungsmethode
- Kostenbestandteil
- Kennzeichen für die Vakanz (nur bei der **Planstelle**)
- Status der Vakanz (nur bei der **Planstelle**)

- Tarifart, Gehaltsart und Gehaltsgebiet (nicht bei der **Organisationseinheit**)
- Vollzeitäquivalente FTE (nur bei **Organisationseinheiten**)

15.2 Kostenpläne

Innerhalb des Bereichs *Kostenpläne* können Sie folgende Reports aufrufen:

- Der Report »Plandaten« zeigt das Ergebnis eines Kostenplanungslaufs an.
- Mit dem Report »Planvergleich« haben Sie die Möglichkeit, zwei Personalkostenpläne zu vergleichen und die Abweichungen, die größer als die im Selektionsbildschirm vorgegebene Prozentzahl sind, in der Ausgabe zu kennzeichnen. In Abbildung 15.1 ist eine maximale Abweichung von 10 % vorgegeben worden.
- Der Report »Planänderungen« zeigt die Änderungen an, die die Linienvorgesetzten oder der Personalkostenplaner während der Detailplanung vorgenommen haben.
- Mit dem Report »Originalbelege« können Sie sich die Originalbelege anzeigen lassen, die das SAP-System während der Freigabe von Kostenplänen erzeugt hat. Voraussetzung ist, dass Sie die Personalkostenpläne, für die Sie Originalbelege anzeigen möchten, freigegeben haben.

Kostenträger	Währg	Betrag Plan	Betrag Ref	Proz. Abwe	Abweichung	Toleranz
World Class Enterprises	USD	209.222,04	201.821,99	3,67	7.400,05	○○○
Human Resources	USD	793.519,82	547.688,50	44,89	245.831,32	●○○
Finance	USD	478.198,03	286.497,70	66,91	191.700,33	●○○
Production	USD	17.158.153,05	16.575.724,60	3,51	582.428,45	○○○
Production Unit 1	USD	397.240,34	383.626,47	3,55	13.613,87	○○○
Production Unit 2	USD	403.147,20	389.279,69	3,56	13.867,51	○○○
Services	USD	2.253.152,28	1.677.520,93	34,31	575.631,35	●○○
	USD	▪ 21.692.632,76	▪ 20.062.159,88		▪ 1.630.472,88	

Abbildung 15.1 Ausgabe eine Plandatenvergleichs

In der Ausgabe der Liste können Sie zwischen der Sicht für die statistischen Kennzahlen und den Primärkostenbelegen wechseln. Zusätzlich haben Sie die Möglichkeit, für nicht gebuchte Belegzeilen fehlerhafte Kontierungen zu ersetzen. Wählen Sie hierzu im Menü der Ausgabe **Bearbeiten • Kontierung ändern**.

15.3 SAP NetWeaver BI-Standard-Content

Die eigentliche Auswertung und Analyse der Personalkostenplanung und -simulation findet im BI-Standard-Content statt. Dies macht es erforderlich, mit der Einführung der Personalkostenplanung auch SAP NetWeaver BI einzuführen, falls es nicht schon zur Verfügung steht. Die Alternative wäre eine umfangreiche Programmierung im HCM-System.

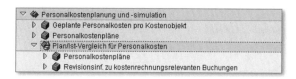

Abbildung 15.2 BI-Standard-Content zur Personalkostenplanung

Die InfoCubes aus dem Bereich **Personalkostenplanung und -simulation** sind (siehe Abbildung 15.2):

- Personalkostenpläne
- Geplante Personalkosten pro Kostenobjekt
- MultiCube **Plan/Ist-Vergleich für Personalkosten**

15.3.1 InfoCube »Personalkostenpläne«

Der InfoCube **Personalkostenpläne** enthält durchgeführte Planungsläufe der Personalkostenplanung (siehe Abbildung 15.3). Die mögliche Analyse der Daten hängt von der gewählten Sicht (**Kontierungsobjekt/Organisationseinheit**) in der Personalkostenplanung ab, der InfoCube bezieht die Daten aus dem Kostenplan.

15 | Personalkostenplanung

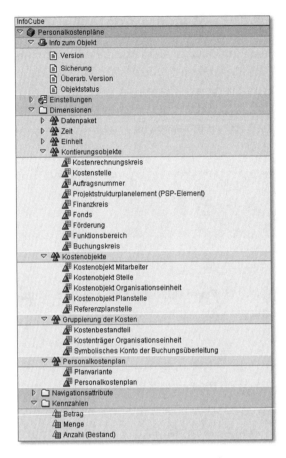

Abbildung 15.3 InfoCube »Personalkostenpläne«

15.3.2 InfoCube »Geplante Personalkosten pro Kostenobjekt«

Der InfoCube **Geplante Personalkosten pro Kostenobjekt** führt eine simulierte Planung durch (siehe Abbildung 15.4). Es werden die Datenbasis der Kostenobjekte extrahiert und abgeleitete Kostenbestandteile gebildet. Deshalb ist die Vorgabe eines Planungskontextes und -szenarios bei der Extraktion zwingend erforderlich.

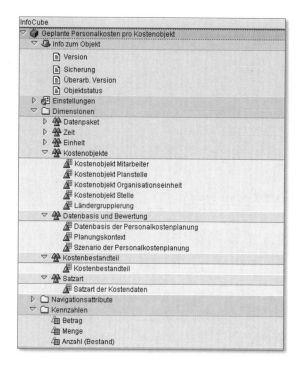

Abbildung 15.4 InfoCube »Geplante Personalkosten pro Kostenobjekt«

15.3.3 MultiCube »Plan-/Ist-Vergleich für Personalkosten«

Der Plan-/Ist-Vergleich ist eines der am häufigsten gewünschten Analysetools in SAP NetWeaver BI im HR-Umfeld. Der MultiCube verbindet die Daten aus den InfoCubes **Personalkostenpläne** und **Geplante Personalkostepläne pro Kostenobjekt** mit dem Revisionsinfo zu kostenrechnungsrelevanten Buchungen, d. h. dem CO-relevanten Teil des Buchungsbelegs der Personalabrechnung (siehe Abbildung 15.5).

Was hier leider fehlt, ist die Möglichkeit, auf der Ebene von Sachkonten Vergleiche durchzuführen. Dazu sind eine Kundenerweiterung und das Hinzulesen des Kontos erforderlich. Das symbolische Konto, das zur Verfügung gestellt wird, ist als mögliches Vergleichsobjekt häufig ungeeignet. Die Planung erfordert meist eine feinere Detaillierung, die bei der Buchung der Personalabrechnung nicht gewünscht ist, weshalb eigene symbolische Konten für die Planung angelegt werden.

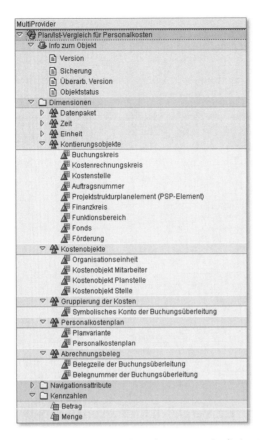

Abbildung 15.5 MultiCube »Plan-/Ist-Vergleich der Personalkosten«

15.3.4 Queries zu den InfoCubes der Personalkostenplanung

Queries zum InfoCube »Personalkostenpläne«

Der InfoCube **Personalkostenpläne** beinhaltet die folgenden Queries:

- Die Query »Vergleich Personalkostenpläne (Organisationssicht)« ermöglicht einen Vergleich zwischen zwei selektierbaren Kostenplänen, mit Differenz und Abweichungsprozentsatz in der Organisationssicht.

- Die Query »Vergleich Personalkostenpläne (Kontierungssicht)« vergleicht Pläne in der Kontierungssicht.

- Die Query »Analyse Personalkostenplan (Organisationssicht)« erlaubt eine Analyse des Kostenplans auf Basis von Kriterien der Organisationseinheiten nach Quartalen.
- Die Query »Analyse Personalkostenplan (Kontierungssicht)« (siehe Abbildung 15.6) unterscheidet sich von der vorherigen dadurch, dass hier die Kostenstellen als Navigationskriterium verwendet werden.

Die Auswahl, welche Query genutzt werden kann, hängt davon ab, welche Sicht in der Personalkostenplanung verwendet wurde.

KalJahr/Quartal	20071	20072	20073	20074	Gesamtergebnis
Kostenstelle	Betrag	Betrag	Betrag	Betrag	Betrag
Vorstand	4.534,29 EUR	4.534,29 EUR	4.534,29 EUR	4.534,29 EUR	18.137,16 EUR
Finanzen & Admin.	10.876,80 EUR	10.876,80 EUR	10.876,80 EUR	10.876,80 EUR	43.507,20 EUR
Personal	78.189,99 EUR	78.189,99 EUR	78.189,99 EUR	78.189,99 EUR	312.759,96 EUR
Produktion Motorrad	6.082,56 EUR	6.082,56 EUR	6.082,56 EUR	6.082,56 EUR	24.330,24 EUR
Gesamtergebnis	99.683,64 EUR	99.683,64 EUR	99.683,64 EUR	99.683,64 EUR	398.734,56 EUR

Abbildung 15.6 Personalkostenplan (Kontierungssicht)

Queries zum InfoCube »Geplante Personalkosten pro Kostenobjekt«

Der InfoCube **Geplante Personalkosten pro Kostenobjekt** beinhaltet die folgenden Queries:

- »Geplante Kosten pro Planstelle«
- »Geplante Kosten pro Stelle«
- »Geplante Kosten pro Organisationseinheit«
- »Geplante Kosten/Mengen pro Mitarbeiter«
- »Geplante Kosten pro Mitarbeiter«

Queries zum MultiCube »Plan-/Ist-Vergleich für Personalkosten«

Der MultiCube **Plan-/Ist-Vergleich der Personalkosten** beinhaltet die folgenden Queries:

- »Plan-/Ist-Vergleich (Organisationssicht)«
- »Plan-/Ist-Vergleich (Kontierungssicht)« (siehe Abbildung 15.7)

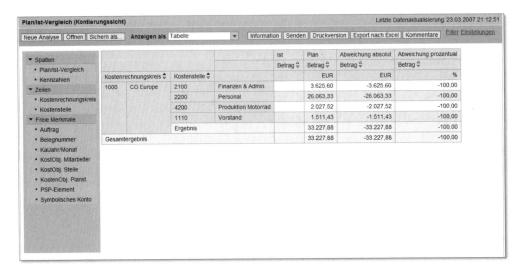

Abbildung 15.7 Plan-/Ist-Vergleich

15.4 Fazit

Die Auswertungen für die Personalkostenplanung finden hauptsächlich im BI-Standard-Content statt, da die Reports im HCM-System zum großen Teil noch aus der Zeit vor der umfassenden Überarbeitung der Personalkostenplanung seit dem Release 4.7 Enterprise stammen. Sie sind auch aus diesem Grund für ein umfassendes Reporting in der Personalkostenplanung nur sehr begrenzt nutzbar. Die Einführung eines BI-Systems ist, falls es nicht schon vorhanden sein sollte, für die Personalkostenplanung erforderlich, um eine umfassende Programmierung im HCM-System zu vermeiden.

Teil IV
Bereitstellung von Reports

Im vierten und abschließenden Teil dieses Buches geben wir Ihnen einen Überblick über die verschiedenen Werkzeuge, mit denen Sie Auswertungen und Analysen aus dem SAP ERP HCM-System und aus SAP NetWeaver BI für Anwender verfügbar machen können. Dazu gehören der Berichtsbaum, das Human Resource Information System (HIS), der Manager's Desktop und das SAP NetWeaver Portal mit dem Manager Self-Service (MSS).

Das Bereichsmenü bietet Ihnen die Möglichkeit, eine eigene Ordnerstruktur für Reports anzulegen und diese den Benutzern als Teil ihres Benutzermenüs zur Verfügung zu stellen. Früher wurde dafür der Berichtsbaum verwendet.

16 Bereichsmenü

Vor SAP ERP-Release 4.6A konnten Sie nur Transaktionen in Bereichsmenüs einbinden. Inzwischen können Sie auch Reports, die früher in Berichtsbäumen zu finden waren, in Bereichsmenüs aufnehmen.

Mit dem Bereichsmenü haben Sie die Möglichkeit, sämtliche Kundenreports, Standardreports und Queries, die bei Ihnen genutzt werden, in einem eigenen Menübaum zu strukturieren (siehe Abbildung 16.1). Dieser Menübaum kann aus unterschiedlichen Teilmenüs (z. B. je Anwendergruppe) zusammengesetzt werden.

Individueller Menübaum

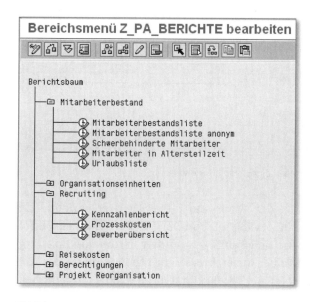

Abbildung 16.1 Bereichsmenü für das Reporting

16 | Bereichsmenü

Das Bereichs- oder Teilmenü wird dann über eine Rolle dem Benutzer zugeordnet, wodurch sich folgende Vorteile ergeben: Zum einen kann der Benutzer strukturiert auf die von ihm benötigten Reports zugreifen und sie direkt aus dem Benutzermenü heraus per Doppelklick ausführen. Zum anderen wird es Mitarbeitern aus dem Personalcontrolling, die in der Regel keinen Zugriff auf die Rollenpflege haben, ermöglicht, einen Teil des Benutzermenüs zu pflegen. Mit dem Bereichsmenü erhalten diese Mitarbeiter eine übersichtliche und einfache Pflegeoberfläche, über die sie nicht nur die Ordnerstruktur selbst bestimmen, sondern auch die Texte der Transaktionen sprechend pflegen können. Der Berechtigungsadministrator benötigt lediglich den Namen des Bereichsmenüs, um dieses in einer Rolle einzubinden.

Bereichsmenü anlegen

Zunächst legen Sie ein neues Bereichsmenü an:

1. Wählen Sie im SAP Easy Access-Menü den Pfad **Werkzeuge • ABAP Workbench • Entwicklung • Weitere Werkzeuge • Bereichsmenüs** (oder Transaktion SE43).

2. Geben Sie im Eingabefeld einen Namen für das neue Bereichsmenü ein (beginnend mit Y oder Z), und klicken Sie auf den **Anlegen**-Button.

3. Geben Sie im folgenden Bild eine Beschreibung für das Bereichsmenü ein (entspricht dem obersten Knoten), und bestätigen Sie mit der Eingabetaste (siehe Abbildung 16.2).

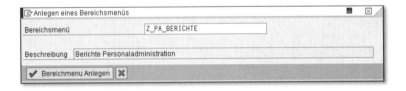

Abbildung 16.2 Anlegen eines Bereichsmenüs

4. Positionieren Sie die Maus auf dem obersten Knoten des Bereichsmenüs, und wählen Sie in der Symbolleiste den Button **Eintrag eine Ebene tiefer einfügen** (fünfter Button von links). Im folgenden Bild können Sie mehrere neue Menüeinträge gleichzeitig erfassen. Neben Berichten können Sie auch Transaktionen, Ordner oder Verweise auf andere Bereichsmenüs einfügen. Um einen Bericht aufzunehmen, klicken Sie auf den Button **Bericht**

einfügen und wählen anschließend den entsprechenden Berichtstyp (siehe Abbildung 16.3).

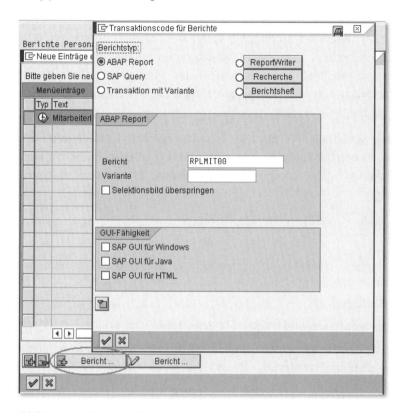

Abbildung 16.3 Einen Bericht in das neue Bereichsmenü einbinden

Ist für den Bericht oder die Query noch kein Transaktionscode vorhanden, generiert das System diesen automatisch. Über den Button **Weitere Optionen anzeigen** können Sie den Transaktionscode und die Beschreibung auch selbst bestimmen.

Um neue Ordner zum Bereichsmenü hinzuzufügen, geben Sie einen Text ohne einen Transaktionscode an. Ein solcher Eintrag wird automatisch als Ordner interpretiert. Sie können in einem Bereichsmenü auch mehrere Referenzen auf andere Bereichsmenüs einfügen und so ein Menü aus mehreren Teilmenüs erstellen. Aktivieren Sie dazu im Bild **Neue Einträge erfassen** die Checkbox **Referenz auf ein Menü**, und geben Sie unter **Transaktionscode/Menü** einen Bereichsmenünamen ein.

Ordner anlegen

Eine weitere Möglichkeit, das Bereichsmenü zu erweitern oder erstmalig aufzubauen, ist das Einbinden von anderen Menüs, z. B. einem Rollenmenü. Dazu gehen Sie in das Menü **Bearbeiten • Importieren**.

Die Menüeinträge können Sie später noch ändern, umhängen oder wieder löschen. Markieren Sie dazu den Menüeintrag, und wählen Sie den entsprechenden Button in der Symbolleiste. Mithilfe des **Markieren**-Buttons ist dies auch für mehrere Menüeinträge gleichzeitig möglich.

Nach dem Speichern des Menüs sollten Sie eine Prüfung durchführen, um sicherzugehen, dass keine Endlosschleifen enthalten sind. Klicken Sie dazu auf den Button **Menüs auf Endlosstrukturen prüfen**.

SAP-Menü erweitern

Sie haben außerdem die Möglichkeit, SAP-Menübereiche zu bearbeiten:

1. Rufen Sie in der Bereichsmenüpflege (Transaktion SE43) über die Wertehilfe ein Standardbereichsmenü auf, und wählen Sie **Ändern**.
2. Im folgenden Bild wählen Sie **Erweitern**.
3. Wählen Sie nun eine vorhandene Erweiterungs-ID, oder legen Sie eine neue Erweiterungs-ID an.
4. Im Folgenden erscheint ein Transportdialog. Damit wird ein Transportauftrag erzeugt, und die Änderungen bleiben auch nach einem Upgrade erhalten.
5. Sie befinden sich jetzt im Bearbeitungsmodus für Bereichsmenüs. Sie können Einträge hinzufügen, wie im Abschnitt *Bereichsmenü anlegen* beschrieben. Einträge aus dem SAP-Menü können nicht gelöscht werden.

[+] Um Performanceprobleme zu vermeiden, sollte die Pufferung für das Bereichsmenü aktiviert sein. Prüfen Sie die Einstellung im Einstiegsbild der Bereichsmenüpflege über den Button **Eigenschaften des Bereichsmenüs**. In der Regel wird für neue Menüs die Pufferung automatisch eingeschaltet.

Benutzerzuordnung

Das Bereichsmenü wird Benutzern oder Benutzergruppen über eine Berechtigungsrolle zugewiesen. Für diese Zuordnung sind Rechte für die Rollen- und Benutzerpflege erforderlich. Die Benutzerzuordnung nehmen Sie wie folgt vor:

1. Starten Sie die Rollenpflege über das SAP Easy Access-Menü **Werkzeuge • Administration • Rollenverwaltung • Rollen** (Transaktion PFCG), und fügen Sie auf der Registerkarte **Menü** das gewünschte Bereichsmenü über den Button **aus Bereichsmenü** ein (siehe Abbildung 16.4).
2. Pflegen Sie auf der Registerkarte **Berechtigungen** die Berechtigungsdaten, und generieren Sie das Profil.
3. Anschließend können Sie die Rolle einer Benutzergruppe oder einzelnen Benutzern zuordnen (Registerkarte **Benutzer**).

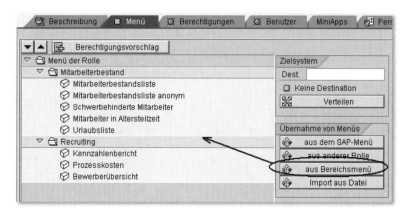

Abbildung 16.4 Übernahme des Bereichsmenüs in eine Rolle

Darüber hinaus haben Sie die Möglichkeit, ein Bereichsmenü als Startmenü im Benutzerstammsatz eines Benutzers zu hinterlegen. Sie erreichen die Benutzerpflege über folgenden Pfad im SAP Easy Access-Menü: **Werkzeuge • Administration • Benutzerpflege • Benutzer** (Transaktion SU01). Auf der Registerkarte **Festwerte** wird der Name des Bereichsmenüs im Feld **Startmenü** eingetragen. Das dort eingetragene Bereichsmenü wird dann anstelle des SAP-Menüs angezeigt.

Zusammenfassend lässt sich sagen, dass das Bereichsmenü relativ selten eingesetzt wird. Meistens wird das Benutzermenü mit Reports und Transaktionen direkt in der Berechtigungsrolle angelegt und gepflegt. Es ist zwar keine doppelte Arbeit, das Menü aufzubauen, da das Bereichsmenü über einen Klick in die Rolle übernommen werden kann. Aber sobald Sie etwas am Bereichsmenü ändern, müssen Sie daran denken, auch die Rolle wieder anzupassen. Ansonsten sind die Änderungen für den Benutzer nicht verfügbar.

| Ihr Feedback | Vielleicht haben Sie andere Vorteile des Bereichsmenüs erkannt und nutzen dieses Werkzeug besser aus. Ihre Erfahrungen dazu interessieren uns: Schreiben Sie uns an *kontakt@iprocon.de*. |

Das Human Resource Information System (HIS) ermöglicht es Ihnen, Daten aus der Personalwirtschaft entlang hierarchischer Strukturen auszuwerten. Dabei ist es nicht erforderlich, zwischen den Modulen zu wechseln. In diesem Kapitel zeigen wir Ihnen, wie Sie Auswertungen mit dem HIS einfach und schnell starten können.

17 Human Resource Information System (HIS)

Das Human Ressource Information System (HIS) ermöglicht einen vereinfachten Aufruf von Auswertungen zu verschiedenen Teilmodulen des HR-Systems. Dadurch entfällt die Notwendigkeit, auf der Suche nach einem Report durch das SAP Easy Access-Menü zu navigieren.

Voraussetzung für die Nutzung dieses Tools ist die Implementierung des Organisationsmanagements. Die im Organisationsmanagement vorhandenen Strukturen müssen den betrieblichen Anforderungen des Reportings entsprechen, d. h., ein ausgewählter Teilbaum sollte alle Objekte beinhalten, die für Auswertungen aggregiert werden sollen (siehe Abschnitt 2.5.1).

Organisationsmanagement als Basis

17.1 Arbeiten mit dem HIS

Sie können das HIS im SAP Easy Access-Menü über den Pfad **Personal • Informationssysteme • Reporting-Werkzeuge • HIS** aufrufen oder die Transaktion PPIS ausführen.

SAP Easy Access-Pfad

Im Einstiegsbild (siehe Abbildung 17.1) müssen Sie zuerst eine Sicht wählen. Im SAP-Standard gibt es die Sicht **Standard** für Auswertungen über die Struktur des Organisationsmanagements und die Sicht **Training** für Auswertungen über den Veranstaltungskatalog. Die Sicht legt fest, welche Objekte in der Strukturgrafik dargestellt werden, und bestimmt die Funktionen, die in der Grafikanzeige möglich sind. Customizing-Optionen hierfür finden Sie in Abschnitt 17.2.

Nach Auswahl der Sicht werden im Bereich **Grafische Darstellung** Optionen angeboten, die Einfluss auf die in der Strukturgrafik angebotenen Objekte haben. Im dargestellten Beispiel können z. B. nur Organisationseinheiten, Organisationseinheiten mit Planstellen, Organisationseinheiten mit Personen oder Organisationseinheiten mit Planstellen und Personen zur Darstellung in der Strukturgrafik gewählt werden. Dies beeinflusst nur die Anzeige in der Strukturgrafik, nicht aber die Objekte, die in der Auswertung verarbeitet werden.

> [»] Sowohl für die Anzeige als auch für die Objektselektion der Auswertung existieren getrennte Auswertungswege.

Nachdem Sie eine Sicht und die in ihr angebotenen Objekte ausgewählt haben, müssen Sie nun in einem dritten Schritt ein Wurzelobjekt für den Einstieg in die grafische Anzeige auswählen. Zusätzlich können Sie die Anzeigetiefe, d. h. die Anzahl der dargestellten Ebenen, und den Darstellungszeitraum festlegen.

Im Bereich **Vorgaben** können Sie diese Parameter für zukünftige Aufrufe des HIS vorbelegen (siehe Abbildung 17.1).

Nach dem Start des HIS erhalten Sie ein Fenster mit der Strukturgrafik und ein zweigeteiltes Fenster mit Teilkomponenten und dazugehörenden Auswertungen (siehe Abbildung 17.2).

Wählen Sie zuerst mit gedrückter Umschalttaste ein oder mehrere Objekte aus, die für die Auswertung verwendet werden sollen. Anschließend wählen Sie ein Anwendungsgebiet und klicken dann doppelt auf eine Anwendungsfunktion, um den Report zu starten.

Die Auswertung wird normalerweise direkt über eine festgelegte Standardeinstellung ohne weiteres Selektionsbild gestartet, falls Sie diese Option im Customizing nicht deaktiviert haben.

Arbeiten mit dem HIS | 17.1

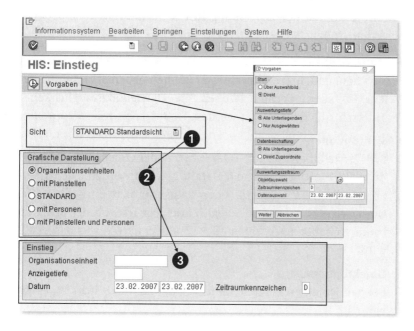

Abbildung 17.1 Einstiegsbild des HIS

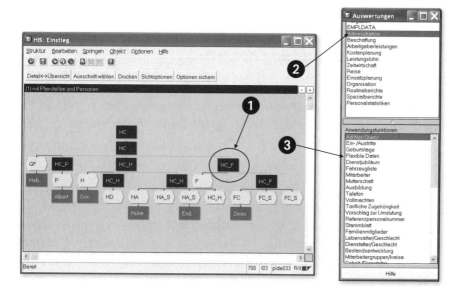

Abbildung 17.2 Auswertungen mit dem HIS starten

Die Darstellung in der Strukturgrafik können Sie im Menüpunkt **Optionen** anpassen.

Darstellungs-optionen der Strukturgrafik

Zur Optimierung der Darstellung in der Strukturgrafik stehen verschiedene Möglichkeiten zur Verfügung.

- **Mehrere Sichten**
  Sie können mehrere Grafikfenster können nebeneinander darstellen. In jedem Fenster können die Darstellungsmöglichkeiten unterschiedlich eingesetzt werden.

- **Sichtoptionen**
  Die Darstellung von Kurz- oder Langtext der Objekte kann mit der Auswahl von **Übersicht** oder **Details** gewählt werden. Die Farbgebung der Objekte ist typ- oder statusorientiert einstellbar. Der Grafiktyp Normal- oder Federstruktur legt fest, ob der Strukturbaum von oben nach unten oder von links nach rechts dargestellt wird.

- **Objektoptionen**
  Bei den Objekten können Rahmen, Füllung und Schrift angepasst werden.

- **Linienoptionen**
  Die Linien können mit Pfeilspitzen und Text versehen werden. Außerdem können Sie die Schrift anpassen.

17.2 Customizing des HIS

Das Customizing des HIS ist im IMG-Menü unter dem Punkt **Personalmanagement • Personalinformationssystem • HIS** zu finden. Ein flexibles Anpassen der Strukturgrafik und der angebotenen Anwendungsfunktionen ist in den folgenden Punkten möglich:

- **Datensichten definieren**
  Die Datensicht legt die dargestellten Strukturen im Grafik-Fenster fest. Einstiegsobjekt, Auswertungsweg und der Statusvektor, der die Auflistung möglicher Objektstatus enthält (z. B. geplant oder aktiv), werden definiert. Außerdem können mehrere Varianten der grafischen Darstellung angelegt werden. So sind in der von SAP für Auswertungen über das Organisationsmanagement ausgelieferten Datensicht **Standard** Varianten der **Grafischen Darstellung** mit Planstellen und Personen definiert. Diese wählen Sie im Einstiegsbild des HIS über Checkboxen aus.

> Die im HIS dargestellten Strukturen können aus verschiedenen Bereichen des HCM-Systems stammen, wie z. B. dem Organisationsmanagement oder dem Veranstaltungsmanagement. Da nicht jede Auswertung mit jeder dargestellten Struktur sinnvoll verwendet werden kann, sollten Sie die passenden Teilgebiete für Auswertungen im Customizing festlegen.

- **Teilgebiete definieren**
  Auswertungen können zu Teilgebieten gruppiert werden. Dies kann eine Aufteilung nach HR-Modulen oder eine bedarfsgerechte Zusammenfassung für bestimmte Anwendergruppen sein.

- **Datenbeschaffung festlegen**
  Die Datenbeschaffung regelt das Einlesen der auszuwertenden Objektmenge aus der Strukturgrafik. So können alle im Organisationsmanagement zugeordneten Mitarbeiter in einer Auswertung erscheinen, auch wenn in der Strukturgrafik lediglich die Organisationsstruktur mit den Organisationseinheiten dargestellt wird. Die Einstellungen zur Datenbeschaffung bestehen aus einem Selektionsreport, dem Startobjekttyp und zwei Auswertungswegen, einem für direkt untergeordnete Objekte und einem für alle untergeordneten Objekte.

- **Benutzer zuordnen**
  Anwender können in Benutzergruppen zusammengefasst werden, denen unterschiedliche Anwendungsfunktionen zur Verfügung gestellt werden.

- **Anwendungsfunktionen definieren**
  Eine Anwendungsfunktion definiert den Aufruf eines SAP- oder Kundenreports. Reportname und Variante, die bei dem Aufruf der Anwendung gestartet werden, können hier festgelegt werden. Außerdem wird die Datenbeschaffung der auszuwertenden Objekte festgelegt.

> Auch Queries, die automatisch als ABAP/4-Programm generiert werden, können eingebunden werden. Den Reportnamen können Sie im Selektionsbild unter **System • Status** abrufen.

17.3 Das HIS in der Praxis

Zielgruppe — Zielgruppe für das HIS sind die Personenkreise, die fest definierte Auswertungen über wechselnde Ausschnitte des Organisationsmanagements starten. Dies können Vorgesetzte sein, die verschiedene untergeordnete Bereiche auswerten, oder Personalcontroller, die Auswertungen aus verschiedenen Unternehmensbereichen erstellen müssen.

In der Praxis fristet das HIS ein eher stiefmütterliches Dasein. Ein Grund dafür ist die Begrenztheit der SAP-Strukturgrafik, die trotz der Konfigurationsmöglichkeiten keine überzeugenden und ansprechenden Darstellungsmöglichkeiten bietet und bei umfangreicheren Strukturen schnell unübersichtlich wird. Auch die Druckmöglichkeiten können leider nicht überzeugen.

Grundsätzlich ist der Ansatz des HIS, das Reporting möglichst einfach und intuitiv zu gestalten, sicher nach wie vor gültig. Es gibt jedoch inzwischen bessere Techniken, die diesen Ansatz verfolgen. Der Manager's Desktop (MDT), den wir Ihnen im nächsten Kapitel vorstellen, bietet hierfür optimierte Möglichkeiten.

Der Manager's Desktop (MDT) ist auf die Bedürfnisse von Führungskräften abgestimmt, die Personalverantwortung tragen und dafür relevante Personalinformationen schnell und einfach abrufen müssen. In diesem Kapitel lernen Sie die Bereitstellung von Reports mit dem MDT kennen.

18 Manager's Desktop (MDT)

Der Manager's Desktop (MDT) vereint Funktionen aus mehreren SAP ERP HCM-Komponenten und dem Rechnungswesen. Er wurde entwickelt, um Führungskräften ein leicht bedienbares Tool zur Verfügung zu stellen, mit dem die anfallenden administrativen und strategischen Aufgaben unterstützt werden. Er kann individuell an die vorhandenen Anforderungen angepasst werden, was für das Reporting bedeutet, dass Reports, Queries und auch SAP NetWeaver BI Queries und Arbeitsmappen sowohl auf Excel-Basis als auch im Web im MDT angeboten werden können.

Funktionen aus mehreren SAP ERP HCM-Komponenten

Die notwendige Basis für den Einsatz des MDT ist das Organisationsmanagement, aus dem der MDT die der Führungskraft zugeordneten Mitarbeiter bezieht.

In den folgenden Abschnitten richten wir den Blick auf die Funktionalität des Manager's Desktop im Bereich des HR-Reportings.

18.1 Funktionen des MDT

Die Funktionen des Manager's Desktop können aus den in Abbildung 18.1 dargestellten Bereichen stammen:

- **Personendaten**
  Auswertungen aus den Bereichen Personaladministration, Personalentwicklung und Veranstaltungsmanagement

- **Organisation**
  Auswertungen aus dem Bereich Organisationsmanagement

▶ **Vergütungsmanagement**
Auswertungen aus dem Bereich Vergütungsmanagement und Personalkostenplanung

▶ **Personalbeschaffung**
Auswertungen zu Ausschreibungen und Bewerbern

Abbildung 18.1 Einstiegsbild des Manager's Desktop

[»] Der MDT kann an die individuellen Bedürfnisse angepasst werden. Nicht eingesetzte Kategorien können ausgeblendet oder umbenannt und weitere Kategorien hinzugefügt werden. Die Funktionen innerhalb der Kategorien können eingestellt werden (siehe Abschnitt 18.3). Somit kann der MDT anders aussehen, die grundsätzliche Funktionalität, die im Folgenden beschrieben wird, bleibt jedoch gleich.

18.2 Arbeiten mit dem MDT

SAP Easy Access-Pfad

Der MDT kann aus dem SAP Easy Access-Menü über den Pfad **Personal • Manager's Desktop** oder die Transaktion PPMDT gestartet werden.

Das Einstiegsbild (Abbildung 18.1) kann für zukünftige Starts deaktiviert werden oder bereits im Customizing generell deaktiviert worden sein. Durch das Anklicken einer Kategorie im Einstiegsbild wird der MDT gestartet. Die angebotenen Themenkategorien sind auch über die Buttons am oberen Fensterrand erreichbar (siehe Abbildung 18.2).

In Abbildung 18.2 sehen Sie die beiden Bereiche des MDT, auf der linken Seite mögliche Funktionen und auf der rechten Seite die eigenen Mitarbeiter gemäß der Struktur des Organisationsmanagements. Hinter einem großen Teil der Funktionen verbergen sich Reports. Ziehen Sie ein Objekt der Struktur per Drag & Drop auf eine Funktion, dann wird diese ausgeführt, d. h., der Report wird – eingeschränkt auf den gewählten Bereich – gestartet. Das Selektionsbild wird übersprungen und die Liste wie im Beispiel in Abbildung 18.3 unmittelbar angezeigt. Den im MDT eingestellten Zeitraum können Sie für die Auswertung übernehmen.

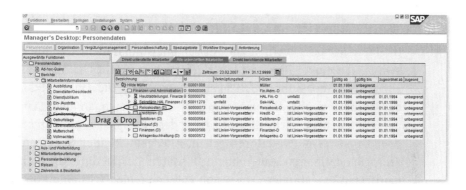

Abbildung 18.2 Auswertung starten

Während die Registerkarte **Direkt unterstellte Mitarbeiter** nur Mitarbeiter der eigenen Abteilung anzeigt, sind in der Registerkarte **Alle unterstellten Mitarbeiter** auch untergeordnete Organisationseinheiten sichtbar (siehe Abbildung 18.2).

Geburtstagsliste

PersNr	Nachname	Vorname	Eintritt	Austritt	GebDatum	Tag	GbTg	Jahr	Mon	Gsch	Kostenst.	OrgEinh.	Alter des Mitarbeiters
00001001	Maier	Michaela	01.01.1994	31.12.9999	05.06.1960	05	0506	1960	06	2	2100	50000073	46
00001030	Sachsen	Arnim	01.01.1994	31.12.9999	19.10.1961	19	1910	1961	10	1	2100	50000073	45
00001035	Schröder	Barbara	12.12.1996	31.12.9999	01.01.1970	01	0101	1970	01	2	2100	50000073	37
00001052	Mannheim	Manfred	01.01.1998	31.12.9999	13.01.1958	13	1301	1958	01	1	2100	50000073	49
00013373	Roth	Simone	01.01.2005	31.12.9999	13.03.1973	13	1303	1973	03	2	2100	50000073	33
00900028	Schur	Irina	01.01.1994	31.12.9999	23.01.1949	23	2301	1949	01	2	2100	50000073	58
00900127	Schultz	Ed	01.06.1998	31.12.9999	28.11.1962	28	2811	1962	11	1	2100	50000073	44
00900178	Hoferer	Stefan	01.11.1999	31.12.9999	07.05.1951	07	0705	1951	05	1	2100	50000073	55

Abbildung 18.3 Aufruf des Reports »Geburtstagsliste«

Wenn Sie eine Ad-hoc Query starten, ist die Auswertungsmenge bereits mit den gewählten Personen gefüllt.

Mit dieser Funktionalität des MDT können Auswertungen intuitiv bedient und für Vorgesetzte, die das SAP-System nicht regelmäßig nutzen, einfach zur Verfügung gestellt werden.

18.3 Customizing des MDT

Der Manager's Desktop kann über das Customizing individuell angepasst werden. Besonders im Bereich der angebotenen Funktionen können Sie bestehende Funktionen entfernen und eigene hinzufügen. Das Customizing erreichen Sie über den IMG-Pfad **Personalmanagement • Manager's Desktop • Kundenanpassungen • Szenariospezifische Einstellungen**.

18.3.1 Szenarien im Customizing bearbeiten

In einem Szenario werden alle Anwendungsfunktionen zusammengefasst, die einem Benutzer zur Verfügung stehen. Es stehen zwei alternative Anpassungsmöglichkeiten zur Wahl. Die Option **Standardszenarien überdefinieren** macht Anpassungen an den Standardszenarien möglich, die auch nach dem Einspielen von Patches oder Upgrades nicht verloren gehen. Alternativ können Sie eigene Szenarien definieren. Auf keinen Fall sollten Sie allerdings die Standardszenarien verändern. In jedem Fall empfehlen wir, eine Kopie des Szenarios anzulegen (siehe Abbildung 18.4) und es dann an die eigenen Bedürfnisse anzupassen – insbesondere dann, wenn Sie vorhaben, den MDT intensiv zu nutzen.

Auswertungsweg
Der Auswertungsweg legt die Ermittlung des Wurzelobjekts fest. Normalerweise ist dies die Leiterplanstelle des angemeldeten Users. Im Standard sind die **direkt unterstellten** Mitarbeiter die der eigenen Organisationseinheit, und **alle Mitarbeiter** schließt auch die Mitarbeiter untergeordneter Organisationseinheiten mit ein. Das Wurzelobjekt ergibt sich aus der Leiterplanstelle des aktuellen Benutzers.

Einstiegsbildschirm
An dieser Stelle (siehe Abbildung 18.4) kann der Einstiegsbildschirm mit der Option **Einstiegsbildschirm überspringen** deaktiviert werden, außerdem kann eine virtuelle Wurzel eingeblendet werden, dann sieht sich der Manager als Ausgangspunkt der Struktur, wie

dies in Abbildung 18.2 der Fall ist. Außerdem können Sie mit der Einstellung **Reorganisation verboten** das Ausführen von organisatorischen Änderungen per Drag & Drop deaktivieren, d. h., die Themenkategorie **Organisation** ist nicht mehr sichtbar, wenn diese Option markiert ist.

Wird ein **referenziertes Szenario** gepflegt, dann erbt das Szenario alle Eigenschaften, d. h. Einstellungen, Sichten und Sichten pro Kategorie.

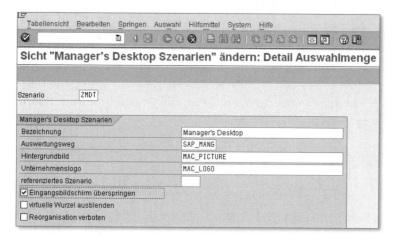

Abbildung 18.4 MDT-Szenario definieren

Die Zuordnung des Szenarios zum Benutzer erfolgt in den Benutzerparametern. Über den Parameter MWB_SCEN (siehe Abbildung 18.5) legen Sie fest, welches Szenario beim Start des MDT verwendet wird.

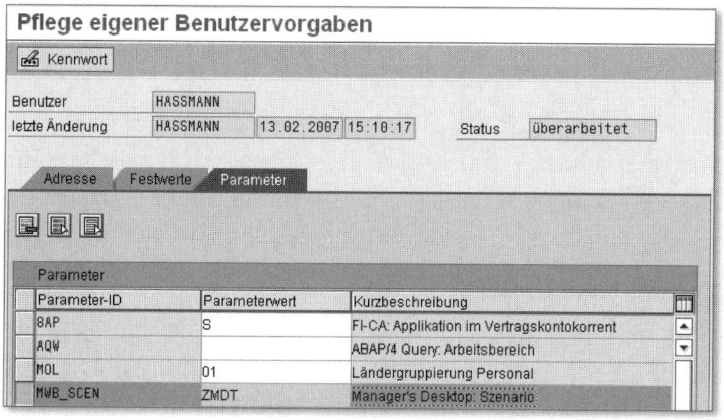

Abbildung 18.5 Benutzerparameter MWB_SCEN

18.3.2 Sichten

Ist das Szenario angelegt, können Sie **Sichten auf die Organisationsstruktur** definieren. Wie in Abbildung 18.6 dargestellt, können dies z. B. **Direkt unterstellte Mitarbeiter**, **alle unterstellten Mitarbeiter**, aber auch zusätzliche Sichten sein. In der Sicht werden die angezeigten Personen festgelegt. Pro Sicht erscheint im MDT eine eigene Registerkarte in der angegebenen Reihenfolge.

Jede Sicht basiert auf einem Auswertungsweg zur Ermittlung der relevanten Personen. Sie können auch einen Funktionsbaustein zur Ermittlung des Startobjekts angeben, wenn es sich nicht um die Planstelle des Benutzers handeln soll. Diese Optionen erreichen Sie im Customizing über den Pfad **Personalmanagement • Manager's Desktop • Kundenanpassungen • Sichten auf Organisatorische Zuordnung festlegen**.

Szenario	Ausw. Weg	Num	Auswertungswegtext	Reihenfol	Name der Ikone	Spaltengruppe
MWB1	O90	0	Direct berichtende Leiter			ORGS
MWB1	MDTDIREC	0	Direkt berichtende Mitarbeiter	3	ICON_EMPLOYEE	MDT_ORGS
MWB1	MDTKOST	0	Kostenstellen	4	ICON_COST_CENTER	MDT_ORGS
MWB1	MDTREC	0	Bewerber	5	ICON_EMPLOYEE	MDT_RECRUITMENT
MWB1	MDTSBES	0	Direkt unterstellte Mitarbeiter	1	ICON_EMPLOYEE	MDT_ORGS
MWB1	MDTSBESX	0	Alle unterstellten Mitarbeiter	2	ICON_EMPLOYEE	MDT_ORGS

Abbildung 18.6 Sichten auf die Organisationsstruktur

Diese Sichten können Sie im IMG über das Menü **Personalmanagement • Manager's Desktop • Kundenanpassungen • Sichten pro Kategorie festlegen** Themenkategorien zuordnen. Auch hier sollten Sie die Sichten überdefinieren, so dass die Einträge nicht von Patches überschrieben werden.

Szenario	Funktionscode	Ausw. Weg	Num
MWB1	STANDARDFUNCTION	MDTDIREC	0
MWB1	STANDARDFUNCTION	MDTSBES	0
MWB1	STANDARDFUNCTION	MDTSBESX	0

Abbildung 18.7 Sichten pro Kategorie

18.3.3 Funktionscodes

Das Menü im linken Bereich des MDT besteht aus Funktionscodes. Ein Funktionscode kann ein Ordner oder eine ausführbare Anwendungsfunktion sein. Der Funktionscode vom Typ HOME definiert den obersten Knoten. Darunter bilden die Funktionscodes vom Typ

NODE die untergeordneten Ordner, unter denen die Anwendungsfunktionen hängen.

Funktionscode	Typ	OrgS	Obje	Text	Funktionsbaustein
RHPMSTKA	REPO	✓	✓	Stellenkarte	
RHPMSTUE	REPO	✓	✓	Stellenübersicht	
RHPMSTUE_EXT	REPO	✓	✓	erweiterte Stellenübers.	
RHPMVHHJ	REPO	✓	✓	Vergleich Haushaltsjahre	
RHPMVMFS	REPO	✓	✓	verfügbares Budget	
RHPMZWBI	REPO	✓	✓	Verletzung Zweckbindung	
RHPMZWSH	REPO	✓	✓	Verletzung Zweckbindung	
RPLMIT00	REPO	✓		Mitarbeiterübersicht	

Abbildung 18.8 Funktionscodes – Übersicht

Mit Funktionscodes des Typs REPO (Report) werden Reports in den MDT eingebunden. Reports werden im MDT immer ohne Selektionsbild gestartet, deswegen ist die Eingabe einer Variante die einzige Möglichkeit, auf die Ausführung des Reports Einfluss zu nehmen.

Reports

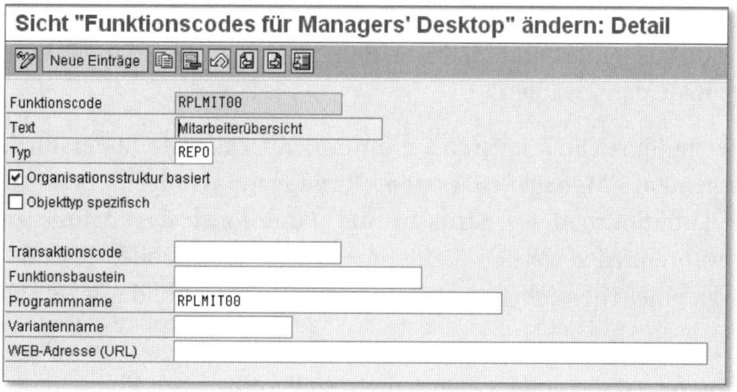

Abbildung 18.9 Funktionscodes – Detailansicht

Mit den Typen BWR3 (BW-Reports, Web-Reporting) und BWEX (BW-Reports, Excel) können auch BI-Auswertungen in den Manager's Desktop eingebunden werden. Dafür pflegen Sie nur Funktionscode, Text, Typ und setzen einen Haken vor die Checkbox **Organisationsstruktur basiert**. In Tabelle T77MWBBWS (siehe Abbildung 18.10) wird dann die Verknüpfung zum BI-System hergestellt. Das Basismerkmal enthält das Merkmal, in dem die Organisationsstruktur im BI-System enthalten ist.

BI-Reports

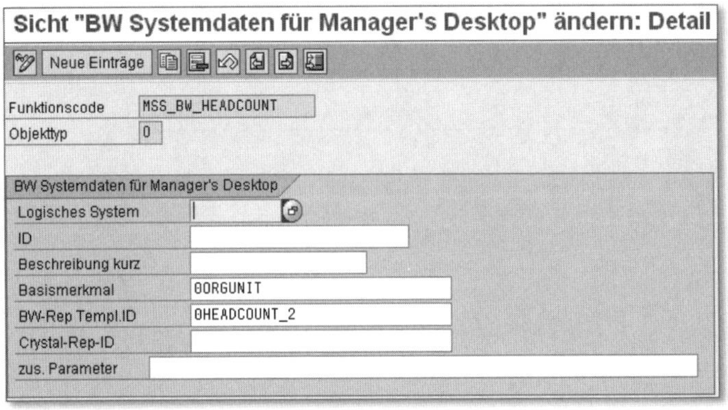

Abbildung 18.10 Einstellungen Funktionscode für BI-Reports

Das Kennzeichen **Organisationsstruktur basiert** setzen Sie für alle Funktionscodes, die auf Organisationsobjekte angewandt werden. Ist dieses Kennzeichen bei keinem der Funktionen der Themenkategorie gesetzt, dann wird bei Aufruf immer automatisch die erste Funktion ausgeführt und im linken Bereich sofort angezeigt. Weitere können Sie dann wählen.

Struktur der Funktionscodes definieren

Die letzte Einstellung müssen Sie im IMG über das Menü **Personalmanagement • Manager's Desktop • Kundenanpassungen • Erweiterung Funktionscodes • Struktur der Funktionscodes definieren** durchführen. Hier werden die definierten Funktionscodes abschließend zu einer Hierarchie zusammengestellt (siehe Abbildung 18.11).

Die Funktionscodes, die **STANDARDFUNCTION** in der Spalte **Übergeordneter FCode** eingetragen haben, stellen die erste Ebene unter dem Wurzelobjekt dar. Sie sehen mit Nummer 1 (Spalte **Nr**) den Funktionscode der Ad-hoc Query, mit den Nummern 2 bis 7 weitere Ordner. Zu diesen Ordnern finden Sie jeweils Funktionscodes mit den angebotenen Reports und Transaktionen. In Abbildung 18.12 sehen Sie die Auswirkungen der Customizing-Einstellungen.

18.3 Customizing des MDT

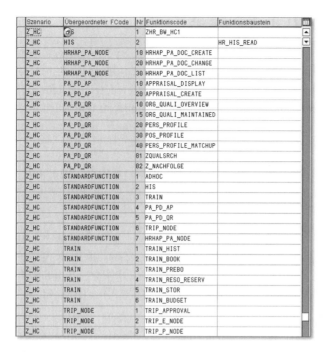

Abbildung 18.11 Hierarchie der Funktionscodes – Customizing

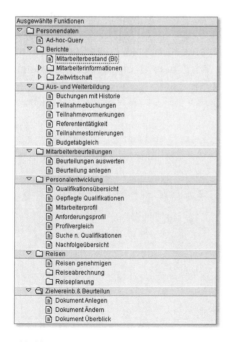

Abbildung 18.12 Hierarchie der Funktionscodes im MDT

18.4 Der MDT in der Praxis

Der Manager's Desktop ist für die Bereitstellung von Auswertungen für Vorgesetzte ein gut geeignetes Werkzeug. Die dargestellte Organisationsstruktur gibt den Verantwortungsbereich wieder, für den die angebotenen Funktionen angewandt werden können. Auch Teilbereiche lassen sich auf Funktionscodes ziehen und so eingeschränkte Auswertungen erstellen.

Der MDT ist einfach und intuitiv zu bedienen, was für Anwender, die eher selten mit dem System arbeiten, einen großen Vorteil darstellt.

Mit wenig Customizing-Aufwand kann der MDT dem Anwender zur Verfügung gestellt und mit unterschiedlichen Szenarien für verschiedene Anwendergruppen individuell eingerichtet werden. Ein großer Vorteil ist, dass auch Rechnungswesenberichte integriert werden können.

Ein Nachteil besteht jedoch darin, dass die Selektionsbilder grundsätzlich ausgeblendet sind. So ist kein Einfluss auf die Auswertung möglich. In der Praxis kann das dazu führen, dass mehrere Funktionen mit dem gleichen Report, aber in unterschiedlichen Varianten definiert werden müssen. Der Manager's Desktop bietet sich grundsätzlich dann als Tool an, wenn man den Einsatz eines Portals (siehe Kapitel 19) vermeiden möchte. Wird bereits ein Portal eingesetzt, verliert der MDT an Relevanz, denn das Portal erspart den Roll-out des SAP GUI für alle Vorgesetzten.

Das SAP NetWeaver Portal nimmt als Benutzeroberfläche in den neueren Releaseversionen eine immer wichtigere Rolle ein. In diesem Kapitel erhalten Sie Informationen zum Einsatz des Portals für das HR-Reporting.

19 SAP NetWeaver Portal

In diesem Kapitel erhalten Sie einen Überblick über die Präsentation von Reports mit SAP NetWeaver Portal. Dazu gehören der Einsatz des Manager Self-Service (MSS), der als Portalanwendung den Manager's Desktop aus dem R/3-System ablöst. In den folgenden Abschnitten werden wir Ihnen den Manager Self-Service inklusive Report Launchpad detailliert vorstellen. Außerdem lernen Sie die Möglichkeiten des Einsatzes von SAP NetWeaver BI im Portal mit dem BEx Web Application Designer und dem Visual Composer kennen.

> SAP NetWeaver BI setzt ab dem Release NetWeaver 2004s den Einsatz des SAP NetWeaver Portals für das Web Reporting voraus. [«]

19.1 Manager Self-Service

Der Manager Self-Service ist keine HCM-Anwendung, sondern enthält Funktionen aus mehreren Modulen und gehört zu den so genannten allgemeinen Business Packages. Ein Bestandteil des Manager Self-Service ist das konfigurierbare Launchpad, das dazu dient, Berichte aus verschiedenen Systemen in strukturierter Form anzubieten.

> Das Report Launchpad ist eine dem Berichtsbaum oder der MDT-Struktur vergleichbare Menüstruktur zum Aufrufen von Reports im Portal. [«]

Das Launchpad steht mit allen Funktionalitäten ab SAP ERP 6.0 zur Verfügung und wird im Customizing des Backend-Systems konfiguriert.

19.1.1 Customizing des Report Launchpads

Das Customizing des Launchpads erreichen Sie über den IMG-Pfad **Integration mit anderen SAP Komponenten • Business Packages/ Functional Packages • Manager Self-Service • Reporting • Launchpad einrichten** (siehe Abbildung 19.1).

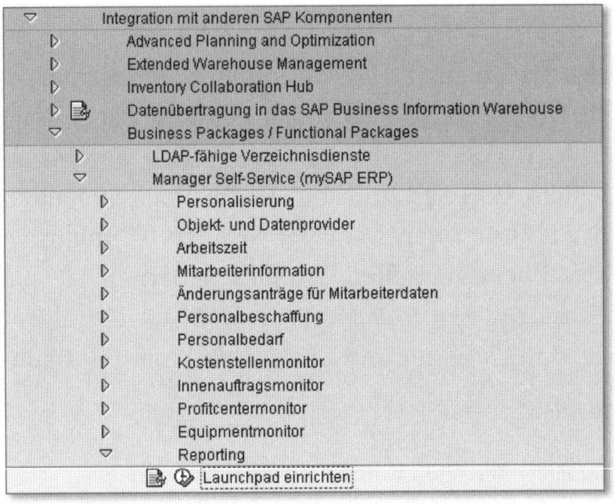

Abbildung 19.1 Report Launchpad im IMG

Folgende Funktionen sind zum Aufbau des Launchpads vorhanden, einer Menüstruktur, in der dem Anwender Auswertungen strukturiert angeboten werden (siehe Abbildung 19.2):

- SAP NetWeaver BI-Berichte (Queries)
- SAP NetWeaver BI-Berichte (Web Templates)
- Funktionen des Manager's Desktop
- Report Writer
- Transaktionen
- URLs

Die Funktionen können entweder als unveränderbar im Launchpad definiert oder vom Benutzer deaktiviert werden.

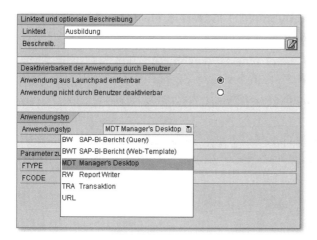

Abbildung 19.2 Funktionen des Report Launchpads

In Abbildung 19.3 sehen Sie, wie z. B. ein Web Template eingebunden wird: Im Teilbereich **System** wird über das Feld **RFC-Destination** die Verbindung zum BI-System definiert.

Der **Systemalias** wird im Portal definiert und im Backend-System nicht geprüft. Die Wertehilfe bietet nur die Werte an, die beim bisherigen Einrichten des MSS verwendet wurden.

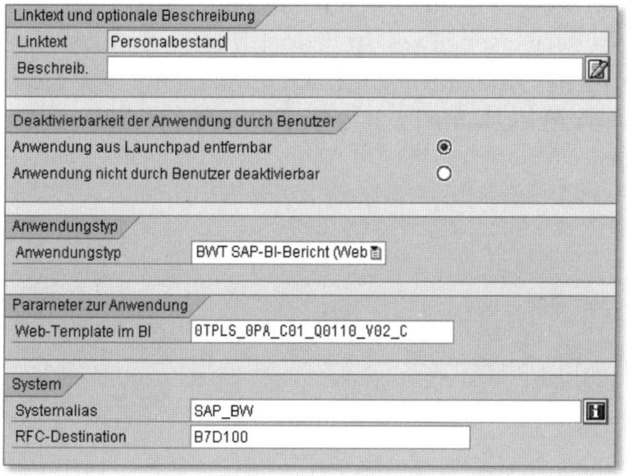

[«]

Abbildung 19.3 Einbindung eines Web Templates in das Launchpad

19.1.2 Umsetzen von MDT-Daten in ein MSS Reporting Launchpad

Das Customizing bietet eine Übernahmefunktion an (siehe Abbildung 19.4), mit deren Hilfe bisherige Szenarien des Manager's Desktop in ein MSS Launchpad umgesetzt werden können.

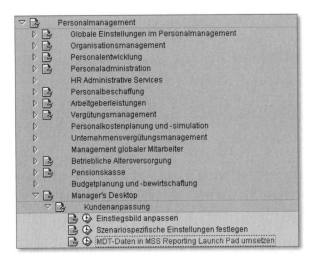

Abbildung 19.4 IMG-Pfad für die Umsetzung eines MDT-Szenarios in das MSS Launchpad

Umsetzungswerkzeug Das Umsetzungswerkzeug erstellt Knoten, die auf Funktionen des Manager's Desktop verweisen. Dies ist jedoch für eine zukünftige Pflege und Ablösung des MDT nicht hilfreich. Eine manuelle Umsetzung oder ein Neuaufbau lohnt sich deshalb, um die zukünftige Pflege zu erleichtern.

Manager Self-Service | **19.1**

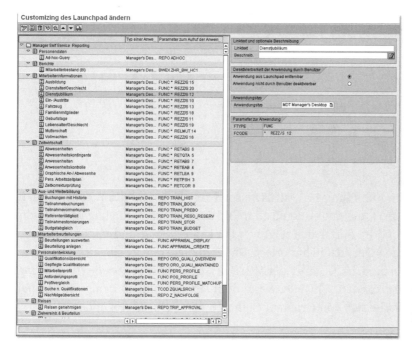

Abbildung 19.5 MDT-Szenario nach Umsetzung in das Report Launchpad

19.1.3 Kennzahlenmonitor

Im Kennzahlenmonitor können Sie Kennzahlen definieren, die überwacht und im Portal angezeigt werden sollen. So stehen Ihnen die wichtigsten Informationen auf einen Blick zur Verfügung. Die Kennzahlen können sowohl aus dem BI- als auch dem ERP-System stammen.

Im Portal sind zu jeder Kennzahl folgende Informationen vorhanden:

Kennzahlinformationen im Portal

- Status der Kennzahl als Ampel (grün, gelb, rot)
- aktueller Wert der Kennzahl
- ein Trendindikator, der die Entwicklung der Kennzahl darstellt
- ein definierter Zielwert
- die Abweichung absolut und in Prozent

In Abbildung 19.6 sehen Sie den IMG-Pfad zum Customizing des Kennzahlenmonitors.

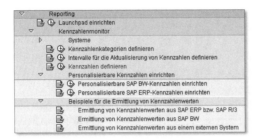

Abbildung 19.6 IMG-Pfad zum Kennzahlenmonitor

[zB] In Abbildung 19.7 ist als Beispiel eine Kennzahl **Krankheitsrate** definiert, die mittels Report im ERP-System zur Verfügung gestellt wird und im Portal angezeigt werden kann. Report und Variante sind bei den Quelldaten hinterlegt. Die Krankheitsrate ist eine negative Kennzahl, d. h., je höher der Wert, desto ungünstiger ist die Ausprägung. Es können Schwellenwerte definiert werden, ab denen die Ampelfarbe sich von Grün auf Gelb und von Gelb auf Rot ändert.

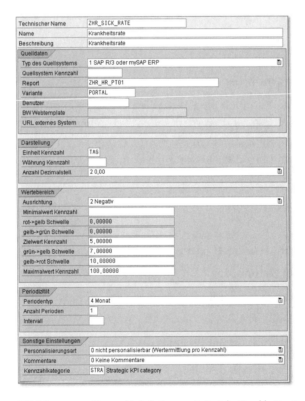

Abbildung 19.7 Kennzahl definieren – Beispiel »Krankheitsrate«

19.1.4 Web Templates für den Manager Self-Service

Im SAP-Standard-Content sind einige Templates für Web Cockpits, die wichtige Queries mit zentralen Kennzahlen enthalten, vorhanden. Diese können mithilfe des BEx Web Application Designers und des Visual Composers um eigene Anwendungen mit BI-Inhalten ergänzt werden.

Der SAP-Standard-Content in SAP NetWeaver BI enthält folgende Web Templates, die als Muster für den Manager Self-Service verwendet werden können:

Web Templates im Standard-Content

- Personalbestand (Charts)
- Personalbestand FTE
- Personalbestand FTE (Charts)
- Durchschnittsalter Mitarbeiter
- Durchschnittliche Betriebszugehörigkeit
- Anzahl Teilzeitkräfte
- Anzahl Vollzeitkräfte
- Frauenquote
- Krankheitsquote
- Krankheitsquote (Charts)
- Überstundenquote
- Überstundenquote (Charts)
- Krankheitskosten
- Krankheitskosten (Charts)
- Überstundenkosten
- Überstundenkosten (Charts)

19.2 BEx Web Application Designer

Der BEx Web Application Designer ist eine Desktop-Anwendung zum Erstellen von Webanwendungen mit Business-Intelligence-Inhalten. Die damit erstellten HTML-Seiten bieten eine Basis für interaktive Webanwendungen, wie z. B. Web Cockpits und iViews.

> Ein iView ist ein Content-Bereich im Portal, in dem Daten aufbereitet dargestellt werden.

iView

In Abbildung 19.8 sehen Sie die vier Bildbereiche des Web Application Designers:

- **Web Items**
  Das Web Item beschreibt die Art der Darstellung der Daten, z. B. als Tabelle oder Grafik.

- **Eigenschaften**
  Im Fenster **Eigenschaften** werden die Eigenschaften des Web Items definiert.

- **Web Template**
  In diesem Bereich entsteht die Webanwendung. Hier werden die Web Items platziert und das Design festgelegt. Dieser Bereich kann in drei Modi angezeigt werden, im Layout-Modus, in HTML-Code und in Form einer Übersichtsliste von Items.

- **Fehler und Warnungen**
  Hier werden Fehler und Warnungen angezeigt, die beim Modellieren der Webanwendung auftreten.

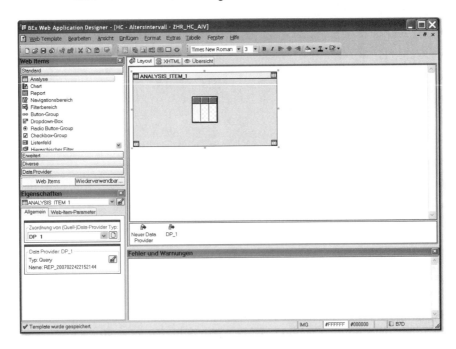

Abbildung 19.8 Web Application Designer

[zB] Sie lernen im folgenden Beispiel das Erstellen eines einfachen Web Templates.

1. Nach dem Start des BEx Web Application Designers über das Windows-Startmenü müssen Sie sich zunächst noch am SAP NetWeaver BI-System anmelden. Danach können Sie im BEx Web Application Designer mit dem Button **Neues Web Template anlegen** ein leeres Template erzeugen.

2. Speichern Sie das Template über den Menüpunkt **Web Template • Speichern unter ...**, und geben Sie im folgenden Pop-up einen technischen Namen, z. B. ZHR_DEMO_PERSBEST, und einen beschreibenden Text, z. B. **Personalbestand**, ein. Sie können das Template unter Ihren Favoriten oder in einer Rolle speichern.

3. Um das Ergebnis zu verifizieren, können Sie sich über den Button **Ausführen** das Template direkt im Portal ansehen.

4. Fügen Sie per Doppelklick auf den Button **Neuer Data Provider** unter dem Layout-Bereich eine Query zum **Mitarbeiterbestand pro Personalbereich** ein (siehe Abbildung 19.9). Wählen Sie dazu als DataProvider-Typ **Query** und suchen mit der Wertehilfe eine geeignete Query aus. Die Query erscheint mit der Bezeichnung **DP_1** unter dem Layout-Fenster.

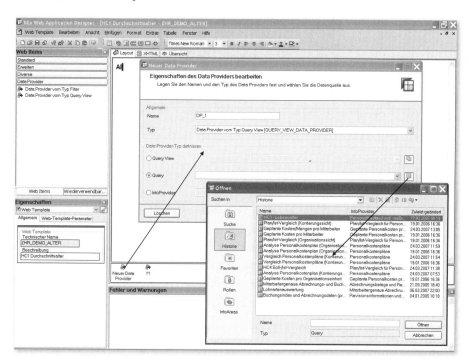

Abbildung 19.9 Neuen DataProvider ins Web Template einfügen

5. Um verschiedene Elemente auf einer Webseite platzieren zu können, legen Sie eine Tabelle an, indem Sie auf den Button **Tabelle hinzufügen** in der Symbolleiste klicken. Im erscheinenden Fenster (siehe Abbildung 19.10) wählen Sie für unser Beispiel zwei Spalten und zwei Zeilen für die HTML-Tabelle aus und können dann noch zusätzliche Designeigenschaften wie Rahmen oder Farbe der Zellen festlegen. Die Tabelle ermöglicht das Fixieren von Web Items in den Tabellenzellen.

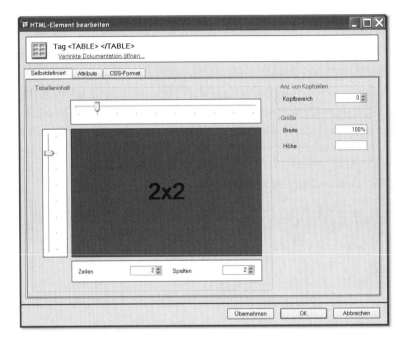

Abbildung 19.10 Tabelle hinzufügen

6. Nun können Sie die Web Items in der Tabelle platzieren, indem Sie sie mit der Maus (Taste gedrückt halten) in die entsprechende Zelle ziehen. In die Tabelle werden nun die Web Items platziert. Ziehen Sie z. B. eine Analyse in die linke untere Tabellenzelle, ein Chart in die rechte untere Zelle und eine Dropdown-Box in die linke obere Zelle (siehe Abbildung 19.11).

7. Die Datenbindung an den DataProvider erfolgt automatisch, da hier nur ein DataProvider vorhanden ist. Sollten mehrere DataProvider angelegt sein, kann über die **Eigenschaften** im linken unteren Fensterbereich der DataProvider gewählt werden.

Bei der Dropdown-Box muss die Datenbindung eingestellt werden. Wählen Sie dafür die Variablenauswahl und geben als Variablennamen den Personalbereich vor (siehe Abbildung 19.12).

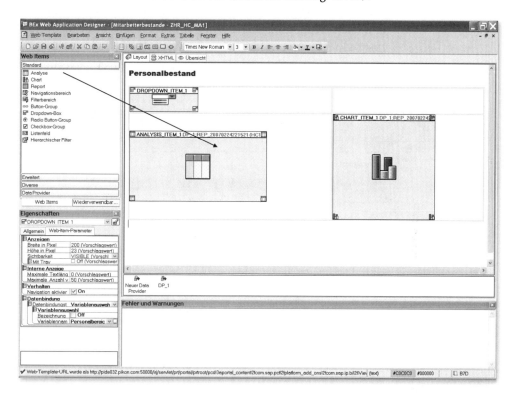

Abbildung 19.11 Web Items platzieren

Abbildung 19.12 Eigenschaften für die Dropdown-Box einstellen

8. Formatieren Sie den Hintergrund des Web Templates, indem Sie mit der rechten Maustaste in einen leeren Bereich unterhalb der Tabelle klicken und aus dem Kontextmenü **Eigenschaften** wählen. Sie können z. B. die Hintergrundfarbe oder die Schriftfarbe festlegen (siehe Abbildung 19.13). In der Praxis wird die Formatierung der HTML-Seiten mithilfe von CSS-Vorlagen (Cascading Style Sheets) erfolgen, über die ein festgelegtes Design einfach auf mehrere Seiten übertragen werden kann.

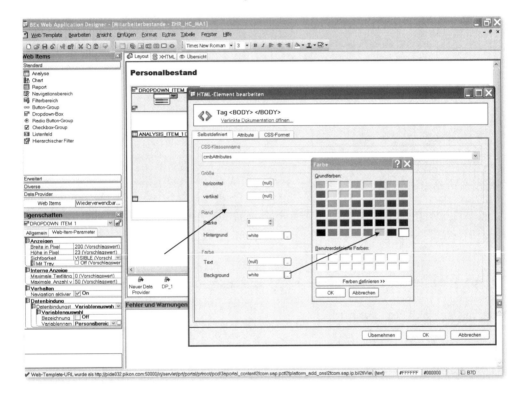

Abbildung 19.13 Hintergrund formatieren

9. Wenn Sie das Template nun ausführen, sollte das Ergebnis ähnlich wie in Abbildung 19.14 aussehen. In dem Web Template wurde mithilfe der Dropdown-Box der Personalbereich Hamburg gefiltert und mit der Navigation per rechter Maustaste ein Aufriss nach Mitarbeiterkreis hinzugefügt.

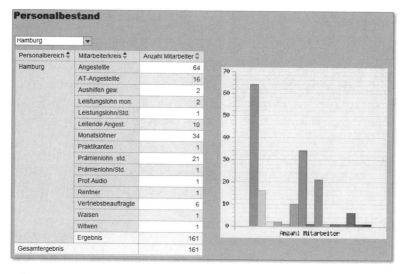

Abbildung 19.14 Beispiel für ein fertiges Web Template

19.3 Visual Composer

Ab Release SAP NetWeaver 2004s bietet SAP mit dem Visual Composer ein neues leistungsfähiges Werkzeug an, mit dem Sie nicht nur BI-Daten, sondern auch Daten anderer Systeme in integrierten Anwendungen im Portal anbieten können. Der SAP NetWeaver Visual Composer ist keine Desktop-Anwendung, sondern als Anwendung im Portal integriert. Er ist ein modellbasiertes Entwicklungswerkzeug sowohl für IT-Spezialisten als auch für Mitarbeiter im Bereich Business Analytics. Ohne Programmierkenntnisse können Anwendungen durch den Aufbau von Modellen erstellt werden.

Im Folgenden zeigen wir Ihnen als Beispiel, wie Sie einen iView mit Tabelle und Grafik zur Anzahl Mitarbeiter pro Altersintervall erstellen: [zB]

1. Klicken Sie auf den Button **Neues Modell** und geben dem Modell einen Namen (siehe Abbildung 19.15).

2. Um einen iView zu erstellen, müssen Sie doppelt auf **iView** klicken und einen Namen vergeben (siehe Abbildung 19.16). Klicken Sie anschließend doppelt auf den iView, um den Inhalt zu entwickeln.

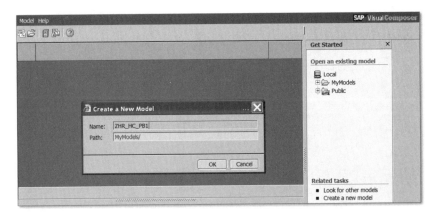

Abbildung 19.15 Visual Composer – Neues Modell anlegen

3. Wählen Sie nun aus der rechten Leiste **Find Data** und aus dem Bereich **Find Data Services** Ihr **BI-System** aus. Im Feld **Look for** wählen Sie **Look for Query** und geben einen Suchbegriff in das Feld **Query** ein. Nachdem Sie auf **Search** geklickt haben, finden Sie im unteren Bereich Queries, von denen Sie eine auswählen und auf die Arbeitsfläche ziehen können (siehe Abbildung 19.17).

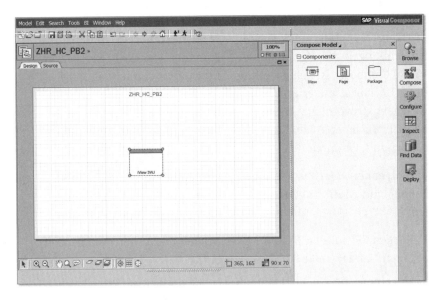

Abbildung 19.16 iView anlegen

Visual Composer | **19.3**

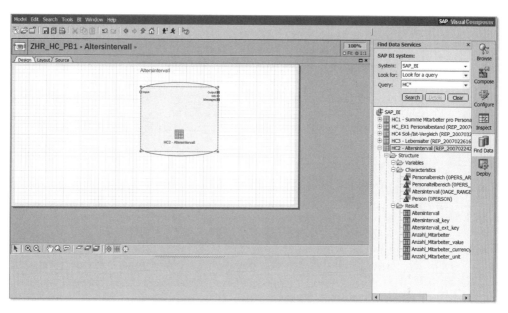

Abbildung 19.17 Data Service einfügen

4. Sie sehen Eingangs- und Ausgangspunkte der Query, an die ein Datenfluss angebunden werden kann. Der Output soll nun als Input in eine Tabelle fließen, aus der eine Grafik mit Daten versorgt wird. Wählen Sie dafür im Bereich **Compose** diese Elemente mit Doppelklick aus und platzieren sie im Arbeitsbereich. Der Output der Query kann mit dem Input der Tabelle durch Ziehen mit der Maus verbunden werden, ebenso der Output der Tabelle mit dem Input der Query.

5. Durch Doppelklick auf die Elemente werden die Eigenschaften im rechten Fenster angezeigt. Hier können Sie z. B. Tabelleneigenschaften, wie sichtbare Spalten oder die Editierbarkeit der Tabelle, einstellen (siehe Abbildung 19.18). Bei der Grafik können z. B. Grafiktypen oder Animationen gewählt werden.

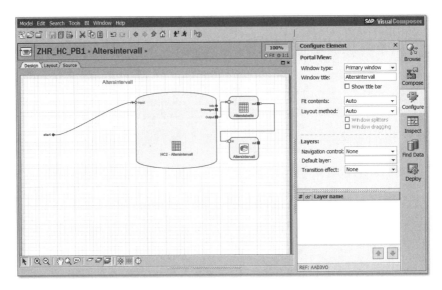

Abbildung 19.18 Datenfluss modellieren

6. Der Arbeitsbereich des SAP Visual Composers hat drei Ansichten, die über Registerkarten am oberen Rand ausgewählt werden können: **Design**, **Layout** und **Source**. Im Bereich **Layout** können die gewählten Elemente angeordnet werden. Ziehen Sie die Elemente mit der Maus an die richtige Position und passen die Größe Ihren Bedürfnissen an (siehe Abbildung 19.19).

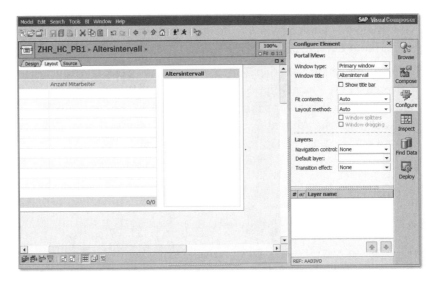

Abbildung 19.19 Layout definieren

7. Um das Ergebnis betrachten zu können, wählen Sie zunächst den Button **Deploy**, mit dem ein Modell gemäß des Source Codes generiert wird. Das Modell können Sie dann über **Ausführen** im Portal aufrufen (siehe Abbildung 19.20).

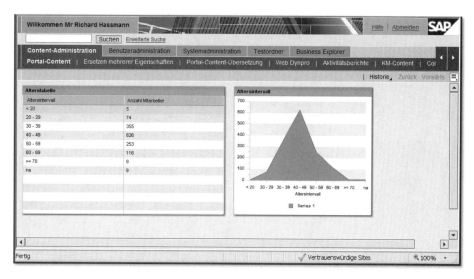

Abbildung 19.20 Anzeige des Altersintervalls im Portal

Mit diesem einfachen Beispiel wird schon die intuitive Bedienbarkeit des SAP NetWeaver Visual Composers deutlich, der es erlaubt, auch ohne Programmierkenntnisse komplexere Modelle für das Portal zu entwickeln.

19.4 Das SAP NetWeaver Portal in der Praxis

Für die Bereitstellung von Reports für Vorgesetzte und andere Anwender, die sonst wenig am System arbeiten, wird sich das Portal als Benutzeroberfläche durchsetzen. Derzeit sind zwar viele Firmen noch nicht auf den neuesten Releaseständen SAP ERP 6.0 und SAP NetWeaver 2004s BI – beide sind Voraussetzung für den Einsatz von SAP NetWeaver Portal –, es ist aber festzustellen, dass Firmen, die bisher keine Employee Self-Services genutzt haben, nach dem Releasewechsel Interesse an den Funktionen des Portals haben. So werden Manager Self-Services in den nächsten Jahren den Manager's Desktop als Oberfläche für den Vorgesetzten verdrängen.

Dazu tragen auch die Integration des Web Reportings in SAP NetWeaver BI und die leistungsstarken Werkzeuge zur Entwicklung von Webanwendungen im Portal bei.

Anhang

A **Literaturempfehlungen** 413

B **Standardreports in den HCM-Modulen – Übersicht** 415

C **Coding-Beispiele zu Kapitel 4, »Queries«** 421

D **Die Autoren** 425

A Literaturempfehlungen

Im Folgenden sind einige Bücher zur Vertiefung spezieller Themen aufgelistet:

- Krämer, Christian; Lübke, Christian; Ringling, Sven: *mySAP HR Personalwirtschaft*. 2. Aufl. Bonn: SAP PRESS 2003.
- Krämer, Christian; Lübke, Christian; Ringling, Sven: *Personalplanung und -entwicklung mit mySAP HR*. 1. Aufl. Bonn: SAP PRESS 2002.
- Edinger, Jörg; Krämer, Christian; Junold, Anja; Ringling, Sven: *SAP-Personalwirtschaft für Anwender*. 1. Aufl. Bonn: SAP PRESS 2004.
- Brochhausen, Ewald; Kielisch, Jürgen; Schnerring, Jürgen; Staeck Jens: *mySAP HR – Technische Grundlagen der Programmierung*. 2. Aufl. Bonn: SAP PRESS 2005.
- Egger, Norbert; Fiechter, Jean Marie R.; Kramer, Sebastian; Sawicki, Ralf Patrick; Straub, Peter; Weber, Stephan: *SAP Business Intelligence*. 1. Aufl. Bonn: SAP PRESS 2006.
- Egger, Norbert; Fiechter, Jean Marie R.; Rohlf, Jens: *SAP BW-Datenmodellierung*. 1. Aufl. Bonn: SAP PRESS 2005.
- Staade, Michel; Schüler, Bernd: *SAP BI – Projektmanagement*. 1. Aufl. Bonn: SAP PRESS 2007.
- Larocca Signorile, Danielle: *SAP Query Reporting*. 1. Aufl. Indianapolis: Sams 2007.
- Manicone, Nico: *Workshop SAP Query*. 1. Aufl. Heidelberg: dpunkt Verlag 2004.
- Schulte, Christof: *Personal-Controlling mit Kennzahlen*. 2. Aufl. München: Vahlen 2002.

In diesem Anhang finden Sie alle Standardreports zu den HCM-Modulen mit ihrer Bezeichnung, ihrem ABAP-Programmnamen und dem entsprechenden Transaktionscode. Die Reihenfolge der einzelnen Reports entspricht der Darstellungsfolge in den Kapiteln des dritten Teils. Diesen Anhang können Sie auch auf der Verlagswebsite zu diesem Buch unter www.sap-press.de herunterladen.

B Standardreports in den HCM-Modulen – Übersicht

B.1 Personaladministration

Report	ABAP-Programmname	Transaktion
Flexible Mitarbeiterdaten	RPLICO10	S_AHR_61016362
Personalstammblatt	RPPSTM00	S_AHR_61016360
Terminübersicht	AQZZ/SAPQUERY/H2DATE_MONITOR==	S_PH0_48000450
Ausbildung	AQZZ/SAPQUERY/H2EDUCATION=====	S_PH9_46000224
Dauer der tariflichen Zugehörigkeit	RPLTRF00	S_AHR_61016356
Mutterschaftsübersicht	RPLMUT00	S_AHR_61016370
Ein- und Austritte	AQZZ/SAPQUERY/H2FLUCTUATIONS==	S_PH9_46000223
Dienstjubiläum	AQZZ/SAPQUERY/H2JUBILEE_LIST==	S_PH9_46000216
Vollmachten	AQZZ/SAPQUERY/H2AUTHORIZATIONS	S_PH9_46000225
Familienmitglieder	AQZZ/SAPQUERY/H2FAMILY_MEMBERS	S_PH9_46000222
Geburtstagsliste	AQZZ/SAPQUERY/H2BIRTHDAYLIST==	S_PH9_46000221

Report	ABAP-Programmname	Transaktion
Kfz-Suchliste	AQZZ/SAPQUERY/H2CAR_SEARCH====	S_PH9_46000220
Telefonliste	RPLTEL00	S_AHR_61016354
Personalbestandsveränderung	AQZZ/SAPQUERY/H2STAFF_CHANGES2	S_L9C_94000095
Personalbestandsentwicklung	RPSDEV00	S_AHR_61016373
Tarifliche Einstufung	RPSTRF00	S_AHR_61016378
Aufstellung Gehalt nach Dienstalter	RPSSAL00	S_AHR_61016376
Nationalität	RPSNAT00	S_AHR_61016374
Geschlecht nach Lebensalter	AQZZ/SAPQUERY/H2GENDER_PER_AGE	S_PH9_46000218
Geschlecht nach Dienstalter	AQZZ/SAPQUERY/H2GEND_P_SENIOR=	S_PH9_46000217
Protokollierte Änderungen in den Daten der Informationstypen	RPUAUD00	S_AHR_61016380
Protokoll der Reportstarts	RPUPROTD	S_AHR_61016381

B.2 Organisationsmanagement

Report	ABAP-Programmname	Transaktion
Existierende Organisationseinheiten	RHXEXI00	S_AHR_61016491
Stabsfunktionen für Organisationseinheiten	RHXSTAB0	S_AHR_61016492
Existierende Stellen	RHXEXI02	S_AHR_61016497
Stellenplan	RHXSTEL0	S_AHR_61016498
Stellenbeschreibung	RHXDESC0	S_AHR_61016499
Komplette Stellenbeschreibung	RHXSCRP0	S_AHR_61016501
Existierende Planstellen	RHXEXI03	S_AHR_61016502
Stabsfunktionen für Planstellen	RHXSTAB1	S_AHR_61016506
Zeiträume unbesetzter Planstellen	RHXFILLPOS	S_AHR_61018869

Report	ABAP-Programmname	Transaktion
Besetzungsplan	RHXSBES0	S_AHR_61016503
Planstellenbeschreibung	RHXDESC1	S_AHR_61016504
Vakante Planstellen	RHVOPOS0	S_AHR_61016509
Obsolete Planstellen	RHVOPOS1	S_AHR_61018831
Komplette Planstellenbeschreibung	RHXSCRP1	S_AHR_61016511
Kompetenzen und Hilfsmittel (Planstelle)	RHXHFMT0	S_AHR_61016507
Solllohnkosten	RHXSOLO0	S_AHR_61016508
Existierende Arbeitsplätze	RHXEXI01	S_AHR_61016514
Kompetenzen und Hilfsmittel (Arbeitsplatz)	RHXHFMT0	S_AHR_61016516
Existierende Objekte	RHEXIST0	S_AHR_61016527
Strukturanzeige	RHSTRU00	S_AHR_61016528
Infotypen anzeigen und pflegen	RHDESC00	S_AHR_61016531
Starten einer Personalanwendung	RHPNPSUB	S_AHR_61016533

B.3 Personalbeschaffung

Report	ABAP-Programmname	Transaktion
Variable Bewerberliste	RPAPL012	S_AHR_61015508
Bewerber nach Namen	RPAPL001	S_AHR_61015509
Bewerber nach Maßnahmen	RPAPL004	S_AHR_61015510
Ausbildung der Bewerber	RPAPL011	S_AHR_61015511
Bewerbungen	RPAPL002	S_AHR_61015512
Bewerberstatistik	RPAPL005	S_AHR_61015513
Geplante Vorgänge	RPAPRT08	S_AHR_61015514
Vakanzzuordnungen	RPAPL003	S_AHR_61015515
Vakanzen	RPAPL010	S_AHR_61015516
Ausschreibungen	RPAPL006	S_AHR_61015517
Beschaffungsinstrumente	RPAPL008	S_AHR_61015518

B.4 Personalabrechnung

Report	ABAP-Programmname	Transaktion
Entgeltnachweis	RPCEDTD0	PC00_M01_CEDT
Entgeltnachweis mit HR-Forms	H99_HRFORMS_CALL	PC00_M01_HRF
Lohnjournal	RPCLJND0	PC00_M01_CLJN
Lohnkonto	RPCKTOD0	PC00_M01_CKTO
Be- und Abzüge	RPLPAY00	S_AHR_61015788
Auswertung der Pfändungsergebnisse	RPCPL2D0	PC00_M01_CPL1
Bankverbindungen	RPLBNK00	S_AHR_61015789
Nettoeinkommen auf Monatsbasis	RPCNETD0	PC00_M01_CNET
Lohnarten-Reporter	H99CWTR0	PC00_M99_CWTR_NO_OC
Anzeige der Abrechnungsergebnisse	H99_DISPLAY_PAYRESULT	PC_PAYRESULT

B.5 Personalzeitwirtschaft

Report	ABAP-Programmname	Transaktion
Persönlicher Arbeitszeitplan	SAPMP51S	PT03
Tagesarbeitszeitplan	RPTDSH20	PT_DSH20
Ab-/Anwesenheitsdaten – Übersicht	RPTABS20	PT64
Ab-/Anwesenheitsdaten – Kalendersicht	RPTABS50	PT90; PT90_ATT
Ab-/Anwesenheitsdaten – mitarbeiterübergreifende Sicht	RPTABS60	PT91; PT91_ATT
Anwesenheitskontrolle	RPTEAB00	PT62
Grafische An-/Abwesenheitsübersicht	RPTLEA40	PT65
Zeitnachweis	RPTEDT00	PT_EDT_TEDT
Kumulierte Zeitauswertungsergebnisse	RPTBAL00	PT_BAL00

Report	ABAP-Programmname	Transaktion
Zeitkonten anzeigen	RPTDOW00	PT_DOW00
Anzeige von Abwesenheitskontingentinformationen	RPTQTA10	PT_QTA10
Anzeige von Zeitauswertungsmeldungen	RPTERL00	PT_ERL00
Anzeige Zeitauswertungsergebnisse (Cluster B2)	RPCLSTB2	PT_CLSTB2

B.6 Personalentwicklung

Report	ABAP-Programmname	Transaktion
Profilvergleich	SAPLRHPP	PEPM
Auswertung von Profilen	SAPLRHP6	PEPP
Suche zu Qualifikationen	SAPLRHPD_SEARCH	PPPE_SEARCH_FOR_Q
Auswertung von Beurteilungen	SAPLRHPA_REPORTING	APPSEARCH
Vergleich Planstelle/Inhaber für Organisationseinheit	RHXPEP01	S_AHR_61015532
Profile einer Organisationseinheit	RHXPEP02	S_AHR_61015533
Abgelaufene Qualifikationen	RHXPE_EXPIRED_QUALI	S_AHR_61015536

B.7 Veranstaltungsmanagement

Report	ABAP-Programmname	Transaktion
Teilnehmerliste	RHXTEILN	S_PH9_46000434
Anwesenheitsliste	RHXTEILA	S_PH9_46000433
Mitarbeiterliste	RHXFIRMA	S_PH9_46000432
Buchungen pro Teilnehmer	RHXBUCH0	S_AHR_61016215
Ausbildungshistorie eines Teilnehmers	RHXTHIST	S_PH9_46000431
Teilnahmevoraussetzungen	RHXKVOR0	S_PH9_46000430

Report	ABAP-Programmname	Transaktion
Qualifikationen eines Teilnehmers	RHXQALIF	S_PH9_46000429
Teilnahmestatistik	RHXKURS2	S_ALR_87014085
Stornierungen pro Veranstaltung/Teilnehmer	RHXSTOR0 RHXSTOR1	S_PH9_46000424 S_AHR_61016216
Veranstaltungsbedarf	RHXKBED0	S_AHR_61016220
Veranstaltungsinformationen	RHSEMI60	S_PH0_48000476
Veranstaltungstermine	RHXKBRO1	S_AHR_61016219
Offene Ressourcenbelegung pro Veranstaltung	RHXORES1	S_PH9_46000436
Ressourcenausstattung	RHXRESA0	S_AHR_61016224
Referenteninformation	RHSSREF0	S_PH0_48000096
Ressourcenbelegung	RHRBEL00	S_ALR_87014087

B.8 Personalkostenplanung

Report	ABAP-Programmname	Transaktion
Anzeigen einer bestehenden Planungsgruppe	RHPP25LI	S_AHR_61015559

Die folgenden Coding-Beispiele beziehen sich auf das Kapitel 4, »Queries«, und zeigen Ihnen, wie Sie InfoSets mit eigenen Zusatzfeldern erweitern können.

C Coding-Beispiele zu Kapitel 4, »Queries«

An den meisten Infotypen kann Freitext hinterlegt werden. Dieser Freitext kann als Zusatzfeld in das InfoSet aufgenommen und in Queries ausgewertet werden. Hier sehen Sie zunächst die DATA-Deklaration für das Zusatzfeld:

```
*** Datendefinition für das Lesen des Clusters
TABLES: pcl1, pcl2.
CONSTANTS: k_buffer VALUE 'BUFFER'.

INCLUDE rpc1tx00.
INCLUDE rpc2cd00.
INCLUDE rpc2rdd0.
INCLUDE rpppxd00.

DATA: BEGIN OF COMMON PART k_buffer.
INCLUDE rpppxd10.
DATA: END OF COMMON PART k_buffer.
```

... und nun das Zusatzfeld (hier: Freitext aus Infotyp 0015):

```
CLEAR textit15.

MOVE-CORRESPONDING p0015 TO tx-key.
tx-key-infty = '0015'.
rp-imp-c1-tx.
IF sy-subrc = 0.
  LOOP AT ptext.
    CASE sy-tabix.
      WHEN 1.
        MOVE ptext-line TO textit15.
```

```
        WHEN 2.
        WHEN 3.
        WHEN OTHERS.
          EXIT.
      ENDCASE.
    ENDLOOP.
ENDIF.
```

Zur Auswertung von Zeitsalden muss je Zeitart ein Zusatzfeld in das InfoSet aufgenommen werden. Der folgende Funktionsbaustein Z_HR_ZEITART_FUER_QUERY liest die Daten aus den Clustern:

```
*** Deklarationen und Includes, die vor der Funktion selbst
*** stehen müssen, dienen dem Lesen der Cluster.
tables: pcl2, pcl1.
include rpc2rdd0.
include rpc2cd00.
include rpclst00.
include rpc2b201.
include rpc2b202.
include rpppxd00.
include rpppxd10.

FUNCTION Z_HR_ZEITART_FUER_QUERY.
*"----------------------------------------------------------
*"*"Lokale Schnittstelle:
*"  IMPORTING
*"     REFERENCE(PERNR) TYPE   PERNR-PERNR
*"     REFERENCE(JAHR)  TYPE   CHAR4
*"     REFERENCE(MONAT) TYPE   CHAR2
*"     REFERENCE(ZTART) LIKE   PC2B5-ZTART
*"  EXPORTING
*"     REFERENCE(ANZHL) LIKE   PC2B5-ANZHL
*"----------------------------------------------------------
clear: saldo.
refresh: saldo.

b2-key-pernr = pernr.
b2-key-pabrj = jahr.
b2-key-pabrp = monat.
b2-key-cltyp = '1'.

  rp-imp-c2-b2.
```

```
loop at saldo where ztart = ztart.
  anzhl = saldo-anzhl.
endloop.

ENDFUNCTION.

*** Deklarationen und Includes, die nach der Funktion selbst
*** stehen müssen, dienen dem Lesen der Cluster.
include rpppxm00.
include rpcmgr00.
```

Das Zusatzfeld **Zeitsaldo XY** wird im InfoSet z. B. zum Infotyp 0007 (Sollarbeitszeit) mit Referenz auf PC2B5-ANZHL angelegt. Im Coding-Abschnitt **DATA** deklarieren Sie: JAHR(4) und Monat(2). Das Coding je Zusatzfeld unterscheidet sich nur in der Zeitart und dem Namen des Zusatzfeldes:

```
jahr  = pn-begda(4).
monat = pn-begda+4(2).
clear Z_ABW.
call function 'Z_HR_ZEITART_FUER_QUERY'
  exporting
    pernr = p0007-pernr
    jahr  = jahr
    monat = monat
    ztart = '0020'
  importing
    anzhl = Z_ABW.
```

Diese Beispiele zeigen, dass die Erweiterung von InfoSets um Zusatzfelder kein großer Aufwand ist. Sind die Zusatzfelder einmal definiert, stehen sie künftig für Query-Auswertungen zur Verfügung. Die Coding-Beispiele sollen Ihnen als Vorlage und Anregung dienen. Eine kleine Erweiterung des InfoSets kann so schnell einen eigenprogrammierten Report sparen.

D   Die Autoren

Hans-Jürgen Figaj ist Geschäftsführer der Projektkultur GmbH (*www.projektkultur.biz*), eines auf Personalwirtschaft und SAP ERP HCM spezialisierten Beratungshauses innerhalb des AdManus-Beratungsnetzwerks. Als zertifizierter SAP ERP HCM-Berater verfügt er über zehn Jahre Projekterfahrung mit den Modulen von SAP ERP HCM und hat in diesem Umfeld zahlreiche nationale und internationale Projekte durchgeführt und unterstützt.

Richard Haßmann ist Geschäftsführer der Hassmann-Consulting GmbH (*www.hassmann-consulting.de*), einem auf SAP ERP HCM spezialisierten Beratungsunternehmen des AdManus-Netzwerks. Richard Haßmann verfügt über 16 Jahre Projekterfahrung in allen Modulen von SAP ERP HCM und hat in nationalen und internationalen Projekten verschiedenste Anforderungen im Bereich Reporting realisiert. Dabei kamen sowohl Standardwerkzeuge des SAP ERP-Systems als auch von SAP NetWeaver BI zum Einsatz, und es wurden zahlreiche kundenindividuelle Reports und Schnittstellen zu verschiedensten externen Reporting-Werkzeugen umgesetzt.

Anja Junold ist seit 2002 SAP ERP HCM-Beraterin bei der iProCon GmbH (*www.iprocon.de*). Sie verfügt über nationale wie internationale Praxiserfahrung in Personalabteilungen. Anja Junold ist Mitautorin des Buches *SAP-Personalwirtschaft für Anwender*, ebenfalls erschienen bei SAP PRESS. Die iProCon GmbH – Träger des AdManus-Netzwerks (*www.admanus.de*) – bietet Dienstleistungen rund um SAP ERP HCM an. Das Referenzmodell HR-Leistungsbaum ist ein Produkt der iProCon und kann unter der folgenden Adresse bestellt werden: *www.iprocon.de/referenzmodell*.

AdManus ist ein Netzwerk kleiner HR-Beratungsunternehmen (*www.admanus.de*). Durch Team- und Netzwerkarbeit vertiefen die Experten stetig ihr Wissen über SAP ERP HCM. Die AdManus-Berater stellen ihre Erfahrungen gemeinsam mit ihren Kunden jährlich auf den SAP HR-Praxistagen vor. Circa sechsmal im Jahr veröffentlicht AdManus einen kostenlosen Newsletter für Personaler und IT'ler, die mit Praxiswissen am Puls von SAP ERP HCM bleiben wollen (Bestellung unter *www.admanus.de/newsletter*).

Index

A

ABAP List Viewer 79
Abrechnungsbeleg 288, 291
Abrechnungsdaten 285
Abrechnungsergebnis 111, 281
Abrechnungsinfotyp 112
Abtretung 273
Abwesenheiten 298
Abwesenheitskontingentinformationen 312
Abzüge 272
Ad-hoc Query 95
ALV Grid → ABAP List Viewer
ALV-Grid-Control 196
Analyser 193
Anwesenheiten 298
Anwesenheitskontrolle 304
Anwesenheitsliste 341
Arbeitsbereich 114
　Globaler Bereich 85
　Standardbereich 85
Arbeitsmappe 133
Arbeitsvertrag 261
Arbeitszeitplan 295
　persönlicher 295
Ausbildung 200, 221
Ausbildungshistorie 344
Auskunftsmenü, dynamisch 339
Ausschreibung 255
Austritt 202, 223
Auswertungsgrundlagen 38
Auswertungslohnart 111
Auswertungsmenge 95, 98
Auswertungsweg 43, 44, 68, 386, 388
AUTHORITY-CHECK 64

B

Bankverbindung 277
Basisbezug 201
Benutzergruppe 91, 116
Berechtigungskonzept 38
Berechtigungsobjekt
　P_ABAP 59

P_APPL 56
P_ORGIN 56
P_ORGINCON 56
P_ORGXX 56
P_PCLX 57, 60
P_PERNR 56
PLOG 56
S_DEVELOP 62
S_PROGRAM 58
S_QUERY 61
S_TABU_DIS 62
S_TCODE 58
Berechtigungsprüfung 45
Berichts-Berichts-Schnittstelle 101
Berichtskontingentart 113
Berichtszeitarten 113
Berichtszuordnung 110
Beschaffungsinstrumente 257
Besetzungsplan 43, 68, 233
Betriebsinterne Daten 205
Beurteilungen 331
Bewerber 249, 260
　Ausbildung 251
　nach Maßnahmen 251
　nach Namen 250
Bewerberliste 250
Bewerbermaßnahme 259
Bewerberstammdaten 249
Bewerberstatistik 252
Bewerbungen 251, 259
BEx Analyzer 129
BEx Information Broadcaster 130
BEx Query Designer 129
Bezüge 272
Buchungen
　Teilnehmer 344
Business Explorer 193
Business Explorer Suite 129
Business Package 393

C

Cascading Style Sheet 404
Cluster B2 308, 315

Index

D

Darlehen 284
Data Warehousing Workbench 128
Datenauswahlzeitraum 48, 52, 77
Datenbasis 361
Datenbeschaffung 45
Datencluster 37
Datenharmonisierung 70
Datensammlungsmethode 361
Designmodus 144
Dienstjubiläum 203
Dimension 127
Dynamische Datumsberechnung 78

E

Einheit 128
Einschränkungen 238
Einstellung 261
Eintritt 202, 223
Entgeltnachweis 263
Erziehungsurlaub 201
ETL-Prozess 121

F

Familienmitglieder 204
Flexible Mitarbeiterdaten 196
Formularsteuerung 198
Fortschreibungsregel 125
Freie Abgrenzung 47

G

Geburtstagsliste 204
Gehalt 212
Gesundheitsvorsorge 238

H

Historienfähigkeit 40
HR-Forms 265
HR-Formular-Editor 199
HR-Formular-Workplace 265
HR-Infosystem 76
HRPY_RGDIR 53
HRPY_WPBP 53
HR-Reportklasse 52

I

InfoCube 125
InfoObject 127
InfoProvider 125
InfoSet 39, 84, 95
 Schalter 89
 Zusatzfeld 88
InfoSet-Query 95
Infotyp 37, 38
 erweitern 39
Infotypbelegschreibung 214
Inhaber 333
Interaktive Listen 109
iView 399, 405

J

Jahresdurchschnittsgehälter 212

K

Kalendersicht 301
Kennzahl 126, 128
Kennzahlenmonitor 397
Kfz-Suchliste 205
Kommunikation 206
Kostenbestandteil 361
Kostenobjekt 364
Kostenplan 362
Krankheitskosten 292
Krankheitsstunden 292
Kundenerweiterung 39
Kundennamensraum 182
Kundenreport 63
Kurzzeitbeleg 216

L

Langzeitbeleg 216
Logische Datenbank 38, 39, 44, 182
 PAP 51
 PCH 50
 PNP 45
 PNPCE 49
 unternehmensspezifisch 182
Lohnartenauswertung 289
Lohnarten-Reporter 277
Lohnartenübersicht 290

Lohnartenvergleich 290
Lohnjournal 267
Lohnkonto 270
Lokales Zusatzfeld 106

M

Manager Self-Service 393
Manager's Desktop 63, 396
Maßnahmen 67
Maßnahmengründe 67
Mehrarbeit
    Kosten 292
    Stunden 292
Mehrzeilige Liste 105
Mengenoperation 99
Merkmal 128
Mitarbeitergruppe 67
Mitarbeiterkreis 67
Mitarbeiterliste 343
MOLGA 71
MultiCube 125, 288
Mutterschutz 201

N

Namenskonvention 181
Nationalität 214
Nettoeinkommen 279

O

Objektselektion 98
OLAP 131
OLAP-Funktion 131
Organisationsmanagement 383
Organisationsstruktur 43, 68
Organisatorische Daten 207
Originalbelege 362

P

PAYDE_RESULT 41
Persistent Staging Area 124
Personalabrechnung 263
Personaladministration 195
Personalanwendung 241
Personalbereich 67

Personalbeschaffung 249
Personalbestand 218, 224
Personalbestandsentwicklung 209
Personalbestandsveränderung 208
Personalentwicklung 325
Personalkostenpläne 363
Personalkostenplanung 361
    Datenbasis 361
Personalmaßnahmen 220
Personalstammblatt 197
Personalstruktur 224
Personalteilbereich 67
Personalwerbung 260
Personalzeiten 321
    Kennzahlen 321
    Übersicht 322, 323
Personalzeitwirtschaft 295
Personenauswahlzeitraum 48, 53, 77
Pfändung 273
Planänderung 362
Planänderungen 362
Plandaten 362
Planstelle 333
Planstellenbesetzung
    vollzeitäquivalent 244
    Vollzeitplanstelle 244
Planstellenbesetzungen 242
Planvergleich 362
PNPCE 182
Profil
    Auswertung 327
    Organisationseinheit 327
Profilvergleich 325
Protokoll der Reportstarts 216
PSA 124
PSA-Tabelle 124

Q

Qualifikation
    Teilnehmer 345
Qualifikationen 329
    abgelaufen 330
Query Designer 146, 192
QuickViewer 91

R

Referenteninformation 353
Report
 mitarbeiterbezogen 195
Report Designer 130
Report Launchpad 393
Ressourcen 352
Ressourcenausstattung 352
Ressourcenbelegung 353
 offene 351
Revision 214
Revisionsinformation 285
Revisionssicherheit 214
Rollenpflege 57
RPABRI00 112
RSCSAUTH 58

S

SAP NetWeaver BI 383
SAP NetWeaver Portal 393
SAP Query 102
SAP-Infosystem 76
Schalter 89
Selektion über Abrechnungs-
 ergebnisse 53
Selektionsbild 45
Selektionsvariable 78
Selektionsview für Freie
 Abgrenzungen 55
Sicht 388
Simulierte Infotypen 112
Sollbezahlung 237
Sprungziel 135
Stabsfunktion
 Organisationseinheit 228
 Planstelle 232
Standardformular 198
Standardreports 192
Standardselektionsbild 45
Standauswertung 191
Stellenkatalog 68
Stornierungen 348
Suchhilfe 45
Szenario 386

T

Tabelle TVARVC 79
Tabellen-Join 92
Tabellenvariable 78
Tagesarbeitszeitplan 297
Tarifliche Einstufung 210
Technisches Merkmal 128
Teilnahmen 340
Teilnahmestatistik 346
Teilnahmevoraussetzungen 345
Teilnehmerliste 341
Telefonliste 206
Terminübersicht 199
Terminverfolgung 199
Transformation 124
Transporttool 114
Treffermenge 96
TVARVC 79

U

Übertragungsregel 125

V

Vakanz 254
Vakanzzuordnungen 254
Veranstaltungen 348
Veranstaltungsbedarf 348
Veranstaltungsinformationen 350
Veranstaltungsmanagement 339
Veranstaltungstermine 351
View 135
Visual Composer 405
Vollmachten 203
Vorgänge, geplante 253

W

Web Application Designer 130, 399
Web Cockpit 399
Web Item 400, 402
Web Template 399, 404

Z

Zeitauswertungsergebnisse 112, 310, 315
Zeitauswertungsmeldungen 314
Zeitbindung 78
Zeitkonten 307, 311
Zeitmerkmal 128
Zeitnachweis 307
Zeitnachweisformular 308
Zeitsaldenübersicht 308